18-19世紀ビルマ借金証文の研究

京都大学東南アジア
地域研究研究所
地域研究叢書
36

東南アジアの一つの近世

斎藤照子 著

京都大学
学術出版会

目　次

序章　テッガイッから見えてくる近世ビルマ社会 —— 1
 1　テッガイッという資料 —— 3
 2　テッガイッに依拠した研究の歩みと本書の狙い —— 15

第Ⅰ部　借金証文とその背景

第1章　借金証文の背景——中央平野部の風土と社会経済変動 —— 27
 1　ビルマ中央平野部の風土
  ——サヴァンナ平原に刻まれた灌漑システム —— 30
 2　コンバウン時代の人口動態 —— 37
 3　乾燥地域の脅威——飢饉，火事 —— 43
 4　対外関係の変化とその社会経済への影響 —— 48

第2章　ビルマ貨幣史の中のコンバウン時代
  ——貨幣私鋳の伝統と改革の試み —— 69
 1　前史 —— 72
 2　物品貨幣，地金そして物々交換——パガンの貨幣事情 —— 76
 3　銅本位の金属貨幣——「交易の時代のタウングー」 —— 81
 4　銀本位の確立——コンバウン時代の通貨事情 —— 87
 5　通貨統一のこころみ —— 94

第Ⅱ部　借金担保としての人

第3章　18世紀末〜19世紀の人身抵当証文——債務奴隷契約 —— 115
 1　人身抵当証文（コゥネイ・テッガイッ）とは？ —— 118
 2　債務奴隷契約の地域的特色——都市的空間 —— 130
 3　農業的空間における債務奴隷 —— 135
 4　人身抵当の形を取った様々な契約 —— 142
 5　歴史の中の債務奴隷 —— 146

第4章　サリン地方の人身抵当証文 —— 153
　1　サリン地方とサリンダガウン一族 —— 157
　2　サリンダガウンの人身抵当証文 —— 163
　3　証文に登場する人々 —— 165
　4　人身抵当証文の意味するもの，どのような契約だったか —— 171
　5　累積借金と債務奴隷の連鎖 —— 179
　6　債務奴隷からの解放——債務の返済・証文の破棄 —— 183

第Ⅲ部　借金担保としての土地

第5章　借金証文と農地の流動化——ビャンヂャ村の事例 —— 191
　1　ビャンヂャ村のテッガイッ —— 194
　2　流動する農地 —— 206
　3　農地の流動と大土地所有の形成 —— 216
　4　こうした変化の意味するもの —— 219

第6章　農地抵当証文と農地の流動 —— 223
　1　借金証文の中で農地抵当証文の占める位置 —— 226
　2　農地抵当証文の地域分布 —— 234
　3　農地抵当と農地売買 —— 235
　4　農地抵当証文の解釈をめぐる問題 —— 242
　5　借金証文なのか，小作証文なのか？ —— 246

第Ⅳ部　ビルマ近世はどのような社会であったか

第7章　契約社会としてのビルマ近世社会
　　　——借金証文の実効性を支える社会システム —— 257
　1　契約社会としてのコンバウン・ビルマ社会 —— 259
　2　テッガイッによる契約の実効性を保障するもの —— 260
　3　私人の契約と王権あるいは地方権力 —— 264
　4　在地支配者と借金証文 —— 276

第 8 章　質入れ地をめぐる紛争の調停
　　　　――地方社会における紛争解決メカニズム　——— 283
　1　レイッチャードオの水田をめぐる訴訟　——— 287
　2　パウッインドオの水田訴訟　——— 290
　3　共同相続人の間で起こる紛争　——— 299
　4　訴訟の経済的側面　——— 302

補章　歩いて作った村の境界
　　　　――19 世紀中部ビルマにおける村落境界紛争とその調停　——— 307
　1　前近代東南アジア社会と領域・境界に関する議論　——— 309
　2　村落境界紛争の事例　——— 312
　3　村の領域・境界　——— 326
　4　境界紛争の解決と調停　——— 328
附 1　タウンヂャー村の 45 年シッターン　——— 332
附 2　ミンサダー村の 45 年シッターン　——— 334

結論　——— 337

謝辞　——— 349
参考文献　——— 353
索引　——— 365

図表目録

図 0-1	折り畳み写本と貝葉	——	5
図 0-2	折りたたみ写本と貝葉の記載例	——	6
図 0-3	貝葉の記載例	——	8
図 1-1	エーヤーワディー，シッタウン流域中央平野部年間降雨量から見る地域区分	——	32
図 1-2	テッガイッの発見収集地域	——	33
図 1-3	借金証文点数の推移（1752-1885）	——	52
図 1-4	対外戦役と貿易による資源移動の概念図	——	65
図 2-1	ピュー，モン，およびヤカイン型コインのデザイン	——	74
図 2-2	コンバウン時代の様々な金属貨幣	——	88
図 2-3	ユエッニー	——	89
図 2-4	ボードーパヤー王とミンドン王の鋳貨	——	95
図 2-5	コンバウン時代の籾米価格の趨勢：1785～1885 年	——	101
図 2-6	サリンダガウン一族の借金証文の時代的分布（1772/75～1896/1900）	——	103
図 2-7	下ビルマの籾米価格動向：1848/49～1855/56	——	109
図 4-1	サリン地方概略図	——	158
図 4-2	ミンブー地方の灌漑システム	——	159
図 4-3	サリンの灌漑システム	——	160
図 4-4	サリンダガウンの邸宅	——	161
図 4-5	ポゥザーとタウンヅィン 2 家系の系譜と通婚関係	——	166
図 5-1	ビャンヂャ村周辺地図	——	195
図 6-1	借金証文三形態の時代分布（1752-1885）	——	230
表 0-1	テッガイッと総称される証文の種類	——	13
表 1-1	コンバウン時代の中央平野灌漑システム	——	35
表 1-2	H．バーネイによる 1783 年人口推計	——	39
表 1-3	1783 年および 1802 年シッターンに見る世帯数	——	40
表 1-4	1826 年シッターンによる各統治単位の世帯数	——	41
表 1-5	1783 年，1802 年，1826 年シッターンの比較（世帯数）	——	41
表 1-6	コンバウン時代のおもな戦争（1752-1885）	——	49
表 1-7	コンバウン時代の常設市場と納入された市場税	——	55

表 1-8	ビルマ王国の英領ビルマからの輸入品目	—— 61
表 2-1	コンバウン時代の銀-銅合金通貨	—— 90
表 2-2	ボードーパヤー王の通貨改革に関する記述対照表	—— 99
表 2-3	ミンドン王時代の公定貨幣とその重量	—— 108
表 2-4	ビルマ王国の英領ビルマからの輸入品目と価額	—— 109
表 2-5	ミンドン・ティーボー時代における銀貨発行数（1865-85）	—— 110
表 3-1	人身抵当の時代的分布	—— 120
表 3-2	人身抵当証文の地理的分布	—— 120
表 4-1	使用資料の内訳（サリンダガウンの人身抵当証文）	—— 164
表 4-2	証文に登場する債権者	—— 167
表 4-3	身体代価と上乗せ借金額（1878-1885）	—— 179
表 4-4	ガ・シュエの債務履歴	—— 182
表 5-1	貨幣鑑定計量者（ビャンヂャ村テッガイッ）	—— 198
表 5-2	ビャンヂャ村関連テッガイッ（1776-1812）	—— 200
表 5-3	ビャンヂャ村関連テッガイッ（1827-43）	—— 201
表 5-4	ビャンヂャ村　テッガイッ内容別一覧	—— 202
表 6-1	KUMFの中の借金証文内訳	—— 228
表 6-2	DMSEHの中の借金証文内訳	—— 229
表 6-3	担保とされた農地の種類（DMSEH）	—— 232
表 6-4	DMSEHの農地売買証文（地域別分布）	—— 238
表 6-5	農地売買証文の時代別分布	—— 239
表 6-6	ヨウン池の水田の質入れと重借	—— 246
表 8-1	パウッインドオの水田訴訟の法廷変遷	—— 298
表 8-2	ガ・インがレイッチャードオ水田訴訟で費やした費用	—— 304
表 8-3	ガ・インがパウッインドオ水田訴訟で費やした費用	—— 305

凡　例

1．本書では，コンバウン王朝（1752〜1885）が統治していた地域を呼ぶのに，日本で古くから使われてきた通称，ビルマを使用している。過去の研究との連続性という便宜的な理由からである。現在の正式な国名は，ビルマ語で Pyidaunzu Thamada Myanmar Naingan-daw，対外名称は Republic of Union of Myanmar となり，広くミャンマーと呼ばれる。コンバウン王朝は，現代のミャンマーにほぼ重なる領域の政治的統合に初めて成功したビルマ人勢力による王朝とされているが，時代によって，その影響下に置いた領域は変動しており可変的である。

2．地名のカタカナ表記について

　地名，人名についてはできるだけ現地音に近い音をカタカナで表記することを原則としたが，話者による発音の違いもあり，またビルマ語の有気音，無気音の区別や声調をカタカナでは表す事が出来ないなどの困難も多々あった。

3．人名の表記について

　ビルマの人名には姓が存在しないが，名の前に性別や老若の区別を示す冠称が付く。

　借金証文の中では，男性では，年長者から若者の順でウー，コゥ，マウンなど現在と同じ冠称がみられた。ただしもっとも多く見られたのは現在では少ないガ（鼻濁音 nga）という冠称であり，老若に関係なく用いられていた。女性では，シン，メー，マ，ミなどがみられたが，現在年配の女性に冠せられるドオという冠称はまったくみられない。ウー・トゥン，マ・カインなどのように冠称と名前の間にナカグロを置いて表記するのが一般的であり，その例にならった。

4．コンバウン時代の歴代王と在位期間

　コンバウン時代は11代の王を数えるが，その系譜と在位期間は，以下のとおりである。

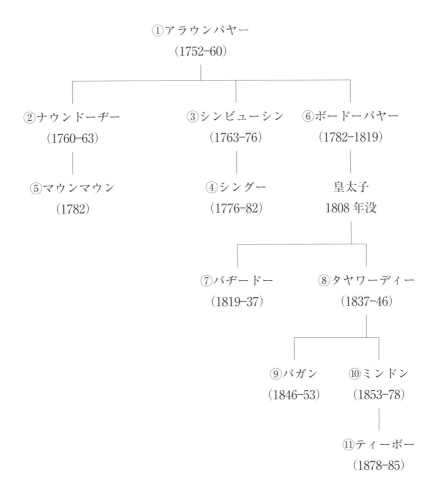

5．借金証文に見る 18~19 世紀の度量衡

<u>重量の単位</u>　　秤量貨幣である金属貨幣の時代には貨幣単位としても使われていた。

　　ベイタ（ヴィス）：1 ベイタ = 100 チャッ　約 1.63 kg
　　チャッ：1 チャッ約 16.3 g
　　マッ：1 マッ = 1/4 チャッ　約 4.1 g
　　ムー：1 ムー = 1/2 マッ = 1/8 チャッ（大ムー）約 2 g
　　　　　　　　（1865 年の通貨改革以降は，こちらに統一される。）
　　　　　　　＝ 1/10 チャッ（小ムー）約 1.63 g
　　ペー：1 ペー = 1/2 ムー　約 0.8 g
　　ユエ：1 ユエ = 1/4 ペー　約 0.2 g
　　従って，1 チャッ = 4 マッ = 8 大ムー = 16 ペー = 64 ユエ
　　　　　　　　　 = 10 小ムー = 20 ペー = 80 ペー

以上のように 10 進法と分割法が混在していた。

証文の中では，以下のように重量単位はすべて略号によって表記されている。
　　（0 は数字とする）
　　0̊（チャッ），0̇（マッ），0̬（ムー），0̀（ペー），0̣（ユエ）

<u>長さの単位</u>
　　レッマ：親指の幅の長さ　1 レッマ = 約 2.5 cm
　　トワー：こぶしを広げ，親指の先から中指の先までの長さ　約 22-23 cm
　　タウン：肘から立てた中指の先までの長さ（肘尺）　約 45 cm
　　ター：約 2.8 メートル　1 ター = 7 タウン
　　タイン：約 2.8 km　　　1 タイン = 1000 ター

<u>穀物計量単位</u>
　　ティン：籠．大小ばらつきがあるが，籾 1 籠はおよそ 21 kg 前後
　　セイッ：4 分の 1．籾米 1 セイッは 1/4 籠
　　ピィ：16 分の 1．籾米 1 ピィは 1/4 セイッ = 1/16 籠

サレー：64分の1．籾1サレーは1/4ピィ＝1/16セイッ＝1/64籠

証文の中では以下のように記述された。(0は数字とする)

　　　0̇ (ティン)，0̊ (セイッ)，0́ (ピィ)，0̀ (サレー)

<u>地積単位</u>

　ペー：ペーには二種類あり，一つはバガディ・ペー (本来のペー，貧者のペー) とよばれるもので，1辺25ターの正方形の広さとされた。英領時代には，1ペーは約1.75エーカーと換算された。ミン・ペー (王者のペー) と呼ばれたペーは，バガディー・ペーの約2倍近かったと推定される。ただし，ほとんどの地方ではペーよりも，人あるいは家畜の労働量，収量，播種量で田畑の面積があらわされている。ペーは王領地の多かった地域での使用がみられる。

6．ビルマの暦法

　現在ミャンマーで使用されている暦には，グレゴリー暦 (西暦) とビルマ暦 (緬暦) および仏暦の3種類があるが，コンバウン時代の借金証文のなかで使用されているのは，ビルマ暦に限られている。グレゴリー暦はイギリス植民地統治下に持ち込まれ，統治行政など公的分野からその使用が広がっていった。仏暦は仏教に関係する祭事などで今もなお使用されている。ビルマ暦は西暦638年を起点 (ビルマ暦0年) とするもので，一年の始まりは，ビルマでダヂャーミンと呼ばれ土着の神々の頂点に置かれるようになったインドラ神が地上に2日間降りてきて，また帰って行くときを基準としており，それは西暦で言う4月の中旬ごろにあたることが多いが，毎年一定しているわけではない。

　ビルマ暦は月については太陰暦の伝統を，年については太陽暦の伝統に従っているとされる。一年は12か月で構成され，以下のように29日と30日の月が順番に繰り返される。

　　Tagu月 (29日)　Kason月 (30日)　Nayon月 (29日)　Wazo月 (30日)
　　Wagaun月 (29日)　Tawthalin月 (30日)　Thadingyut月 (29日)
　　Tazaungmon月 (30日)　Nadaw月 (29日)　Pyatho月 (30日)

Tabodwe 月（29 日）　　Tabaung 月（30 日）

　これら 12 月の日数の合計は 354 日となり，太陽暦の一年とはかなりの誤差が出る。この差を埋めるため 19 年に 7 回，Wazo 月と Wagaung 月の間に第二 Wazo 月を入れ，さらに数年に 1 回（およそ 38 年に 7 回ほどになる）Nayon 月に 1 日を足す慣例がある。

　それぞれの月は月の満ち欠けに合わせて，前半と後半とに分かれ，白分（月が満ちる期間，ラザン）と黒分（月が欠ける期間，ラゾゥ）と呼ばれる。白分の 15 日目はラビェと呼ばれる満月であり，その次の日から黒分の 1 日が始まる。黒分の終わりは（黒分 14 日，あるいは黒分 15 日）闇夜あるいは新月の日でありラゲェと呼ばれ，この日がその月の終わりとなる。ビルマ暦は現在でも祝日や行事に使用され，新聞も西暦とビルマ暦が併記される。

　コンバウン時代の借金証文では，証文の冒頭には，以下の例のようにテッガイッ（ビルマ暦）という言葉が置かれ，契約の成立した年月日が最初に記されている。

　例えば，「テッガイッ 1170 年ダディンヂュッ月白分 14 日……」と始まれば，西暦に換算すると 1808 年 8 月 3 日に作成された証文だとわかるが，ビルマ暦から西暦への換算にあたっては，以上に述べた複雑なビルマ暦の在り方から，一定の計算式によって割り出すことはほとんど不可能と言ってよく，このため時代時代のビルマ暦と西暦の換算表が数種類出版されており，筆者はそれらのうちから，参考文献に乗せた 4 種類のものを参照している。

略号一覧

BG　　　Burma Gazetteer（District Gazetteer）
C–DATS　Thet-kayit Collecion in the Centre for Documentation & Area Studies, Tokyo University of Foreign Studies
DMSEH　Documents of Myanmar Socio-Economic History（愛知大学・ミャンマー社会経済史データーベース）vol. 1-11.
GUBSS　Gazetteer of Upper Burma and the Shan States, 5 vols.
JBRS　　*Journal of the Burma Research Society*
KBZ　　*Konbaung hset Mahayazawin-daw-gyi*, U Maung Maung Tin, 3 vols.（コンバウン大王統年代記）
KHSP　　*Konbaung Hkit Hpyat Sa Paung-chok*, ed. by Htun Yee, 3 vols.（コンバウン時代判例集）
KLT　　 *Konbaung Hkit Leya Thet-kayit pa Luhmu Sibwaye Thamaing Thutei–Thana Simankein Asiyin-hkansa*, Toe Hla, 2vols.（コンバウン時代農地関連証文に見る社会経済史研究計画報告書，史料集）
KUMF　　鹿児島大学ビルマ調査団マイクロフィルム　114 巻
MMOS　 *Myanmar Min Ok-chok-pon Sadan*, U Tin, 5 vols.（ミャンマー王統統治論）
MTC　　　Meiktila Thet-kayit Collection
ROB　　 *The Royal Orders of Burma, A.D. 1598–1885*, ed. by Than Tun, 10 vols.
SR　　　 Report on the Settlement Operations
STM-KT　Salin Thu-gaung Manuscript, vol. 10, "Ko-ne Thet-kayits"
UCL　　　Universities Central Library（Yangon）
UHRC　　Universities Historical Research Centre

序章
テッガイッから見えてくる近世ビルマ社会

1　テッガイッという資料

1-1　テッガイッとは？

　本書は，テッガイッ[1]と呼ばれる歴史資料との出会いによって生まれた。テッガイッと言っても知名度はまったくないのだが，筆者は数十年，テッガイッ，テッガイッと呪文のようにこの名を唱えていたので，その成果と言えるかどうか，日本では二桁以上の人の頭の中にこの言葉が記憶されていると思う。本場のビルマではたぶん日本の数倍の人が知っているけれど，100人に届くかどうか。知っているのは，歴史研究者，ライブラリアン，アーキビストという方々である。

　現代ビルマ語で「テッガイッ」と言えば，ビルマ暦年を意味し，「テッガイッ1381年」とは緬暦1381年ということで，西暦では2019年とだいたい重なる。もちろんこの意味でなら，ビルマ人にとっておなじみの語である。しかし，18〜19世紀のビルマでは，人々の間で取り交わされた様々な証文類がその種類を問わず，テッガイッという総称で呼ばれていた。このことは，ほとんど忘れ去られている。

　これらの証文がなぜテッガイッと呼ばれたかは，こうした証文が必ずテッガイッという単語から始まったからだと言われる[2]。つまり冒頭に「緬暦〜年〜月〜日…」と，当事者の間に合意が成立し，証文を作った日が明記される。そ

---

[1] テッガイッという語を種々のビルマ語辞書で引くと発音がテッガイッ，テッカイッ，ダガイッの三様に記されている。傾向的にはより古い辞書ではテッガイッ，近年ではテッカイッが多く，ダガイッという発音を併記しているものは新旧を問わず見られる。例えば5巻本のミャンマー国語委員会『ミャンマーアビダン』1978，北京大学編の『緬漢詞典』1990，原田正春・大野徹『ビルマ語辞典』1979では，テッガイッという発音がとられ，ミャンマー国語委員会の1991年の縮刷版ではテッカイッの発音がとられている。ビルマ語表記をローマ字にするとthet-kayitと書くので，表音を一致させる方向への変化がこの語にも進行しているのだろう。筆者はより古い発音にならってテッガイッという表記を本書で使っているが，18〜19世紀の人々が，どのように発音していたかは，実際のところは不明である。

[2] Toe Hla, "Money-lending and Contractual "Thet-kayit": A Socio-Economic Pattern of the Later Kon-baung Period, 1819–1885" Ph. D Dissertation submitted to Northern Illinois University, 1987, p. 5.

こから私人の間で交わされた証文一般をテッガイッと呼ぶようになったのだろう。

　もちろんこれらの証文類以外にも，冒頭にテッガイッという言葉を置き，日付を明記している文書は，中央王権が出した勅令や布告，そして古くは石刻文など多数存在する。しかしこれらの文書は，勅令，石刻文（アメインドオ　チャウッサー）など，それぞれを指す言葉で呼ばれていて，テッガイッという言葉では呼ばれず，テッガイッと呼ばれているのは，コンバウン時代においては私人の間で取り交わされた証文類に限られている。勅令，石刻文とは違い，テッガイッに登場するのは，当時のビルマ社会のあらゆる階層に属する人々である。王朝時代を対象とする従来のビルマ史には，その姿をとどめていなかった農民，兵士，商人，そして債務奴隷など隷属的立場にある人など，人口の大勢を占める庶民が，王族，廷臣高官，軍の大将などとともに，具体的な名前を持った個人として，テッガイッの中で，暮らしの浮き沈みと闘い，時には争ったり，その処理に奔走したりしているのである。

　対シャム戦へ部隊を率いて出征するのに，部下の飯米や武器を確保するために自分の水田を質に入れねばならなかった部隊長，以前には他人に金を貸し付けるほどの余裕を持っていたパゴダ建立施主が，次第に借金する側にと零落する様子，債務奴隷である母が病気になったため，代わりに債務奴隷に取られた娘，債務奴隷になった親が逃亡したために，新たに債務奴隷にされた息子が，彼自身も逃亡を果たす姿などなど，テッガイッは，18～19世紀の最後の王朝社会を生きた人々の息吹を生々しく伝えている。簡潔な契約文書の中に，人々の上に起こった現実のドラマが読み取れ，一つ一つの証文を読み解くこと自体が，興味尽きない作業だった。しかし，テッガイッを読む数が増えてゆくにしたがって，こうした資料がビルマ，そしてより広く東南アジアの近世史像を新たに書き換えることを促しているように思われた。本書はそうした促しに，拙いながらも応えようとした試みである。同時に損耗が激しく消滅しかかっている多くのテッガイッに，少しでも多くのアーキビストや研究者の関心が向けられるきっかけになればという希望をも託している。

1-2　テッガイッは何に書かれているか

　テッガイッは，それが書き込まれた筆写媒体も独特のものだった。大多数の

図 0-1　折り畳み写本と貝葉
上に積まれているのが黒色折り畳み写本，下の束ねられているのが貝葉。

　テッガイッは，折り畳み写本と呼ばれる厚手の紙をアコーディオンのように折り畳んで保管や携帯に便利なように工夫した一種の帳面に書かれている[3]。用紙となった紙はシャン高原のマインカン地方で生産される手漉き厚紙であり，行商人が上ビルマの王都周辺域や地方中心地に運び，各地で様々なサイズの折り畳み写本に加工された。1枚の紙から折山が64を数えるものまで，厚さもサイズも様々なものが用途に従って使い分けられていた。木と竹の削り屑を混ぜて作られた用紙を使った安価な写本も出回ったので，広く庶民へ普及する一助になったと思われる[4]。
　テッガイッが書かれたのは紙に墨を含ませた黒色写本と呼ばれるもので，柔らかいソープ・ストーンの石筆で白色の字や図などが記入された。これは使う

---

3)　折り畳み写本の中には，紙を原料とせず，金，銀，銅，真鍮などの金属，あるいは皮革で作られたものもあったと言われる。こう述べているコンバウン王朝で大臣を務めていた U Tin は金，銀製のものは，仏塔に内蔵する宝物として作成されたものを見たことがあるが，真鍮や皮革製のものは実際には自分も目にしたことはないというので，きわめて例外的なものだったと思われる。竹製，木製のものはより広く使われていたという。U Tin, translated by Euan Bagshawe, *The Royal Administration of Burma*, Bangkok: Ava Publishing House, 2001, p. 624.

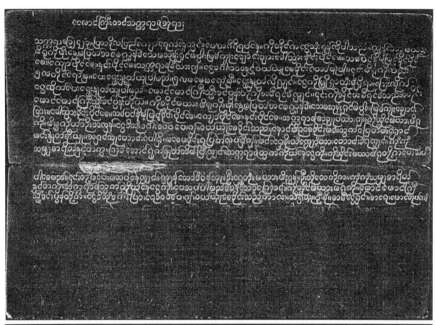

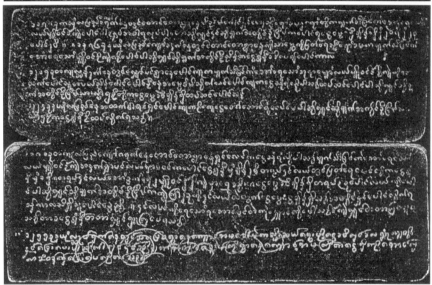

図0-2　折りたたみ写本（上）と貝葉（下）の記載例
上：折り畳み写本に書かれた人身抵当証文。第3章 p.122 であげた王都マンダレーで1881年に書かれたもの。
下：折り畳み写本に書かれた水田質入れ証文。ウンドウィン地方。見開きのページの中に1816年から数年にわたって書かれた水田質入れ証文が複数記載されている。

側には書きやすく，便利であったに違いないが，手で擦るとかすれてしまう，水濡れに弱いなどの欠点があり，後世にこれらの文書を読もうとする研究者にとっては泣き所でもある。

　一方，王宮中心に用いられた上質紙を使った白色折り畳み写本は，文字だけでなく彩色された絵図なども見られ，専門の書記や絵師の手になる美しい写本が多いが，テッガイッのような私的な証文類は，ここからはまず見つからない。

　折り畳み写本は，ビルマの中央半乾燥平原や北部に多数残されているだけでなく，東南アジア大陸部北部中心にタイやラオスにも数多く残っているが，タイ，ラオスの折り畳み写本からは，その内容にビルマのテッガイッのような民間の契約文書は見られないと聞く。これらの地域では，証文類を作成しても折り畳み写本には書かれなかったのか，あるいは，契約を文書として残す慣習があまりなかったのか，それぞれの事情は明らかでないが，ビルマの折り畳み写本についても数十年前までは，その内容が経典や慣習法，占星術などの写本がほとんどであると思われ，民間の契約文書が多数含まれていることは知られていなかったので，他の東南アジア近隣地域でも，将来こうした文書が見つかる可能性も一概に否定することはできない。

　テッガイッは，長方形に裁断した椰子葉を乾燥させた貝葉にも書かれている[5]。貝葉は，インドから古い時代に東南アジア各地に伝来し，ビルマではペーザー，タイではバイラーン，バリ島ではロンタールと呼ばれるようになった[6]。貝葉には，鉄筆あるいは石筆で文字を刻んで書かれるが，ビルマではエーヤーワディー川中流域のイェナンジャウン付近で湧出している原油を浸した布でふき，そのあと乾いた布でぬぐって，文字を残すという方法が広く行われていた。椰子葉に文字を刻むのは専門家であり，またいったん書かれたもの

---

4) 折り畳み写本とその用紙については，U Thaw Kaung, "Myanmar Traditional Manuscripts and their Preservation and Conservation," *Myanmar Historical Research Journal*, no. 1, Nov. 1995, pp. 241-273. U Thaw Kaung, "Unearthed Story of Myanmar History: Preserve Palm-leaves in Digital Format," Lecture given at Fukuoka Public Forum on 17 Sept. 2005. 飯島明子「タウンジーとその周辺におけるカジノキ紙の生産と流通，利用の伝統と現況」『ミャンマー北・国境地域における生物資源利用とその変容』科学研究費補助金成果報告書　2004. 飯島明子「シャン州に手漉き紙をたずねて」『自然と文化そして言葉』No. 3, 2007. 言叢社　pp. 96-105. などを参照。

5) 貝葉に用いられるのは椰子葉（タラ椰子，グバン椰子）が圧倒的に多いが，薄く延ばした金，銅，象牙，木に漆をかけたもの等も見られる。

図0-3　貝葉の記載例（部分）
これは勅令であるので両端を切らないままにしてある。内容は村長の任命書。

は修正ができないなどの点で，誰でも容易に書いたり消したりできる折り畳み写本とは異なっていた。貝葉文書が美しく整った書体で書かれているのに対し，折り畳み写本には，美しい文字も見られるが，癖字，走り書きなど個性に溢れた文字が並んでいる。その土地だけで通じる言い回しなどが頻繁にでてくるのも折り畳み写本であり，また写本の目的がはっきりしている貝葉と異なって，個人，あるいは世帯のいわば雑記帳として用いられた折り畳み写本では，1冊の中に多種多様な記録が残されていることが多い。

　折り畳み写本と貝葉の記述内容には，重複するものも多いが，若干の違いが

6）　田辺明生『カーストと平等性——インド社会の歴史人類学』東京大学出版会2010年によれば，インド東海岸オリッサのマニトリ（当時城塞郷という複数の村を含む地域共同体をなしていた）では，1776〜1806年にかけて作成された貝葉文書が当時の会計役の家に保管されており，慎重で困難な読み取り作業の結果，人別権利台帳，土地台帳，歳出歳入表，俸給表，人口表，歩兵契約書などが記されていたことがわかったという。同書では，この文書に依拠して詳細な資源の配分や徴税の実態が明らかにされており，興味は尽きないが，全インド的に見ても前植民地期の地域社会レベルのオリジナルな在地文書を使った分析は極めて少ないという。

ある。貝葉文書の記載内容は，写経，慣習法，裁判記録，勅令，占星術，契約証文（テッガイッ），薬方，寺院縁起，各種の詩歌，王統年代記などであり，勅令は先端を切らない長い葉の形のままの貝葉に書かれ，これを金属の筒にいれて各地方に発送した。

　一方折り畳み写本には，貝葉と重なる分野の記録のほかに，当時の人々の暮らしにかかわるより身近な記録，税や水利費の配分リスト，村落リスト，シッターン[7]，地図，物価なども書き込まれていることが多い。借金証文や相続の約定，家畜の賃貸契約などのテッガイッは，折り畳み写本にも貝葉にも書かれており，同じ契約文書が折り畳み写本と貝葉から見つかることがある。契約が当事者双方の間で成立した時，まず折り畳み写本にその内容が書かれ，重要な契約についてはより耐久性のある貝葉にもコピーを刻んで保存したものと考えられる。

1-3　テッガイッの所在

　折り畳み写本はすべての所帯に最低1冊はあったのでは，と言われるほど広く社会に普及したが，これらの写本が現在，個人の家から見つかることは少ない。長く続いた世襲の在地統治者など地方有力者の家系で，貸し付け証文を含む様々な文書が子々孫々に受け継がれてきた例がまれに見られるが，一般的な農家や庶民の家から見つかることはまずない。庶民の家は，竹と木と萱からなるきわめて簡素なもので，二世代，三世代と同じ家屋に住み続けることはあまりなく，火事，水害，風害にも弱く，大切な文書の保管にはあまり適していたとは思われない。

　また個々の家からテッガイッがほとんど発見されないのは，植民統治以降ビルマ社会が辿った歴史にも原因がある。英領植民地時代には，英国王の肖像が印刷され，印紙を貼るように定められた官製用紙に書かれたものが正式な契約証文とされたため，テッガイッを書く習慣は次第に失われた[8]。さらにビルマ独立後には，政府の土地国有化政策がコンバウン時代の借金証文の過半を占める農地質入れ証文の意味を失わせた。ウー・ヌ政権時代は土地国有化法が成立

　7）　シッターンは次章で見るように地方あるいは職掌別組織の統治者に対して中央王政府から統治者の系譜，統治の範囲，負担すべき税，公務などについて回答を求めた調書を言う。

してもその実施地域はごく限られていたが，1962 年の国軍によるビルマ式社会主義政権成立後は，厳しい統制のもとで農民の自主的な農地取引がほぼ不可能になり，証文を代々守ってきたような昔日の大地主の家系においてすら，テッガイッの現実的意味は失われていった。王朝時代には二代，三代あるいはそれ以上にわたってテッガイッが継承され，数世代のちの子孫たちが，昔のテッガイッを頼りに土地争いを繰り返す光景がしばしば見られたが，現代ではその存在自身がほとんど忘却されている。

　それでは，オリジナルなテッガイッはいったいどこで見つかるのだろう。もっとも多くのテッガイッが見つかるのは，上ビルマ各地の僧院からである。仏教徒が支配的多数を占めるビルマの風景の中で，都市であるか農村であるかを問わず，もっとも注目を引く建造物といえば，漆喰を塗った白色の，あるいは金箔をはった黄金色の大小無数の仏塔ならびに僧院である。かつての王都周辺や地方の中心地にはレンガ造り，あるいは精緻な浮彫を施した木造の広壮な僧院，そしてより鄙びた地域には木造の簡素な僧院が見られる。しかし，簡素とは言え大方の村人の住む家，すなわち茅葺屋根と竹を編んだ壁，そして柱と床のみに木材を使った一般的な民家に比べれば，はるかに堅固で上等な材料で建てられている。こうした僧院に置かれている教典庫や櫃の中には，どこでも折り畳み写本や貝葉が大切に保管されている。僧院であるからもっぱら仏教の経典や註釈などの写本が保管されていると思うが，それだけではなく個人の持ち物だったと思われる日常の記録を多々含んだ折り畳み写本が見つかることが珍しくない。

　僧院はビルマの仏教徒にとって不可欠な施設であり，精神的な拠り所でもあったので，コンバウン時代においては，人々が村を創設するときは，まず村の東側あるいはやや小高い場所に僧院建設用地が確保され，村と同時に僧院を建設する余裕がない場合でも，将来あたうかぎり堅牢で，立派なものを立てる慣わしがあった[9]。

---

8) ただし，一挙にテッガイッを書く習慣が失われたわけではなく，メイッティーラ地方などでは 1920 年代および 1930 年代に書かれたテッガイッも見つかっている。地方によっては，テッガイッが長期にわたって有効性を保っていたことがわかる。1852 年以後，英領下に入った下ビルマの開発最前線では，農地を担保とする借金契約がビルマ農民とインド東海岸からやってきた高利貸カーストに属するチェティヤーの金融商会との間で結ばれるようになるが，その証文としては植民地政庁の定める印紙つきの公式用紙が使われた。

王都や比較的大きな地方都市などにある著名な僧院では，ビダカ・タイッと呼ばれた経蔵を別途建立し，そこに多数の経典，文書を収蔵，保管していたが，こうした経蔵からも多くのテッガイッが見つかっている。各地の僧院の経蔵や櫃は，地方社会の文書館の役割も果たしていたように思える。トーフラ氏は，「文書と僧院と村は永久に一体」という慣用語があったことを紹介し，ミンドン王治世下に起こった村の長老たちと僧侶の間で闘われた僧院の文書の帰属をめぐる以下のような激しい争論の例を挙げている。

　　　ミンドン王の治世下，ガドゥゼイッという村の僧院長は，自分の死後の後継者として弟子のひとりであるシン・ティリマという僧侶を指名し，僧院に関するすべての後事と自分の遺品を託した。シン・ティリマは，僧院長が亡くなったあと，その文書類をすべて自分の住む僧院へと移送しようとしたが，村の長老たちがこれを阻止しようとして激しい争いになった。この争いは，臨時に組織された長老僧からなる仏教法廷の裁定にゆだねられ，法廷はすべての文書を元の僧院に戻すようにと命じた。すなわち，村の僧院の経典庫に保管された経典をはじめとする文書は，僧院の住職や特定僧侶に属するのではなく，村落とそこに住む人々と強いつながりを持つという判断が下された[10]。

　僧院の経蔵は，11世紀パガン時代から建造されていたが，コンバウン時代に宗教建造物だけではなく，諸王の経蔵や，個人の経蔵[11]というように，文書収蔵館がこの名前で呼ばれるようになった。英領時代になっても，図書館を呼ぶのにビダカ・タイッという言葉が長く使用され続けていたのは，その名残である。

　現在では，各地から収集された折り畳み写本や貝葉文書がビルマの国立図書館をはじめとする公共機関・施設に保存されるようになった。その詳細につい

---

9) Toe Hla, *Konbaung Hkit Kye-Let Luhmu Sibwa Bawa* (*1762-1885*).（『コンバウン時代の農村の社会経済生活』）Yangon: Myanmar Historical Commission, 2004, p. 13. 現代のビルマ農村については，高橋昭雄がその長年の調査に基づいて村と僧院はこのような密接なつながりはなく，同じ村の中でも人々は自分の判断で別々の僧院に通っており，村の僧院という意識はほとんどないのではないかと指摘している。高橋昭雄『ミャンマーの国と民』明石書店 2012 年。

10) Toe Hla, "*BI-DA-KAT-TAIKS*：A Brief Survey" in T. Saito & U Thaw Kaung eds., *op. cit*., 2006, p. 88-89.

11) 個人のビダカ・タイッとして有名なのは，ミンドン，ティーボー両王の時代に大臣として勢力をふるったキンウン・ミンヂーのビダカ・タイッや『ミャンマー王国統治史論』の著者であるパガン副大臣ウー・ティンのビダカ・タイッなどがある。

ては，筆者の別稿を参照していただければ幸いである[12]。

またいくつかの国際プロジェクトによって文書資料がマイクロフィルムに収められ，さらにデジタル化によるウェブ上の利用が進むことによって，近年では研究環境の飛躍的改善が見られるようになっている[13]。

1-4 テッガイッの種類

テッガイッという総称で呼ばれていた証文類には，表0-1に見られるように様々な種類があり，どのような場合に当時の人々が，単なる口約束では心もとなく，証人を立てて契約文書を作成する必要があると判断していたかがわかる。

このうち担保付借金について，本書では一貫して農地担保の場合を農地抵当証文，人身担保の場合は人身抵当証文と呼んでいるが，それは次の理由からである。18～19世紀のビルマの証文では，借金のかたに農地あるいは人間を差し出すときに，担保物の用益権が債権者に移る場合がほとんどだが，担保の用益権が移らない場合もある。すると，質入れという言葉より，広義の抵当という言葉を使った方がより実情に合う。広義の抵当という言葉には，用益権付抵当も用益権が移動しない抵当設定も含まれるからだ。本書では，抵当という言葉は広義の抵当として使っている。

借金の担保として提供されているものの中で，注目されるのは一定領域の統治権や領有権を借金の代わりに債権者に提供している場合があることだ。地方社会単位であるミョウ（城市，郷）やユワ（村）の長であるミョウダヂーやユワダヂーが，借金をしてミョウ，あるいはユワを抵当に入れるという事例である[14]。また灌漑水路の管理権（用水路の受益農民に対する水利税徴収権を持つ）や，船着き場の権利[15]が借金の担保として質入れされている事例も見られた。

---

12) 斎藤照子「ビルマ・アーカイブズ小史——経蔵から公文書館へ」『歴史学研究』2004年6月 no. 789, pp. 13-23.

13) 1973-74年 鹿児島大学調査団（団長：荻原孔明教授—当時）によるマイクロフィルム114巻。1990年コーネル大学とヤンゴン大学中央図書館によるマイクロフィルム，愛知大学『ミャンマー社会経済史資料』(Documents of Myanmar Socio-Economic History) www. taweb. Aichi-u.ac.jp/DMSEH，東京外国語大学「COE史資料ハブ地域文化研究拠点」CD-ROMテッガイッコレクションなど。

表0-1　テッガイッと総称される証文の種類

1. 借金証文		
a) 担保付借金	農地（水田，畑地，果樹園など）	
	人身（債務奴隷）	
	家畜	
	果樹（砂糖椰子，マンゴ樹など）	
	宝石，貴金属	
	特定領域の支配権（領有権，用水管理の権利，船着き場の権利など）	
b) 無担保借金	元利現金返済	
	労務による返済	
	米など作物による返済	
	利息現物，元金現金返済	
2. 借物証文	借米，役牛借用など	
3. 売買証文	掛け売りなど	
4. 小作契約など		
5. 遺産分配約定書		
6. 贈呈品目録書	結婚や出家時に贈呈する金品の約束	
7. その他	返済証文，重借証文，保証誓約書など	

　これらは決して数は多くないが，租税徴収権などの諸権利もまた借金の担保になりえたことがわかる。

　無担保借金には利息が付くが，利息の支払い方によって様々な名で呼ばれていた。元金を現金で返し，利息を米などの現物で返す方式，あるいは特定の労働によって元利を支払う方法，元利とも米で返済する方法などである。元利とも現金で返済する場合は，ほとんどの地域で1か月に利息が5％という高利率が課されていた。

　借物証文で比較的よく見られるのは，借米である。元利ともに米で返済する場合と，現金に換算されて貨幣で返済する場合とがあった。

　売買証文は，商品の売買が行われても，品物の引き渡しと代金の支払いに時

---

14) 伊東利勝「所領の抵当売却——コンバウン朝前期ビルマにおける中・小ダヂーの事例」『東洋学報』第82巻第2号 2000年 pp.97-129 に具体的な事例が詳細に示されている。
15) 用水路の管理者（ミャウン・ガウン）には用水路の受益農民に対する課税徴収権が与えられ，その手数料を収入とすることができた。船着き場の管理人にも関税，通行税の徴収権があり，手数料として幾分かを取ることができた。

間差がある場合に作成されたものである．対象物の受け渡しと支払いが一時に済んでしまえば証文は必要ない．綿などの現金作物を作らせるために代金前払いで作物を確保する例と，逆に代金後払い，つまり掛売りする例が見られる．米，ごま，トウモロコシ，ひよこ豆，ナツメなどの代金前払いによる確保の例が見られ，一方代金後払いとしては，馬，牛，土地，材木，舟，油，薬，レンガなど，比較的値の張る財について証文が作成されているのが目につく．

債権が売買の対象となっている証文もある．農地質入れ証文などの借金証文が，現金が必要になった債権者によって第三者に売却されるような場合に典型的に見られる．

小作契約として表で挙げたのは，当時ロゥペッあるいはペッサーと呼ばれていたいわゆる「分益小作」である．農業生産に必要な諸要素，土地，種，労働力，牽引用の役牛のそれぞれを田の所有者と小作が持ち寄って，それぞれの負担に応じて収穫物に権利を持つという考え方だった．多くの場合，地主が土地，種籾等を提供し，小作が耕作し，収穫を折半するという形がとられていた．現代ビルマ語で小作を意味するティーザーという言い方は見られず，働く仲間，相棒を意味するロゥペッという言葉が使われていた．

約定書・誓約書は，文字通り何事かの義務の履行を当事者が，証人の立会のもとに約束したものだが，ほとんどの場合は先行する契約証文があり，その記載事項の通りに事が運ばれなかった場合に改めて作成されている．借金の返済期限が過ぎても返済できない場合に，新たな期限を定めて約定書を作る，あるいは逃亡した債務奴隷の保証人が，その借金総額や行われなかった労務の弁済に窮した場合，どのようにそれを弁済するかを定めて約束している誓約書などである．

遺産分配約定書や贈呈品目録書もまたテッガイッと呼ばれた．遺産配分は親族の死後，相続の権利を持つ子供たちの間でどのように財産を分配するかを，長老などの裁定者を交えて決定し，全員の同意を取り付けてまとめられた証文であり，贈呈品目録書は，結婚や得度式などの祝い事に際して，両親などが財産の一部を贈ることを約した文書で，これも第三者である証人の立会のもとに約束として取りまとめられる．僧院に対する寄進物のリストを作成し，証人を立ててその確実な履行を約束する証書も作成されている．

その他のテッガイッとしては，借金，借物の返済が終わったときに作られる返済証文や，最初の借金の担保の上にさらに借金を積み重ねる場合に作られた

重借証文などがある[16]。さらに人身抵当で債務奴隷となったものが逃亡した際に，保証人に対し弁済の約束を迫って作成される証文もテッガイッの範疇に入る。このように，コンバウン時代のビルマ社会においては広範な分野の取引，約束が一定の書式を持って文書化されており，こうした私人の間の契約文書の総称としてテッガイッという言葉が使われていた。

2　テッガイッに依拠した研究の歩みと本書の狙い

2-1　テッガイッ研究史

　ビルマにおいてテッガイッの歴史資料としての重要性を初めて指摘したのは，シュエボゥ在住の郷土史家ウー・タゥン（U Thaung）だった。氏は1960年代末から1970年代にかけて，日刊紙ロウッタービィドゥネイズィン（『労働者日報』）に数回にわたって，王朝時代の上ビルマにおける人々の生活を具体的に示す資料として折り畳み写本の中のテッガイッを紹介している。しかし系統的な資料の発掘が始まったのは，当時マンダレー大学歴史学部講師であったウー・トーフラ（U Toe Hla）によってであった。トーフラ氏はテッガイッとの出会いを次のように書いている。

> 　わたくしがコンバウン時代の農地に関連するテッガイッに初めて触れたのは，1967年のことだった。マンダレーのタウングィン法主庁ヘタントゥン博士のお供をして，法主の三蔵教典庫に所蔵された折り畳み写本類を歴史学部のために筆写する任務を与えられたのが，そもそものきっかけだった。どの文書を写すべきかについて教授の特別な指示は無かったし，私自身もどれを写すか決めていたわけではなかった。折り畳み写本にくまなくあたり，筆跡明瞭で判読可能な文書だけを手始めに写すつもりでいた。

---

16) 訴訟関連の文書，すなわち訴状，反論書，証言，判決書などもテッガイッに含める見方もあるが，訴訟関連の文書にはそれぞれの固有名詞があり，それらにはテッガイッという言葉が付かない。売買証文であれば，ヤウンウェー・テッガイッ，土地質入れ証文であればレーバウン・テッガイッと呼ばれるが，訴訟の訴状（シャウチェ），判決書（スィーインジェ）などでは，後ろにテッガイッという言葉をつけて呼んでいる例は，管見の限り見たことがなく，当時の社会の文脈では，これらはテッガイッという範疇に入っていなかっただろうと筆者は判断している。

その時最初に取り組んだのは，副大臣でポッパーのミョウザー[17]でもあったミンフラミンティンヂョオの折り畳み写本で，そこには借用，質入れ，売買，訴訟関連のテッガイッが含まれていた。この写本の中には当時の多種多様な社会階層の人々が現れ，貸借，質入れ，売却の理由を述べ，相互に交わした順守すべき約束なども記していた。当時使われていた貨幣や錘，約束が破られ訴訟となった事件なども知ることができた。これらすべてが，当時の日常をありのままに示しているので，テッガイッの歴史的価値が非常に大きいことに気が付いた[18]。

　氏がこの時筆写収集したテッガイッ1055点については，タイプ稿の未刊行の資料集2冊がまとめられている[19]。

　日本において最初にテッガイッを紹介したのは，日本におけるビルマ地域研究の草分け的存在の大野徹氏である。言語学者でありながらビルマ地域研究の広い分野について精力的な執筆を行った氏が，鹿児島大学ビルマ資料調査団が収集した膨大な歴史資料の中から，借金証文に注目して「18-19世紀のビルマ農村の金融形態」と題して資料紹介を行ったものである[20]。

　テッガイッに依拠した研究は，前述のトーフラ氏によって始まった。その最初の結実が，北イリノイ大学に提出された「マネーレンディングと契約としてのテッガイッ」と題する学位請求論文[21]だった。コンバウン時代の折り畳み写本や貝葉文書に含まれたテッガイッを中心とする資料に依拠し，従来明らかではなかったコンバウン時代後期の社会経済の具体相と，その中で生きる様々な階層の人々の姿を生き生きと浮かび上がらせた魅力的な論文である。

　この論文で氏は，コンバウン後期の社会経済の性格を積極的に解釈しようとも試みている。それは，当時のビルマ歴史学界に顕著な特徴，すなわち一次資

---

17)　ミョウザーとは当該ミョウからの税の一定額を受領する権利を王から授けられたものをいう。領主と訳されることもあるが，そのミョウの統治には権限を持たない。

18)　Toe Hla, "Konbaung Hkit Leya Thet-kayit pa Luhmu Sibwaye Thamain：Pyin-nya-ye Tekkato Thamain Htana i Thutei Thana Siman-kein (1978-81) atwe Tin-thwin-tho Kyan. (Typescript)(「コンバウン時代の農地関連テッガイッに見られる社会経済史：教育大学歴史局の調査研究計画に向け提出した論文」）未刊行タイプ稿1978年。

19)　Toe Hla, 同上論文と同じタイトルを持つ史料集（以下KLTと略記）。Vol. 1, 1977-1978. Vol. 2, 1978-1979. 未刊行タイプ稿（1776-1885年に書かれた各地のテッガイッ1055点を収録。）

20)　大野徹「18〜19世紀のビルマ農村の金融形態」『アジア経済』第16巻5号1975年，pp. 69-77。

21)　Toe Hla, 1987, *op. cit.*

料に隈なくあたり，それら資料の積み重ねにより歴史叙述を行い，歴史家個人の解釈を可能な限り排することによって'客観性'を保とうとする徹底した実証主義の傾向[22]から一歩踏み出すもので，テッガイッという新しい資料の発見に加えて，歴史学の在り方という点でも新風を感じさせるものだった。こうした氏の仕事に触れ，前植民地時代の社会経済研究に新しい沃野が拓かれつつあるのを感じ，筆者もまたコンバウン時代の研究を自分の仕事の中心課題とするようになった。

しかし，その後借金証文を中心とするテッガイッを独自に読み進めてゆくにつれ，この史料が示している18～19世紀のビルマの社会経済の現実と，氏の描かれる総体としてのこの時代の社会経済像の間には，少なからぬ矛盾が存在すると感じるようになった。

氏は，コンバウン時代にあらゆる社会階層によって書かれるようになったテッガイッという文書の歴史資料としての大きな意味を発見し，それに依拠する斬新な研究を始められたにもかかわらず，こうした証文が書かれていたビルマの18～19世紀像をいわば半世紀以上遡った古典的な東南アジア前近代社会像につなげようと試みているように思えるのである。例えば氏は，王権の絶対性を前提にしてこの時代を捉えようとし，コンバウン時代のビルマ社会を絶対的な権力を集中する王と，それ以外の人々からなる二階層の社会として捉える。その主たる根拠として引用されるのは，コンバウン時代のビルマには領主貴族（landed aristocracy）あるいは郷紳（landed gentry）に当たるものが存在しなかったとするJ. ニスベット[23]や，「王と村人の間には中間的な階層がまったく存在しなかった。」[24]とするH. フィールディング・ホール，すなわち19世紀後半に植民地ビルマ体験を持つ人々の著作からの引用である[25]。したがって16～18世紀のタウングー朝ビルマを扱ったV. リーバーマンの著作[26]が地方の世

---

22) こうした傾向は，独立後のビルマの歴史学を主導したイギリスで学位を取得したタントゥン（Than Tun），イーイー（Yi Yi）氏らの著名な歴史学者たちの学風からだけではなく，1962年から88年のビルマ式社会主義時代に続いた学問領域，とりわけ歴史学に及んだ政治介入の影響にもよっていると思われる。研究テーマの政府教育省による設定や，論文に対しても行われる検閲などのもとで，歴史家の解釈ではなく「客観的事実」であるという主張で学問を守らざるを得なかったという側面が確かに存在した。

23) John Nisbet, *Burma under British Rule and Before*, 2 vols. Westminster: Archibald Constable & Co. Ltd., 1901.

24) H. Fielding Hall, *The Soul of a People*, London: Macmillan & Co., Ltd., 1899, p. 116.

25) Toe Hla, 1987, *op. cit.*, pp. 290.

襲的首長，いわゆるミョウダヂーやユワダヂーをジェントリー階層と考えているのに対しても否定的である。

氏の二層社会論のもう一つの根拠は，18～19世紀に存在した王族や高級軍人，役人の中に見られた大土地所有者は，一代限りのことで代々にわたってそれらの土地が所領として継承され，確固とした社会階層となることはなかったという点である。その理由としては，1）王族，貴族といえどもその地位は世襲ではなく，王の一存によってその地位が容易に失われるような不安定な存在であった。2）多妻制度などの家族形態によって王族をはじめとする有力者は，多数の扶養家族を抱え膨大な経費を要した。3）仏教徒としてあるべき生き方が，盛大な布施行為，宗教建造物建立などに向かわせ，生活は簡素に，余剰は寄進行為にという行動を促した，という三点を挙げる[27]。

確かにこれらの点は，コンバウン・ビルマ社会の一つの側面ではある。1）については，王族の中で王位篡奪が繰り返されて，敗者側はその係累が絶やされたうえ財産も没収されるなど，王族の地位が安定的でなかったのは，王位をめぐる権力闘争の歴史[28]がよく教えている。また宮廷官吏，あるいは王から一代限りの称号を与えられた貴顕高官たちは確かに世襲身分ではなかった。しかし，ミョウダヂーあるいはタイッダヂーなどと呼ばれた地方の在地統治者は基本的に世襲であり，その代替わりにあたっては，王の勅令による安堵を必要としたが，複数の候補者がその地位をめぐって係争中であるなど特別の例を除いては，在地支配者の側の要請に従って任命書が発行され，地位は親から子あるいは兄弟などに継承されていった。こうした在地首長層の中からは，16世紀ごろからサリン地方の在地首長として一族から歴代の統治者を輩出する一方，18～19世紀には金融や購入を通じて広大な水田，畑地そして債務奴隷を集積したサリンミョウ・ダガウンと呼ばれた一族[29]を筆頭に，有力家系が多数出現

---

26) V. Lieberman, *Burmese Administrative Cycles: Anarchy and Conquest, c. 1580–1760*, Princeton: Princeton University Press, 1984, p. 92–96.

27) Toe Hla, 1987, *op. cit.*, pp. 292–94.

28) U Maung Maung Tin, *Konbaung-hset Maha Yazawindawgyi*, Yangon: Tekkato-mya Thamain Thutei Thana Oozi Htana, 2004.（rept.）（『コンバウン大王統年代記』以下 KBZ と略記）などの王統年代記や，Willian J. Koenig, *The Burmese Polity, 1752–1819: Politics and Administration, and Social Organization in the Early Kon-baung Period*, Center for South and Southeast Asian Studies, The Univ. of Michigan, 1990. が詳細に記しているように，コンバウン王朝の王位継承をめぐっては，王位継承順位を決める制度が確立しておらず，また王の血統である王子がきわめて多数に及んだため，王位をめぐる反乱，武装蜂起が頻発している。

しており，王と人民の間に中間階層が存在しなかったという見方にはかなり無理がある。

2), 3)の点については，扶養家族の数の多さや仏教的生き方の教えも，必ずしも有力な階層の富の蓄積とその継承を阻害するものとは限らないことは，本論の各章の事例から充分読み取れることと思う。

西欧の前近代と植民地化された東南アジアの前近代は異なった性格の社会であったに違いないという想定が，氏の考えの底流に強くあり，19世紀の植民地ビルマを体験し，その過去を絶対的君主と無権利状況の中に置かれたその他の民という二階層からなる社会であったと考えたイギリス人官吏や学者，作家などの歴史像を補強する結果になっているのではないだろうか。また氏は，コンバウン王朝における歴代王に冠された数多くの尊称のうち，「水と大地の主(イェーとミェーのシン)」あるいは「すべての生命の所有主(アテッウーサインパイン)」という表現を取り上げ，実際に王が王国全土の唯一の土地所有者であり，人々は支配者から許されている限りにおいて，土地保有の一定の権利を有するにすぎない[30]，さらに王はすべての人々がみずからの臣下あるいは奴隷であると称し，実際にもその要求は受け入れられていたと記す[31]。

しかし，テッガイッと呼ばれる証文，とりわけ借金証文から浮かび上がってくる光景は，むしろ平民であるか，官吏であるか，王族であるかを問わず，土地に関する私的な権利，すなわち使用権だけではなく処分権をも備えた所有権が，広汎に確立していたことを明らかに示しているのである。実際に土地は質草として借金の担保となり，あるいは売買も行われ，それらの個別の取引証文は，中央王権や在地統治者などへの届け出，認可などは必要とせず，個人間の契約としてまったく自由に行われている。

さらに借金証文に現れる債権者と債務者について「債権者のほとんどは支配層のエリートに限られ，債務者は農民と世襲的職能集団に属する人々[32]」であ

---

29) サリン・ダガウン一族の間では主として4つの家系が存在したが，均分相続によって一族以外に土地，財産が散逸することを恐れ，一族以外のものとの通婚を禁止するなどの取り決めがあった。また一族はサリン地方を中心として，仏教建造物や地域社会への寄進行為で突出する存在であったが，こうした行為によって蓄財が妨げられるわけではなかった。

30) Toe Hla, 1987, *op. cit.*, p. 22.

31) Toe Hla, *ibid.*, p. 21.

32) 原語はアフムダーン。王に対する一定の世襲の職務を義務付けられている階層の人々をいう。税負担のみ義務付けられたアティー（自由民，平民）と人口をほぼ二分していた。

る」という氏の断定についても疑問なしとしない[33]。テッガイッは、実際には縦横無尽に結ばれており、王族の中でも債権者と債務者は入り乱れ、中央あるいは地方の統治権力とは関係のない地主や商人などの小金持ちの中にも債権者は数多く登場するというのが実際の姿ではないだろうか。

　テッガイッの重要性は、社会のあらゆる階層に、とりわけその姿が歴史の中に具体的に出現することがほとんどなかった庶民までをも含んで、取り交わされた契約が、時間と場所を特定して記録されているところにある。複数の人々の間で交わされた何らかの合意、約束を記したテッガイッには、関係する当事者だけでなく、証人、立会人、貨幣鑑定者・計量者そして証文を作成した人物、筆写した人物の名が列記されており、契約証文という性格上、その日付、場所、人名、貨幣の種類、量、財などに関する記載事項は、具体的であり、正確でなければならないという特徴をもつ。こうしたテッガイッが広く、かつ大量に作成されていたという事実は、従来の前植民地時代の社会経済像を、様々な角度から問い直し、新しい歴史像を描くことを促していると思われる。

　氏は、この論文のあとはコンバウン時代を対象に精力的に執筆を重ね、その対象は広い分野に及んでおり、それぞれ充実した作品を発表されているが、テッガイッを主資料とする研究からは卒業されてしまったかのようである。その後トゥナンダー（Thu Nandar）によってメイッティーラ地方のテッガイッを主資料とした学位請求論文[34]が書かれ、この地方における農地を担保とする借金証文の詳細な分析に基づき、均分相続慣行の強固な存続と、借金による土地の権利関係の錯綜があいまって世代を超えた農地関連訴訟を多発させていたことを明らかにした。しかしこうした仕事を除くと、テッガイッの収集、保存、公開の状況が大きく好転してきた中でも、その研究は遅々としてなかなか進んでいないのが現状である。テッガイッに東南アジア近世史に新たな視野を拓くような可能性を感じ取り、その収集保存作業の一端にも関わった者として、少しでもこの史料を使った研究を先に進めたいという一念で、論稿を少しずつ書きすすめてきたが、あまりにも遅い歩みだったと振り返って思わずにいられない。

---

33) Toe Hla, *ibid.*, p. 290.
34) Thu Nandar, "Characteristics of Land-mortgage Contracts in the 18th —19th Century Myanmar Society: An Analysis based on *Thet-kayits* Manuscript," 東京外国語大学大学院 地域文化研究科博士後期課程 博士論文 2008 年。

2-2　本書の課題と構成

　18〜19世紀のビルマ王朝社会において，テッガイッのような私人の間の契約証文がおびただしく書かれていたことへの驚きが，筆者のテッガイッ研究の出発点だったが，読み易いとは言いがたい資料を，謎解きのように読みながら，そこに現れる様々な人々の生活を思い描いているうちに，次第にこの資料から見えてくる18〜19世紀のコンバウン・ビルマの社会経済像が，従来この時代をめぐって描かれてきた歴史像とは齟齬をきたすようになった。先に触れた資源の支配においても王権の絶対性が貫徹していたとみる「東洋的専制」論の影響が感じられる歴史観だけでなく，筆者自身がかつて抜きがたく抱いていた「植民地支配を受ける以前に，すでに近代化への胎動をはらんでいた王朝社会」という観点[35]に対しても，その欠陥がはっきりと意識されるようになった。近代的制度や改革と見えるものでも，それを支える意図や観念は，西欧的な近代思想とは異質なものであることがしばしばであり[36]，近代化という枠組みを当てはめることで見えなくなるものが，じつはこの時代，社会を理解するうえで重要なのではないかと思い至るようになったからである。こうしたことからおのずと，筆者のテッガイッ研究の目的が以下の二つの課題に集約していった。

　第一には，可能な限り広く厚くテッガイッを渉猟し，読み込んで，借金証文という視点から18〜19世紀ビルマ王国に進行していた社会経済的変化をとらえ，その背景と歴史的な意味を明らかにすることである。借金証文の時代的，地理的分布，契約当事者として現れる社会階層の広がり，借金の方法の変化，

---

[35]　その典型的な例としては，斎藤照子「近代への対応——19世紀王朝ビルマの社会経済変化と改革思想」斎藤照子編『岩波講座東南アジア史』第5巻 岩波書店 2002年 pp. 49-74。同書の中の優れた論考，小泉順子「もう一つの「ファミリーポリティクス」——ラタナコーシン朝シャムにおける近代の始動」(pp. 75-104.) から，この点について学ぶところがひじょうに大きかった。

[36]　金七紀男『エンリケ航海王子——大航海時代の先駆者とその時代』(2004年 刀水書房) は，後世の歴史家が陥りやすい欠点を自覚するうえで筆者にとってたいへん示唆的だった。かつて高校の世界史教科書に，中世に生きながら近代の精神を先取りし，大航海時代の幕を切った先駆者として登場していたヘンリー航海王（名前が確か英語読みであった）が，むしろ中世十字軍の精神をもってイスラムと戦い，対外進出にも駆り出された結果，意図せずに「近代」の扉の一つを開けたということであったとは。しかもポルトガル人歴史家によって早くも1930年代に，彼について作られた伝説，神格化が明確に否定されていたという。

そして証文に使用されている多種多様な品質と重量の通貨などを手掛かりとして，この時代の社会経済を読み解き，こうした現象の背後にある時代の趨勢やそれらをもたらした要因を探るという課題である。

　第二の課題は，テッガイッを読むとき常に念頭から離れない疑問，テッガイッが契約として社会的に認知され，契約の当事者双方にその履行を促すことができたのはなぜかという問いへの答えを求めることである。17〜18世紀の第二次タウングー朝（ニャウンヤン朝，復興タウングー朝とも呼ぶ）時代には，人口のおよそ半分を占めるアフムダーンと呼ばれた王権への世襲の役務を担う階層が債務奴隷契約によって私的セクターへ囲い込まれることに王政府は神経をとがらせていた。しかしコンバウン時代には，借金の担保となるのが人であれ，農地であれ，王政府はほとんどこうした契約に介入の意思を見せていない。また証文を取り交わす人々も，水田や人間を担保に入れる契約を結んでも，それを村長あるいはその上の地方統治単位であるミョウの首長など，在地の統治者に届け出る，あるいは認可を仰ぐ必要はまったく感じていないようだ。それでは翻って私人の間で自由に結ばれた契約は，どのような力によって人々の行動を契約遵守に導くことができたのだろう。中央，地方の統治権力を当てにせずに，人々に約束の履行を迫る力がほかにありえたのだろうか。18〜19世紀のビルマ社会の性格を考えるうえでの，一つの重要な問題がここにあると思われる。

　この二つの課題を中心として，各章においても従来の研究と異なる結論に至った若干の論点を展開している。貨幣改革のとらえ方，農地質入れとその売却の間の断絶，抵当小作論，債務奴隷論などである。こうした複数の問題も論を進めるうえで避けて通れない課題となったからである。

　本書は四部構成になっているが，第Ⅰ部は，借金証文が社会のすべての階層を巻き込むように書かれるようになった時代背景をコンバウン王朝の中心域に当たるビルマ中央平野部の風土，およびビルマ王国の社会経済変動と密接な意味を持った対外戦争と対外交易という二つの視点から考察した。また借金証文を読む前提となる複雑極まりない貨幣システムをビルマ貨幣史の中に位置づけ，読み解こうと試みた。

　第Ⅱ部では人身抵当証文に焦点を当て，中央平野部一帯から収集された人身抵当証文を分析し，コンバウン時代における債務奴隷契約の全体像とその歴史的変化を跡付けるとともに，サリン地方の豪族に伝わった人身抵当証文を資料

として，債務奴隷契約の実態を詳細に検討している。コンバウン時代における債務奴隷という存在の歴史的な意味が，第二次タウングー時代と比較すると，大きく変化していたことを示した。

　第Ⅲ部では，コンバウン時代中期以降，人身抵当証文に代る勢いで増加していった農地を担保とする借金証文を扱っている。シュエボゥ地方の1村落ビャンヂャ村のテッガイッは，この村周辺においては，私有地，扶持地，寺領地というそもそも素性の異なった土地が，土地を担保とする借金のとどめようのない増加傾向の中で同じように扱われ，私有地化の方向に動いていたことが明らかになった。しかし，中央平野部全体における農地質入れ証文を検討すると，ビャンヂャ村周辺に見られた農地の激しい流動化は，一部地域に限られた現象であり，他の多くの地方では農地売却を忌避する力が強く働いていると考えられた。

　第Ⅳ部は，テッガイッの契約としての実効性が，いかに社会の中で担保されていたのかという問題を以下の諸点から考察した。第一には，証人の属性とその立ち合いの意味，第二には，契約当事者の間に紛争が勃発した時，それを裁定する法廷がテッガイッをどのように扱ったか，第三には中央王権および地方統治者が私人の間の契約に対し，どのような介入を行ったか，あるいは行わなかったのかの諸点である。

　次に，頻発した質入農地をめぐる裁判沙汰の事例を取り上げて，農地紛争の生じる背景，原因，そして実際に生じた紛争が各レベルの裁判によってどのように解決されていったかを見ている。裁判の在り方自身が，植民地時代の裁判とは大きく異なるやり方，原理にのっとっていたことを示し，一見自立した個人と個人によって結ばれる契約として「近代的」に見えるテッガイッの世界を支え，機能させている社会的観念とそれに基づく慣行は，私たちが「近代性」と呼ぶものとは，異なった文化，慣習の中で育まれていたことを示した。

　補章「歩いて作った村の境界——19世紀中部ビルマにおける村落境界紛争とその調停」は，借金証文の主題からは離れて，ザガイン地方の村と村の間で起こった1768年から1840年代にかけて起こった二つの境界紛争を取り上げ，紛争の始まりから最終的解決に至る道筋を再現したものである。これらの事例もまた，当時の紛争解決メカニズムを特徴的に示す記録として，第8章に続いてコンバウン社会の性格を考える一つの手がかりとなるはずである。

第Ⅰ部
借金証文とその背景

第 1 章
借金証文の背景

中央平野部の風土と社会経済変動

18世紀中葉から19世紀後半にかけてコンバウン王朝下のビルマで，借金証文，なかでも土地質入れ証文が，広汎な地域で頻繁に書かれるようになったのはなぜか。その背景について，本章では二つの視点からこうした事態を生み出したコンバウン時代の社会経済の変動を考えてみたい。

　第一点は，コンバウン朝ビルマの中心域をなす中央平野部の風土という視点である。農地が借金の担保として広く質入れされるようになったということは，その背景として，農地の稀少化という現象があったはずである。どのような経済システムのもとでも農地が稀少化して初めて，それが貴金属や人間労働力にもまして貴重かつ安全な借金の担保として社会的に認知され，移動するようになる基盤ができるからである。この農地の稀少化が生じうる基本的な条件として，ビルマ中央平野部の独自の気象条件，すなわち天水水稲栽培ができない乾燥の厳しい気候と，それを克服すべく何世紀もかけて建設，維持管理されてきた灌漑網の存在があったことにまず注意を向けたい。

　第二点は，18世紀中葉から19世紀末にかけてのコンバウン朝ビルマの社会経済変動という視点である。灌漑網の存在が農地の稀少化の基本的な条件を作り出したとは言え，灌漑網のほとんどが，第一次ビルマ帝国と称されるパガン時代（11〜13世紀），あるいは中央平野部に先住したピュー人の時代（1〜9世紀）に起源をもち，何世紀にもわたり盛衰を繰り返しながら機能してきたものだから，なぜ18世紀中葉から19世紀後半にかけて，庶民の間にまで借金が浸透し，農地が質草に使われるようになったのかということに関しては，灌漑網の存在は何も語ってくれない。

　筆者は，コンバウン時代を，王国の資源徴収と配分のシステムが大きく変化していった時代ととらえている。K. ポラニーの言葉を借りれば[1]，経済資源の再配分を中心に置くシステムから，市場にその多くを依存する交換システムへと社会経済の比重が移っていった時代ということになる。こうした社会経済の変化の背景には，コンバウン朝ビルマの対外関係の激変があり，それは対外戦争と対外交易の在り方に密接に関わっている。対外戦争と交易の二つの指標だけで，この時代の社会経済の変動を充分に説明できるわけではないが，18〜

---

1) K. ポランニー著（玉野井芳郎・平野健一郎編訳）『経済の文明史』日本経済新聞社 1975, pp. 269-276。K. ポラニー著（吉沢英成他訳）『大転換——市場社会の形成と崩壊』東洋経済 1975, pp. 68-69。

19世紀のビルマ経済社会の特徴とその変動の方向をもっとも良く表す指標のように思われるからである。

1　ビルマ中央平野部の風土
——サヴァンナ平原に刻まれた灌漑システム

　農地の稀少化というイメージは，一般的に抱かれている"東南アジア前近代社会は小人口世界であった"というイメージとはおそらくずいぶん異なるだろう[2]。17世紀初頭の東南アジアの総人口は，2080万人，人口密度は1平方キロメートルあたり大陸部で6人，島嶼部で4人と推計されており，当時のインドや中国と比べ，その6分の1，あるいは7分の1に過ぎなかった[3]。その少ない人口のかなりの部分は，河口に開けた交易都市，あるいは比較的早くから定着水田耕作が行われていた平地部水田地域に集中しており，そのほかの地域は広大な熱帯林，亜熱帯林に覆われ，人々は焼畑移動耕作や森林物産の採取などで生計を立てていた。18世紀の終わりまでこうした状態が続き，東南アジア全体の人口増加率はわずかであった。人口曲線がはっきり右肩上がりのカーブを描くようになったのは，どの地域でも植民地統治下に入ってからのことであり，島嶼部では18世紀半ば以降，大陸部では19世紀の後半以降に起こった現象である[4]。強大な植民地権力のもとで域内の王国間，地域間の戦闘行為が抑えられ戦火による荒廃が減少したこと，植民地的開発の進展の中で開拓と定住が進んだことなどが主な原因だった。

　広大な未開墾地，小人口，そして人口の高い流動性で特徴づけられる18世紀以前の東南アジア社会の中では，ビルマの中央平野部が，ベトナムのトンキンデルタやジャワ島中部，バリ島などと並んで古くから定着水田耕作が営まれた地域，すなわち東南アジアでは比較的人口密度が高い地域に含まれる。しかし，トンキンデルタやジャワ島中部と異なる点は，コンバウン朝ビルマが根拠地を置いた内陸部の中央平野部が，これらの地に比べると乾燥が際立ってきついということだ。東南アジアの熱帯サヴァンナ平原の中でも，もっとも乾燥が

---

　　2)　坪内良博『東南アジア人口民族誌』勁草書房 1986。
　　3)　B. R. ミッチェル編『アジア・アフリカ・大洋州歴史統計 1750～1993』東洋書林 2002。
　　4)　斎藤照子『東南アジアの農村社会』山川出版社 2008, pp.23-24。

厳しいのがビルマの中央平野部であり，その主な原因はモンスーン降雨の影響がきわめて少ないためである。

　ビルマを北から南に縦貫するエーヤーワディー河と，その東に並行して流れる内陸部に端を発し，モウッタマ（マルタバン）湾に流れ込むシッタウン河によって形成された広大な谷底平野は，タウングーとピィーを結ぶ北緯19度線をおよその境として，北側の地域を上ビルマ，南側地域を下ビルマと通称される二つの地方に分かれるが，両地域の気象条件は，前者はサヴァンナ気候，後者は熱帯多雨気候と大きく異なる。

　このように大きな気候上の差があるのは，ビルマの外周を屛風のように縁どる山岳地帯とモンスーンにその主な原因がある。雨季の5月から10月にかけてインド洋から吹き上げる南西モンスーンは，ベンガル湾に面するヤカイン（アラカン），そしてエーヤーワディーの下流に広がる広大なデルタ地帯，マレー半島方面に伸びるタニンダーイー（テナセリム）地方に2000〜5000 mmに及ぶ雨をもたらす。しかしヤカイン山脈がこのモンスーンを遮ることで，内陸に広がる中央平野部にはわずかな雨しかもたらさない。また乾季の11月から3，4月にかけては，東シナ海から東南アジア方面に吹き下ろす北東モンスーンがあるが，東南アジアの西端に位置するビルマの降雨量には，北東部の山岳地帯を除いてあまり影響を与えない。その結果，海岸からも遠く，周囲を山岳，高原に囲まれた中央平野部は，年間降雨量800 mm前後の，東南アジアの熱帯モンスーンサヴァンナ平原の中でも，もっとも乾燥した土地となった。

　11〜13世紀のパガン朝以来，ビルマ人を中心とする王朝はすべて中央谷底平野におかれ，その中でタウングー朝（1531〜1599年）のみが，上下ビルマを分ける境界線上のタウングーを根拠地として創始され，1539年には下ビルマの港市バゴー（ペグー）に都を移した。そのほかの王朝，パガン（1044〜1299年），ニャウンヤン[5]（1604〜1752年），コンバウン（1752〜1885年）は，すべて上ビルマと通称される中央平野部にその拠点を置いていた。

　図1-1は年間降雨量で，エーヤーワディー，シッタウン両河川の流域中央低地帯を区分したものだが，コンバウン時代の王都は初期（1752〜1760年）のシュエボゥ（旧名モゥソボゥ）がやや北に位置するのを除くと，ザガイン，ア

---

[5]　タウングー朝第三代王バインナウンの息子，ニャウンヤン侯がインワに都を移して再建した王朝。第二次タウングー朝あるいは復興タウングー朝とも呼ばれる。

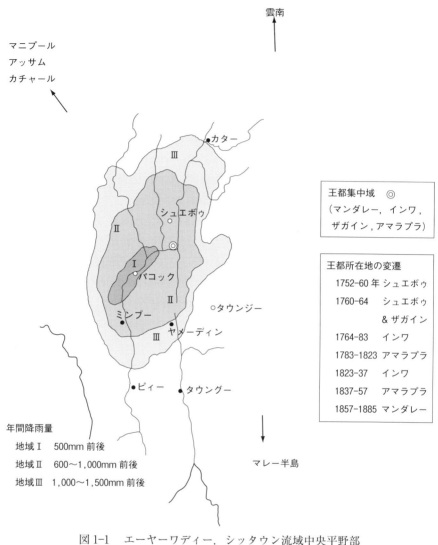

図 1-1　エーヤーワディー，シッタウン流域中央平野部
年間降雨量から見る地域区分

参考文献
Robert Huke, *Rainfall in Burma*, Geography Publications at Dartmouth, No. 2, Dartmouth University, 1966.
Thin Kyi, et al., *Pyi-thaun-su Myanmar Naingan hnin Kaba Myei-pon Saok*, U Htun Aung Pon-hnei Htaik, 1956.

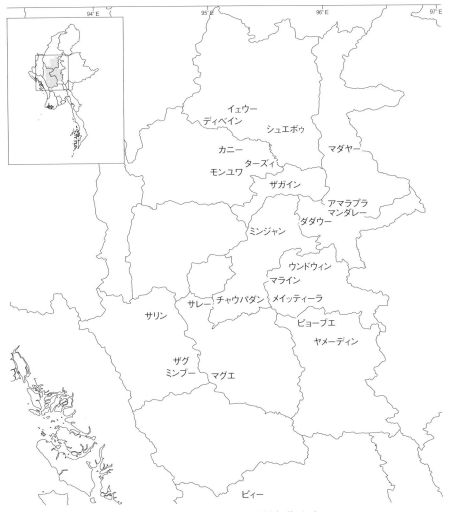

図 1-2 テッガイッの発見収集地域

ヴァ，アマラプラ，マンダレーの歴代王都は，図中の地域 II の中でも極めて狭い範囲に集中している。王都の年間降雨量は，シュエボウを含めて 800 mm ほどでいずれもかなり乾燥がきつい。そして王朝の中心的な地域は，地図中の地域 I, II に当たる年間降雨量が 500 〜 1000 mm の乾燥および半乾燥地帯の平野部にあった。天水では主穀の米の生産が困難なこの地域 I, II に，歴代王政府の直轄事業として営まれてきた大規模な灌漑システムが集中している。地域

IIIは，ビルマの外周を屛風のように取り囲む山地と中央谷底平野の中間地帯に当たる。雨量の多い山岳地帯から流れ出た急流が山地と平野の間に作り出した扇状地形である。

図 1-2 は，本書で取り上げたコンバウン時代の借金証文が発見収集された場所を示している。このように，借金証文はそのほとんどが地域 I，II の乾燥，半乾燥地域に分布している。地域 III すなわち年間降雨量 1000 〜 1400 mm の扇状地や丘陵部からも若干の借金証文が見つかっているが，その数は少ない[6]。しかしタウングーとピィーを結ぶ線の南，下ビルマと通称される広大な河口デルタ部を含む熱帯降雨林地帯からは，こうした借金証文，とりわけコンバウン時代の借金を特徴づける農地質入れ証文は，まずみつからない[7]。天水田地帯である下ビルマでは，他の多くの東南アジア諸地域のように，稀少な人口と，豊富な未墾地の存在を特徴としていた。イギリスが 1852 年下ビルマを併合した時，デルタ上流部以北では天水による定着稲作が見られたが，中―下流部一帯では，熱帯林の中に米を作り，2，3 年収穫した後にその土地を放棄する移動耕作が散見されるような状況だった[8]。土地所有の観念も希薄であり，土地そのものが財として扱われる条件がほとんど存在していなかったのである。

表 1-1 は，コンバウン時代に使用されていた王権直轄の大規模灌漑システムを示している。その中で河川を水源とする灌漑システムは，エーヤーワディー河に周囲の丘陵地帯から流れ込む支流河川に堰を設け，用水路を張り巡らしたチャウセー，ミンブー，シュエボウの三地方に見られる。雨量の多い山岳地帯に端を発する年間を通じて涸れることのない豊かな水量をもつ川に大規模な堰を設け，幹線から末端に至る用水路を複雑に張り巡らしたシステムである。そのような通年湛水の川がないメイッティーラやヤメーディンには，周辺の中小河川の水をせき止めて築造された大規模溜池と多数の中小溜池からなる灌漑シ

---

6) ヤカイン山脈のすそ野状に位置するヨー地方，シャン高原のタウンジー地方などから少数の証文が見つかっている。

7) 上下ビルマの境界線上に位置するピィーの博物館でも，コンバウン時代の借金証文が数枚見られるが，その内容は，地域 II に含まれるサリン地方の豪族が周辺地域に広く貸付を行っているもので，ピィー地方あるいは，より南の下流地域の証文が見られなかった。

8) J. S. Furnivall and W. S. Morrison, *Burma Gazetteer* (以下 BG と略記) *Syriam District*, Rangoon: Superintendent, Govt. Printing and Stationery, 1963, (rept.), p. 71. 斎藤照子「英領ビルマにおける初期土地制度 1826-1876」『東南アジア研究』23 巻 2 号 1985，p. 147.

表 1-1　コンバウン時代の中央平野部灌漑システム

主たる水源	地方	起源	水源とシステム名	主要灌漑施設	推定灌漑面積 (acre)
河川灌漑	チャウセー	パガン時代（伝承）	ゾーヂー川システム	堰，用水路	105,000～161,722
			パンラウン川システム	同上＋溜池	
	ミンブー	パガン時代	サリン川システム モン川システム マン川システム	堰，用水路	22,132 7,000～10,000 28,252
	シュエボウ	パガン時代	ムー川システム	堰，用水路，溜池	300,000
溜池灌漑	メイッティーラ	ピュー時代	60余の溜池群 三つの巨大溜池	溜池，用水路	33,000
	ヤメーディン		チャウセー池 ヤメーディン湖		5,000 5,000
河川＋溜池	マンダレー	パガン時代の遺構 コンバウン		堰，用水路，溜池	74,341

注：推定灌漑面積は，M. Aung-Thwin, *Irrigation in the Heartland of Burma*, Northern Illinois Univ. Occasional Paper No. 15, 1990, pp. 14-32 に拠っている。この灌漑面積のうち米作地が約 9 割（89.5％）を占めていたとされる。*Ibid.*, p. 32.

ステムがあり，マンダレーには，河川灌漑と溜池の比重が拮抗する複合灌漑システムがある。

　これらのシステムは，王朝時代以来，英植民政庁，そして独立後の政府と常に中央政府の下で修理や拡張を加えられながら，現在に至るまで上ビルマの農業生産を支える基盤となってきた。筆者はこれまでにヤメーディンを除くすべてのシステムを訪れ，取り入れ口から末端圃場まで見て歩いたが，風土や地形を読み込んだ巧みな設計と，その規模の大きさに強い印象を受けた。等高線にそって掘削された用水路は，あたかも自然河川のような景観を作り，上ビルマの乾燥地帯にオアシスのような緑濃い農村地帯を生み出している。

　表に掲げたシステムの多くは，伝承としては 11～14 世紀のパガン時代に起源をもつと考えられているが，より古いピュー時代に，少なくとも一部がすでに建設されていた可能性も否定しきれない[9]。とりわけメイッティーラの溜池システムの主柱であるメイッティーラ湖の築造はピューの時代に遡る可能性が大きい[10]。

こうしたシステムが王権の直轄事業として営まれてきたのは，大規模な溜池を築造し，あるいは水量豊かな大河川に堰をかけ，全長にすると何百キロメートルにも及ぶような各システムの用水路を掘削するために，多くの労働力を徴用して土木事業に投入することができる主体が中央王権だけだったからだろう[11]。仏教の護持者としての寄進行為と並んで，王による灌漑事業も碑文に刻まれ，諸王統史の中に記されているのを見ても，用水を確保し農業生産の基盤を整えて主穀の生産を保証する灌漑事業は，王政府の最重要課題の一つであったことがわかる。

　王権直轄の灌漑システムの原型が少なくともパガン時代には出来上がり，最後の王朝コンバウン時代までその数を変えていないことも注目される[12]。既存施設の改修や周辺での拡張がなされることがあっても，他の地域での新規の開発が行われることはなかった。その理由は，おもに河川や地形などの自然条件による制約にあったと考えられるが，灌漑施設の機能維持に毎年必要とされる資材，労力を超える新規灌漑網の拡充は，中央王政府によほど切実な理由がない限り，なかなか行われないのが実情でもあった[13]。こうした状況の下では，灌漑水田の面積を容易に拡大することは難しい。内陸中央平野部では，コンバウン時代にあっても，水掛かりの良い優良農地とりわけ水田は，その供給が一

---

9)　チャウセー地方におけるピューの遺構と多数のピュー語碑文の出土，およびシュエボゥのムー川システムに近いピューのハリンヂー遺跡の存在を考えると，溜池などの灌漑施設の一部は，ピューの時代にさかのぼる可能性が大きい。

10)　伊東利勝「上ビルマメイッティーラ池灌漑施設の維持管理史――伝承時代からコンバウン時代まで」『アジア・アフリカ研究』20号 1980。Thu Nandar, *op. cit*., p. 14, Michael Aung-Thwin, *op. cit*., p. 29 を参照。

11)　王権直轄の灌漑システム以外の灌漑としては，地図中の地域IIIには天水田のほか，在地の用水管理者と利用者の間で維持管理される比較的小規模な河川，溜池灌漑が見られ，シャン，カチン，チンドウィンなどの山間盆地や谷筋にも小規模な灌漑が多数存在した。灌漑を使用しない稲作としては，マインと呼ばれる減水期稲が湖沼の周辺などで広く栽培されたが生産力は低く，上ビルマのコメ生産の主力は灌漑による水稲栽培にあった。

12)　上ビルマの灌漑事業は，英領時代になっても王朝時代のこの6灌漑システムの改修と一部拡張に終始し，さらに1948年の独立後においても，同じように灌漑局による6システムの維持管理，改修，改良が基本線であった。

13)　例えば第一次英緬戦争による下ビルマ一帯の喪失後に即位したミンドン王政府は，メイッティーラ湖の改修，マンダレーにおける灌漑網拡充など灌漑事業を熱心に行ったが，これは下ビルマの産米を税として確保できなくなった結果，しばしば深刻なコメ不足に陥ったためであった。同様に19世紀初頭に旱魃，飢饉に苦しんだボードーパヤー王政府もメイッティーラ湖改修，マンダレーシステムの一部をなすアマラプラの溜池工事などの灌漑事業に取り組んでいる。

定の制限のもとにあったのである。

　半乾燥という米生産には不利な自然条件に対し，膨大な労働力と財を投入して形成された灌漑システムによって水掛かりの安定した水田は，開墾するだけで手に入る無尽蔵の資源ではなく，稀少性に富む限られた資源であった。前植民地時代の東南アジア社会の一つの特色としてしばしば言われてきた「豊富あるいは無尽蔵の土地と稀少な人口」という表現は，堤防で周囲を囲み，その中に集落や水田を拓いたベトナムのトンキンデルタや人口稠密なジャワの水田地帯とならんで，ビルマ王国の中心域をなす半乾燥地帯にもまったく当てはまらないのである。

2　コンバウン時代の人口動態

　前節では主穀である米の生産に不可欠な農地，水田の供給が長期間にわたって一定の制限のもとにあり，それが農地の稀少化という現象が生じる基礎的条件だったことを示した。しかし，農地稀少化のもう一つの条件として食料の生産と消費の主体である人口の圧力を考えないのは，片手落ちの感があるかもしれない。そこで次にコンバウン時代の人口動態を見てみたい。資料の制約がありコンバウン全期にわたる詳細な人口動態を跡付けることはできないが，さいわい重要な社会経済変動が見られた18世紀末から19世紀の20年代にかけては，一定の資料が得られる。

　コンバウン時代の人口動態は，植民地期以降に始まる右肩上がりの人口曲線が示す，時代とともに漸増する人口という姿とは異なり，飢饉，戦争，治安の悪化，王権による公租公課の過度の請求などの自然的，社会的条件によって大きな影響を受けていた。

　コンバウン時代の人口趨勢に関するもっとも重要な資料は，シッターンと呼ばれる地方統治単位ごとに行われた調査報告である[14]。シッターンは王権の請求によって地方首長ダヂーや，王権に対する世襲の職務が義務付けられた身分集団の長が文書で報告する形で行われた。その内容は，日付，回答者の名前，

---

14)　シッターンは，F. N. Trager and W. J. Koenig. *Burmese Sit-tans 1764-1826: Records of Rural Life and Administration*, University of Arizona Press. 1979. によって広く紹介された。日本では，シッターンの原資料を用いた研究が伊東利勝，岩城高弘によってなされている。

年齢，出生曜日，首長の系譜，統治範囲と境界，域内の農地，公租公課とその額，寺領地の有無，領主あるいは役人に対して住民が提供する産品，労働，そして首長に許される儀礼的特権など広範囲に及んでいる。これらの点を記述した報告のあとに，首長の管轄地域の住民世帯のリストが添付されており，人口に関する貴重な資料となっている。

　シッターンは14世紀初頭にはすでに行われていたとされるが[15]，この時のシッターンは残存していない。コンバウン時代には1765年から1826年にかけて4回のシッターンが行われたが[16]，1765年のシッターンはパガン地方を除いては，残っておらず，ボードーパヤー王時代の2回のシッターンとバヂードー王時代の1826年のシッターンの断片的な資料が残っている。その後には，イギリスによって領土を奪われてゆく植民地化の過程が始まる。1826年には二つの沿海地方ヤカイン，タニンダーイーを，1852年には下ビルマ一帯すなわちピィー，タウングーを結ぶ線以南の下ビルマ一帯を失い，最終的には1885年12月に第三次英緬戦争に敗れてビルマ王朝は滅亡する。この60年間のビルマ王国の人口については，包括的なシッターンの資料が存在せず，人口の変動を辿ることができない。したがってシッターンを使用してある程度人口動態を辿れるのは，1782年から1826年までの44年間に過ぎない。

　ボードーパヤー王の緬暦1145年（西暦1782/83年）のシッターンは，もっとも徹底して調査が行われたシッターンと言われている[17]。しかし，同王が1802年に再度提出させたシッターンでは，南部デルタ地方，マルタバン湾沿岸のモゥタマ地方，ピィー地方などの王国の周縁部とも言える地方では，前回のシッターンの世帯数がそのまま報告されている例がほとんどであり，これらの数字は，実態を示しているとは到底思えない。自らが統治する地方の人的資源を過少に申告して，王権の請求を回避しようとする地方首長の意向が反映していると思われ，王政府の権威が1782年に比べかなり弛緩していることを思わせる。

　さて，王国全体の人口に関しては，1830年から1847年にかけてインワに駐在したイギリス東インド会社の使節H. バーネイが，宮廷の役人を通じて手に入れた緬暦1145年（西暦1783年）シッターンの資料を中心とし，その他の情

---

15)　Yi Yi, "Konbaung hkit sit-tan-mya", *JBRS*, 49, No.1, 1966, p. 71.
16)　ウー・ティンのように，タラワーディ，パガン，ミンドンの諸王もシッターンを行ったとする説もある。Tin（of Pagan）*MMOS*, Yangon: Ministry of Culture, 1962（rept.），Vol. II, p. 108.

表 1-2　H. バーネイによる 1783 年人口推計

地域	推定人口	根拠
ビルマ本区	2,280,000	1783 年シッターンの世帯数 + 10 % を 7 倍。
イェー，タヴォイ，メルギー	30,000	1833 年，Mr. Maingy によるセンサス
山岳部族など	830,000	1826 年，J. Crawfurd の推計
シャン諸州	1,070,000	1800 年における軍役リスト
合計	4,210,000	

出典：H. Burney, "On the Population of the Burman Empire," *JBRS*, 31, No.1, 1941 (rept.) pp. 19-32.
注：1) バーネイは，Burma Proper の人口推定において，1 世帯あたりの世帯員数を 7 人，シッターンから漏れている人口，すなわち出家，家内奴隷，召使い，パゴダ奴隷，流動人口を合わせたものを人口の 10 % と推定して計算している。
　2) 地域区分，地名はイギリスによるもの。ビルマ本区とは周辺山岳地域とヤカイン，タニンダーイーを除いた中央低平地の上下ビルマを指す。タヴォイ，メルギーは，それぞれ現在ではダウェー，ベイと表記される。

報を取り混ぜて，以下のような推定値を出している。エーヤーワディーとシッタウン両河の流域の広い平野部[18]の住民世帯数は 29 万 5967 世帯，人口で言えば 228 万人と推計し，そのうち王権に対する世襲の役務を担っているアフムダーン階層が 43 %，それ以外のアティーと呼ばれた階層が 57 % であるとする[19]。王国全土については，1783 年の時点で 421 万人の人口があったと推計する。

17) このシッターンについて，伊東は，王は「即位するとすぐにこの調書の提出を地方領主に命じる。しかし集まった調書には，不正や間違いがあることが判明したため，1785 年に，再度正しい調書を提出させている。」と書いている。伊東利勝「マンダレー王朝によるタッタメーダ税制の導入とアフムダーン——上ビルマ・シュエボー地方の事例を中心に」平成 17-19 年度科学研究費研究成果報告書『19 世紀ミャンマーにおける一元的資源管理国家の成立過程に関する研究』2008 年 3 月 p.9。
　H. バーネイも次のように書く。「王は正しい結果を得るために，きわめて厳しく異常な手段を用いた……彼は不正確あるいは誤った報告をもたらした多くの地方官の職を解き，そのうち幾人かを死刑に処した。またスパイ，隠密を様々な地方に派遣して正確な世帯数を把握するために調査させた。」バーネイがインワに居住していたのはボードーパヤー亡き後，10 年以上経っているので，実際の目撃ではなく周辺のビルマの宮廷官吏たちから聞いた間接的な情報だと思われるが，ボードーパヤーがシッターンによって地方社会の実勢を把握する強い意志を持っていたことがわかる。H. Burney, "On the population of the Burman Empire," *JBRS*, 31, No.1, 1941 (rept.) p. 24.
18) 王国の中心域，内陸の中央平野部だけでなく下流地域，沿海のデルタ地域まで含む。イギリス人は，この両河川の作った中央平原を Burma Proper と呼んだ。後に植民地統治下では，イギリス政庁の直接統治下に置かれた地域となる。

表 1-3　1783 年および 1802 年シッターンに見る世帯数

地域	1783 年	1802 年	増減（％）
王都	20,075	22,428	12
北部・西部	69,058	42,751	−38
中部	57,637	47,638	−17
ピィー	30,189	28,786	− 5
合計	176,959	141,603	−20

出典：Koenig, *ibid*., p. 59, Appendix 1, pp. 241-243. より作成。
注：各地域に含まれる地方（ミョウ）は以下の通り
　　王都：アヴァ，アマラプラ，ザガイン，ピンヤ．
　　北部・北西部：ダバイン，アロン，ミェドゥ，アミン，カニー，モッソボゥ，ガーズィン，タンタビン，ピンザラ 5 ミョウ．
　　中部：メイッティーラ，インドオ，ヤメーディン，ニャウンヤン，チャウセー，ピンドレー，ピィンズィ，チャウッサウッ，ピン，チャウパダウン，タロゥ，パガン，サリン，パカンヂー，タウンドゥインヂー，マグエ，ミングン，その他の小ミョウ．
　　ピィー：サグー，マルン，ミェデェ，カマ，シュエダウン，ピィー，パダウン，カナウン，レーガイン，その他の小ミョウ。

　表 1-2 に見られるとおり，この数字はビルマ本区については 1783 年シッターンに依拠し，その他の地域については，年次と出典の違う推定を重ね合わせたものだが，18 世紀末のおおよその人口の見取り図としては，現在に至るもこれを上回る精度で描くことはできない。
　1782/3 年のシッターンと 1802 年のシッターンについては，W. コーニッグが詳細な検討を加えているので[20]，その結果を借りて 18 〜 19 世紀を挟んだ約 20 年間の人口変動を，そしてトゥンイーの収集編纂した『コンバウン時代の諸表集成』[21] の中に含まれている 1826 年のデータを比較することによって，そ

---

19) 序章の注でも簡単に触れたが，アフムダーンとは，王権に対する世襲の徭役を義務付けられた階層であり，その中では騎兵，銃兵，工兵，近衛兵，水兵などの兵士身分が目立つ。しかしそのほかにも，宮廷料理人，芸能者，大工，窯業者など多種多様な職能集団がアフムダーン身分に含まれていた。アフムダーンは，アスゥアンガンあるいは単にアスゥと呼ばれていることもある。彼らは王権に対するサービスの報酬として，職務に応じた一定の面積の土地を給付されていた。一方アティーは，こうした世襲の職能を持たず，原則的には税負担のみを課されていた階層である。ただし彼らも戦時には徴兵されたし，王権直轄の土木建築工事にも徴用された。アフムダーンとアティーの間には，身分的な高低や差別はとくに存在しなかった。

20) W. Koenig, *The Burmese Polity, 1752–1819: Politics, Administration, and Social Organization in the Early Kon-baung Period*, Center for Southeast and Asian Studies, The University of Michigan, 1990. とりわけ 1783 年から 1802 年にかけての人口趨勢を扱った Appendix 1-2, pp. 237-247 を参照。

表1-4　1826年シッターンによる各統治単位の世帯数

ミョウ（145）	アティー	150,690
	アフムダーン	107,300
タイッ（12）	アティー	11,384
	アフムダーン	6,665
騎馬隊（5）	アティー	7,922
	アフムダーン	3,143
特別税	アティー	0
徴収単位	アフムダーン	14,859
合計		301,963

出典：Htun, Yee *op. cit.*, vol. 1. pp. 27-29, p. 115-18 より筆者作成。

注：統治単位のミョウ，タイッ，騎馬隊，特別徴収単位とは，ミョウは多数の村落を擁した地域単位であり，ミョウダヂーと呼ばれる原則世襲の在地首長の統治のもとにあった。タイッもまた同様にタイッダヂーと呼ばれる首長の統治のもとにあり，ミョウよりも起源が新しいと考えられている。パガン時代の中―後期に人口増加によって生じた新しい地域を統治と課税単位としてタイッと呼んだのが起源と考えられている。騎馬隊を他の軍組織と区別しているのは1826年シッターンだけだが，その理由はわからない。特別税徴収単位とは，税を金，銀，染料などで納めることを義務付けられた人々の集団である。特別徴収単位ではアフムダーンの世帯のみが存在するがその他の区分ではアフムダーンとアティーが混在している。アティーは居住するミョウやタイッの長（ダヂー）の統治下にあるが，アフムダーンは，居住地の長（ダヂー）の統治に服するのではなく，所属部隊や職能長の管理下にあった。

表1-5　1783年，1802年，1826年シッターンの比較（世帯数）

1783年シッターン		1802年シッターン		1826年シッターン	
145ミョウ	228,533	141ミョウ	178,806	145ミョウ	257,990
12タイッ	43,508	—		12タイッ	18,049
6部門	23,926	—		5騎兵集団	11,065
				特別税徴収単位	14,859
合計	295,967		178,806		301,963

出典：1826年の数字は Htun Yee, *op. cit.* 1783年と1802年は Koenig, 1990, *op. cit.*, p.110 から。

　の後の20数年の変化を辿ると，表1-3，1-4，1-5のようになる。

　残存している1783年と1802年のシッターンはそのカバーする範囲が異なっているので，コーニッグは，2回のシッターンにともに含まれている地域を取出して比較し人口変動を計測している。表1-3は，その結果の中から，王都と

---

21) Htun Yee ed., *Konbaung hkit Sayin Padeitha, Collection of Sayin*, (Various Lists of Myanmar Affairs in the Konbaung Period) Toyohashi: Aichi University, 2003.

北部・北部・北西部，中部，ピィー地方のみを取出し，作り直したものである。これは上ビルマつまり内陸中央平野部にほぼ重なっている範囲である。同表で省かれているのは，タウングー，エーヤーワディー・デルタおよびモウッタマ（マルタバン）地方だが，これらの地域では，1783年の数字が1802年のシッターンでそのまま繰り返されている例が8割にもおよび，信憑性が薄いと思われる。またピィー地方についても，同じ数字の繰り返しが7割に及んでいるので，どれだけ現実を反映しているか疑わしい。その他の地域，すなわち表に挙げた中心的地域である王都，北部・北西部，中部では約4分の1の回答単位に同じ数字の繰り返しが見られたが，全体の中では一番信頼できる数字といえるだろう。

コンバウン・ビルマの中心的地域の人口動向は，この表で見るように19世紀の初頭には1783年に比べて激しい人口の減少を示している。王都周辺域でのみ世帯数が増えているが，その他の地域ではのきなみ減少しており，とりわけ王国の主要な防衛線として騎馬隊などその常備兵力の中核が置かれている北部・北西部において世帯数の38％が失われているという結果になっている。

1783年のシッターンが即位したばかりの野心的かつ活力にあふれたボードーパヤー王のもと，地方からの虚偽の申告を許さじという強い意志をもって行われたのに対し，1802年のシッターン時には，王権の威信や統制力に陰りが出ていたのは確かで，シッターンの数字が，周辺部だけでなく表1-3で取り上げた中心的地域でも過少申告が行われていた可能性もあっただろう。しかし，それだけでは説明がつかないほどの激しい人口の落ち込みである。のちに見るように18世紀末の度重なるシャム遠征における敗北，1790年から始まったミングンに建設しようとした世界一の巨大パゴダへの果てしない労働力動員[22]などがこうした事態をもたらしたものと考えられる。またトーフラによれば，1800年には火災，洪水などの災害が重なり，多くの廃村が出るような状況があったという[23]。加えて1810年代前半にはビルマ史上未曾有の大飢饉が上ビルマを襲っている。1810年代には上ビルマの人口は1802年シッターンの数字に比べ，さらに減少していたとみなして間違いないだろう。

1826年バヂードー王（在位1819～1837年）の時代に行われたシッターン

---

22) *ROB*, Vol. IV, p. xxvii-xxviii, xxiv. パゴダ自身は未完成に終わる。1808年には92トンの重量の巨大な鐘が鋳造され，1811年に据え付けられている。

23) Toe Hla, *Kon-baung Shwe-pyi*, Yangon: Moe Kyi Press, 1993. pp. 142.

は，トゥンイーの『コンバウン時代の諸表集成』から採られたものだが，ここにあるものはシッターンの原表ではなく，おそらく宮廷役人がメモのような形で残した記録と思われる。これをまとめると表1-4のようになる。

表1-5によって1783〜1826年の間の人口変動のおおよその傾向を見るために，1826年の世帯数合計301,963を1783年のバーネイによる数字295,967と比較すると，2％程度の世帯数の増加が見られ，1826年には少なくとも人口が1783年をいくらか上回る程度に回復していることがわかる。1783年から1802年にかけては，王国の中心域[24]，つまり内陸平野部で17％と推定される世帯数の減少があり，その後若干の回復があったと思われるが，1810〜1812年にはビルマ史上最悪の大飢饉が生じて廃村や餓死者が続出しているので，再び人口の急減があったことは確かだろう。その後1810年代の後半から1820年代半ばまでは，大きな飢饉の記録も見られず，緩やかに人口の回復が進んだと考えられる。また1826年におけるアフムダーンとアティーの比率は，同表に基づけば44：56となり，バーネイが1783年について推定している43：57の比率にきわめて近い。1802年に見られた人口の減少の中では，アフムダーン人口の減少がより大きかったので[25]，アフムダーンの補強，再組織化も進められたことがわかる。

以上のきわめて限られた範囲での検討でも，コンバウン時代の人口については，安定的な漸増傾向は見られず，短期的な変動幅が大きかったことがわかる。したがって農地の稀少化という現象が広がり，財として流動する条件が醸成されたのは，単純に人口圧が時代を追って高まったというような理由からではないということが確認できる。むしろ以下に述べるような，飢饉，火事，戦争など自然災害，社会的混乱などの要素が大きな役割を果たしているように思える。

3　乾燥地域の脅威——飢饉，火事

王朝時代の灌漑システムの全体像と各システムの特徴については，M. アウ

---

[24] 先に見たように，これまで見た各シッターンがカバーする地域の中からエーヤーワディー・デルタ，タウングー，モウッタマを除いた地域を指す。
[25] Koenig, *op. cit.*, Appendix 2, pp. 245-247.

ントゥインが詳しく論じている[26]。同書の結論としてアウントゥインは,「前植民地時代のビルマ王国では,下ビルマ・デルタ地域に依拠しなくとも,(上ビルマ産米の)生産力は充分にあり,何より安定的であった[27]」[( )内は,筆者補足]と述べているが,この結論については再考の余地がある。

　確かに灌漑網の維持管理がよく行われ,雨も例年並みに降れば,上ビルマ域内で主穀が不足する事態は起こらなかったと言えるだろう。また上ビルマ域内で収穫が不足しても下ビルマからの米が現物税や商品として滞りなく搬送されていれば,深刻な事態は発生しなかったと考えられる。しかし,頻度は少なくとも,深刻な米不足や飢饉がコンバウン時代に何度か上ビルマ社会を襲っていることにも注目すべきだろう。ビルマ史研究の中では,管見のかぎり飢饉が主題として取り上げられたことはなく,歴史を動かすファクターとしてはあまり重きを置かれていない。しかし,V. リーバーマンによれば,タウングー時代(1580〜1635年)のビルマにおいても,食料の不足が繰り返し起こり,深刻な飢饉も1,2回発生したという[28]。第二次タウングー時代の末期1741〜1743年には,飢饉が長引き,人々が犬や人肉までも漁るような惨状が現出したとも指摘している[29]。

　コンバウン時代はどうだったのだろう。その創設期においてもアラウンパヤー王の下ビルマ制圧により,多数のモン人がシャム側に逃亡し,その結果下ビルマにおける穀物生産が激減したとされ[30],インド東部方面やシャム遠征中においては,徴兵によって働き手を失った村人たちの間で借金が深刻化していた。しかしこの時代には飢饉という言葉は使われていない。旱魃による大飢饉として知られるのは,1810年代前半に中部ビルマ一帯に発生した飢饉である。1810年から1812年にかけて灌漑網を有する穀倉ベルトも含めて,飢えに追われた流民が彷徨し,田畑や路上に死者が溢れ,多数の村が廃村となるような事態が現出した[31]。長引いた飢饉は,人間や農地を担保にした借金を増加させ,農地の大規模な流動化の起点となっただけでなく,地方によっては村長が村を

---

26)　Michael Aung-Thwin, 1990, *op. cit.*

27)　*Ibid.*, p. 62.

28)　Victor Lieberman, *Administrative Cycles: Anarchy and Conquest, c.1580–1760*, Princeton University Press, 1984. p. 20.

29)　*ROB*, Vol. III, p. 14.

30)　Maung Baw, *Konbaung-hkit Sittan*,(『コンバウン時代の記録』)Yangon: Aman-htit Sape, 2009 (second edition) p. 75.

丸ごと担保にして借金するような事態も引き起こしている。この飢饉は後世にも語り継がれビルマ史上最悪の飢饉として記憶されている[32]。

　その後も飢饉の記録がしばしば見いだされる。1826 年にも中部ビルマ一帯で飢饉が起こったが，このときは旱魃が主因というより，むしろ第一次英緬戦争（1824 〜 1826 年）の勃発により成人男子の多くが戦役に動員されたことが主たる原因だとされる[33]。第二次英緬戦争の結果，下ビルマ一帯がイギリスの植民地支配のもとにおかれ，ビルマ王国が海への出口を失った1852 年以降には，飢饉あるいは深刻な米不足の発生回数が目立って増えている。ミンドン王治世下の 1856 〜 1857 年に生じた飢饉では，多数の餓死者が出たとされ，1864 年と 1866 年にも深刻な食糧不足に見舞われた[34]。旱魃に加えて，下ビルマを失ってその産米の確保が順調に進まなかったことも飢饉，食料不足の原因になった。王政府は灌漑の拡充，下ビルマ米の買い付け強化に努めたが，上ビルマの王国から，英領ビルマへと南下する移民の流れを食い止めることはできず，M. アダスは，移民の要因の一つとして，上ビルマで起こったこうした飢饉を挙げている[35]。

　飢饉の原因は，上に見たように旱魃などの気象条件だけではなく，戦役による耕作労働力の減少，また社会秩序の崩壊期における耕作や灌漑設備維持の放棄などの社会的条件にもあった。社会秩序が保たれており余剰地方からのコメ

---

31) 飢饉の期間については，1810 〜 1816 年，あるいはそれ以上とするものなど諸説ある。次章で見るように，1810 〜 1813 年にかけて極端に暴騰した米価が 17 年ごろには低位安定しているので，遅くとも 16 年には飢饉が収束していたと考えられる。

32) 例えば 19 世紀末になっても，中部ビルマのメイッティーラ，ミンジャン，マグエでは，19 世紀初頭にそれぞれの地方で数千の人が飢えで死亡した大飢饉の記憶が語り継がれていたという。J. G. Scott & J. P. Hardiman, *Gazetteer of Upper Burma and the Shan States*, Rangoon: Gov. Printing, Burma, Part I, Vol. II, 1900, p. 362.（→ GUBSS）

33) A. Williamson compiled, *Burma Gazetteer* （→BG）, *Shwebo District*, Vol. A. Rangoon: 1963, （rept.) p. 161.

34) Govt. of Burma, *Report on the Famine in Burma, 1896–7*, Rangoon: 1898, p. 28.

35) 第三次英緬戦争の結果，ビルマ王国が滅び全土が英領下に置かれた1886 年以降も，上ビルマ地方では，1889 〜 1890, 1891 〜 1892, 1895 〜 1896, 1899 〜 1900 年にいずれかの地方で深刻な食糧危機が発生している。(Govt. of Burma, *Magwe Settlement Report* （→ SR）, *1897–1903*, pp. 22–23. *Minbu SR, 1893–97*, p. 12.) 1896 〜 1897 年の旱魃の最大の被害地ヤメーディン，メイッティーラ，ミンジャンの 3 県からは，人口のおよそ 3 分の 1 にあたる約 20 万人が英領下ビルマに移動したといわれる。(Micheal Adas, *The Burma Delta: Economic and Social Change on the Rice Frontier, 1852–1941*, Madison, Wisconsin: Univ. of Wisconsin Press, 1974, p. 46.) むしろ英領下に入ってのちの 19 世紀末の時代に，上ビルマにおける食糧危機の発生頻度は増加している。

の運搬が可能であれば，王国中心域に米不足が生じても，大きな飢饉には至らないという前提はしばしば破られ，均衡が失われることがあった。1810年代初頭の大飢饉も長期の旱魃に加え，ヤカインやシャムなどとの対外戦争や1790年から始まり長い年月を擁したミングンにおける巨大パゴダの建設など公共土木事業への動員による民衆の疲弊が重なって，史上まれな災厄になったと思われる。

　半乾燥地という自然条件は，もう一つの大きな脅威を社会に与えていた，それは火災である。王宮であれ村の民家であれ，基本的に木材，竹，萱などの燃えやすい材料を使用して建てられており，しかも王宮内，王都の商業地域，居住地区，さらに村落の居住地域でも，家々が密集して建てられていたので，いったん出火し，強風と乾燥が重なれば思わぬ大火になった。大火が社会経済にもたらす危機は，施政者にはよく認識されていたようで，防火は役人にも一般の民衆にも重要な義務として課されていた。コンバウン王朝創設者アラウンパヤーは，1758年1月，「雨季の終わりが近くなった，乾季のもっとも恐るべき危険，火災に対し，警戒をおさおさ怠らぬように」と勅令を発し，さらに防火対策八か条なる詳細な規則を定めて人々に周知を図った[36]。乾燥が強まり，さらに例年強風が吹き荒れる1月末から2月には，火事への備えを促す詔勅がしばしば出されている[37]。記録に残る大火としては，1788年2月に王宮の警備所から出火した火が王都全域に燃え広がった事例[38]，1810年3月に王宮で発生した火事が王都に燃え広がり，王族，廷臣らの居宅のほか多数の寺院，パゴダが焼失した例[39]，1856年2月に王都の西郊外から出火し2000戸以上が焼失し

---

36) 防火八か条とは，1) 火を使用する場所は，日中も夜間もしばしばチェックすること，2) それぞれの家に先端を尖らせた竹竿を（類焼防止に屋根や小屋を取り壊すため）5〜10本常時用意しておくこと，3) 水を満たした壺を軒に用意しておくこと。4) 炊事は一定の時刻（朝5〜7時，夕3時半〜5時半）にのみ行うこと，5) 炉の火が消えているか否か，羽毛を用いてチェックし，羽毛が焦げたらその家の主婦を処罰せよ，6) 道路を歩行中にキセルを用いて喫煙しているものがあれば拘束せよ，7) 防火責任者は火の出そうな場所について，最低でも1日5回はチェックせよ，8) 夜9時過ぎに外をうろついてはならない，やむを得ぬ用事で外出するものは，提灯を携行すること，という詳細な指示で，火事に対する警戒ぶりがよくわかる。*ROB*, Vol. III, p. 49-50, p. 204.

37) *ROB*, Vol. IV, 1783年2月6日，1785年1月8日，Vol. V, 1788年1月27日の勅令など。

38) *ROB*, Vol. V, 1788年2月3日，同月8日，13日，15日の勅令など。

39) *ROB*, Vol. V, pp. 216-226, pp. 701-714. 1810年の3月29日から4月14日まで8回にわたり，この火事に対処するための家屋の取り壊しや，被災者への米の配給，焼け落ちた僧院などの調査などに関する勅令が出ており，火災範囲が広汎であったことがわかる。

た例[40]，1866年4月15日にやはり王都の西側の居住地から火が出て，王宮の濠柵，市場，官吏や富者が住む街区，陶器職人，鉄器職人の居住区，米屋，竹屋などの街区を含め，3800戸以上を消失する大火となった例[41]，1885年3月25日に王都の北東側の廷臣らの居宅をはじめ，数多くの僧院とマンダレーヒルの南西参道や山頂の建造物等を焼く大火が発生した例[42]などがある。王政府の救済策としては，1788年2月の火事で王庫から被災世帯に籾米2籠と鍋，防火用の水壺が配布されたこと，1810年の火事で王庫の穀倉も被災し，一部焼け残った籾を被災者に配布したほか，臣下へ与える1年分の籾米の確保に苦心したことなどが記録されている。

王都の火事発生時に即座に王宮に馳せ参じる義務がありながら，その義務を怠った大臣，廷臣たちや出火元の責任者に対しては，厳しい体罰が課された[43]。半乾燥地帯の中でも乾燥度のとりわけ高い地域に王都を置いた王権にとって，火事は重大な財政危機を招きかねない脅威であり，警戒に余念がなかったことがわかる。

以上，勅令や王統年代記によって確かめられる大火の発生年は，ほとんどの場合，飢饉や深刻なコメ不足の発生年と重なっており，火災が広範囲に広がったのは，旱魃をもたらした極度の乾燥も一因だったに違いない。

行政がよく機能しており，穀物が不足なく生産されているような状況では，たとえ大火が発生してもそれだけでは，社会を揺るがすほどの打撃は与えなかった。しばしば発生した村落部での火災では，木材と竹と萱で作られている住民の簡素な住居の再建はそれほど難しいことではなく，比較的早い回復が望めた。しかし，他の旱魃，社会秩序の混乱，あるいは労働力の枯渇ないし疲弊など，危機が複合して襲ってきたときは，大火の発生は少なからぬ打撃を社会にも王権にも与えたはずである。

---

40) U Maung Maung Tin, *Konbaung-hset Maha Yazawin-daw-gyi*, Yangon: Tekkato-mya Thamaing Thutei Thana Oozi Htana, 2003.（→ KBZ） Vol. III, p. 232.
41) *KBZ*, Vol. III, p. 229.
42) *KBZ*, Vol. III, p. 392.
43) 丸太を背負わせて日盛りに晒すという刑が科されている。*ROB* Vol. V-VI, 1806年4月11日，1810年2月8日，1810年4月2日の勅令参照。

4　対外関係の変化とその社会経済への影響

4-1　対外戦争の趨勢とその影響

　コンバウン時代は戦乱の中に幕を開けた。16世紀にタウングー朝の創始者ダビンシュエティー王によって滅ぼされた下ビルマのバゴー（ペグー）を根拠地とするモン人主体のハンタワディ王国を1740年に再建したモン人勢力は，1752年には上ビルマに攻め上り，インワ（アヴァ）を占領し，内戦や反乱で弱体化していたニャウンヤン王朝を倒した。しかし時をおかず，シュエボゥの在地首長であったアラウンパヤーがビルマ人を中心に周辺の勢力を結集し，1754年にはインワを奪還，1757年にはバゴーのハンタワディ王国を滅ぼして，上下ビルマの統一を成し遂げた。

　以来，第三次英緬戦争の結果1885年に王国が滅ぶまでの130年余のコンバウン時代には主な対外戦争が表1-6に見るとおり25回あった。これらの戦争の性格とその結果は，ビルマ王国の経済の在り方にも，借金証文の増減にも大きな影響を与えている。対外戦争の帰趨を見るとコンバウン時代には，大きく分けて四つの局面があったと考えることができる。

　第一の局面は，1752年から1784年までの32年間，アラウンパヤーの即位からボードーパヤー王のヤカイン（アラカン）王国攻略までの，度重なる遠征とその勝利の時代である。この時期には対外戦争・遠征が13回にのぼり，コンバウン時代の全戦争の5割強が集中している。しかも遠征中のアラウンパヤー王の事故死で中断したアユッタヤー遠征を除いて，他のすべての戦争で勝利を収めている[44]。

　近隣諸国への対外遠征は，正しい仏教の伝道，王家の内紛や継承問題の裁定など様々な名目を掲げて行われたが，経済的観点から見ると資源の調達，なかでも人的資源の調達が大きな目的であったと考えられる。軍に属するアフム

---

44)　この時期の対外戦争で唯一の防衛戦争と言えるのは，乾隆帝の中国が対外膨張政策の一環として1765～1769年にかけて，4回にわたり軍をシャン高原北部にすすめた例だが，ビルマはこれをすべて撃退することに成功した。

表1-6　コンバウン時代のおもな戦争　(1752-1885)

第一局面　(アラウンパヤー即位〜ボードーパヤー治世前期)	
1752-57	モン勢力との戦い，アヴァの奪還と下ビルマ平定，第三次ビルマ帝国を建設
1758.11	マニプール遠征　1759.1 マニプール併合
1759.1	アユッタヤー遠征　遠征中にアラウンパヤー王の事故死，退却
1762.3	チェンマイ遠征
1764.10	北シャン州およびヴィエンチャン遠征
1764.11	アユッタヤー遠征　1767.4 アユッタヤー陥落し灰燼に帰す
1765.1	マニプール遠征
1765.3	ヴィエンチャン遠征，ヴィエンチャン陥落
1765-69	乾隆帝による東北シャン高原への中国軍の度重なる侵攻とその撃退
1772.2	シャム遠征
1772.3	ヴィエンチャン遠征
1774.11	シャム遠征
1784.10-12	ヤカイン（アラカン）遠征，ヤカイン王国の滅亡
第二局面　(ボードーパヤー治世後期〜第一次英緬戦争)	
1785.9	シャム遠征　ビルマ軍大敗
1786.9	シャム遠征　失敗に終わる
1787.8	チェンマイ遠征　失敗に終わる
1792.3	ダウェーをシャムより奪い返す
1797.11	チェンマイ遠征とその失敗
1814.2	マニプール進軍
1818-19	マニプール遠征
1822.2	アッサム遠征
1823.7-9	シャプリ島をめぐる英緬衝突
1824.2	カチャール遠征
第三局面　(第一次英緬戦争敗北から第二次英緬戦争前夜)	
1824.3	第一次英緬戦争の敗北
1826.2.24	ヤンダボ条約締結
	ヤカインとタニンダーイーの割譲
	対英賠償金1000万ポンドの支払い
	マニプール，アッサム，カチャールに対する宗主権放棄
第四局面　(第二次英緬戦争から第三次英緬戦争による王国の終焉)	
1852	第二次英緬戦争の敗北　(下ビルマの喪失)
1885	第三次英緬戦争の敗北
	コンバウン王国の滅亡，全土が英領下に

　ダーンに加えて各地から調達される兵員を出す側から言えば，いかなる戦役も一家の働き手を失い，残された家族が借金を重ねる契機となり大きな災難だったに違いないが，少なくとも王政府にとっては，この第一局面の対外戦争は実りの多い事業でもあった。

　例えば1759年のマニプールの攻略の結果，マニプールはビルマに対し，毎

年,金10 ヴィス (16.3 kg),馬100頭,鏃に毒を含ませた弓5000,染料用樹脂1000 ヴィスを贈るほか,ビルマが戦争を行う場合には,騎馬兵と弓兵を各1000人ずつビルマ軍指揮官のもとに送ることを義務として課された[45]。マニプール,アッサム,カチャール[46]など東インド方面から連行された捕虜の数は不明だが,その多くが王国の騎馬隊に編入され,騎馬隊の中核を形成するようになったほか,銀細工,絹織物,鉄砲鍛冶などの分野でも活躍している[47]。王都周辺で,王族,高官の邸内での使役に服するものや,農業や果樹栽培,ルビー採掘,鉛の採掘などに従事する人々も見られた[48]。

またシンビューシン王(在位1763～1776年)の軍勢がアユッタヤーを滅ぼした1764～1767年の戦いは,アユッタヤーの都をぐるりと包囲する24のレンガ造りの堅牢な要塞を建設して攻めるという大がかりなもので[49],1767年アユッタヤーはついに灰燼に帰し,王族をはじめ多くのタイ人が捕虜となりビルマ王国に連行された。連行された人数についてはビルマ,タイ双方の記録に大きな懸隔があり,ビルマ語資料は同時代の宮廷の重臣であり,宮廷詩人でもあったレッウェーノオヤターが10万6100世帯(エインダウン)と記す[50]。一方,タイ側の歴史書では連行された人数をかなり少なく記述しており,例えばダムロン親王の『ビルマに対する我々の戦い』は3万人以上としている[51]。

連行された多数のタイ系の人々は主として灌漑水田を持つチャウセーなどの

---

45) *ROB*, Vol. III, p. 54.
46) ビルマ語では,マニプールをカテー,アッサムをアータン,カチャールをエッカパと呼んでいる。
47) Michael Symes, *An Account of an Embassy to the Kingdom of Ava, in the Year 1795*, Edinburgh: 1827, Vol. II. pp. 57-58, Henry Yule, *A Narrative of the Mission to the Court of Ava in 1855*, Kuala Lumpur: Oxford University Press, 1968. pp. 153-56.
48) *ROB*, Vol. X, p. 19.
49) Yi Yi Hkin, *Yodaya Naing Mawgun,* (*Letwe Nawyahta*),(『レッウェーノオヤターのシャム制圧記』)Yangon: Htun-Hpaun Deishin-Ban Sapei Komati, 2011, p. 194 の図を参照。
50) アラウンパヤーからバドゥンまでの歴代王に仕え,内務大臣などの要職に就くと同時に,宮廷詩人として有名なレッウェーノオヤター(1723～1791年)が『ヨーダヤー(シャム)制圧記』という記録詩を残している。その第35節の中にこの数字がでてくる。後代に書かれた *KBZ*, Vol. 1, p. 415. をはじめ、U Sein Lwin Lay, "Myanma sit Hmat-tan-mya hnit Thaningabyuha-mya", Yangon: Khit-hmi Sape Taik, 1968, p. 121 など,ほとんどのビルマ語文献はこの数字を踏襲している。しかし,レッウェーノオヤターは,同じ記録詩の第45節の中で,ビルマ軍はヴィエンチャンとアユッタヤーの二つの戦線から捕虜10万人以上を連行したとも書いているので,アユッタヤーから10万世帯が連行されたという数字は,そのまま受けとることはできない。

王領地に農地を与えられて入植し，兵士，農民になったほか，芸能者として新しい歌舞音曲の潮流をビルマにもたらした人々もいた。捕虜の拉致は人口の涵養ばかりでなく，芸能，軍事，工芸などの多方面にわたる文化，技術移転という側面も持っていた。

1784年のボードーパヤー時代のヤカイン遠征では，皇太子が率いるビルマ軍がそれまで独立王国であったヤカインを滅ぼし，王以下2万人以上の捕虜を連行したとされている[52]。マンダレーの通称アラカンパゴダに祭られている巨大なマハームニ仏像は，この時はるばると運ばれてきたものである。

第二の局面は，1785年ボードーパヤーが大軍を準備し，三つのルートから攻めた対シャム戦での敗北から，第一次英緬戦争が始まる1824年までの時期である。シャム戦において初めて決定的な大敗北を喫しただけでなく，1786年，1787年，1797年と執拗に繰り返された再進攻でも，シャムに占領されていたダウェー地方を1792年に奪還したにとどまり，他の作戦はことごとく失敗に帰した。ビルマ王国の東への膨張政策はこれをもって幕を閉じる[53]。しかし東インドのマニプール，アッサム，カチャールに対しては，1818～1819年，1822年，1824年にそれぞれ遠征軍を送り，一定の影響力を保持しつづけた。

この約40年間の対外戦役は経済的に見れば，王国の支配層にとっても庶民にとっても深刻な負の影響をもたらしたことは疑いない。対シャム戦役での兵員がどれほど失われたか正確な数字はわからないが，数万から十数万の規模であったと推測される。

本書で使用した鹿児島大学データベース（KUMF）の借金証文と愛知大学データベース（DMSEH）の借金証文のうち，重複するものと破損などで日付

---

51) Prince Damrong Rajanubhab, *Our Wars with the Burmese: Thai-Burmese Conflict 1539-1767*, Bangkok: White Lotus, 2001（rept.）p. 356. そのほかに1200の大砲類，何万もの銃も持ち去られたとする。

52) Maung Baw, *op. cit.*, p.118.

53) ビルマ側から仕掛ける対シャム戦争は，この時期を持ってほぼ終息する。しかし1849年および1852年には，それぞれラーマ三世とラーマ四世によってシャン高原東北部のチャイントン（ケントゥン，チェントゥンとも記される）攻略が実行されている。いずれも失敗に終わったが，シャム側から見ると，これが対ビルマ戦争の最後の戦ということになるようだ。詳しくは，石井米雄著　飯島明子解説『もう一つの「王様と私」』めこん 2015「チェントゥン戦争」pp. 117-122を参照されたい。

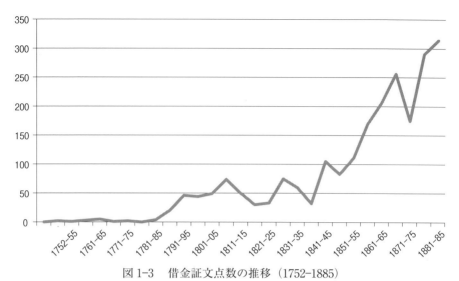

図 1-3　借金証文点数の推移（1752-1885）
資料：DMSEH + KUMF の借金証文のうち，重複分と日付部分が破損，消失した証文を除いた全数（2242点）。
　　　筆者作成

部分が読めないものを除くと，2242 点が数えられた。この借金証文数の推移をみると図 1-3 のとおりで，古い時代のものは残存数が少なく，1752 年以前の 2 枚を合わせて 1785 年までの三十数年間の総数は 18 点に過ぎなかったが，1786 年からのわずか 5 年間に 20 枚に急増しているのが注目された。この戦争の影響があったと考えてよいだろう。

　第三の局面は，第一次英緬戦争に至った 1824 年 3 月から第二次英緬戦争 1852 年までの時代である。第一次英緬戦争の敗北に伴って締結された 1826 年のヤンダボ条約はヤカイン，タニンダーイーの沿海 2 州のイギリスへの割譲だけでなく，従来ビルマが行使していたアッサム，カチャール，マニプールに対する宗主権の放棄，および戦争の賠償金として 1000 万ポンドの支払という内容を含んでいた。財政の枯渇に苦しむビルマ王政府は，4 回にわたる分割支払の原資として広範囲の地方から臨時の銀税を徴収したほか，金，宝石などでも徴収を行った[54]。この税負担のためにも借金をせねばならない人々が多数生じており，ヤンダボ条約締結後の 1826 年から 1830 年までの 5 年間は，それ以前の 5 年間に比べ借金証文の数が倍以上に増えている。

---

54) *ROB*, Vol. VIII, p. 134.

最後の局面は，1852年の第二次英緬戦争によって下ビルマがイギリスによって英領インドに併合され，ビルマが沿海地方をすべて失い海への出口を失った時から，第三次英緬戦争によって全土が英領インドに併合されるまでとなる。次章にも述べるように，下ビルマ一帯を失ったことは，王国内の資源循環の重要な一環を失ったことに他ならなかった。下ビルマを喪失した1852年以降の借金証文の急増ぶりもグラフで見るとおり，顕著なものがある。

　このようにコンバウン・ビルマ王朝は，その創設から1785年までの時期には東西の隣国に向けて頻繁に遠征を繰り返し，貢納を約束させ，あるいは多くの捕虜，武器，弾薬，そして貴金属などを持ち帰った。拉致された戦争捕虜は，その多くが兵士としてあるいはそのもてる技能によってビルマ王国のアフムダーン組織に編成され，シュエボゥやチャウセーなどの灌漑地域に土地を与えられた。一等地が惜しげなく与えられたのは，捕虜の定着が王権にとってそれだけ重要性を持っていたからだろう。

　しかしシャムに大敗した1785年以降は，チェンマイ，ヴィエンチャンを含めて東側の近隣国，地域から，労働力や武器，財宝を調達する道がほぼ閉ざされた。その後も維持し続けていた西隣のインド藩王国に対する影響力は，第一次英緬戦争の敗戦に伴うヤンダボ条約で決定的に失われ，その後は最大の強敵，イギリスとの戦いで次第に王国の領土を失ってゆくことになる。

　対外戦争はたとえ勝ち戦であっても動員される兵士と家族にとっては，長期にわたる遠征の間の生計を妨げ，残された家族に苦難を強いて借金の原因となった。また割り当てられた兵員を出すことができない世帯に課された戦費を払うため借金に頼っている例もしばしばあらわれる。まして負け戦の場合や，戦争の賠償金が住民に直接降りかかってくる場合は，借金の広がりと深刻化が免れなかったことは，図1-3に見るように大きな負け戦のあとに借金証文が急増していることからよくわかる。それだけでなく対外戦争における力のバランスの逆転は，王国の資源の調達や財政政策の在り方にも変更を迫るものであった。そのことを次に検討してみたい。

4-2　経済循環の変化

　コンバウン時代の経済活動の中でもっとも重要だとみなされていたのは，農業，なかでも主穀である米の生産であった。米の確保が王国安定の要であると

認識する王政府は大規模灌漑を直轄事業として，戦争捕虜の入植や山岳民族の移住を奨励して米生産力の維持と拡大に努め，さらに国外への米の輸出を禁じた。木材，宝石，石油などについても王室は交易独占体制を維持したが，米と金銀，そして子を産む女性が国外に持ち出されることに関してはとりわけ厳しい制限を課した[55]。

しかし，コンバウン・ビルマを内陸の閉ざされた農業国というイメージでとらえることは，妥当とは思われない。経済構成において米生産とその輸出が圧倒的な比重を占めるようになった植民地時代に比較すると，商業や家内工業による製造業がそれなりに重きをなしていたことは，ビルマ人経済学者のトゥンワイがつとにその著書の中で主張しているとおりである[56]。さらに，農業においても自給用の米生産ばかりでなく，外部市場への販売を目的とする現金作物の栽培が広がっていた。その中でも特筆されるのは，中国市場向けの綿花栽培の拡大である。ビルマ綿花の輸出はすでに16世紀，タウングー時代から始まっていたが[57]，中国国内での綿織物の需要拡大と輸出向け綿工業の興隆によって中国の原綿需要が急激に膨らんでいた18～19世紀になると，雲南から中国商品を積んでロバの隊商を組んでやってくる商人が急増した。綿花を扱う商人は，村長や代理人を通じて農民に前金を渡して綿花の栽培を促し，収穫を確実に手中に収めた。こうして19世紀前半，綿花栽培がミンジャン地方を中心としてピィー以北ザガインにかけて急速に拡大している。

次に商業についてみてみたい。表1-7は，コンバウン時代の王国内の主要な市場31箇所と市場税のリストだが，納入した市場税の額でその規模の大きさが推定できる。もっとも大きな常設市場は，王都のいわば中央市場であるゼーヂョウドーだが，エーヤーワディーの西岸，ミンブーの南に位置するマルンが，それに次いで多額の市場税を納めていることが目を引く。マルンは植民地時代には船着き場としての機能を東岸に奪われ急速に衰退したが，当時は上，下ビルマの物産の交易拠点としてにぎわっていたことが窺える。シャン高原東

---

55) 斎藤照子「近代への対応──19世紀王朝ビルマの社会経済変化と改革思想」（斎藤照子編『岩波講座東南アジア史』第五巻 岩波書店）2001年 pp.53-54.
56) Tun Wai, *Economic Development of Burma from 1800 till 1940*, Rangoon: Department of Economics, University of Rangoon.
57) Cheng Yi Sein, "The Chinese in Upper Burma before A. D. 1700," *The Journal of Southeast Asian Researches*, vol. II, 1966, p. 89.

表1-7 コンバウン時代の常設市場と納入された市場税　　（チャッ／年）

市場名	市場税	市場名	市場税
1. ゼーヂョウドー	3,600	17. サートー	600
2. ナンドーシェイ	1,800	18. タウンジー	1,200
3. ユワハイン	1,200	19. アマラプラゼーヂョウ	300
4. ヨーダヤー	1,200	20. カンドゥインゼークン	360
5. カンウー	628.8	21. ダグンダイン	1,080
6. スィーシェー	1,999.2	22. シュエチョーパウッ	240
7. マルン	3,000	23. レイタンクンゼー	1,200
8. ゼーガレー	300	24. レッティヤッ	300
9. セインバン	360	25. アヴァミョウダダウー	1,200
10. レーディン	360	26. ゼーヂョウ	720
11. ミンガラー	960	27. ナンドーシェイ	496
12. マテー	60	28. ニャウンビン（ザガイン）	180
13. オーボゥ	120	29. モーザー	600
14. ニャウンビン	600	30. ダウェー	600
15. タイェー	996	31. パレイッ	960
16. ミーバー	120		
合計			27,340

出典：Htun Yee, 2003, *ibid.*, Vol. IV, pp. 320–23.
注：何年度の記録か不明。同名の市場（ナンドーシェイ）が見られるが，同一市場か，他地方の同名市場かは不明。市場税合計額に矛盾があるが，資料のまま記している。

部のタウンジーやマレー半島の付け根にあたるモウッタマ湾のダウェーの市からも市場税が王都に送られてきた。王都周辺の人口の稠密な地域と，気候生態系の異なった地帯の接点，あるいは海や川の港に接して常設市場が開かれ多様な物産の交易が行われていたことを思わせる。

　常設市場のほかに，山間地と平野が交わる境界線上や，交通の要衝地で開かれる定期市，各地の有名な仏塔で催される年1回のパゴダ祭りの門前市なども人々を集め，様々な日用品，布，仏像，陶器，鉄器，鍋，犂，たばこ，キンマ[58]壺，漆器，紙，傘，農産物など各地の特産品が売買あるいは交換された。コンバウン時代後期には，王政府が出店税を徴収するパゴダが，上ビルマとシャン州で合わせて98あり，パゴダ祭りからの歳入が，1万5889チャッとなったと記されている[59]。

---

58) インドや東南アジアでかつて広く嗜まれていた嗜好品。石灰と檳榔樹の実を砕いたものをキンマ（betel）の葉で包み，ガムのように噛んだ。ビルマ王朝時代には，王族や貴族たちが，銀や真鍮で美麗なキンマの容器や壺を揃え，客人のもてなしに供する習慣があった。

59) *GUBSS*, Part I, Vol. II, p. 429.

先に見たようにコンバウン王国内の地域間交易は，18〜19世紀ビルマの経済社会を成り立たせるために不可欠な要素であり，その重要性は極めて大きかった。まったく異なった気候によって大きく三つに分かれる半乾燥のサヴァンナ平原，海への出口南部に広がる熱帯降雨林の広大なデルタ，そして中央平野を囲んで連なる山間部と高原地帯は，それぞれ固有の特産品を生み出したが，コンバウン時代はこうした特産物が人々の日常生活の中で不可欠の必需品になっていった時代でもあった。塩，干し魚，魚醬は下ビルマから，茶や紙はシャン地方からもたらされた。一方，上ビルマの中央平野の特産物としては，椰子糖，豆類，大麦，石油，漆器，絹織物などがあり，エーヤーワディー河にはこうした物資を積んで行き来する無数の小舟や筏が行きかっていた。エーヤーワディー河とその支流は，当時にあっては南北にビルマを貫通すると同時に山地から平地に至る交通システムの基幹をなしていた。

　王政府の財政政策が目立って変わってきたのも，18世紀後期から19世紀の初めにかけてのボードーパヤーの時代だった。対外戦争によって労働力の補塡や貴金属，財宝，武器弾薬の奪取を行うという旧来のやり方が18世紀末の対シャム戦の敗北によってほとんど不可能になってきたことが，その背景にあると考えられる。それに代わって浮上したのが，交易活動に伴う収益を財政収入の一つの大きな柱とする考えであった。もちろん自由な交易というわけではなく，王室独占交易の伝統の中での政策である。とりわけ様々な商品の専売権の競争入札は，ボードーパヤー王の時代から盛んに取り入れられるようになった。東南アジアの多くの国で，19世紀初頭には，徴税請負制度と専売制度が中国人商人の移住とともに根付くが，ビルマも例外ではなく，ボードーパヤーの時代に再開した対中交易が多くの中国人の王都アマラプラへの集住をもたらし，時を同じくして1800年代，1810年代にかけて専売権の付与に関する勅令が次々と発布されるようになった[60]。また王は，エーヤーワディー河を行き来する大小の交易用の舟に対し，毎年王政府に定数の銃を納入するという条件で，大量の交易勅免状を発行するようなことも行っている。商人に限らず役人や軍人など多種多様の人々が応募しているが，商売が不首尾，あるいは銃の納入ができないという理由で，免許を返上するものも少なからず存在した[61]。

---

60) *ROB*, Vol. V-VI を参照。
61) とりわけ1806年後半にこうした事例が集中的に見られる。*ROB*, Vol. V, pp. 270-319.

専売権の獲得をめぐる商人間の競争は以下の引用に見られるように熾烈を極めた。

> 1810年までガ・シュエプは王都における食用油の専売権を確保していた。彼は1年につき金150チャッを専売権の代償として納めていた。しかし，1812年に一人の商人が年に金220チャッと食用油220ヴィスを政府に納めるという条件で，この専売権を奪取した。籾米，豆類，アズキモロコシについても1810年にガ・シュエプとガ・シュエチョーの2人が専売権を獲得していた。彼らは1年に銀1200チャッと籾米2160籠を納めた。しかし，他の商人が競争を仕掛けてくると，1811年には銀4500チャッを納めて専売権を守った[62]。

より後代になると専売権をめぐる競争の中で外国人商人や商社が突出してくる。イギリス人商人ヘンリー・ゴージャー（H. Gouger）は，ザガイン王（在位1819～1837年）からチークの伐採権を得て，ボンベイ，ジャワ，カルカッタ向けの輸出用に，1400トンのチークを伐採した。1860年代半ばに突出していた商人の一人は，ムーラ・イブラヒム（Moola Ibrahim）というインド人であり，彼はチーク材，石油，綿花，ゴマの商権を獲得し，王の蒸気船の管理や，関税を取り扱う権利も得ていた[63]。ミンドン王や，ティーボー王の時代には，ボンベイバーマ交易商会，スティール兄弟商会，マクレガー株式会社，フォーカー株式会社，T. D. フィンドレー父子商会などがチークの伐採権の獲得にしのぎを削った。1862年にはボンベイバーマ商会がニンジャン（ピンマナ）のチーク材と上ビルマ一帯から他の木材を切り出す権利を獲得した[64]。1880年には，同社はチンドウィン，ムー河流域，ヨー地方の伐採権を獲得し，上ビルマのチーク産地の中心地を支配下に収めた[65]。チークの伐採を巡ってはビルマ人商人の活躍も見られた。1881年，ウー・モントーとその弟・ガ・パウッは，ティーボー王より，複数の森林の伐採権を年10万ルピーで獲得，翌年ウー・ボーフニンと息子ガ・ボーフミンが25万ルピーを支払うと申し出て競売に参

---

62) Toe Hla, 1987, *op. cit.*, pp. 94-95.
63) O. Pollak, *Empires in Collision: Anglo-Burmese Relations in Mid-Nineteenth Century*, Greenwood Press, 1980, pp. 124, 129.
64) C. L. Keeton, *King Thebaw and Ecological Rape of Burma, the Political and Commercial Struggle Between India and French-Indo-China in Burma, 1878-1886*, Delhi: Manohar Book Service, 1974, pp. 143, 200.
65) *Ibid.*, p. 201.

加したが，ウー・モントー兄弟は，50万ルピーの供出をオファーして，この競争に打ち勝った[66]。

徴税請負に関しては，徴税権が王族に連なる高官たちに売却されることがしばしば見られたが，エーヤーワディー上流地方や，チンドウィン川流域地方での徴税権を中国人商人が獲得した例もあった[67]。しかしシャム王国に比べ，中国人の徴税請負への参加は極めて限られたものであった。

4-3　対外交易

コンバウン時代の対外交易としては，ヤンゴン港を中心とする海路の対外交易と雲南を窓口とした陸路の対中交易があった。コンバウン王朝創設時，ビルマ軍が制圧したかつてのモン人の王都であったバゴーは，すでに土砂の堆積によって海からのアクセスが閉ざされており，タウングー時代の国際交易港タンリン（シリアム）もまた同じ状態だった。そこで新たな交易港として選ばれたのが，ヤンゴンと改名された旧ダゴンであり，ヤンゴンは，デルタの西南部のパテインと並んで王国の対外交易拠点となり[68]，19世紀初頭までには最大の交易港となった。ヤンゴンには，インドからのムスリム商人やムーア人をはじめ，パルスィー（ゾロアスター教徒），アルメニア人，ペルシア人，イギリス人，フランス人，ポルトガル人など様々な人種，民族の外国商人が訪れ，あるいは滞在するようになった。ヤンゴン港は，チッタゴン，ダッカ，カルカッタ，マドラス，ムスリパタム，ニコバル諸島，ペナン，ボンベイ，そしてペルシア湾，アラビア湾の港と交易でつながれるようになる。1827年，イギリス東インド会社からビルマに派遣されたJ. クロフォードによれば，ヤンゴンを出港する横帆船（Square-rigged vessels）は，1811年以前は18〜25隻，1817〜1822年は平均40隻，そして1822年には56隻であり，チーク材，カテ

---

66) Central Committee, Myanmar Socialist Program Party, *Achei-pya Myanmar Naing-ngan Thamaing*（『詳説ミャンマー国史』）Vol. II, Pt. II, pp. 126-128.

67) Taw Sein Ko, *Selections from the Records of the Hlutdaw*, Rangoon: Government Printing, pp. 88-89.

68) V. Sangermano, *A Description of the Burmese Empire: Compiled Chiefly from Burmese Documents*, trans. by William Tandy, London: Susil Gupta, NY: Augustus M. Kelly, 1969,（rept.）p. 218, H. Cox, *Journal of a Residence in the Burmhan Empire*, London: Gregg International Publishers Ltd., 1971,（rept.）p. 5.

キュー，ラック，蜜蝋，原綿，象牙，金銀，ルビー，サファイアと馬が輸出され，インド綿製品，イギリス綿製品，羊毛製品，鉄，鋼鉄，水銀，銅，索条，ホウ砂，硫黄，火薬，硝石，鉄砲類，陶器，イギリス製ガラス製品，アヘン，たばこ，ココア，キンマ，砂糖，酒類などが輸入されていた[69]。すなわち，ビルマ王国は木材，染料などの森林産物，貴金属，宝石および原綿などの原材料を輸出し，繊維製品，雑貨，加工食品などの工業製品と武器，火薬類を輸入するという構図であった。

しかし，交易港としてのヤンゴンは，他の東南アジアの交易諸港と比べても，交易量も少なく港湾施設も貧弱だったことは疑えない。H. マルコムは1830年代終わりのヤンゴンを竹小屋の町と呼んだが[70]，初めてヤンゴンに入港した外国人たちは，丘の上に黄金色に輝くシュエダゴン・パゴダの威容を別にすると，いちように町の姿をみすぼらしく感じている[71]。

交易の進展が遅れた原因は，イギリス商人や東インド会社に言わせれば，ひとえに王政府による米，貴金属の輸出禁止，入港料や，関税の高さ，そして外国商人や船長に要求される贈り物の慣習にあり，これらが交易を阻害する最大

---

69) J. Crawfurd, *An Embassy from the Governor General of India to the Court of Ava, in the Year 1827*, London: Waren and Whittaker, 1831, Vol. II, p. 198.

70) Howard Malcom, *Travels in South-eastern Asia: Embracing Hidustan, Malaya, Siam, and China; with notice of numerous missionary stations, and a full account of the Burman Empire; with dissertations, tables, etc.* Boston: Gould, Kendall and Lincoln, 1839, Vol. I, p. 74

71) 1824年第一次英緬戦争時にヤンゴン（Rangoon）に上陸したスノッドグラス少佐は，「我々は関税所，造船所，そして港湾などを思い描いて語り，それなりに栄えている交易都市を見ることができると思っていたが，その控えめな想像すら，イギリス軍が最初に占拠した時に目にした侘しい人気のないラングーンの様子に裏切られた。」と書き，16～18フィートの木柵によって囲まれたおびただしい木造の小屋の集積と，少数のレンガ造りの建物（そのほとんどが欧州人の住居）を描写している。1846年にヤンゴンを訪れたカルカッタ在住のジャーナリスト兼石版画家の C. Grant は，「ラングーンの外観は何度も侮蔑的に語られてきたが，ラングーン河を遡行するとき見えてくるその主要な特徴，偉大な黄金色のパゴダの美しさをまず書き留めたい……その優美な姿が小高い深い森の中に聳えているのが旅行者の目を最初に捉える」と書いた。しかし，彼もまた「ラングーンは貧しげでみすぼらしくスノッドグラスの記述した時から改善の様子はほとんどない。たった一つの例外は防御柵がなくなったことだ」とする。(Colesworthy Grant, *Rough Pencilings of A Rough Trip to Rangoon in 1846*, (rept.) Bangkok: White Orchid Press, 1995, pp.18-19.) こうした描写の中には，石，あるいは煉瓦造りの建造物に劣るものとして木造家屋をみる一種の侮蔑感や，ビルマ王国においては家屋の様式に関して，身分に応じ厳しい規制が課せられていたことに対する無知などが感じられるが，当時のヤンゴンが交易都市としてにぎわいを見せていたとは言い難いことも，確かに伝わってくる。

の障壁であると，ことあるごとに批判が繰り返されてきた。東インド会社は，のちに数度にわたる通商交渉を通じて，関税引き下げや王室専売制の撤廃を実現してゆく。

 確かにコンバウン初期には，外国船は，入港に際してそのトン数に応じて10～500チャッの入港税を課され，それに加えて輸入関税として現物で10％を王に，2％を関税所官吏に支払うのが慣例だった。交易の利に敏感だったボードーパヤー王の時代には，入港税や関税がいったん大幅に引き下げられたが，第一次英緬戦争（1824～1826年）後には，再び，元の状態に戻っている。1819年イギリスに領有されたシンガポールなど自由港が一方で出現していたので，ビルマ王政府の規制や関税政策も確かにヤンゴンの交易量の停滞の一つの要因だったと思われる。

 しかし，海上交易がはかばかしく展開しなかったより根本的な要因は，むしろ初期から中期にかけてのコンバウン王国の経済にとって，海上交易を求めねばならない必然性が相対的に低かった点にあるだろう。王国建設者のアラウンパヤー以下歴代の王政府は，確かに軍事力に直結する海外の武器弾薬，硝石に対しては強い関心を持ち，積極的にこれを入手しようと試みたが，ビルマ王国の武力増強に不安を持つイギリス勢力は，これをできる限り阻止しようとした[72]。また金属貨幣の原料となる金，銀，銅，鉛，錫についてもすべて王国内

---

[72] アラウンパヤーの時代から王国政府がイギリスに対し望んでいたのは武器弾薬の供与であった。パテインに東インド会社の用地を提供したアラウンパヤーは見返りに武器の供与を求め，これに応じ1757年に東インド会社は12ポンド砲と火薬を供与した。タントゥンは王国創建当時のアラウンパヤーがヨーロッパ勢の中で「もっとも友好関係を欲したのは，イギリスだった。ただし通商については，武器と弾薬を手に入れる口実に過ぎなかった。」とする。(ROB, Vol. III, p. xviii) 1826年ヤンダボ条約のあとに通商交渉がバギードー王政府の高官と，クロフォードとの間で持たれたが，ビルマ側は，英領ビルマから自由に銃，弾薬を輸入できることを望んだが，イギリス側の拒否にあい，一方，イギリス側は，金銀地金のビルマからの自由な持ち出しを迫ったがビルマ側が承諾せず，通商条約は結ばれたものの形式のみで，実質的な内容はなかった。(Anna Allot, *The End of the First Anglo-Burmese War: The Burmese Chronicle account of how the 1826 Treaty of Yandobo was negotiated*, Bangkok: Chulalongkorn University Printing House, pp. 77-78.) また1867年に英領下ビルマ長官のフィッチェとミンドン王政府の間に締結された英緬通商条約では，イギリスは原油，木材，宝石を除くすべての財に対する王室独占交易を解除させ，金銀地金の自由貿易を認めさせ，関税を5％とするなどに成功，その代償としてビルマ政府が英領下ビルマ長官の同意を得て，武器弾薬を自由に購入できるとした。しかし歴代下ビルマ長官が武器輸出に同意することは，ほとんどなくミンドン王政府は武器の確保を主として密輸に頼った。

表1-8　ビルマ王国の英領ビルマからの輸入品目　（1854.11.1–1855.11.1, タイェッミョウ通関）

関税対象品	量（トン）	価額（ルピー）	関税（％）
ガビィ	13,502 ton	939,707	6.2
籾米	43,000 ton	594,124	9
精米	18,600 ton	451,278	10.1
干魚	1,734 ton	297,578	4
塩	7,189 ton	206,091	25.1
キンマ（betel nuts）	716 ton	118,925	7.3
魚卵		190	4.2
Leeches		135	3.3
合計額		2,608,028	230,053

非課税品			
木綿製品, 綿糸		227,539	0
絹製品, ビロード等		76,335	0
羊毛製品, ショール		27,666	0
タバコ類		20,588	0
陶磁器		20,511	0
香料, 薬品		10,612	0
金物		5,090	0
ガラス製品		2,844	0
カカオ豆, 染料, 紙, 金箔		3,102	0
雑貨類		17,593	0
合計額		411,885	

出典：H.Yule, *ibid.*, p.362.
注：非課税品合計額に矛盾があるが、資料のまま記している。

に産地を持っていたが、それらのほとんどがシャン高原の山岳地帯やタニンダーイーなど中央平野部から遠い地方にあり、常に王政府が掌握できていたわけではない。金属貨幣の主原料が王国内で不足する場合には、主として雲南地方、そしてインドから金、銀、銅を求めていた。中央王政府の支配が直接的、間接的に及ぶ範囲での産品の流通が滞りなく行われるという状況下にあれば、ほとんどの必要品が賄えるのだった。

　こうした状況を揺るがし、王国内の自給体制を崩したのが、1852年、第二次英緬戦争の敗北による下ビルマ一帯の喪失であった。下ビルマが失われた結果、ビルマ王国は海への出口を失い海路による交易も途絶したが、それ以上に深刻な打撃は、従来の王国内で必要物資を基本的に賄いうるという構造の喪失だった。表1-8は王国と英領ビルマの交易地点として通関が置かれたタイェッ

ミョウにおける英領ビルマからの輸入品目とその額を示している。下ビルマ産品の輸入額は 260 万 8028 ルピーであり、海外産品 41 万 1880 ルピーの 6.3 倍に及んでいる。籾米と精米を合わせた米の輸入総額は価額で 104.5 万ルピー、ついでビルマ人の食卓に欠かせないガピィ[73]（魚醤）が 93 万 9000 ルピー、そして干し魚、塩が続く。これらすべてが従来から下ビルマに依存していた生活必需品である。

一方、王国から英領ビルマへの輸出は、同じくタイェッミョウを通過する 1855 年 2 月から 11 月までの 9 か月の交易量の記録[74]があるが、その総額は 99 万 2259 ルピーにすぎず、1854/55 年 1 年間の輸入総額が 300 万ルピーを超えているのに対し、9 か月の数字とはいえ、王国の大幅な貿易赤字があったことを示している。英領ビルマへの当時の輸出品は、食用油、ヤシ砂糖、中国からの絹、ビロードなどのほか、チーク材、染料など海外輸出向け製品が含まれており、ヤンゴン港を使った従来の対外交易のパターンと変わりない。

海港を失って陸封国家になるまでの時代の海上交易は、それによって近代的な武器弾薬が順調に手に入るというならば、ビルマ王政府も切実な関心を寄せたと思われるが、それができない限り、積極的になる理由もなかった。下ビルマを失ってのちの英領下ビルマとの交易を見ても、輸入品目は、イギリスなどの海外の産品に比べ、下ビルマ産品の比重が圧倒的であった。

それでは、陸路による対外交易はどうであっただろうか。コンバウン・ビルマの陸路の対外交易のもっとも需要なルートは、王都からエーヤーワディー河を舟や筏で北上し、山岳地帯の盆地バモーで荷を馬やロバの背に積み替えて雲南へと通じる交易路だった。この道は中国との間の朝貢と下賜の使節の往来に使われていたことから「使節の道」とも呼ばれており、ビルマ側の使節は王都からバモー、そして陸路で騰沖、大理、雲南省府そして北京に至り[75]、中国からの使節はその逆を辿った。そのほかにも、馬幇と呼ばれる盆地から盆地へと商品を運ぶ中国人ムスリム[76]の隊商が使っていた複数の交易路が存在した。そ

---

73) ガピィ：魚や小エビなどの発酵食品。米飯や生野菜の薬味として欠かせない。
74) H. Yule, *A Narrative of the Mission to the Court of Ava in 1855*, Kuala Lumpur: Oxford University Press, 1968,（rept.）Appendix H, pp. 359–60.
75) やまもとくみこ『中国人ムスリムの末裔たち――雲南からミャンマーへ』小学館 2004, p. 199。
76) ビルマではパンデーと呼ばれていた。

の中では，1790年ごろからヒスイの鉱脈の発見が続き，それを目指して多くの雲南人がやってきたという騰沖からモーガウンを通り，ヒスイ産地のウル川西岸に至る道，あるいは碗町からシュエリ河に沿って下り，銀山ナムトゥに至る道，17世紀に多数の回族坑夫が銀山に至った道などが注目される[77]。こうした銀鉱山，あるいは宝石に対する中国の需要が対ビルマ交易を促す一つの要因だったが，それ以上に重要性を持ったのは綿花だった。

　中国との陸路交易は，すでに16世紀から活況を呈しており，国境近くに貿易の中継地点として大明界と呼ばれる大きな町が出現し，福建，広東，江西，四川，雲南その他の地方からの商人が蝟集した。大明界は現代のバモーにあたる[78]。17世紀においても主要輸出品は綿花であり，中国からは絹糸と銅貨が大量に運び込まれた。中国銅銭の大量の輸入は，1634年から1680年にかけてビルマに進出したオランダ東インド会社（VOC）がこれを大量に買い付けるようになったからであり，この銅銭はVOCによってインドの東海岸やセイロンに運ばれたほか，ビルマ人商人によっても大量に買われ，これは主としてガンザと呼ばれたビルマの銅に鉛を加えた金属貨幣の原料となった[79]。

　コンバウン時代には，シンビューシン王の時代の中国軍の進攻によって交易はしばらく途絶する。しかし，ボードーパヤー王の時代に，再び交易が開かれ，多数の中国人が王都アマラプラにやってきて集住するようになる。ビルマからの最大の輸出品は依然として綿花であり，そのほかには琥珀，象牙，宝石，燕巣，鹿角，ペナンから輸入されたキンマなどが見られ，中国からの輸入品は，絹，ビロード，金箔，ジャム，紙，そして金属製の家庭用品などだった[80]。貨幣材料になりうる金，銀，銅は中国（雲南）とビルマの間で一方向に流れたのではなく，双方向的に動いていたが，量的には輸入が勝っていた。地金の流出は，しばしば双方の中央政府の禁輸の対象となったが，中央から見れば辺境に当たる雲南省では必ずしも禁輸措置が順守されるとは限らず，さらに地金ではなく，金は金箔，銀銅は什器や飾り物などの製品に加工すれば，その

---

77)　吉松久美子「ミャンマーにおける回族（パンデー）の交易と移住——19世紀後半から20世紀前半を中心に」『イスラム世界』61号 2003. を参照。p.7-10および地図1-4, pp. 22-25.
78)　Chen Yi Sein, "The Chinese in Upper Burma before A. D. 1700," *The Journal of Southeast Asia Researches*, Vol. II, 1966, p. 87.
79)　Wil O. Dijk, *Seventeenth-Century Burma and the Dutch East India Company, 1634-1680*, Singapore: NIAS Press, 2006, pp. 46-48.
80)　M. Symes, *op. cit.*, Vol. II, p. 64.

移動には何の問題も生じなかった。

1855年英領ビルマ州長官のA.フェーヤーに随行して王都を訪れ，ビルマ王国の総合的な情報収集に当たったH.ユールの推計によれば，1850年代の王国の対中交易は年間輸出額が22万5000ポンド，そのうちの95％が綿花であり，輸入額は18万7500ポンド，そのうちの64％が絹であったという[81]。そののち，1856年大理に成立した回族政権に対する清朝の攻撃とそれによって生じた混乱によって国境貿易路はしばしば閉鎖された。このように陸路の対中交易は，国境地帯の政治情勢に支配されるという不安定性を持っていたが，ビルマ王国内の貨幣材料の供給が逼迫する時，その不足を補うという意味ではなくてならないものだった。また輸出を目的とする綿花栽培が中部ビルマの半乾燥地に広く広がり，しかも現金の前貸しという形で栽培農民を増やしていったという点で，商品栽培と貨幣の村への浸透という点では大きな役割を果たしている。

このようにみると，海路による対外交易は，ビルマの社会経済の構造的変動をもたらすほどの大きな影響力は持たなかったが，陸路の対中貿易は国境地帯の政治状況によって中断されるという不安定性に付きまとわれてはいたものの，中国人商人の集住や活動が，専売制などの財政政策の導入に影響を与えるとともに，前貸し制度による商品作物栽培，とりわけ綿花栽培の拡大を促進し，18〜19世紀のビルマ社会の経済的変化に少なからぬ影響をもたらしたと考えられる。

最後にコンバウン時代の対外戦役と交易による資源移動の構図を図にまとめて，この時代の経済変動を辿ってみたい。

図1-4の最初の図は，王朝創立から1785年までの時期，すなわちビルマが対外戦役にきわめて積極的だった時期の資源の移動ルートを示している。ビルマは対外遠征の結果，マニプール，カチャール，アッサム方面からは捕虜，馬，武器弾薬，貴金属などを獲得，東隣のチェンマイ，ヴィエンチャン，アユッタヤー方面からは，捕虜，武器弾薬，貴金属，仏像などを持ち帰った。さらに独立王国であったベンガル湾に面するヤカインを制圧し，ビルマ王国に併合し，同じく捕虜，武器弾薬，貴金属，仏像などを得ている。

対外交易の基本的パターンでは，雲南には原綿，銀，銅，ヒスイ，ルビーに

---

81) Yule, *op. cit.*, p.149.

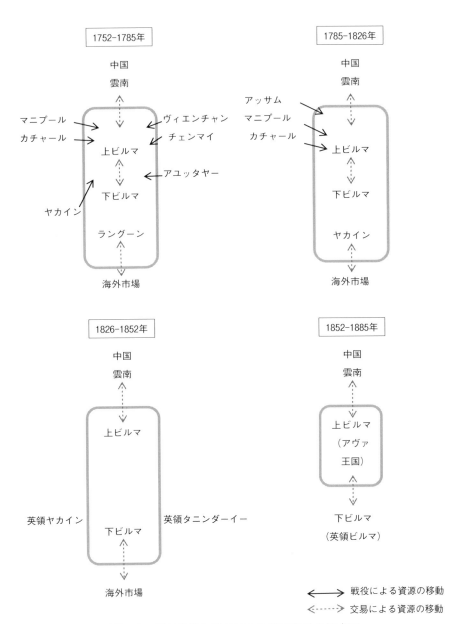

図 1-4　対外戦役と貿易による資源移動の概念図

第 1 章　借金証文の背景 | 65

加え，下ビルマからの干し魚，燕巣などを輸出し，生糸，絹，金箔，銀，銅，鉄などを輸入していた。交易をおもに担ったのは，中国商人とパンデーと呼ばれるイスラム教徒の隊商であり，ビルマ王国に深く入り込んで，中国商品を売りビルマの産品を持ち帰った。国境地帯の政治状況により対中交易は，しばしば途絶はしたものの，現金作物栽培に対する前貸し制度，王室専売制度などのビルマへの定着に影響があった。

　海上交易では，輸出品がチーク材，染料，原綿，象牙，金銀，宝石，馬などから構成され，輸入品はインド綿製品，イギリス綿製品，羊毛製品，鉄，銅，火薬，硝石，鉄砲類などであった。ビルマは近代的武器と弾薬を切実に欲していたが，その他の欧州製品に対しての需要は限られており，海上交易の拡大は急速には進まなかった。

　続く図に見るとおり，1785年以降ビルマ王国は，戦役による資源調達先を次第に失っていく。そればかりか，第一次英緬戦争の敗北により，1826年以降は沿海地方をイギリスに奪われて内陸に閉じ込められてゆく。東北インドの諸藩王国に対する宗主権も失い，貢納の形での貴金属や武器弾薬も入手できなくなる。こうした中で，王国財政における交易から上がる収入への依存が高まるが，1852年以降下ビルマをも失い，英領下に入った下ビルマとの交易が必須となる。次章で見る王国の貨幣制度の改革の試みや，ミンドン王治世下の諸改革は，こうした流れの中で生じた動きであると理解できる。

＊

　コンバウン時代に借金証文が社会の隅々までへ浸透し，その中でとりわけ農地が借金の担保として使用されるようになった背景には，コンバウン朝の中核的地域が周辺山岳で囲まれ，モンスーン降雨の影響から遮断された中央平野部にあったという歴史条件があった。東南アジア内陸部サヴァンナ地帯の中で，もっとも乾燥したこの中央平野部の気候条件を克服し，主穀である米の栽培を可能とするため，古くから大規模な河川とため池による灌漑網が王権直轄の事業として建設され，そのもとで維持管理されてきた。これは言い換えれば，利用可能な農地の供給に一定の制限が課されていることでもあり，水田を中心とした農地が稀少財となる前提条件を形成していた。

　次に社会経済の動向をみると，コンバウン朝中期にあたる18世紀から19世紀への転換期に，著しい社会経済の疲弊と混乱状況があったことがわかった。

それらは，旱魃による大飢饉，対シャム戦における初めての大敗北，そしてほぼ同じ時期に行われた世界最大を目指したパゴダ建設のための労働力動員などが重なって生じた事態であり，廃村が続出し，19世紀初頭から1810年代にかけて人口が1780年代に比べ，大きく減少に転じるような事態が生じていた。借金証文の数も，この時期に目に見えて増加している。

コンバウン朝初期には，対外戦争は，人的資源をはじめとする資源獲得の方策でもあったが，18世紀末以降はこれらの戦役は多くの人間を失わせ，生産を阻害するものとして立ち現れてくる。第一次英緬戦争の敗北の結果，1826年にビルマはヤカインとタニンダーイーを失い，さらにイギリスに1000万ポンドという高額の賠償金を課されることになった。国庫の枯渇から，広汎な地域の住民にその負担が転化され，この税の支払いに迫られて借金を申し込んでいる証文が広い範囲で散見される。さらに1852年の第二次英緬戦争の結果，下ビルマ一帯を失ったビルマは，従来，現物あるいは金納による徴税と地域間交易によって必要物資を充足させてきたその経済循環システムを失い，王政府は，下ビルマに役人を派遣して，外国商人との競争の中で米をはじめとする下ビルマ産品を買い付けなければならなかった。

このように18世紀末から始まった危機の時代は，小康状態に戻るときもありながら，19世紀の三度の英緬戦争での敗北とともに深化していき，それにともなって借金証文もまた増加していった。これらの借金証文は，階層を問わず多くの人々が借金証文を書きながら，あらゆる手段を動員して生計を維持すべく奮闘している姿をほうふつとさせる。

ただし，こうした借金証文を多数読み続けてきても，あとに残るのは不思議と深刻かつ悲惨な印象ばかりではなく，第Ⅲ部で見るように人々の生きるうえでの知恵と一種の楽観であり，債務関係を包む慣習と文化の柔軟さである。そのことについては第7章と第8章で詳述することにしたい。

第 2 章
ビルマ貨幣史の中のコンバウン時代

貨幣私鋳の伝統と改革の試み

コンバウン時代の借金証文など金銭取引に関する契約証文を読む上で，最初にぶつかる困難は，そこに見られる複雑な貨幣表記をどう理解したらよいかということだと思われる。コンバウン王朝の終わりに近い1860年代の半ばまで，金，銀，銅，鉛などの地金とともに，銀を主体に様々な割合で銅を混入した合金の金属貨幣が流通していたが，これらの貨幣は，私鋳によるもので誰でも自由に製造でき[1]，しかも中央政府による私鋳業者の登録，認可，あるいは貨幣の規格統制などが行われていなかった。文字通り多種多様な品質，重量の異なる貨幣が同時に流通していたのである。

　こうした様々な形態，重量，品質の金属貨幣が並存し，同時流通していたため，一回一回の取引において，用いられる貨幣の品質，重量を明らかにするために，貨幣鑑定人や貨幣計量人が立ち会うことになった。しかも証文の中で使用されている貨幣をみると，1回の取引で使用される貨幣は1種類とは限らず，数種の貨幣によって支払いが行われるのはごく当たり前のことだったので，その表記はさらに複雑である。

　例えば，借金証文では「2チャッ1マッ・ケー15チャッと1チャッ2マッ・ケー8チャッ，3チャッ・ケー3チャッ，合計26チャッを貸し与えた」などと書かれており，初めて証文に接した時には，何が何だかまったくわからず，暗号のように思えた。チャッ，マッは，もともと重量単位であり，1チャッは約16.3g，1マッはその4分の1で約4.1gだということは承知していた。問題は，ケーという記号にあった。このケーはビルマ数字の上に下さがりに付された記号であり，ラテン系言語のアクセント記号，アクサン・グラーブとほぼ同じ形である。これが，合金を意味するアケーという言葉の接頭辞アがとれた形だと気づくのに，一年以上かかった。すると上に挙げた例でも，どのような貨幣で支払われたか，おのずと明らかになった。ここでは，

1) 2チャッ1マッ・ケーすなわち，貨幣重量を10として銀が7.25，銅が2.75の割合で混合されている合金貨幣
2) 1チャッ2マッ・ケー，銀と銅の混合割合が8.5：1.5の合金貨幣
3) 3チャッ・ケー，銀銅比が7：3の合金貨幣

の3種類の貨幣を用いて支払い，それら貨幣の合計重量が15＋8＋3＝26チャッとなったということである。しかし，それでもなお疑問が残る。それぞれの貨幣の品質が異なっているのに，その重量の合計を記しても，貸し与えた

貨幣総額の価値を表すことにはならないはずではないか？

　貨幣による様々な取引がきわめて広範に行われていたにもかかわらず，現代人の目にはきわめて複雑かつ不便に見えるこのような煩雑な貨幣状況はどうして生まれたのだろうか。そしてそもそも，上の例では，借金の返済時にはどのように決済したのか，何らかの標準貨幣があってそれにすべての貨幣を換算したのか，あるいは，借りた時と同種の貨幣をそろえて返済したのか，そもそも授受される貨幣の質について，取引の双方の側にどのように共通の了解を作ったのだろうか，と疑問が次々に浮かんでくる。

　本章の課題は，第一にこうした疑問に答えるために，18〜19世紀ビルマにおける複雑な貨幣事情を解きほぐし，それがどのように機能していたのか，そこにどのような仕組みが働いていたのかを明らかにすることにある。またこうした通貨の状況は，コンバウン時代に突然生まれたものではなく，パガン時代に端を発し，長期にわたる取引慣行の中で強固に形成されたものであることをビルマ貨幣史の中に辿って，コンバウン時代の貨幣史上の位置を明らかにする。

　第二には，数百年にわたって通貨の私鋳が連綿と続いてきたビルマで，コンバウン時代に至って初めて行われた王権による2回の通貨改革を取り上げる。一度目は，18世紀末にボードーパヤー王によって，そして二度目には1865年にミンドン王によって行われた通貨改革は，その目的と方法において共通していたが，その結果は正反対となって成否を分けた。その原因がどこにあったのか，従来行われてきた説明とは，異なる視点と方法でそれを解明することがもう一つの課題である。

1　前史

　現在のビルマの領域にビルマ族以前に到来し文明を築いていたピュー，ヤカ

---

1)　実際に貨幣を鋳造していたのは，交易に従事する商人，金銀を取り扱う職人，貨幣の鑑定者，プエザーと呼ばれるあらゆる取引の仲介者などだった。商品の購入者が自身で金属貨幣を作ることもあったとされる。(M. Robinson and L. A. Shaw, *The Coins and Banknotes of Burma*, Hampshire: Pardy & Son Ltd., 1980, p. 25. Wil O. Dijk, *Seventeenth-century Burma and the Dutch East India Company, 1635–1680*, Singapore: Singapore University Press, 2006, p. 49.)

イン，モンの諸王国は，それぞれの王権が発行した鋳貨を持っていたことで知られる（図2-1）。しかし，11世紀以降，第一次ビルマ帝国として知られるパガン王朝を建立したビルマ族の諸王は，コインの発行については無関心であったように見える。モン，ヤカイン，ピューなどの多くの他民族の文化，技術を吸収し，それらを融合して新しい"ビルマ文化"を創出したビルマ族主体の王朝が，コイン発行の伝統については，なぜか関心を示さなかった。

ビルマ族が南下してエーヤーワディー河流域低平地に定住するに先立って，この地域に文明を築いていたピュー人やモン人[2]は貨幣を鋳造していたことで知られる。これらのコインは，東南アジアにおける貨幣鋳造の中でも，もっとも早い例と考えられており，東南アジアの古いコインデザインの祖形ともなった。

エーヤーワディー流域の内陸ビルマに散在するピュー遺跡（BC 2～AD 9世紀のものと推定される）の中で，ハリンやビンナカからは，表面に旭日（rising sun），裏面にスリーヴァッサ[3]を打刻した銀貨が出土する。裏面のスリーヴァッサの左右には玉座とスヴァスティカ[4]，上方には小さな月と太陽の形が記されている。ピュー遺跡の旭日コインが3.0～3.3cmの直径をもつ約9.2～9.4gのコインとその約4分の1の重量の小型のコインであるのに対し[5]，中央タイ，カンボジア，南ベトナムから出土する同じ旭日のデザインのコインには，2分の1，4分の1にカットされたものが混じっているという。そうしてみると，これらのコインは儀礼や象徴的な目的で作られたもの[6]というより，交換手段としても使用されていたと考えてよいと思われる。

旭日のデザインをもつコインは，ベイタノー，ハリン，モンマオの各ピュー

---

2) モン人がいつから現在のビルマに領域内に定住して，勢力を築いたかという点に関しては諸説があり，現段階では必ずしも明確にされていない。ピューについては考古学による発掘調査がかなり進んでいるが，モンの地域であるビルマ南部，とりわけモウッタマ（マルタバン）湾岸地方の調査は，まだほとんど行われていない。Elizabeth H. Moore, *Early Landscapes of Myanmar*, Bangkok: River Books, 2007, Chap. 5 'Pyu' and 'Mon' を参照。

3) スリーヴァッサ：ヒンドゥー教の主神の一人，ヴィシュヌ神の妻ラクシュミーの別名スリーの館という意味であり，主権と繁栄の象徴とされる。スリーは，仏教に入っては，吉祥天となった。

4) スヴァスティカ：（サンスクリット）まんじ形の図形。幸運のシンボルとされる。

5) R. S. Wicks, *Money, Markets, and Trade in Early Southeast Asia, The Development of Indigenous Monetary Systems to AD 1400*, Ithaca, New York: Cornell Southeast Asia Program Publications, 1992, p. 118.

ピュー型コインの例

表　旭日（rising sun）
裏　スリーヴァッサ
出土地　ハリン，ベイタノ，モンマオ中部タイ，カンボジア，南ベトナム

表　玉座
裏　スリーヴァッサ
出土地　ピィー，シャン地方，ベイタノ，ビンナカ

モン型コインの例

表　スリーヴァッサ
裏　ほら貝
出土地　南タトン，バゴー，シッターン川東岸など
年代　AD.6〜7世紀あるいはそれ以前

ヤカイン型コインの例

表　牡牛
裏　三叉戟（トリスーラ）
出土地　ヤカイン
年代　Niticandra 王（AD.520〜575）時代に発行

図2-1　ピュー，モン，およびヤカイン型コインのデザイン

出典：Robert S. Wick, *Money, Markets, and Trade in Early Southeast Asia*, New York: Cornell University, 1992. pp. 117-120. Elizabeth H. Moore, *Early Landscapes of Myanmar*, Bangkok: River Books, 2007, pp. 143-144. Robinson & Shaw. 1980 (3rd edition). Hampshire: Parady & Son, 1980, p. 84.

遺跡から出土しているが，ピューの最大かつ中心的遺跡と目されているタイェーキッタヤーからは，なぜか発見されていない。タイェーキッタヤーからもっとも多く出土したのは，表と裏にそれぞれ玉座とスリーヴァッサを刻印したタイプであり，スリーヴァッサは，内部に法螺貝を抱えたようなデザインとなっている。タイェーキッタヤーのコインは，モン人の法螺貝・スリーヴァッサ型のコインと旭日・スリーヴァッサ型のピュー・コインの双方の影響があると思われる。このコインは，ハリンジー，ベイタノーや西タイでも見つかっており，6〜8世紀にかけて発行されたと考えられる。これらのコインには大中小の三つのサイズがあり，それぞれの重量比は1：0.5：0.25となっていて，2分割，4分割して価値尺度とする点は，旭日・スリーヴァッサ型と同様である。

ピュー・コインとして知られる旭日・スリーヴァッサあるいは玉座・スリーヴァッサの模様を持つコインは，タイ，カンボジア，ベトナムからも見つかっており，おそらくピュー・コインのデザインをもとに製造されたものと考えられている[7]。ピューは東北に向けて陸路で中国に朝貢を行っており，漢籍には驃という名で登場する。中国方面に陶器の容器，河豚，子安貝などを供給したという。南西方面からはアラブ商人が訪れておりピューをティュルクルという名で伝えている[8]。

一方，下ビルマのバゴー地方のシッタウン川流域からは，法螺貝とスリーヴァッサの刻印を持つコインが19世紀に発掘されている。ほとんど純銀に近い（99.7％）純度の銀貨である。のちに同種のコインが相当数ペグー地方から発見され，これらのコインはモン人の王国で発行されたものとされる[9]。この法螺貝・スリーヴァッサ型のコインもまた，東南アジアに広く普及しており，モン人のコインがそのモデルとなったと考えられている。モンあるいはピューのコインそのものも，ベトナムのオケオ，ホーチミンなど沿海の港市からも発見され，これら沿海地域間の交易の可能性を示唆している。

---

6) R. C. Temple, 1928. "Notes on Currency and Coinage among the Burmese," Bombay: The British India Press, (rept. of *the Indian Antiquary*, Vols. LVI, 1927, LVI, 1928) pp. 17-19. テンプル，そしてここで引用されているアーサー・フェーヤーも含め，20世紀前半の貨幣研究者たちは，これらの銀貨をパゴダ建立時に埋める儀礼用途などのために作成されたという考え方をとっていた。
7) Wicks, *op. cit.*, p. 118.
8) *Ibid.*, p. 116,
9) *Ibid.*, p. 113-114.

ベンガル湾に面したヤカインでは，5～6世紀以降に打刻鋳造貨幣が発行されるようになった。ヤカイン・チャンドラ朝（AD. 4世紀中葉～590年ごろ）の4代目の王デーヴァ・チャンドラ（在位454～476年）は，法螺貝とスリーヴァッサを刻印したコインを発行したが[10]，これらはビルマ沿海地域や内陸中部平野に普及したピュー人やモン人の貨幣の伝統を取り入れたものと考えられる。彼は，次に表面にブラーフマ[11]の雄牛と王の名前，裏面にトリスーラ[12]を打刻したコインを発行したが，これがその後のチャンドラ王朝のコインの標準的なスタイルとなる[13]。6世紀に入るとコインのデザインや，貨幣単位の標準化が進み，1：4の重量比のコインが発行されるが，これはピューやモンの貨幣の価値尺度の取り方に等しい。ヴィックスは，統治制度ではグプタ式の制度が採用されているヤカイン・チャンドラ朝で，貨幣制度においては，ピューやモンの様式が取り入れられ，明らかに東南アジア的な貨幣になっているとする[14]。ヤカイン・チャンドラ朝は600年ごろ滅びるが，その後もヤカインでは，支配者により間歇的に鋳貨の発行が行われ，鋳造貨幣の伝統は途絶えなかった。

　ピュー，モン，ヤカインのいずれのコインも発行の初期はほぼ純銀に近い品質を保っていたが，時代が下るにつれ少しずつ銅の含有率が多くなり劣化していった。

2　物品貨幣，地金そして物々交換——パガンの貨幣事情

　しかし，8～9世紀ごろからエーヤーワディー河流域平野に進出し，11世紀，アノーヤター王の時代に中部ビルマ乾燥地帯を中心とする広い地域を支配下に置いたビルマ族主体のパガン朝（AD. 1044～1287年）は，ピュー，モン，ヤカインで見られたようなコインの発行は行わなかった。パガン王朝は，建

10）　*Ibid.*, p. 86.
11）　ブラーフマ：ヒンドゥー教三大神の一つである宇宙の創造神。仏教にあっては梵天。黄金の牛に乗っているとされる。
12）　トリスーラ：三叉戟。シヴァ神の武器とされる。
13）　Robinson and Shaw, *op. cit.*, pp. 18-19.
14）　Wicks, *op. cit.*, p. 86.

築，土木技術，宗教，文字，文化など多くの分野で，先住民族や異民族の文化，技術を巧みに摂取したが，通貨の発行という点については，先例を踏襲しようとはしなかった。その理由については，必ずしもパガン王朝が内陸農業帝国であって交易，商業活動が活発でなかったからだとするわけにはゆかない。パガンはビルマを南北に縦断し，中国雲南とベンガル湾を結ぶ当時の水運の大動脈であるエーヤーワディー河の中流域の河畔にあって，交通の要衝に位置しており，交易がこの時期に沈滞し，低調だったとは言い難いからである。同時代の文字資料といえば石刻文が主体となるが，そこから明らかになるのは，異国産の物資をはじめとする多くの商品の取引や，賃金支払いによる職人労働力の調達など，貨幣による交換が相当程度行われている姿である。

寺院建立朝とも呼ばれるパガンの遺物の中には寺院に寄進されたテラコッタの誓願版が多数残っているが，これらの誓願版に記されている寄進物をみると，ビルマ域内の産品だけでなく，カルダモン，白檀などマレー半島の物産，麝香，黒コショウなど北方中国方面の物産，インドや中東から入ってきた奢侈品などが見られる[15]。

また，パゴダ，寺院建立を記念した石碑の中には，建立費用の明細を記したものがあり，なかでも1236年の石碑[16]はその詳細な費用の列挙でよく知られている。この中には，職人への労賃，建設に必要な木材，石，漆喰，家畜，レンガ，布，蜂蜜，金，水銀，鉄などに費やした費用が記録されている。職人には，石工に銀3.5チャッ，絵師に銀7チャッ，仏師に銀20チャッ，木彫師に銀30チャッ支払ったとあり，銀に加えて米，ロンジーなども与えている。また建材として購入された品々は，モルタルとレンガ2品目がそれぞれ籾米320籠，30籠で購入されているが，他の約20品目の建築材料はすべて銀で支払われており，高額の支払いには，銀が充てられていたことがわかる。他の碑文の中では，僧院の建設にあたって職人たちに支払った賃金が，彫師に銀10，絵師に銀20，絵師の助手に米54籠，石工に米140籠払ったとある[17]。

碑文の中には，土地や人間，つまり奴隷の取引についての記録も散見され

---

15) *Ibid.*, p.126. G. H. Luce, *Old Burma- Early Pagan*, 3 vols. New York: J. J. Augustin, 1969–70. Vol. I, pp. 102–103.
16) Than Tun, *History of Buddhism AD. 1000–1300*, Ph. D. Dissertation submitted to the Faculty of Arts, London University, 1956. pp. 135–137. Wicks, *op. cit.*, p. 136.
17) Robinson & Shaw, *op.cit.*, p. 22.

る。碑文という記録媒体の性格上，寄進や積徳行為の記録が中心となっていて，そこに現れる土地売買はほとんどが寄進のためのものであり，こうした目的以外の土地取引がどれほどあったか判然としないが，仏教僧団が寄進地以外に自らも土地を購入し，寺領地を拡大していたことが碑文の中からも窺える。13世紀の土地の売買とその価格としては1246年，シュエボゥにおいて1ペー[18]あたり銀1チャッで土地が購入された例，1244年に僧院がチャウセーの土地を1ペーあたり銀15チャッで購入し，仏教僧団の財産から支払った例[19]がある。大規模な河川灌漑を擁した王朝の中心的な穀倉地帯，チャウセーの土地が高価で，遠く離れたシュエボゥの土地は安価で購入されている。これらの土地の売買契約が成立した後は，酒や肉が供された祝宴が開かれていたことが注目され[20]，土地の売買が，単なるモノの売買ではなく，儀礼や祝宴を必要とするような，重い意味を賦与された行為であったと推測される。

奴隷の値段は，銀であらわされることが多いが，そのほかの物品，動物などで支払われることもあった。籾米20籠と銅3ヴィス[21]で1人の奴隷が購入されている例が見られる他，小船一艘，あるいはビンロウジュ10本と交換されている例，インド人の奴隷66人が1頭の象，40人の奴隷が1頭の馬と交換された例[22]もあるが，そのほかの例では，銀で1人につき20チャッから35チャッまでの幅の価格が付けられている。1214年の碑文では，奴隷11人が銀330チャッで，20人が銀200チャッと銅300チャッで購入されたとある[23]。

一方租税徴収においては，布，籾，鉛，銅などによる課税が目につく。市場では，支払，交換手段として，金，銀，銅，鉛，米，布などが用いられ，金属がもっとも多かったが，いずれもコインではなく，不定形なものだったので，一回一回の取引決済は，金属の重量を量って支払ったという。きわめて高額の取引には金，比較的小額の支払いの場合には，銅や鉛が交換手段になったと考

---

18) ペーは，地積単位。18～19世紀においては，ペーには，「本来のペー」と「王者のペー」と2種類あり，前者は約1.75エーカー，後者はその2倍程度であった。パガン時代のペーがどちらのペーであるかは不詳。

19) Than Tun, 1956, *op. cit.*, p. 98. G. H. Luce, "Economic Life of The Early Burman," *JBRS*, Vol. 30, Part 1, 1940, p. 300.

20) G. H. Luce, *op. cit.*, pp. 298-300, Wicks, *op. cit.*, pp. 148-151.

21) ヴィスは重量単位。1ヴィス＝100チャッで約1.63kgとなる。ベイターともいう。

22) G. H. Luce, *op. cit.*, p. 300.

23) Than Tun, *op. cit.*, p. 150, Wicks., *op. cit.*, p. 143.

えられるが，金属以外の米や塩，布などが支払手段，交換手段となることもあり，物々交換も広く行われていた。

このようにパガンでは，高価な土地，奴隷，建築材料の支払いに，そして技術を持つ職人の労賃としては，銀がさかんに使われているが，この銀は鋳造コインではなく地金であった。支払手段としての銀が碑文の中にあらわれるのは13世紀以降であり，この頃から一定の銀の供給が確保されるようになったと考えられる。

銀の供給源の一つは，シャン地方モンマオのボードウィンヂー鉱山の銀だが，周辺民族による小規模な採掘が10世紀ごろから行われていた[24]。パガンのアラウンスィートゥ王（在位1113～1167年）が，この銀山を守備するため斥候所を設けたと伝えられ，パガンの王も銀の供給源として注目し，その確保に努めていたことがわかる。しかし，パガン王国の実質的な支配はシャン高原の丘陵部には充分及ばず，銀の安定的供給を得るには至らなかったと思われる[25]。

より有力な供給源は，雲南産の銀であると考えられる。金，銀，銅，錫，鉛など豊富な金属資源を持つ雲南地方は，古くから東南アジアそしてインドと交易路で結ばれていた。7世紀から13世紀にかけては，雲南の南詔，大理と現在のインワ，あるいはピィーを経てインドへつなぐ交易路が開かれており，1200年から1500年にかけては，上ビルマ経由で雲南とベンガルを結ぶ三つのルートの交易路が存在し，雲南産出の馬と銀地金がこの道を通じ運ばれ，一方，ベンガルからは，雲南で長い間通貨として使用されていた子安貝が運ばれていた[26]。パガンの誓願板に記された中国物産，インド物産はこうした交易路からもたらされたと思われる。

しかし，雲南銀はパガンの銀需要を満たすのに大きな役割を果たしていた

---

24) シャン高原から北ビルマ，ラオスの一帯にかけて古くから用いられてきたシェルマネーあるいはオイスターマネーとして知られる銀貨幣の材料として使用されていたと考えられる。

25) パガン王朝による政治統合が及んだ領域に関しては，V. Lieberman, *Strange Parallels: Southeast Asia in Global Context, c. 800-1830*, Vol.1. *Integration on the Mainland*, Cambridge: Cambridge University Press, 2003, p. 112. を参照。

26) Bin Yang, "Horses, Silver, and Cowries: Yunnan in Global Perspective", *Journal of World History*, Vol. 15, No. 3, 2004, pp. 281-321. ただし Bin Yang は，John Deyell, "The China Connection: Problems of Silver Supply in Medieval Bengal," (Sanjay Subrahmanyam ed., *Money and the Market in India 1100-1700*, Delhi: Oxford University Press, 1994.) p. 128 から引用。

が，充分な量を賄うには足りなかったようだ。パガン時代には，金に対する銀の相対価格がきわめて高い水準にあったことがそれを物語っている。1287年，パガン帝国の末期に雲南を旅したマルコ・ポーロは，ビルマ（ミエンと呼んでいる）では金と銀が重量比で1：5の率で交換されているので，銀によって金を購う他国の商人は大儲けしていると記している[27]。マルコ・ポーロ自身は，ビルマに足を踏み入れていないが，こうしたうわさが雲南商人の間で交わされていたのだろう。碑文に現れる限りでの当時の金銀比価をみると，1：8，1：10，1：12などの例があり[28]，マルコ・ポーロが述べているような比率は見られないが，いずれも他地域や，のちの時代に比較して金価格が割安，銀価格が割高だったことがわかる。貨幣としての銀への需要，選好は顕在化していたものの，この時代には銀の供給が限られていたと考えられる。

王国内産出の金の多くは，エーヤーワディー河とチンドウィン川に挟まれた平野部に流れるムー川をはじめとする多数の河川で，採取された砂金からなっていた。この地域では，主としてカドゥーとして知られる民族によって古くから砂金採取が行われており，この地をめぐってシャンの藩王やビルマ王が競って役人を派遣し，金生産地を管轄下に置こうと努めた[29]。金は服属下の小王国からの貢納，あるいは征服，占領に伴う戦利品，さらに13世紀からは雲南との交易という複数のルートによって確保された。

銅は当時クエッという単位ではかられていて，銀との比価は1：50で安定していた。金属貨幣を計る重量単位は，ピューやモンのコインのデノミネーションと同様に，1チャッ＝4マッ＝16ペーとなっていて，2分割，4分割の単位が用いられていた。のちのコンバウン時代には，ムーという単位が使用されるようになり，1チャッ＝10ムー＝20ペーと十進法も採用されるようになる。

---

27) Manuel Komroff ed., *The Travels of Marco Polo*, 1926, New York・London: W. W. Norton, p. 206.
28) Than Tun, *Shehaung Myanmar Yazawin*,（『ミャンマー古代史』）Mahadagon Press, 1964, p. 182. G. H. Luce, *op. cit.*, p. 297, Wicks, *op. cit.*, p. 138.
29) 第一次タウングー朝のバインナウン王（在位1554〜1581年）がシャン州全域を支配下におくようになってカドゥーの金産出地帯もまたその管理下に置かれた。第二次タウングー朝のタールン王時代の1637年8月23日の勅令は，金産出地域の人口に対して，その移動や債務奴隷化を防ぐための措置を盛り込み，さらに関税免除などの特典を与え，金の産出を確保することに意を用いている。その後，18世紀初頭から中葉にかけて，この地域では，ビルマ人が地元の人々から広く土地を購入し新しい村を建設，金採掘場を拡大する動きが見られた。Than Tun, "Gold Tracts of Meza and Mu"（undated typescript）を参照。

一方，パガンでも100チャッは1ヴィス（ベイタ）であり，これはコンバウン時代と同じである。

　パガン崩壊の後，再びビルマ族によって16世紀半ばにタウングー朝が樹立されるまでの期間の貨幣事情はあまり明らかでない。1300年から1550年にかけては，シャン，上ビルマ，ヤカイン，沿海地方など複数の地域的中心が，互いに対立，あるいは連合しながら併存した時代だが，この時代においては農業において革新が見られ，なかでも14世紀半ばから16世紀にかけて綿花栽培が，灌漑米作地の外延に広く普及したことが特筆される。綿花を原料とする家内織物業が広がると同時に，1400年ごろから雲南への原綿輸出が始まり[30]，これはその後長く対中貿易の主要輸出品となった。中国へは，原綿，宝石，香料，塩などが運ばれ，中国からは鉄器，銅器，武器，茶，絹，銅，銀などが流入した。またボードウィンの銀山はシャン人の管理下にあったが，労働力はこの頃からほとんど中国人になっており，活発に採掘が進んだ。一方，沿海地方では，モン人が勢力を伸ばし，海上交易を行っていた。

　この時期にも土地の取引，売却がしばしば行われ，リーバーマンによれば碑文に現れる1350年から1512年にかけての114例の土地取引のうち，36％が現金取引であり，16％が家畜，馬，酒，布，器とのバーター取引，残りの48％が現金＋物による支払いだったという[31]。土地のような高額で重要な取引においても，貨幣とならんで物々交換が拮抗していたことがわかる。

3　銅本位の金属貨幣——「交易の時代のタウングー」

　16世紀半ば，第一次タウングー王朝（1531〜1599年）が成立する。東南アジアが香料をはじめとする産品によって世界交易に参画する時代であり，東南アジア諸地域の港市国家と並んで，タウングー朝ビルマもビルマ族を主体とする王国としては最初にして最後でもある沿海地方に根拠地を置いた王国となった。周辺地域を次々に征服し広大な地域を支配下に置いたタウングーの諸王

---

30) Lieberman, 2003, *op. cit.*, p. 145. ただし Sun Laichen, "Ming-Burmese Trade (1368-1644) and Its Implications,"（Manuscript）pp. 9-10 よりの引用。

31) Lieberman, *ibid.*, p. 140.

は，征服戦争の帰趨を左右する鉄砲をはじめとする武器弾薬を確保する必要からも交易を重視し，ポルトガル人傭兵の雇用にも熱心だった。同時にインド，コロマンデルからの繊維をはじめとする奢侈品を輸入し，その見返りとしてビルマからの宝石，樹脂，象牙，金，麝香，木材，象，錫などを輸出していた。当時の王都バゴー（ペグー）の隆盛は西欧からの商人，旅行者に驚きをもって記録されているが，その一人，1569年にバゴーを訪れたヴェニスの商人カエサル・フレデリッチは，当時の貨幣事情については，次のように記している。

> 通用している貨幣はガンサあるいはガンザと呼ばれる銅と鉛でできたものだ。王の発行した貨幣ではなく，誰でも私鋳できる。（中略）しかし鉛の比率を多くした偽物がつくられることもあり，こうしたものは受取を拒否され通用できなくなる。（中略）貨幣はガンザのみなので，これで金，銀，ルビー，麝香など何でも買える。（中略）この貨幣はとても重い[32]。

また彼は，貨幣の授受には必ず計量人が同伴しているとも指摘している。フレデリッチに約20年遅れて1587〜1588年にビルマを訪れたロンドンの商人R. フィッチもガンザと呼ばれる一種の真鍮が貨幣となっているとしている[33]。

ガンザは銅と鉛の合金[34]で，自由に私鋳された様々な大きさの貨幣だった。銅をベースとして鉛を混入し，平たい円形にするのが共通点だったが，銅と鉛の混合率，重量などは個々の製造者によって異なっていた。実際にこうした貨幣を作っていたものは，ある程度の人口をもつ地方都市には，必ず存在していたプエザーと呼ばれるあらゆる取引の仲介をする仲介業者や貨幣鑑定者などだった[35]。原料となる銅は，多くは雲南との交易によってもたらされ，銅，銀のほか鉄器，銅器，武器，茶，絹が運ばれ，ビルマからは15世紀初頭から対中輸出が始まった綿花のほか，香料，宝石，塩などが中国に向かった[36]。

---

32) Robinson & Shaw, *op. cit.*, p. 23 より引用。V. Lieberman, *Burmese Administrative Cycles: Anarchy and Conquest, c. 1580–1760*, Princeton University Press, 1984, p. 121.
33) *Ibid.*, p. 23 より引用。しかし，フィッチの記述はその大半がフレデリッチに負っていて，彼自身が実際にどれだけ観察したか疑義が多いという。D. G. E. Hall, *Early English Intercourse with Burma, 1587–1743*, (sec. ed.), London: Frank Cass & Co. Ltd., 1968, p. 19.
34) Dijk によれば，銅と鉛に錫を加えたものもあったという。Dijk, *op. cit.*, p. 47.
35) Lieberman, 2003, *op.cit.*, p. 32.
36) *Ibid.*, p. 145, ただし Sun Laichen, "Ming-Burma Trade (1366–1644) and Its Implications" (manuscript) pp. 9–10 を引用している。

第一次タウングー朝の隆盛は，王の個人的能力や軍事的優勢に基盤を置いており，王国内の各地方を統一的に支配しうるような統治行政制度は欠落していた。ひとたび強力な王が失脚あるいは死去すれば，服属していた地方権力の離反が次々と起こり，人的資源の流亡によって王国は衰退に向かうことになった。

　第二次タウングー王朝（1604～1752年）を建設した初期の王たちはこうした第一次タウングー王朝の統治に内在していた弱点をよく承知しており，対外遠征に向かうより，中央集権的な行政制度を作り上げるために，寺院勢力の抑制，アフムダーン人口の涵養，地方統治制度の改変などに着手した。しかし，通貨政策，貨幣事情に関しては大きな変化はなかった。

　1634年，タールン王（在位1629～1648年）が，都をパゴーから内陸インワに移した年は，オランダ東インド会社が初めてビルマに入り交易拠点を築こうとした年でもあった。オランダ東インド会社は，インワ，タンリン，パゴー，ピィーに商館を設け，インド東海岸コロマンデル，ベンガルとビルマを航路で結び，インド人商人や彼らの貨物をも運ぶようになる。とりわけルビーを扱うインド商人に貸し付けを行い，その資金をインドで回収することによっても利益を上げた[37]。このオランダ東インド会社の対ビルマ交易は，古くから開けた雲南――上ビルマ――ベンガルの交易路をより大規模にした形で行われていることが注目される。

　オランダ東インド会社は，ラックやカテキューのような染料や象牙等のビルマ産品のほかに，雲南からインワにもたらされる大量の金属類，とりわけ中国銅銭をコロマンデル，そしてのちにはセイロンとバタヴィアに運んだ。それだけではなくビルマのガンザも大量に輸出している。中国銅銭をオランダ東インド会社が取り扱うようになったのは，1653年からだったが，早くも1655年には会社の扱うビルマ商品の78.7％を中国銅銭が占めた[38]。一方ガンザは，会社の進出当初から輸出されているが，17世紀の40年代から大量に持ち出され，会社がビルマから撤退する70年代末まで続く。中国の明清交替期から次第に使用が減少した明銭が，雲南商人によって大量にインワに持ち込まれており，その一部はビルマで溶融されガンザの原料となり，残りはオランダ東イン

---

37) Wil O. Dijk, *op.cit.*, p. 5.
38) *Ibid.*, Appendix on CD-Rom No. I, Table C, Dutch exports from Burma, 1634-80. による。

ド会社が大量に買い付けて銅に対する強い需要のあるコロマンデル，ベンガルに運ばれていた。

オランダ東インド会社は，銅銭をバタヴィアとセイロンにも輸出し，そこでは中国銅銭がそのまま通貨として用いられたという[39]。日本でも12世紀以降16世紀前半まで大量の中国銅貨（宋銭・明銭）が流入し，それまで広く交換手段として使用されていた絹，麻布，米などに代わり，そのまま通貨として流通した時代があったが，ビルマではどうして中国銅銭が通貨として使われなかったのだろうか。おそらく，金属貨幣私鋳の伝統がすでに強固に根付き，中央王権もこの民間の自由な貨幣鋳造に介入しなかったというビルマの貨幣事情から来ていると思われる。貨幣を私鋳する人々や貨幣鑑定や計量に携わる人々が，中国銅銭のようにある程度規格化された貨幣が広く使用されることに脅威を感じたとしても不思議ではない。中国銅銭が入手できても，そのまま流通させるのではなく，溶融してガンザをはじめとする金属貨幣の原料とする道を選んだのではないだろうか。

オランダの対ビルマ交易は，インドから様々な種類と質の布地，糸，繊維製品を主として運び，ビルマからは中国銅銭，ガンザ，宝石類，金，銀，亜鉛，象牙，ラックなどを持ち出す形で進行した。上質のラックやカテキューなどの染料は日本向けの商品だった[40]。

市場取引の貨幣がガンザだっただけでなく，米をはじめとする10分の1税など現物徴税以外の課税，裁判の手数料なども基本的に銅で払われていた。例えば，1604年8月8日の勅令は，平民の戸数割税として10か月ごとに銅2.5ヴィス（約4.14 kg）の支払いを定め，別に公共事業のための賦課金を平民1名につき3ヴィス，アラー1名に0.5ヴィス，カッパー[41]1名に4分の3ヴィス，アフムダーン1名0.1ヴィスと定めている[42]。この勅令は，1635年のタールン王のものをはじめとし，1733年まで繰り返し同じ内容で発令されていた。第二次タウングー王朝の税の基本が銅による納入であったことがわかる。

---

39) *Ibid*, p.6.
40) Dijk, *ibid.*, p. 116.
41) アラーとカッパー：カッパーは，他所からやってきて居住するようになったものを指し，アラーはカッパーと在地の女との結婚により生まれた人々を指す。Thein Hlaing, 2000, *op. cit*., p. 11, Yi Yi, *Thutei-thana Abidan-mya Hmatsu*,（『研究用辞書覚書』）1974, Yangon: Burma Research Society, p. 494.
42) *ROB*, Vol. I, p. 179.

一方で高額の支払いには銀が使われており[43]，1603年7月29日の勅令では，マハームニ・パゴダの西に寺院を建てる計画について，王の個人財産から1寺院あたり，銀100ヴィスを支出するように命じている[44]。

　役人の手数料，弁護士の報酬についても勅令に規定があり，弁護士報酬は，その限度額が銅37.5ティカル[45]，これを超えた報酬を授受するものには罰を与える，としている[46]。徴税役人の手数料は，銀徴収の場合は徴収税額の4分の1，銅の場合は2分の1，陳情を扱う役人の手数料は1件につき1.5ヴィスの銅，関税役人の手数料は1件につき0.5ヴィスの銅，となっている[47]。

　さらに，砲兵隊の兵士に与えた下付地が狭小となってあぶれて外に土地を求めるものは，地租として銅37.5チャッを納めることとした勅令もある[48]。1681年1月18日の勅令では，ミョウや村への新任役人が着任したときにアティー世帯は銅3ヴィス，アラー世帯は1.5ヴィス，カッパーは0.75ヴィスを納めることとしている[49]。このように17世紀を通じて，現物税以外の租税賦課は基本的に銅で行われていた。

　中国銅銭をはじめとし，交易に伴って流入してくる多種多様な外国貨幣についても，その重量と純度を明らかにして初めて貨幣として授受された。私鋳によるガンザもその質と量は一定していなかったので，この時代の取引においても，貨幣の計量と鑑定に従事する人々の存在が不可欠だった。

　第二次タウングー朝時代でもガンザは主要な貨幣だったが，同時に様々な品物が銀地金によっても売買されるようになる。ガンザもまた，時代を経るに従って鉛の含有量が多くなり劣化していった。18世紀の初頭まではガンザがさかんに使用されていたが，そのころはほとんどが鉛だけの貨幣と化していたようで，ただでさえ重いガンザが取引ごとに大量に必要となった。ガンザの価

---

43)　東インド会社の帳簿では，王都では銀が使用されていたという。Dijk, *op. cit*., p. 48.
44)　*ROB*, Vol. I, p. 172. この銀をここではユエッニーと呼んでおり，コンバウン時代中期以降，標準貨幣の役割を果たしたユエッニーが，すでにこの時代にも使われていたことがわかる。さらにToe Hla, 1979. *op. cit*., p. 56によれば，1441年の碑文に「耕地にユエッニー30チャッ，肉に1チャッ半」というくだりがあり，これがユエッニーへの言及のもっとも古いものではないかとしている。
45)　ティカルはチャッと同義の貨幣重量単位。100ティカル＝1ヴィス。
46)　*ROB*, Vol. I, p. 190. 1607年6月23日付勅令。
47)　*ROB*, Vol. I, pp. 38-41. 1634年6月24日付勅令。
48)　*ROB*, Vol. I, p. 244. 1635年5月30日付勅令。
49)　*ROB*, Vol. II, pp. 49, 240. 1681年1月18日付勅令。

値の推移を英国のスターリング貨との相対価格でみると，1580年のR.フィッチの時代を1とすると，1650年の東インド会社の報告ではその2分の1，1712年には32分の1にまで下落しており17世紀から18世紀初頭にかけてその価値下落が甚だしかったことがわかる[50]。ガンザの価値の下落は，取引における利便性を甚だしく損ない，外国商人に対して通用力を持つ銀が，次第に貨幣として重要性を増すようになってゆく。

　銀が金に比べ相対的に割高だったことはすでに触れたが，王国内の銀生産地として当時の勅令が多くの地名を挙げているにもかかわらず[51]，交易の拡大するこの時代の貨幣需要を満たすにはまったく足りなかったようで，雲南銀のほか，1590年代にはフィリピンおよびインドを通じて，新大陸の銀が下ビルマに流入するようになった。また，1623年にはウィリアム・メスウォルドというイギリス東インド会社社員が南東インドのゴルコンダ王国から大量の銀がビルマに向けて輸出されていたことを報告している[52]。下ビルマ一帯で銀の延べ棒や銀貨に対する強い需要があり，王もまた武器弾薬をはじめとする外国製品の購入に便利な銀を，強く求めていた。ビルマ人同士の国内取引においても次第に銀，銀合金による決済が広まってくる。

　上ビルマのインワでは，17世紀を通じて米の価格は一般的に銅で表されていたが，18世紀になると米および他の商品はほとんど例外なく銀や銀合金で表されるようになった。

---

50) Robinson & Shaw, *op.cit.*, pp. 23-24.
51) 例えば1637年，タールン王が実施したシッターンの回答の中で，自らの領地を銀の産地であるとする地方がBaw He, Baw Saingから始まり，合計14か所挙げられている。*ROB*, Vol. I, pp. 79-80. また1639年9月11日の勅令では，すでに12世紀パガン時代に組織されたタウングー，タウンメー，タラン地方のカレン人銀採掘者の再組織化が命じられている。*ROB*, Vol. II, pp. 118-19. さらに1699年9月2日の勅令では，銀税徴収官がシャン地方，ミッニャー，上ビルマ9村，下ビルマ9村，タユインダイン，タウングー，モッタマに任命され，その上に統括者として王室の銀税担当官が任命された。*ROB*, Vol. I, p. 70, p. 313. これらの地方から納められた銀税の総量はわからないが，1724年に提出されたタウングー地方のカレン人担当奉行の報告では，同地方に銀採掘を行うカレン人グループ12組が組織され，毎年750チャッ（約12.2 kg）の銀を王庫に納入しているとしている。産出量の少ない地方にも銀税を課して銀の確保に懸命であったことを思わせる。*ROB*, Vol. III, pp. 72-3.
52) V. Lieberman, 1984, *op. cit.*, p. 122.

4 銀本位の確立——コンバウン時代の通貨事情

4-1 私鋳による銀-銅合金通貨

　アラウンパヤー（在位1752〜1760年）が即位し，コンバウン王朝（1752〜1885年）を創立した時にはすでに銀は[53]，取引における主たる交換手段の地位を占めており，通貨としてのガンザは姿を消していた。その後コンバウン時代の終わりに至るまで，金属貨幣であるか，1860年代の末から流通した鋳造貨幣であるかを問わず通貨の基軸は銀にあり，銀本位制の時代と言うことができる。ただし，アラウンパヤーが王位についた18世紀半ばにおいては，銅もまだ納税や，各種手数料の支払いに広く使われており，例えば1758年に出された勅令では，泥棒の捕縛に協力しなかった者，あるいは徭役の義務を果たさなかった者に対しては，鞭打ち5回，あるいは銅50チャッの罰金を課す，と記している[54]。日常の小額物資の売買では，H. ユールが記しているように，市場の店舗には，つねに鉛の小粒が一杯に入った籠が常備されていた[55]。

　コンバウン初期については残されている借金証文がごく少ないが，こうした時代の証文も含めて，コンバウンの借金証文をみると，表2-1に見るようにそ

---

[53] ちなみに銀はビルマ語で<u>グエ</u>と言い，若干の混合物が入っているものを指す。純銀の場合は別に<u>ボー</u>と呼んで区別しており，貨幣材料の銀はほとんどが<u>グエ</u>だった。<u>グエ</u>は，現代ビルマ語で貨幣，金銭を指す言葉としてもっともよく使われる言葉となっている。銅を表す<u>チェー</u>という言葉も現代ビルマ語で，貨幣の意味でも使用される。あるいは銀と銅を重ねて<u>グエチェー</u>といえば，これも貨幣という意味になる。銅もまた貨幣材料として使われてきたが，銅単独で貨幣として用いられた例はコンバウン時代にはほとんどなく，銅産出地域から税を納めるときに銅で支払われた例などが見られるにすぎない。コンバウン時代においては，銅はもっぱら銀に混入され，合金の金属貨幣の原料となった。銅の混入割合は，銀重量の2分の1以下が原則とされていた。銀と銅が貨幣の代名詞ともなったことは，金属貨幣の主体が銀と銅であったからに他ならない。現代ビルマ語で貨幣，金銭を示す言葉として，<u>パイサン</u>があるが，インド硬貨の単位パイサに由来したものと考えられ，植民地時代にビルマが英領インドに組み入れられたのち流布した新しい言葉と思われる。コンバウン時代の証文には登場しない言葉である。

[54] 1758年1月13日付．*ROB*, Vol. III, p. 50, p. 205.

[55] Henry Yule, *op. cit.*, p. 259.

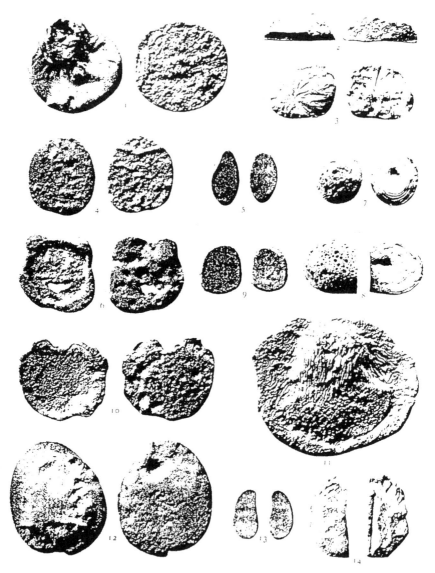

図 2-2　コンバウン時代の様々な金属貨幣
注：これらの貨幣にはビルマ語の通称と，モン語の通称があったという。
　　No.11 については，Robinson & Shaw はシャンのオイスターマネーとして明らかに同一の写真を挙げている。
出典：Temple. 1928. p. 10.

88　第Ⅰ部　借金証文とその背景

図 2-3　ユエッニー
大が 63.99 g，小が 3.97 g。
出典：Robinson & Shaw. 1980. p. 25

こで使用されている貨幣は，例外なく銀と銅の合金であることが注目される。きわめて高額の取引や高額納税には金が使われることもまれに見られ，また銅は銀に混入して合金の貨幣として使われるほか，税として徴収されることもあった。鉛は鉛鉱山のある地方からの現物税として徴収されるほか，上述のように市場の小額取引にも用いられていた。

　表 2-1 に見るように，証文に現れる貨幣は，そのほとんどが銀をベースに銅を混入した合金の金属貨幣で[56]，いずれも自由に私鋳されていたので，その形状や重量は一定していなかった。ただし，銀比率 90 ％とされるユエッニーという名で呼ばれていた合金貨幣が標準とみなされ，またすべての合金貨幣は，銀の比率が 50 ％を超えているべきだという了解が広く共有されており，貨幣をめぐる勅令にもそのような指示が見られる。数は少ないものの，実際にはさらに低品質の貨幣も存在しており，借金証文の中では，6 チャッ・ケー（銀含有率 40 ％）や 7 チャッ・ケー（同 30 ％）の貨幣が使用されている例があった[57]。テンプルは銀 10 ％の貨幣もあったというビルマ人の証言を挙げている[58]。こうした銀の含有量が 50 ％を切るような貨幣は，コンバウン時代前半の証文にはしばしば現れるが，後代になるとほとんど見られなくなる。証文の

---

56)　銅のほか鉛を混入したものも見られた。
57)　UCL 折り畳み写本 No. 151107 の 1776 年のタウンレージー村の水田質入れ証文，同じく 1782 年のビャンヂャ村の水田質入れ証文など。
58)　Temple, *op. cit.*, p. 21. テンプルは，インド生まれの英国軍人，行政官であり，英領インド諸地域の風俗，慣習，宗教，貨幣に及ぶ広い分野にわたって多くの著作を残した。

表 2-1　コンバウン時代の銀-銅合金通貨

貨幣重量	銅混入量	貨幣の呼称		当時の通称	銀比率（%）
		10 k を基準	100 k 基準		
10 k	2 mat	5 mu kè 2 mat kè	5 k kè	ユエップイン	95
10 k	1 k	1 k kè	10 k kè	ユエッニー	90
10 k	1 k 2 mat	1 k 2 mat kè	15 k kè	ユエッテー ユエッソー	85
10 k	2 k	2 k kè	20 k kè	グエゾー	80
10 k	2 k 1 mat	2 k 1 mat kè	22 k 5 mu kè		77.5
10 k	2 k 2 mat	2 k 2 mat kè	25 k kè		75
10 k	3 k	3 k kè	30 k kè		70
10 k	3 k 2 mat	3 k 2 mat kè	35 k kè	ウンブア	65
10 k	4 k	4 k kè	40 k kè		60
10 k	4 k 2 mat	4 k 2 mat kè	45 k kè		55

出典：Toe Hla, 1981, *op. cit.*, p. 161.
注：1）k はチャッ，mu はムー，mat はマッ。kè は合金（アケー）を意味する省略形で証文の中で使われていた。
　　2）この表では，銀含有率 55 % までの合金が示されているが，銀の割合が 50 % を下回る金属貨幣も，コンバウン初期から中期の証文にはしばしば登場する。後期には少なくなった。

中の記載が実際の貨幣の品質通りとは限らないという点を考慮しても，タウングー時代に比較すれば，"悪貨が良貨を駆逐する" といういわゆるグレシャムの法則は，コンバウン時代には明らかには認められない。表 2-1 に掲げたほかには，カユバッダイン，カユバッロウン，グエガレー，グエクエッ，グエピョウ，グエロウン[59]など，様々に呼ばれている貨幣が証文に登場しているが，それらの貨幣がどのような品質で，どれだけの範囲で流通していたかは不明である。

　このようにコンバウン時代には，流通貨幣の種類がタウングー時代に比べて格段に多く，複雑きわまりない状態にあった。さらに状況を複雑にしていたのは，様々な品質の合金貨幣が使用されていただけでなく，同じ呼び名の貨幣が，地方あるいは時代によって異なった品質の貨幣を指していることも少なく

59）それぞれ，カユバッダイン（楯の渦巻），カユバッロウン（丸い渦巻），グエガレー（小さい銀），グエクエッ（曲がった銀），グエピョウ（柔らかい銀），グエロウン（丸い銀）という意味になる。

なかった。例えば，ユエッニーは，先述のように銀銅比率が9：1であると了解されていたが，地方によっては1チャッ2マッ・ケーすなわち銀含有率85％の合金貨幣をユエッニーと記した例，それどころか，5チャッ・ケー合金（銀含有率50％）や，それ以上に品質が劣る貨幣までもユエッニーと記している例も見られた[60]。

4-2　私鋳貨幣による取引はどのように行われたか

こうした一見無秩序にも見える貨幣状況の中で，実際の取引はどのように進行したのだろうか。

先に触れたように，一つの取引に複数の異なった品質の金属貨幣が使用されていることはごく普通に見られた。

1) 緬暦1189年ワーガウン月（西暦1827年8月），シン・カインが，金が必要ですので1か月に織機一台分の布を織ってお返ししますからと（借金を）申し出たので，メー・テッシンが，銀価格で14チャッ1マッ相当分の籾米と，2チャッ合金で1チャッ，5チャッ合金で1チャッ，合計16チャッ1マッを，1か月に織機一台分の布を渡すという条件でシン・カインに貸し与えた。両人揃って証文を作り，文書作成および書記は歩兵連隊長ウー・ミンサンが務めた[61]。

2) 緬暦1174年ワーゾー月白分6日（西暦1812年6月14日），シン・ニェインがシン・ガタッに，私のテインビンレータイッという18.5籠撒きの灌漑田を担保として，ユエッニー60チャッ，10チャッ・ケーで25チャッ，2マッ・ケー・ユエッニーで2チャッ2マッ貸してくださいと申し出た。その申し出に応じて，シン・ガタイッが，87チャッ2マッ・ユエッニーを貸し与え，水田を担保に取った。書記はマウン・フムエアウン[62]。

---

60) 例えば1.5チャッ・ケーをユエッニーとしているのは，DMSEH, Vol. 5, No. 1210, vol. 11, no. 2889，など。サリン地方では，1.6チャッ・ケーや2チャッ・ケーをユエッニーとよんでいる証文もしばしば見られる。サリンダガウン文書 Vol. 10，人身抵当証文集（以下 STC-KT と略記）No. 1, 2, 15。シュエボウのビャンヂャ村文書では，銀含有率80％，70％，50％の貨幣まで，ユエッニーと書いている証文も見られた。大学中央図書館（UCL）折り畳み写本 No. 151107。

61) Toe Hla, "Konbaung Hkit Leya Thet-kayit pa Luhmu Sibwaye Thamaing," 1981, (typescript) p. 9. レーズィン地方の証文である。

62) Meiktila Thet-kayit Collection（以下 MTC と略），no. 20. Thu Nandar, *op. cit.*, Appendix p. 140.

1）の例では，2種類の金属貨幣と籾米が貸し与えられている。金属貨幣は，一つは2チャッ合金つまり，銀80％の合金，他の一つは5チャッ合金すなわち，銀50％の合金で，品質にはかなり開きがある。米も銀換算で価格が記されているが，銀（グエ）と書かれているのみで，品質はわからない。異なった品質の金属貨幣を使用するならば，借金の総額はそれぞれの貨幣重量の単純合計とは異なるはずだが，この例のように，証文の中では，単純合計額が記されているのみである。

　2）の例で使用されているのは，たんにユエッニーと記されているもの，10チャッ・ケーつまり銀90％の貨幣，そして2マッ・ケー，つまり銀95％の貨幣の3種類である。ユエッニーは普通銀90％合金と了解されているが，ここでは，なぜか別個のもののように書かれている。この証文でも，異なる貨幣の重量の合計額がそのまま書かれ，その前にユエッニーと記される。ここで使われている貨幣が，いずれも銀比率が高いので，まとめてユエッニーとして扱ってもよかったということかもしれない。

　1）の例のように，品質に大きな差がある貨幣が使われた場合は，債務者が借金を返す時には，どのように決済したのだろう。すべての貨幣をユエッニーに換算して返済したのか，あるいは借りた金属貨幣と同質の貨幣をそろえて返済していたのだろうか。

　トーフラによれば，あらゆる合金貨幣をユエッニーへ換算する方法がいくつか存在したという。一つは，他の貨幣をユエッニーに換算する以下のような計算式，そして加熱溶融して合金の中の銀あるいは銅を計算する方法である[63]。

$$合金貨幣の重量（kyat）\times \frac{10}{10 + 混入された銅の重量（kyat）} = ユエッニー$$

例えば2チャッ・ケーの貨幣が重量で20チャッあるとすると，これをユエッニーで表すためには

$$20 \times \frac{10}{10 + 2} = 16\frac{2}{3}$$

となって，ユエッニーでは16チャッ6ムー1ペー1ユエッに相当するということになる。

---

63) Toe Hla, 1987. *op. cit.*, pp. 255-256.

その他にも，一般の人々が貨幣の品質を見分けられるように，合金の表面に浮かぶ模様を見て鑑定する方法もあったという[64]。この方法を覚えやすいように歌にしたものがある。

　　1チャッの混ぜ物が入れば，
　　鳥の足跡，あるいはナツメの花が浮かび
　　その品質が明らかになる。
　　ムラサキミズヒイラギの蕾が現れると，
　　4分の3チャッの混ぜ物が加わっている。
　　ムラサキミズヒイラギの花の印は，
　　2分の1チャッの混ぜ物。
　　4分の1チャッの混ぜ物が入っていれば，
　　きっとマツリカの花が現れる。
　　これらはすべてユエッニーの仲間で
　　清らかな銀と呼ばれてその高い品質を証している[65]。

　この歌では，混ぜ物が1チャッ以下の合金は，すべてユエッニーと呼んでよいこととしている。このように，ユエッニーは厳密な品質を意味するというより，銀の純度が高く，貨幣として信用できるものというほどの意味で使われていることが多かったようだ。

　しかし，こうした方法にもかかわらず，普通の人々にとって貨幣の品質を正確に知ることは，ほとんど不可能であり，貨幣を鋳造した当人だけが判っていたのではないだろうか。したがってそれぞれの取引に，貨幣鑑定人や，計量人が介在する必要があったのだろう。金属貨幣の時代の借金証文の末尾には，必ず彼らの名前も明記されている。これらの人々，およびプエザーと呼ばれる取引の仲介人は一方で貨幣の作り手でもあったが，彼らの取引における手数料は，プエザーで1回につき1マッ（0.25チャッ）や2ムー（0.2チャッ）で比較的少額であり，貨幣鑑定人や計量人には手数料は払われず，あってもごくわず

---

64) 銀と銅を9：1程度の割合で溶融して合金貨幣を造ると表面に線状の菊花のような模様が浮き出るという。これがユエッニーの印として通用しており，このためユエッニーを花銀という呼び方もした。しかし，こうした模様は自然にできるものではなく，花模様の型に流しいれてつけているという証言もある。Robinson & Shaw, *op. cit*., p. 24 の引用に拠れば，17世紀末から18世紀20年代にかけて東南アジアを旅した Captain A. Hamilton は，アヴァ王国の人々は花模様のない貨幣は受け取らなかったと記している。

65) Toe Hla, 1979, *op. cit*., p. 59. Toe Hla, 1988, *op. cit*., pp. 256-257.

かだった[66]。彼らはふつう他に職業をもっていたが，貨幣を自ら鋳造していることも少なくなかった。品質を落とした貨幣を作ってより高品質の貨幣として流通させ，そこから利益を上げたいという誘惑に常にさらされていたとしても不思議ではない。貨幣鋳造者は，彼らの顧客でもある大商人や高利貸の依頼によって，品質を故意におとした貨幣を作ることも珍しくなかったとされる[67]。中央政府は，しばしば勅令の形で品質の劣る貨幣の使用を禁じたが，こうした禁令は王都周辺においても効果は薄く，地方においては，ほとんど効力は持たなかった[68]。

5　通貨統一のこころみ

5-1　ボードーパヤーによる通貨改革

　こうした煩雑な貨幣状況に対して，中央王権が改革を試みるのは18世紀から19世紀への移行期を統治したボードーパヤー王（在位1782〜1819年）の時代になってからのことである。古くからの交易の歴史を持つムスリム商人，中国商人だけでなく，イギリス東インド会社をはじめとするヨーロッパ勢力との交渉が頻繁となる時代であり，精力的な改革者でもあった王は宗教組織の改革やグレゴリー暦の導入——これは失敗に終わったが——とともに国内商業を奨励し，様々な商品の専売制度を設け，もっとも多額の納入金を約束した商人に，民族の帰属を問わず専売権を与えた。さらに徴税請負制度や木材資源のコンセッションを導入して王立政府の財源の確保にも努めた。
　通貨制度に関してもボードーパヤーの政府は強い関心を払い，質の悪い通貨の流通を制限し，ユエッニーなどの良貨のみを鋳造し，使用するようにとの勅令をたびたび発布している。1783年10月16日の勅令では，以下のように警告している。

---

66)　借金証文の末尾に手数料の金額が記されていることがしばしば見られ，そこからの推定。
67)　Robinson and Shaw, *op. cit.*, p. 26.
68)　Henry Yule, *op. cit.*, p. 261. ユールは，銀含有率が50%を切る貨幣は王政府による没収に合う危険性があったが，地方では公然と流通していたとする。

1) ボードーパヤーのヤカイン攻略以前にヤカインで流通していたコインとボードーパヤーがヤカインで発行したコイン

 表裏同じ

 表裏同じ

1144年（＝ AD.1782）
黄金宮の王
マハータマダヤーザ

1146年（＝ AD.1784）
アマラプラ
多くの白象の所有者である王（ボードーパヤーを指す）

2) ボードーパヤーの通貨改革関連コイン

カルカッタへ見本として王が送ったピュー・コインに基づき，カルカッタ造幣局で鋳造されたもの。
表　玉座
裏　スリーヴァッサ

ボードーパヤー発行の新コインの鋳型

表　二匹の魚
裏　1143年ダボウドエ月黒分13日
　　（＝ AD.1782年2月11日，王の即位日）

3) ミンドンの鋳貨

表　孔雀
裏　1チャッ，
　　1214年（＝ AD.1852，王の即位年）
銀貨は，1チャッ，5ムー，1マッ，1ムーの4種類が発行された。

図2-4　ボードーパヤー王とミンドン王の鋳貨

出典：M. Robinson & R. A. Shaw, *op. cit.*, 1980, pp. 70, 71, 84.

粗雑な銀が鋳造され使用されているが，ユエッソゥ，ユエッテー，ユエッニーのみを鋳造し使用せよ。従来から何度も発令されたこうした勅令に対し，地方長官，同書記官らは心してその履行に励むように。獄吏らが粗雑貨幣を鋳造する者たちから賄賂を取って彼らを釈放していること，劣悪な貨幣も 25 チャッ合金，ウンブワ，30 チャッ合金などと言って使用していることなども王の御耳には達しているのだ。役人らはそれでも知らぬ，存ぜぬというつもりなのか。今後はこうした貨幣を作らせ，使用させることを固く禁ずる[69]。

さらに，翌年の 7 月 23 日勅令では，「ウンブワ，グエゾー，ユエッテー，ユエッニーなど様々な貨幣が使用されているが，ユエッニーの製造と使用のみを合法とする。品質の劣る貨幣の使用は，緬暦 1146 年末までを期限とし，1147 年以降にそれらの貨幣を作り，使用するプエザーやそれを受け取るものは厳罰に処する。この勅令を王国の隅々に至るまで回送せよ[70]。」と，ユエッニーのみを合法化しようと試みている。

ボードーパヤーの軍によるヤカイン王国の征服は，コンバウン王朝の通貨政策の転機をもたらす一因ともなった。ベンガル湾に面し，古くからインド洋交易の一拠点となっていたヤカインでは，チャンドラ朝崩壊のあと一時途絶えていたコインの発行が，1433 年にミャウーに王都を定めてヤカイン王国を再建したナラメイラー王によって復活しており[71]，300 年以上にわたってコインが使用されていた。ボードーパヤーは，ヤカインの王銘を刻したコインに倣って，ヤカインで自らの鋳造硬貨を発行し，「ビルマ暦 1146 年（西暦 1784 年）アマラプラ白象の主の国」という文字を刻んだ。1787 年 10 月 4 日には，「ヤカインは我が王国の一部となった。ヤカイン人は，コイン（ディンガー[72]）を用いてきたが，彼らが従来使用してきたコインはもはや効力を失う。新たな刻印が刻まれたコインを使用せよ。」という内容の勅令を発している[73]。

ボードーパヤーの政府がヤカイン征服後，通貨の統一を緊急な課題とするよ

---

69) *ROB*, Vol. IV, pp. 286-287.
70) *ROB*, Vol. IV, p. 369.
71) Robinson & Shaw, *op. cit.*, p. 44.
72) 硬貨を表すビルマ語のディンガーは，ローマ帝国の金貨ディナリウス，そしてイスラーム世界で使用された金貨ディナール（古くはディンナール）由来と考えられる。
　　ビルマの近世証文の中でディンガーという言葉が出てくるのは，1860 年代になってであるが，それより数十年早く，ヤカイン制圧を行ったボードーパヤーの勅令には，この言葉が使用されており，中東，インド，ヤカインというルートでビルマに到達したことを示している。

うになったことは，ユエッニーだけの使用を認め，他の金属貨幣を非合法とするという内容の勅令が繰り返し出されていることからよくわかる[74]。とりわけ1795年1月28日付の勅令は，慣習法と仏教に則った統治の基本原則とその具体的適用を述べた91項目にわたる長大な勅令だが，その中の第5，第6項をみると

第5項　ユエッニー以外の劣った品質の銀貨の使用を禁ずる。
第6項　不正な錘，籠，貨幣の使用は窃盗に当たる。公式の錘と籠を用いよ[75]。

という内容であり，王が度量衡と通貨統一を統治の重要項目の一つだと考えていたことが読み取れる。

しかし，こうした勅令にもかかわらず，王国のあらゆる場所で様々な品質の合金貨幣が用いられ続けていた。王都から遠く離れた地域だけでなく，王国の中心地域，シュエボゥやマンダレーなどでも同様に様々な品質の貨幣が使われていたことは，無数に書かれている取引証文が物語っている。貨幣の私鋳がまかり通っている限り，人々は抵抗なくそれらを受け取り使用していたのである。したがって王政府の通貨政策は，初めて通貨の私鋳そのものを禁止して貨幣鋳造を王室独占事業とする方向へ舵を切って行くことになる。

ボードーパヤーは，1795年，王都アマラプラを再訪したインド総督派遣使節，マイケル・サイムズに対してコインの鋳造機を手に入れたいと要請している。2年後1797年に，東インド会社のヤンゴン駐在官，ハイラム・コックスが鋳造機とカルカッタで制作された10万枚の銅貨と2万枚の銀貨を持ち込んだ[76]。これらのコインには，王政府が見本として渡していたピュー・コインにならって，スリーヴァッサと玉座の模様が刻印されていた。

しかし，コックスと王政府の間には双方の誤解に基づく様々なトラブルが持ち上がる。コックスは，到着後なかなか王に面会が出来ず苛立っていたが，王

---

73) *ROB*, Vol. IV, pp. 182, 621, この勅令は発布が10月4日，ヤカインのリエゾンに交付されたのは10日後の10月14日だった。U Tin, *Myanmar Min Okchokpon Sadan*,（以下 MMOS と略）Yangon: Ministry of Culture, 1963–83（rept.）Vol. III, Sec. 395. p. 128.
74) 例えば，1788年3月13日勅令，1795年1月28日の勅令など。*ROB*, Vol. V, pp. 400, 458.
75) *ROB*, Vol. V, p. 458.
76) Hiram Cox, *Journal of a Residence in the Burmhan Empire and More Particularly at the Court of Amarapoorah*,（rept.）British Library, Historical Print Editions, 2011, p. 311, Robinson & Shaw, *op. cit.*, p. 68.

がコックスの持参したコインの鑑定を命令したことから最初の衝突が始まった。ビルマ側にとっては，外国貨幣であれ，合金貨幣であれ，鑑定して用いるのはごく当たり前の手続きだったが，コックスは，これはサンプルコインの鋳造を命じたインド総督に対するはなはだしい侮辱であると受け取った。王政府が鑑定後，銀貨について品質が劣るので返却すると言うと，コックスはこれを拒否する。のちにこの銀貨についても王政府は代価を支払ったが，コックスによれば品質のはるかに劣る銀によって支払われたという。

　この最初の通貨改革の研究史上の大きな問題は，ビルマ側の原資料がほとんど残っておらず，これまでこの通貨改革に触れた歴史家たちは，すべてコックスの記述に全面的に依拠していることにある。その結果，M. ホワード，H. ユール，R. テンプル，ロビンソン＆ショウらの著書，論文は，ほぼ同じストーリーを繰り返している[77]。すなわち，「ボードーパヤー王は，その品質に比べて額面をきわめて高額に設定したコインを発行した。当然にも人々はその受領を拒否。王は他の貨幣の鋳造，流通をすべて禁止し，違反者には厳罰を与えた。取引は数週間にわたって停止し，勇を奮った大臣が，通貨統一の試みを諦めるよう王に諫言してのち，王は彼の実験を放棄した」と。以上のイギリス人による記述では，通貨改革の失敗は王の極端な貪欲，専制，無知の結果であったとなる。コックスは激怒冷めやらぬ口調で記し，テンプルは王に対する軽蔑を隠そうともせず，その他の人々は同じ内容をより穏健に書いている。

　コンバウン時代の社会経済史をリードするビルマ人研究者トーフラも，コックスのみに依拠するほかなかったためか，王の改革は，新コインの発行によって王が法外な利潤を追求したため，人々によって拒否され失敗に帰したと述べる[78]。

　表2-2は，コックスの書物とボードーパヤー王の統治に関して詳細な情報を含んでいる三種のビルマ語テキストを取り上げ，通貨改革の経過についての記述の有無をまとめたものだが，これに見るとおり両者には，その記述に大きな隔たりがある。すべてのビルマ語テキストは1812年8月13日の勅令，すなわち「王政府が発行した銅貨が人々に用いられていないため，従来通り鉛の通貨の使用を認める」とした勅令について触れている。しかしコックスの記述に含

---

77) Howard Malcom, *op. cit.* Henry Yule, *op. cit.* Richard Temple, *op. cit.* Robinson and Shaw, *op. cit.*
78) Toe Hla, 1988, *op. cit.*, p. 267.

表 2-2　ボードーパヤー王の通貨改革に関する記述対照表

（記述有 +；　無 −）

	勅令 1797.7.21	通貨規則 1797.7.22	ユエッニー再使用許可	発行通貨量	新通貨の品質	勅令 1812.8.13
H. Cox	+	+	+	−	?	
ROB	−	−	−	−	−	+
MMOS	−	−	−	−	−	+
KBZ	−	−	−	+	−	+

出典：H.Cox, *op. cit.*, *ROB*, Vol. II, *MMOS*, *KBZ* Vol. I.

まれているその他の事項については完全に沈黙している。コックスによれば，王は1797年7月21日付の「流通している金属貨幣を禁じ，カルカッタから持ち込まれたコインの流通を強制する」という内容の勅令によって通貨改革を突然開始した[79]。コックスはこの翌日，通貨に関する諸規則を定めた王政府の通達に気付いたと言う。この通貨規則および自身の推測に基づき，コックスは王の通貨発行利潤を最小で66.6%，最大で589%と計算している[80]。

続いてコックスは，ユエッニーの使用を許可したという1797年8月2日の勅令に触れ，これをもってボードーパヤーは通貨の統一をあきらめた，すなわち通貨改革はたった2週間で終わったとしている[81]。これは，1812年8月の勅令が王の通貨改革の終わりを示すと考えるビルマ語テキストとはかなりの懸隔がある。

コックス，ビルマ側の双方のテキストには，王政府がどれだけの新コインを発行したかという言及はまったくなく，また新コインの品質については，コックスの見たという通貨規則と彼の推定計算の結果以外には存在しない。このように基本的な情報が欠けたまま，改革の失敗の原因を既存の資料，すなわちコックスの記述にもっぱら頼って論ずることにどれほどの意味があるのだろうか。むしろ従来は試みられなかった，しかしもっともオーソドックスな方法，すなわち当時の社会経済的な背景のなかに，この改革の動機，そして失敗の原因を探るという方法によって，この改革を位置付け直すことが必要だと思われる。

---

79)　Cox, *op. cit.*, p. 310.
80)　*Ibid.*, pp. 312–13.
81)　*Ibid.*, p. 321.

5-2 改革とその挫折をもたらしたもの

　1790年代の王政府が直面していた財政状況を考慮すると，ボードーパヤーが通貨統一，言い換えれば通貨発行権の王室独占を樹立する喫緊の必要に迫られていたことが推察される。1782年，王が即位したときには，アラウンパヤー王以来代々の王が積み上げてきた巨額に及ぶ王の個人債権，銀2万3000ヴィス，金10ヴィス[82]を放棄し，慈悲心に富む仏教王を演出するほどの財政的な余裕があった。しかし，ヤカイン遠征に続いて，1785～1786年にもう一つの沿海交易国家シャムに対して行った大遠征が敗北に帰して以来，王国の経済状況は急速に悪化していった。1788年には，現金による戦費負担を住民に課し，全国の鍛冶屋を招集して鉄砲を増産するなど周到な準備の上で，再びシャム遠征を試みるがこれも失敗に終わる。1792年には，シャムの側についた南部のダウェーを奪回するために軍を送り，ダウェー奪回は成るが，東部の戦線で敗北し，チェンマイを失うことになった。これらの度重なる遠征は，財政の緊迫と人的資源の枯渇，そして農業生産への打撃となって王国経済を苦しめることになった。

　もう一つの経済悪化の要因は，ボードーパヤーの治世下に生じた厳しい旱魃だった。1788年7月，王宮の国務院の前に仮宮を設定し，旱魃が止むように護呪経を唱えさせたという記録があるが[83]，1785年の対シャム戦の大敗北による人員消耗や生産力の減退まだ癒えぬ時期の旱魃は，社会全体の疲弊を深めたに違いない。図2-5は，1785年から1885年までの100年間の籾価格の推移を見たものだが，コンバウン初期にはおよそ100籠あたり50チャッの水準にあった籾価格が1793年以降上昇し始め，1804年には100籠あたり200チャッの高値を付けている。その後価格は上下に激しく変動し，1812年にはコンバウン時代全体を通じての最高値400チャッにまで達している。ちょうどこの頃1810年から12年にかけては，第1章で触れたとおり史上最大の飢饉の時代であった。

　この大飢饉の時代の惨状は以下の詩編からも窺える。

---

82) *MMOS*, Vol. 3, pp. 39–40. 1 viss = 100 kyats = 1.63 kg であるから，この時王は，銀約27.6トン，金16.3 kgの回収を放棄したことになる。

83) *ROB*, Vol. IV, p. xxvii.

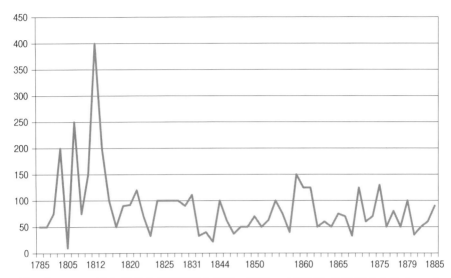

図2-5　コンバウン時代の籾米価格の趨勢：1785～1885年（100籠あたりチャッ）

出典：Toe Hla, KLT, 1981, pp. 96-102, Toe Hla, "Monetary System of Burma in the Konbaung Period," *JBRS*, Vol. LXII, Part I & II, 1979, pp. 74-79 のデータより筆者作成。

注：この籾米価格のデータは，トーフラ氏が折り畳み写本中の借金証文，借米証文，水田担保借金証文，重借証文，米売買記録，誓約書，借金返済書などから，特定年月日の籾米価格を記してある記述を採録したものを，ここでお借りして，グラフ化したものである。このデータは，地域的にはイェウー，ウンビェ，インワ，レーガイン，インレー，ピャンヂャ，ヌワテイン，タウンヂン，サリン，タンドゥインが含まれ，籾米価格は，特定月のものではなく1～11月のいずれかの月に記録されている。したがって，特定地点あるいは特定季節の籾米価格の変動などを，ここから知ることはできず，コンバウン時代の中央平野部における長期的な籾米価格のおおよその趨勢を把握するための資料と言えよう。筆者にとっては，地域を問わず100籠につき50～100チャッの間に収まることが多く，長期的に見ても変動幅が比較的少なかった中央平野部の籾米価格が，19世紀の初頭に異常な高騰を示すことがあったことを示している点で貴重な資料である。

　　混乱を極めたこの世を救う希望はどこにもなく，
　　返済するすべもない借金，耐え難い公租公課
　　人々は一人，また一人と逃散する。
　　村長にそれを防ぐ手立てがなければ，
　　後に残るのは死せる村々のみ[84]。

　　雨は乏しく，食物もごくわずか。
　　豊富にあるのは，戦乱と暴力のみ
　　これが我々の時代なのだ。
　　物価は天に届くほど高騰し，一籠のコメが
　　3チャッから日に日に上り，果ては15チャッになる[85]。

経済状況の悪化，戦費調達のための課税，旱魃，そして繰り返される遠征への動員などボードーパヤーの治世下，とりわけその後半には人々の生活が窮迫し，借金に頼るしかない状況が生じていたことが借金証文の数からも確かめられる。第1章の図1-3では，1875年の対シャム戦の大敗北以降の時代に借金証文が急激に増えていたことを示していた。しかし，折り畳み写本の耐久性を考慮に入れると，時代が古くなるほど借金証文の残存の可能性が少なくなり，2世紀以上の年月が経っているボードーパヤーの時代以前に実際に書かれていた証文数は，この図が示している以上に大きかったはずである。そこで，例外的に何世代にもわたり，証文類の管理を徹底してきたことで知られるエーヤーワディー河西岸のサリン地方の豪族，サリンダガウンと呼ばれる一族が所蔵してきた借金証文の時代分布を見てみると，図2-6のとおりであり，この地方では，借金証文が1790年代から急増し，1810年にはコンバウン時代を通じてもっとも多くの証文が書かれていたこと注目される。おそらくこの図の借金証文数の時代的推移が当時の現実に近かったはずである。

　このグラフでは，もう一つのピークが1860年代の後半，とりわけ1867年，68年にあるが，これはミンドン王が世帯税（タータメダ税）を従来の1〜5チャッから10チャッへと引き上げた時に符合する。こうした借金証文の数のピークは，ボードーパヤーとミンドンの通貨改革の年とぴったり符合している。こうした時期には，人々の困窮が深まり，農地や自分自身，あるいは家族を担保にして借金をせざるを得ないものが続出したことを思わせるが，同様に王政府も財政の危機を抱え，それを克服するべくあらゆる手段を試みた時代でもあった。ボードーパヤーは，先に見たように国庫へもっとも高額の現金を納付する商人に商品専売権を与えるあるいは徴税請負制度を導入するなどの方法で財源の拡大に努めたことで知られる。そうした中で彼が鋳貨発行権を独占し，額面と品質の差にシニョレージを求め，財政を潤そうとしたとしても，驚くにはあたらない。ボードーパヤーは，通貨改革の開始以前にも繰り返し低品質の通貨の使用を禁ずる勅令を出していたが，リーバーマンが言うように1752〜1804年には地方から王政府に納められる税の70％近くが現金によって納入されていたとするなら[86]，王室財政にとっても私鋳による品質の劣った

---

84) 当時尊敬を集めていた著名な僧正チーガンシンヂーが王への献じた詩であり，村々で起こっていた惨状を訴えている。Toe Hla, 1981, p. 84 から引用。
85) 同じく著名な僧正として知られるサリンミョウ僧正の1812年の作。*Ibid.*, p. 85.

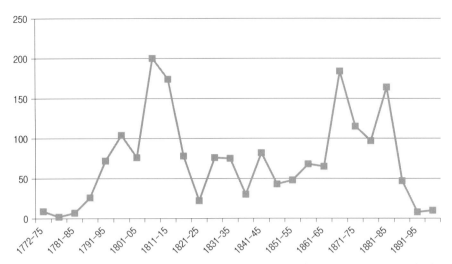

図 2-6　サリンダガウン一族の借金証文の時代的分布（1772/75 〜 1896/1900）（証文点数）

出典：T. Saito, "Rural Monetization and Land-Mortgage *Thet-kayits* in Kon-baung Burma,"（Anthony Reid ed., *The Last Stand of Asian Autonomies*, Macmillan, 1997. p. 158. ただし，Kyaw Hmu Aung, "Konbaung Hkit Hnaung Salin Thugaung Thamaing," MA thesis（History Dept. Yangon University）の記述から計算，作成。

金属貨幣での納入を放置することは，自らの財政基盤を蚕食することになりかねなかったはずである。このような財政的な危機が王政府の通貨改革の背景にあって，改革遂行の主要な動機になっていたと考えられる。

　それでは，この改革の失敗の主要な原因はどこにあったのだろう。コックスや他の歴史家たちの見解，すなわち王の発行した貨幣の品質のみに責めを帰するのは，どう見ても無理がある。王都でも地方でも，その呼称とは異なった品質の私鋳による貨幣が使用されているのは，珍しいことではなかったのだから。貨幣は，地方社会にまで急速な浸透をみせたが，王国全域をカバーするような統一的な貨幣市場は存在せず，様々な品質，重量の金属貨幣が，分節化された地方的市場の中で流通していた。人々の貨幣に対する需要と供給を結ぶのは，市場というよりも，仲買人や貨幣鑑定人のような生身の人間だった。仲買人や貨幣鑑定人，計量者があらゆる地方に多数存在したことは，同時代の西洋

86）　当時地租が現物だけでなく，現金でも納入できたことを考えると，リーバーマンの推定は充分に根拠あると思われる。Lieberman, "Was the 17th century a watershed in Burmese History?"（Anthony Reid ed., *Southeast Asia in the Modern Early Era: Trade, Power, and Belief*, Ithaca, NY: Cornell University Press, 1993）p. 235.

人の見聞記にしばしば記されている。第5章で見るビャンヂャ村のテッガイッには，ボードーパヤーの治世下の1791年から1812年の時期に18の借金証文の中に13人の異なった貨幣鑑定者の名前を見ることができた。先に述べたとおり，貨幣鑑定人や貨幣計量人の手数料は無料か，ごくわずかだった。彼らは通常ほかの職業（金銀細工，鍛冶，商人その他）について生計を立てていたが，通貨の製造に携わる者も少なくなかった。通貨製造からは，かなりの利益が期待できたからである。したがって通貨の自由鋳造を不可能とするような，通貨の標準化に対しては，彼らはそうした貨幣を受け取らない，使用しないという形で抵抗したと思われる。ボードーパヤー王の通貨改革はこうした静かな，しかし執拗な抵抗を崩すことができるほど，よく準備されたものではなかった。さらに言えば，統治行政の中央集権化は，この時点では，勅令の発布や見せしめ的な懲罰によって何世紀にもわたって続いてきた貨幣をめぐる取引慣行を根こそぎ変えるほどの段階には達していなかったというべきだろう。

5-3　ミンドン王政府による通貨改革

　ボードーパヤー王以降のバヂードー王（在位1819〜1837年），タヤワーディー王（在位1837〜1846年），パガン王（在位1846〜1852年）もコックスの持ち込んだ鋳造機を利用して，それぞれの刻印を刻んだ自分のコインを発行してはいるが，通貨の統一という課題には手をつけようとしなかった。

　ミンドン王（在位1853〜1878年）が即位した翌年1854年1月に発布された勅令には，「金属貨幣の銀含有率が，悪しき意図によって低くされているが，これは窃盗に他ならず，地獄に落ちるべき罪である」とあり，さらに同年11月の勅令[87]では，「王国内で取引に使われている銀貨幣の品質は雑多であり，錘や秤も同様である，これらは大国としてあるまじきことだ」と記されていることからも，ミンドン王の登場前後も多種多様な金属貨幣の同時流通という状況が変わっていないことがわかる。借金証文の世界でも，1860年代半ばまではそこに現れる貨幣は，ほぼすべてが私鋳の金属貨幣と言ってよい。しかし，ごく少数ながら鋳造硬貨(ディンガー)が使用されている以下のような例が見られる。

---

87)　*ROB*, Vol. IX, p. 391.

緬暦1226年ナドオ月黒分11日（西暦1864年12月24日），ミ・ミンダーとその妹ミ・ボオザーが，マウン・フラターに小作料のコメの代金272ムー1ペーを支払うため，またその他に必要な費用，合計でディンガー312ムー1ペーが必要です。そのディンガーを3か月で清算するようにお返しします。援助してください，とミョウダヂーの娘であるダガウンマに申し出ると，ダガウンマが1チャッ・ディンガーで，312ムー1ペー相当を，3か月で返済するようにとして貸し与えた[88]（以下略）

　ディンガーは，このほかにマルン（1857），チャウッカー（1859），レーガイン（1862），ガーズン（1862），マンダレー（1850年代），サリン（1864～1866）の各地方の証文に見られた。ディンガーが広く用いられるのは，1865年11月以降，ミンドン王の造幣局でクジャク印の銀貨として良く知られるコインが大量に発行されるようになってのことなので，それより早く用いられているこうしたディンガーは誰が発行したものなのだろうか。二つの可能性が考えられる。第一の可能性は，ボードーパヤーからパガン王に至る諸王が発行したもの，第二の可能性は，英領インドで発行されたルピー貨である。

　バヂードー以降パガン王までの歴代王政府によって鋳造された貨幣は，実物がまだ見つかっておらず，実際の流通に投じられたかどうか疑問が残る。むしろ報償や贈答に使用された限定的なものではなかったかと思われる。1850年代後半からの経済状況を考えると，この時期の証文に現れるディンガーとは，英領インドのルピー貨ではなかったかと思われる。

　第二次英緬戦争の結果，ピィーとタウングーを結ぶ線以南の下ビルマが1852年にイギリスによって併合され，第一次英緬戦争で失った二つの沿海州に加え，ビルマ王国は海への出口をすべて失って陸封された内陸王国となった。豊かな熱帯降雨林とデルタがもたらす米，塩，干魚，魚醬などは上ビルマの人々の生活にとっても必要不可欠な商品であった。下ビルマの併合後，これらの下ビルマ特産品と外国からの輸入品は，ほとんど下ビルマでの法定貨幣となった英領インドのルピー貨によって取引され，交易の中心地ピィーやマンダレーなどの上ビルマの商人たちはルピー貨での取引に順応していった。こうした中で，王政府もまた通貨改革の必要を痛感するようになる。

　1862年，最初にミンドン王に貨幣製造機の提供を持ちかけたのはチークの

---

88) STM-KT, No. 66.

伐採権を得ようとしていたフランス人だったが，同じ年，ビルマ王国との通商条約締結を目的にマンダレーを訪れた初代英領ビルマ長官，アーサー・フェーヤーに同行したスコットランド人のウィリアム・ウォーレスが王と親密な友好関係を結ぶことに成功し，パリから造幣機を購入する手伝いをすることになった。彼はこの時，最良の森林のチーク伐採権を入手している[89]。ウォーレスは，実際にはパリからではなくバーミンガムで生産された Ralph Heaton & Sons 製のコイン鋳造機を発注し，同社の技師でエドワード・ウィヨン（E. Wyon）を，3年契約でマンダレーに派遣した[90]。設備機器がマンダレーに到着したのは1865年の2月ごろであり，王宮の時計塔の北に造幣局が設置され，その年の11月11日，祝砲とともに式典を開催し，コインの製造が銀貨を手始めに開始された[91]。エンジン技師には外国人が，それ以外にはビルマ人職工が雇用された。発行されたコインの種類は，金貨4種類，銀貨5種類，銅貨1種類，鉄貨1種類，鉛貨2種類であり，もっとも高価なものは5ムー金貨で，これが銀20チャッに相当すると定められた。度量衡の変更がこのとき行われ1チャッ=8ムーとされたので，このレートによる金銀比価は1：32とかつてなく金の相対価格が高くなっている。同王の時代には，新王都の建設，宗教施設の修復，ヤンゴンのシュエダゴン・パゴダの黄金の傘蓋の寄進などに莫大な量の金が消費され，さらに同王朝初期の王たちに比べ，征服や貢納による金の調達という手段はほとんど閉ざされていた。こうした金の需給の逼迫が金価格を急激に押し上げたものと思われる。一方，対中綿花交易が拡大したこの時代には，中国銀の流入によって比較的銀の供給は豊富であった。

　銀貨と銅貨，鉄貨，厚手鉛貨，薄手鉛貨の間の比価は次のとおりである。銀貨1チャッ=銅貨64枚=鉄貨128枚=厚手鉛貨256枚=薄手鉛貨512枚[92]。ミンドン王政府が発行したコインには，金貨には獅子，銀貨と銅貨には孔雀，鉄貨と鉛貨には野兎が刻印された。獅子はミンドン王，孔雀はビルマ王国，野兎は月の象徴であった。

---

89) ウォーレスは，1863年9月に The Bombay Trading Co.Ltd. を設立し，チークの伐採事業を本格化。数か月後に会社は，The Bombay Burmah Trading Co. Ltd. と改名している。Robinson & Shaw, *op.cit*., p. 82.

90) *Ibid*., p. 83. ウィヨンは，マンダレーで働いた後，大阪，ボゴタ，広東などでも造幣廠の設置に携わった。

91) KBZ, Vol. 3, pp. 226–227.

このミンドン王政府による通貨改革の中でもっとも注目すべき特徴は，孔雀を刻印した欽定銀貨について，その品質，重量を英領インドのルピー貨に可能な限り近づけていることである。カルカッタの造幣局による測定では新しい孔雀印の1チャッ・コインの平均銀純度と重量は，0.912と180グレイン，英領インドのルピー貨は，それぞれ0.917と180グレインだった[93]。それだけでなく，この時貨幣の重量尺度を英領インドの通貨制度の尺度に合わせて変更している。

　従来1チャッ＝10ムー＝20ペーであったところを，表2-3に見るように1チャッ＝8ムー＝16ペーと変更したのである。1852年以降，英領下に入っている下ビルマの法定通貨となった英領インドのルピー貨の尺度，1ルピー＝16アンナに合わせるためだった。

　ミンドン王とその政府は，王国の独立を維持し，失った領土を外交的努力で回復することを最重要の課題として位置付けていたことで知られる。にもかかわらず，通貨制度に関しては，あたかも英領インドの通貨制度に自ら編入されるような変更を，敢えて行ったのはどうしてなのかと疑問が湧く。そのもっとも主要な理由は，1852年に第二次英緬戦争の結果，下ビルマ一帯が英領インドに併合されたことにあると考えられる。内陸半乾燥地帯の中部—北ビルマ，シャン高原などの山地部，インド洋に面する熱帯降雨林が広がる下ビルマでは，異なった気候がもたらすそれぞれの特産品を現物税の徴収，あるいは地域交易で交換して人々の生活が成り立っていた。一方，対外交易では，タウングー時代以降，ヨーロッパからの銃砲，弾薬，そして中国からの貨幣材料がきわめて重要な輸入品となったが，その他の日常生活用の品々は王国内で基本的に充足することができた。

　しかし，下ビルマ一帯が失われ，こうした王国内での経済循環は不可能とな

---

92) Toe Hla, "Konbaung Hkit Athapya hnin Ale mya," *Thettkato Pinnya Padeitha Sa-saung*, 1982, Vol. 16, No. 3, p. 116.

93) Robinson & Shaw, *op. cit.*, p. 88. 孔雀印のコインの重量，品質はその発行期間（1865～1885年）にわたってずっと一定していたわけではないようだ。第三次英緬戦争後に1チャッの孔雀印コインを検査したカルカッタ造幣局の鑑定官は，純度，重量ともにかなりのばらつきがあるとしており，平均値は純度0.91175，重量178.75グレインであり，両者を合わせるとイギリス植民政府が発行するルピー貨に比べ価値にして1.2％劣ると結論している。Ma Kyan, *Konbaung i Naukhsoun Aaman*,（『コンバウン時代最終期の精神』）Yangon: Myanmar Yadana Sapei, 2004, p. 242.

表 2-3　ミンドン王時代の公定貨幣とその重量

新コイン額面価値	新重量	相当する英領インド貨	旧来の重量では
1チャッ	1チャッ	1ルピー	1チャッ
5ムー	8ペー	8アンナ	10ペー
2ムー1ペー	4ペー	4アンナ	5ペー
1ムー	2ペー	2アンナ	2.5ペー
1ペー	1ペー	1アンナ	1.25ペー

出典：筆者作成

り，米をはじめとする生活必需品を，ルピー通貨圏に編入された英領ビルマとの交易で確保せざるを得なくなった。半乾燥地帯を中心とする上ビルマの米作は，灌漑網の維持管理が行き届き，しかも天候に恵まれるという条件が満たされていて初めて，地域内の人口をほぼ養うに足るほどの米を産出することができたが，しばしば起こる天候不順の年には，下ビルマからの現物税，あるいは商品として搬入される米が，不足分を補ってきた。そのため，米の供給を民生安定と治安維持のカギと考える歴代王政府は，下ビルマの主要港からの米の海外輸出を厳しく禁じてきた。

下ビルマが英領化されたのち，王政府は毎年下ビルマから米を買い付けねばならなかった。一方，下ビルマの港からは，自由に米が海外に輸出されるようになり，その額は，1861/62 年の 946.8 万ルピーから，1867/68 年度の 1491.4 万ルピーへと急速に拡大し，それにつれ安価であった下ビルマの米価も図 2-7 に見られるように急激に上昇に転じるようになった。

英領ビルマとビルマ王国間の交易量を示した表 2-4 によれば，1858/59 年度には 138.7 万ルピーの米が英領ビルマから輸出されたが，この量は 1867/68 年には，423.4 万ルピーにまで 3 倍強に増加，塩や魚醤のような必需品の輸出も増え，海外からの綿製品，絹製品なども急激な増加を見せている。

一方，この間の王国の下ビルマへの輸出は，原綿，繊維製品（綿，絹），食用油，原油などを主たる品目としたが，1858/59 年には，222.8 万ルピー，1861/62 年には 287.1 万ルピー，1867/68 年には 4.491 万ルピーと，輸入額を大きく下回っていた。

このような経済環境の激変の中で，従来の金属貨幣のように品質が一定していない貨幣では，下ビルマの物産の確保において競争力を持ち得ないことは明らかだった。ミンドン王政府にとっては，インド・ルピー貨と交換可能な通

図 2-7　下ビルマの籾米価格動向：1848/49 〜 1855/56（100 籠あたりチャッ）
出典：*Gazetteer of Burma*, Delhi: Gian Publishing House, 1987（rept.）Vol. 1, p. 441. より作成。

表 2-4　ビルマ王国の英領ビルマからの輸入品目と価額（1,000 ルピー）

	コメ	魚醬	塩	キンマ	繊維製品	合計
1858/59	1,387	969	446	201	723	3,726
1861/62	1,417	1,664	168	137	1,291	4,677
1867/68	4,234	2,001	535	438	5,044	12,252

出典：J. S. Furnivall, A Study of the Social and Economic History of Burma,（unpublished Manuscript）, Statistical Appendix, 1861-62 to 1867-68. No. 111, cii, dii.

貨，すなわちルピー貨と同質かつ同重量の新銀貨を発行して，交易を迅速に行うことが緊急の課題だった。しかし，新銀貨には羽を全開にした美しい孔雀と王の即位年が裏表に刻まれ，その意匠にあくまでビルマ王国の通貨であるという矜持が窺える。

ミンドン王の発行した硬貨の普及が，1865 年以降一般庶民の間においても迅速に進んだことは各地の借金証文を見れば明らかで，いったん硬貨が入るとそれ以降は，ほぼ例外なくこの孔雀印硬貨が従来の不揃いな金属貨幣を駆逐していった。

王政府のみならず，商人，仲買人，あるいは上ビルマから下ビルマへの出稼ぎ季節労働者など，多くの人々が英領ルピー貨を持ち帰り，あるいは取り扱っていたことが，地方社会へも新しいコインが速やかに普及した原因であった。またミンドン王は臣下，役人への報酬を従来の土地の下付に代え，現金による

表 2-5　ミンドン・ティーボー時代における銀貨発行数 (1865-85)

貨幣種類	発行数（概数）
1 チャッ貨	26,406,000
5 ムー貨	1,973,000
2 ムー1 ペー貨	2,866,000
1 ムー貨	5,173,000

出典：Robinson & Shaw, *op. cit.*, p. 89. Ma Kyan, *op. cit.*, p. 248.

月給支払いに代えたが，それによって大臣以下の宮廷官吏，役人，兵士に至るまで公定通貨によって月給を受けとることになった[94]。王は，宗教上の寄進行為にも銀貨を多用して公定貨幣の普及を図り，ミンドン王の通貨改革は，金属貨幣の禁止令を出すまでもなく，通貨の統一という課題を達成した[95]。

公定貨幣使用の初期には，かつて金属貨幣で行われた貸付が，新コインではどれだけの額に相当するかを決定するため，貨幣鑑定人が証文に現れていることも少数だが見られる。しかし，新通貨が普及するようになるにつれ，彼らの姿は証文の中から急速に消えていった。

＊

ビルマ貨幣史の際立った特色は，11 世紀から 19 世紀までの長期にわたって王権が貨幣の発行権を独占することがなく，売買取引において貨幣の計量と鑑定がつねに付きまとったということにある。ビルマの中央平地帯に先住していたピュー人，モン人の築いた王国では，明らかに統一したデザインの鋳貨が発行されていたし，ヤカイン王国でも王名を刻した鋳貨を発行する伝統が長く続

---

94) しかし，月給制への移行は必ずしも順調に進んだわけではなく，銀貨不足から一部のアフムダーンに銀貨の代わりに籾米が支給されたほか，給料の遅配，欠配があちこちで生じるなど，ある程度の混乱を伴っていた。斎藤照子「近代への対応──19 世紀王朝ビルマの社会経済変化と改革思想」（斎藤照子編『岩波講座東南アジア史 5 巻──東南アジア世界の再編』2001 年岩波書店）pp. 63-65.

95) クジャク印銀貨が王国の中心的地域だけでなく，その周辺地域にも広く普及したことは，王国滅亡後，イギリス政庁がその効力を 1890 年 3 月末に停止すると定めた時に，北シャン州の施政長官が政庁に送った次の書簡からも明らかである。「シャン州に流通している孔雀印コインの量は膨大である，こうした措置はシャン州の資本を 50 ％減少させてしまい，重大な困難と広範な不満を巻き起こさずにはおかない。」Ma Kyan, *ibid.*, p. 238.

いていたが，ビルマ人主体の王国では 11 世紀にはじまるパガン朝以来，歴代王朝はモン，ピュー，ヤカインの王国で行われていた王権による貨幣鋳造や統一貨幣の創出には無関心であった。パガン朝は，先住民族の文化や技術を広く摂取したにもかかわらず，貨幣についてはその形跡がまったく感じられない。

　11 ～ 13 世紀のパガン朝の時代には，布やコメなどの物品による支払のほか，銀地銀による取引が行われていたが，16 世紀のタウングー時代以降には，銅とその合金を素材とする私鋳通貨が大量に出回るようになった。ガンザと呼ばれた大型の円形貨幣が広く用いられ，個々のガンザは重量も銅含有量も異なっていたが，それなりに貨幣の中心の地位を占めていた。コンバウン朝下では，貨幣素材の中心は次第に銀に移行したが，品質においても重量においても多種多様な私鋳貨幣の種類が爆発的に増加する。こうして取引決済に貨幣鑑定と計量が必要な時代がビルマでは非常に長く続くことになった。最初にこうした通貨の状況に挑戦し，貨幣の統一を成し遂げようとしたボードーパヤー王による 1797 年の通貨改革は，こうした私鋳と貨幣秤量の慣行を突き崩すほど，よく準備されたものとは言いがたく，あっけなく失敗に終わった。その背景には，貨幣私鋳に関わる人々や取引決済に関わる人々による欽定貨幣の受領と流通の拒否があったのだろうと筆者は推論した。

　ミンドン王の時代はビルマが下ビルマ沿海地方を失って陸封国家になるという非常事態の中で始まった。従来王国内の地域間交易で充足されていた必需品を，英領下ビルマから輸入せざるを得ないという状況に追い込まれた王は，1865 年に通貨改革を断行する。この改革の著しい特徴は，英領インドの通貨であるルピア貨と品質，重量を等しくした欽定通貨を製造し，そのことによって交易の便を図ったことにあった。その結果，極めて迅速にこのピーコックコインと呼ばれる欽定通貨は社会に浸透していき，長く強固に根を張っていた貨幣私鋳の伝統を一掃することに成功したのだった。

第Ⅱ部
借金担保としての人

第 3 章
18 世紀末〜19 世紀の人身抵当証文
債務奴隷契約

コンバウン時代の借金証文の中で人身抵当証文の占める位置は必ずしも大きくない。現金を借り入れ現金で元利を払う利息付き借金や，米を借りて米で元利を払う借米契約などの担保なしの借金証文，あるいはコンバウン時代に急速に増加した農地を担保とする借金に比べて，人間を担保とする人身抵当証文の数は少なく，むしろ次第に減少傾向にあった。

　例えば，多数のテッガイッを含む鹿児島大学のビルマ歴史資料マイクロフィルム全104巻を見ると，そこには農地質入れ関連証文が約600点含まれているのに対し，人身抵当関連証文は約100点とおよそ6分の1にすぎない[1]。さらに組織的なテッガイッの収集が何回か行われた[2]メイッティーラ地方のテッガイッを見ると，土地質入れ関連証文が800点近く集まっているのに対し人身抵当証文は18点にすぎず，その差はさらに大きい。

　鹿児島大学と愛知大学のデータベースにふくまれる借金証文の中で，利息付き借金証文と人身抵当証文と農地抵当証文の比率を見ると，順番に41％，9％，50％となり，人身抵当証文の数は1割を切っている。

　もちろんこれらの数字は，運よく長い年月に耐え残存し，しかも研究者やライブラリアン，アーキビストたちの目に留まって発見，収集されたテッガイッ群を対象にしているもので，失われたもの，調査の届かない場所のものなどを含め，実際に書かれた証文総数の中の一部に過ぎない。しかし，これらのデータベースは，王国の中核地帯をなす中央平野部の主要な地域をほぼカバーする現時点におけるもっとも包括的なデータであり（表6-1, 6-2参照），18～19世紀に進行していた借金証文に関わる変化の趨勢をここから把握することは，充分可能であると考える。

　このようにコンバウン時代においては，人間を担保として金を借りる行為は，借金総体の中ではかなり比重が小さくなっていた。しかし，それでも地域によっては金を貸して人を債務奴隷として受け取るこうした慣行は，多くの農地を集積した豪族にとって重要な農業労働力の源泉でもあり，また王都周辺の

---

1) 鹿児島大学マイクロフィルム（KUMF）では，借金証文の分類において，原証文，重借証文，債権者の変更証文などの区別はせず，一括して質入れ証文という範疇に含めている。
2) 愛知大学のミャンマー社会経済史データベース作成のための調査，東京外国語大学大学院COEプロジェクト「史資料ハブ地域文化研究拠点」による調査，Thu Nandar氏の博士論文のためのメイッティーラにおける資料収集などであるが，メイッティーラ大学図書館とライブラリアンのご協力に負うところが多かった。

王族，貴顕高官たちにとっても，その所有地，保有地の耕作の他，邸内外のあらゆる仕事をこなすための労働力として，世襲の奴隷とともに確保しておくメリットが充分に存在した。

　また時に食べることに不自由するほどの貧しさの中に陥った人々にとっては，債務奴隷になる道は，たとえ従属的な不自由労働の境涯に落ちるとしても，少なくとも食と住を確保して生命をつなぐ選択肢として，万が一の場合の生存保障でもあったので，コンバウン時代にあっても債務奴隷契約は，無視できない重要性をまだ保ち続けていた。しかし，この時代の債務奴隷契約や債務奴隷の状況については，ビルマ近世史研究者，ドー・オンチーによる簡単な紹介[3]があるほかは，研究がまったく行われていない。そこで本章ではコンバウン王朝の中核的地域である中央平原地帯一帯に残る人身抵当証文を資料として，コンバウン時代の債務奴隷の具体的な在り方を，その時代的な趨勢と，地域による偏差を踏まえながら明らかにしたい。その上で，債務奴隷契約という視点から見えてくるこの時代の社会経済的変化を検証する。ついで次章では，エーヤーワディー西岸地方の豪族，サリンダガウン一族の人身抵当証文を資料として，人身抵当証文すなわち債務奴隷契約の内容について詳しく検討する。また債務奴隷の境遇に陥った人とその家族の足取りを可能な限り再現してみたい。

1　人身抵当証文（コゥネイ・テッガイッ）とは？

1-1　証文の時代的，地理的分布

　本稿で使用している債務奴隷関係の資料は，当時コゥネイ・テッガイッという言葉で呼ばれた人身抵当証文であり，鹿児島大学ビルマ調査団によってもたらされた104巻のマイクロフィルム資料群（KUMF）の中の103点，デジタル化しウェブ上で公開されている愛知大学ミャンマー社会経済史データベース

---

3)　Ohn Kyi, "Konei Thetkayit mya wa Lu-paung Sagyok,"（「コゥネイ・テッガイッ，すなわち人身抵当証文」）*Magwe Degree College Annual Magazine*, 1991, pp. 48-52.

（DMSEH）全11巻の中の185点，およびヤンゴン大学に所在する歴史研究センター所蔵のサリンダガウン文書筆写集の中の第10巻人身抵当証文（STM-KT）104点の合計392点である。しかし，このうち重複している証文が55点あり[4]，さらに文書の破損，文字のかすれなどでほとんど解読できないものが相当数あり，これらを除いた309点を使っている。また三つの資料群では，いずれも債務奴隷に関する証文を「コゥネイ」というタイトルで分類しているが，分類の基準が異なっているので，厳密にいえば単純に加算することはできない[5]。

これらの資料を利用するうえでぶつかる困難は，手書きの原資料の中に混じる悪筆，くせ字，誤記などもあるが，それ以上に原資料の一部破損や文字の薄れ，消失が多々見られることである。もっともはやく作成された鹿児島大学のマイクロフィルムは一部劣化が進み，日付や金額あるいは債権者や債務者の名前などもっとも重要な情報が失われていることも少なくない。本稿では，たとえ一部破損していても重要な情報が含まれているものは，その部分だけを取り出して利用するなどしている。

こうして利用できた人身抵当証文の年代別分布とは，表3-1，3-2にみるとおりである。

人身抵当証文は，コンバウン前期についてはほとんど残存しておらず，筆者が利用できたいちばん古いものは，1791年のマグエ地方のもので，「エインテッ村のガ・ミャッサイン夫婦が，借金返済のため息子をパゴダ回廊施主であるアウンミャッ夫妻に質入れした」というものである[6]。すなわち利用可能な証文は，すべてコンバウン王朝第六代王ボードーパヤーの時代以降のもので，証文から分析できる時代はコンバウンの中〜後期に限られている。このように資料のすべてがボードーパヤー以降の時代に属しているのは，主として資料が

---

4) DMSEH（Documents for Myanmar Socio-Economic History）と STM-KT（Salin Thugaung Manuscript, Vol. 10, Konei Thet-kayit）の間で46点，DMSEH の内部での重複が9点見られた。テッガイッは，コピーを複数作成してそれぞれが保管していたため，こうした重複はしばしば見られる。

5) KUMF（Kagoshima University Microfiom）と STM-KT では，人身抵当証文だけでなく，債務奴隷が身体代価の上に重借する証文もコゥネイ・テッガイッと呼んでいるが，DMSEH ではこれらは借金証文（グエチー・テッガイッ）のカテゴリーに入れている。

6) KUMF, Reel 67, no. 1,（30-31）（鹿児島大学マイクロフィルム第67巻の一番目の資料の画像番号30と31を指す。（以下同様））

表 3-1　人身抵当の時代的分布

王名	統治期間		人身抵当証文数			
	西暦	緬暦	DMSEH	KUMF	STM-KT	合計
ボードーパヤー	1782-1819	1144-1181	11	6	0	17
ザガイン	1819-1837	1181-1199	10	1	24	35
シュエボゥ	1837-1846	1199-1208	9	4	27	40
パガン	1846-1853	1208-1215	9	1	9	19
ミンドン	1853-1878	1215-1240	52	90	23	165
ティーボー	1878-1885	1240-1247	35	0	21	56
植民地期	1886-	1247-	1	0	0	1
年代不詳			30	1	0	31
合計			157	103	104	364

出典：筆者の集計による。
注：点数による分布で，同じ内容の証文が複数あった場合，それもカウントしている。

表 3-2　人身抵当証文の地理的分布

地域	DMSEH	KUMF	STMKT	重複	純合計
アマラプラ	1				1
マンダレー	22	83			105
シュエボゥ		10			10
モンユワ	2				2
マグエ		6			6
サレー	2				2
サリン	74		104	−46	132
サグー		1			1
メイッティーラ	18				18
ウンドゥィン	2				2
チャウパダウン	12				12
ピョーブエ	1				1
ピィー	22			−9	13
ダウェー	1				1
地名不詳		3			3
合計	157	103	104		364
重複	−55			−55	−55
純合計	102	103	104		309

出典：筆者の集計による。

書かれている折り畳み写本の耐久性の問題で，200年を超えて判読できるほど良い状態で残ることが稀なためと考えられる。実際には，より古くから人身抵当証文が書かれていたことは，ほぼ間違いない。ミンドン，ティーボー両王の時代の証文が多いのも，新しい時代ほど証文が残りやすいということで，債務奴隷がこの時代に急増したと解釈することはできない。

　人身抵当証文の地理的分布をみると，サリン地方が合計132点，マンダレーが105点で突出している。マンダレーはミンドン王の時代に建設され1885年のコンバウン王朝の崩壊まで王都であり続けた。サリン地方は，縦横に張り巡らされた灌漑用水路を持つ王国有数の穀倉地帯であり，16世紀以降この地方を支配してきたサリンダガウン[7]として知られる地方豪族が，大規模な土地と多くの債務奴隷を集積してきたことで知られている。サリンダガウン一族を債権者とする証文は，ピィー，サレー，サグー，チャウパダウンの中からも見つかっており，ダガウンがエーヤーワディー両岸にわたり広く影響力を持っていたことを示している。

1-2　人身抵当証文の書式

　表3-1で見たように債務奴隷契約にまつわる証文が多数残されている地域は，王都[8]を中心とする都市的空間（マンダレー，シュエボゥの都市部，アマラプラ，モンユワなど）と，灌漑を基盤とする稲作の盛んな農業社会的空間（サリン，サレー，シュエボゥのうちの灌漑米作地帯，メイッティーラなど）に大きく分かれている。しかし，人身抵当証文の書式には都市と地方の違いを超えて，それなりに一定したフォーマットが共通して存在しており，その中で用語や証文

---

[7]　ダガウン（トゥガウン）は，善き人，優れた人という意味をもち，正確な起源は不詳だが王朝時代に，王から授けられる一種の爵位となった。貴族と訳されることもある。

[8]　コンバウン時代の王都は，創始者アラウンパヤーの時代のシュエボゥ（雅名ヤダナーテインガ），シンビューシンが即位した1763年以降のインワ，そしてボードーパヤーによるアマラプラを経て，最終的にミンドンによる1858年のマンダレー（雅名ヤダナボウン）への遷都があり，合わせて4都市におかれた。マンダレー，アマラプラ，インワは北部ビルマを南下して流れるエーヤーワディー河が，大きく西に向けて湾曲する中流域平野の近接した位置に所在し，シュエボゥのみがムー川に接した北部地方に位置する。このうち人身抵当証文が収集されたのはマンダレーのみであるが，そこには王都移転後のシュエボゥとアマラプラの証文も含まれていた。その登場人物は王権に近い人々だった。

内容とりわけ債務奴隷としての労働や義務を定める条項にいくらかの地方による差異が見られる。

　はじめに，少し長くなるが2枚の人身抵当証文を見てみたい。1）は，1832年にサリン地方で書かれた証文，2）は，1881年に王都マンダレーの域内で書かれた証文である。

　1) 緬暦1194年ワーガウン月白分2日（西暦1832年7月29日），ガ・レーと妻ミ・フニンが，ダガウンマ[9]のメー・フニンに金を返済しなければならず，私（ガ・レー）をシンプワー・テイソゥンの条件で，35チャッで買い取ってくださいと，ミンゼーヤシュエダウンチョオ夫妻に申し入れると，ガ・レーと妻ミ・フニンの申し出どおりに，ミンゼーヤシュエダウンチョオ夫妻がグエムエ10チャッ合金の不純物の入っていない貨幣をヒンダー錘ではかって，35チャッ与えて，ミ・フニンの夫，ガ・レーを買い取った。証人はタイッソー[10]のマウン・ターイッ，マウン・ソーガレー，貨幣計量鑑定，文書作成は，ガ・ミャットゥ，書記はマウン・トゥピュー[11]。

　2) 緬暦1242年ピャードゥ月黒分4日（西暦1881年1月18日），メイガギリ地区住人のコゥ・アインが，金が必要です，私の妻ミ・ユを，雨季乾季を通じ，テイマソゥン・シンマプワーの条件で，大河を渡り，川を下り（どこへでも）命じて行かせてください，高木低木問わず（登らせ），使役して下さい，厳しく扱ってください，という文言を入れた証文を作り，1チャッ銀貨100枚で買い取って使ってください，5か月経ったのちに金を返済しミ・ユを請け戻します，5か月経たぬうちに身請けを希望する場合は郷村（ミョウユワ）の習慣に従い金を足して身請けしますと，マウンマウンヂー夫妻に申し上げた。コゥ・アインの申し出どおり，マウンマウンヂー夫妻がコゥ・アインの妻ミ・ユを，雨季乾季を通じ奴隷として使役し，テイマソゥン・シンマプワー，大河を渡り，川を下りどこへでも命じて行かせる，高木低木問わず登らせ使役する，厳しく扱うという条件で証文を作り，女性の身体代価としては破格の1チャッ銀貨100枚を払って買い取った。将来ミ・ユが使役に服さず逃亡したり，公事に徴用されたり，旧主人が現れて使役できなくなったり，あるいは訴訟になったりしたら，費やしたすべての費用とともに，証文に記された身体代価

　9) ダガウンマというのは，女性を示す接尾語マがついて，女性のダガウンという意味。施主（ダガー）の場合もダガーマというと女性施主を示す。
　10) タイッソーとは地方行政単位タイッの統治者。タイッダヂーと呼ぶ地域もある。
　11) STM-KT, no. 12.

をコゥ・アインと妻ミ・ユが弁済します。弁済できなければ私の保証人ウー・シュエトゥン，その妻ミ・ニュン，ウー・ボゥティらが費やした費用のすべてと，証文にある身体代価を弁済しますと約束したので，コゥ・アインの妻ミ・ユを，マウンマウンヂー夫妻が1チャッ銀貨100枚を払って買い取った。証人はウー・ソゥ，証文作成は債権者，筆写はマウン・トゥポー[12]。

[（　）内は筆者による補筆，以下同様]

　サリン地方の1)の証文はかなり簡潔な文体だが，マンダレーの証文2)はそれに比べ，人身抵当証文に記載される事項，約定を網羅的に書きこんだ長文の証文となっている。ただし，双方とも基本的骨格，すなわち日付から始まり，債務者の借金の依頼に応じて，債権者が担保をとって金を貸したという体裁をとり，授受した金の種類と重量あるいは数量を明記し，契約の成立を見届けた証人名を記載するという第五，六章で見る土地質入れ証文とまったく同じ借金証文の定型を踏んでいる。証文2)のように，債務者の依頼内容が書かれたあと，ほぼ同文を繰り返し，債権者が応じたと書かれるのも定型で，同じ語句を繰り返すことによって契約の内容に齟齬が無いようにしているものと思われる。人身抵当証文としては，1)の簡略な文体はむしろ少数派に属する。というのは土地質入れと異なり，人身抵当では担保となるのは意思を持つ人間であり，逃亡する可能性もあれば，病気や死亡などで使役できなくなるおそれもあり，債権者にとってより大きなリスクを含むために，将来起こりうるリスクの補償をあらかじめ債権者が求めることが多かったからである。

　用語の中で注目されるのは，債務奴隷契約であるから質に入れる，あるいは質に取る（パウン）という言葉が使われてしかるべきところ，時代も地域も違う1)，2)の証文でともに，買う，買い取る（ウエー，ウェーユー）という言葉が使われていることだ。それだけ読めば人間の売買，つまり奴隷売買の証文であると誤解されかねないが，証文全体を読むことによって担保付借金証文の一種で，人間を質草とする債務奴隷契約だとわかる。ここに挙げた例だけでなく，ほとんどの人身抵当証文で無造作に「売る，買う」という言葉が使われているが，これは土地抵当証文の場合とはかなり違っている。土地質入れの場合には，「買う」を質に取る，「売る」を質に入れるという意味で使っている証文は，まったくないわけではないが非常に少なく，正確に「質に入れる」，「質に

---

12) DMSEH, Vol. 11, no. 2525.

取る」と表現している証文が大多数である。このような違いの理由としては，人間の売買はパガン時代以来王朝社会において長い歴史があり，いわば日常的な行為として受け取られていたこと，またさらに身分としての奴隷，すなわち自分の意志に関わりなく，一人の主人から他のものへと売り渡される可能性のあるものと，借金を返せば自由民に戻る債務奴隷との間に厳しい懸隔はなく，むしろその境界があいまいであったことなどの影響が考えられる。それに対して，土地の場合は開墾し，耕作を続けてきた人とその子孫に不可分に結び付けられているという観念が強く残り，農地もまた他の財と同じように売買されるものだという感覚がいまだ社会的に定着していなかったことに関係していると思われる。だからこそ農地については，質に入れることと売却することを峻別し，売買に至った場合には，売る，買うという言葉を使うだけではなく，大げさとも思われるほどの副詞，例えば「最終的に完全に」「子々孫々まで変わりなく」などの言葉が売るという言葉の前に書き入れられたのである。

　人身抵当証文に欠かせないものとして，日付，債務側の契約者とその居住地，債務奴隷となる者の名前と契約者との関係，借金額，債権者の名前があったが，1) の証文のように金属貨幣の時代には，貨幣の種類と重量の記載も欠かせず，貨幣の鑑定者，計量者の名前も記載された。証文の最後には，証人，証文作成者，書記の名前も明記される。この証文では省略されているが，人身抵当の場合には，2) のマンダレーの証文のように別途保証人が立てられその名前，保証人が負う義務が書かれることが多い。これらの事項は地域を問わず広く証文に書き込まれており，こうした証文の形式，書き方がすでに一つの様式，文化として広く根付いていたことがわかる。

　保証人のほかに，独特な言い回しの定型句の形で書き込まれる付帯条件があり，これらは地方によってあるいは債権者と債務者の関係によって，数多く書き込まれている場合もあり，ほとんど書かれていない場合もある。上に挙げた証文2枚に見るように，傾向的には，王都周辺域で細かい付帯条件，約定が書き込まれることが多く，人間関係がそれなりに濃い地方社会においてはこうした条件を書き入れない証文が多く見られるが，例外も存在する。

1-3　定型句による約定事項

　証文に書かれている付帯条件を見ると，以下のような定型の語句が使われて

いる。いずれも今では完全に消滅した言い方であり，中には当時どのような意味で使われたか，不明なままの語句も見られた[13]。

（1） 債務奴隷の死亡と債務奴隷が産んだ子供の帰属に関する定型句

債務奴隷が死亡した場合，あるいは子供を産んだ場合を想定した条項で，債権者にとっても債務者にとっても重要な意味を持ち，ほとんどの債務奴隷契約に書き込まれている定型句がある。ビルマ語では「テイソゥン・シンプワー」あるいは「テイマソゥン・シンマプワー」のどちらかとなる。直訳では，前者が「死んだら失う，生きていれば増える」後者が「死んでも失われない，生きていても増えない」となり，そのままでは意味が不明であり，従来の研究でもこの条項の解釈には揺れが見られる[14]。筆者は，前者が使役期間中に債務奴隷が死亡した場合は，彼あるいは彼女が背負った債務は帳消しになる（テイソゥン）が，使役中の奴隷に子供ができた場合，その子供は主人の奴隷となる（シ

---

[13] 緬暦1208年（西暦1846年）のマンダレーの僧院で収集された証文および，1244年（西暦1882年）のチャウパダウン地方の証文で使われていた「グエマソゥン・ルーマソゥン」という言葉は，直訳では「カネも失わない，人も失わない」となるがどのような含意があったのか，まだつかめていない。

[14] テイ（死ぬ）とシン（生きている）を対句として使う用法は，借金証文なかでも質入れ証文などの中にしばしば見られる。その由来はダマタッと呼ばれるビルマ伝統法の法律書の中にあると思われ，例えばモン族の諸王によって用いられたとされるワガル・ダマタッのビルマ語訳本には，「質入（パウン）には3種類あり，パウン・テイ，パウン・シン，パウン・トゥインである」とある。このうち先の2種類については，ビルマ語の説明が付されているが，最後のパウン・トゥインについてはビルマ語での説明が行われず，パーリ語をそのまま残すにとどめている。おそらくこの語に相当するような現実がビルマの領域では認められないまま概念だけ導入されたのではないかと推量される。Burma Govt. *Manu Dhamma That-htan kho Manu Dhamma That Kyan: King Wagaru's Manu DHAMMA-SATTHAM*, （『ワガル王の御代に編纂作成されたマヌ法典』→以下では Wagaru Dhammata と略記する）Rangoon: Supdt. Govt. Printing and Stationery, 1934. pp. 22-23.

またコンバウン朝創設期の1756年に編纂されたというマヌヂェ・ダマタッでも，質入れ地についてミェ・シン（生きている土地）とミェ・テイ（死んだ土地）があるとするが，管見の限りでは証文の中ではこれらの言葉の使用例は1例も見られなかった。またマヌヂェ・ダマタッを英訳した D. リチャードソンのこの対句に対する英語による説明には，かなり無理があるように思われる。D. Richardson, *The Damathat, the Laws of Menoo, translated from the Burmese*, XIV Vols, in One, 2nd ed., Rangoon: The Mission Press, 1874. pp. 227-229.（斎藤照子「18-19世紀上ビルマ土地制度史——規範と現実：その予備的考察」『アジア経済』30巻5号 1989. pp. 5-7 を参照されたい。）これらの点から，シン—テイの対句は，ビルマ社会の現実の状況に必ずしも合致しない概念が，インドからマヌ法典を受容してゆく過程でダマタッの世界に導入され，コンバウン時代にまでそのまま残ったのではと思われてならない。

ンプワー）というもので，逆に後者は，債務奴隷が死亡した場合はその債務は本人の子供など，相続人に引き継がれる（テイマソゥン）が，債務奴隷に子供が産まれてもその子を自動的に奴隷にはしない（シンマプワー）という意味だと考えているが，なぜそう解釈されるかについては，例を挙げて次章で詳しく述べたい。

　サリン地方の事例では，1829年から1836年まではこれらの条件は半々の割合で併存していたが，1837年から1885年まではすべて「テイマソゥン・シンマプワー」の条件となっていた。この傾向はその他の地方でも同じで，時代が下るほど，生まれた子供を奴隷として確保することよりも，貸し金を子孫から取り戻すことに重点が置かれるようになったことがわかる。

(2)　従順な服務の要求

　次に債務奴隷期間中の服務に関しての文言がある。具体的な労働内容ではなく，主人の命令にはその内容を問わずに従うという意味の慣用句である。例えば，「大河を渡り，川を下り」，「低い木，高い木」，そして先の二つの証文には見られないが，「近い旅，遠い旅」などの対句で表現されており，それぞれ大河を渡り，川を下って行くことも辞さず，あるいは低木だろうが高木だろうが命令があれば登る，遠近を問わずどのような場所までも命ずるままにゆくという意味であり，困難なあるいは正反対の命令にも不服を言わず従うという意味で使われている。当時もっとも広く用いられた慣習法の書『マヌヂェ・ダマタッ』には，質入れされた奴隷，つまり債務奴隷に関して「彼らを，大河を渡り，川を下り，高木や低木に登らせて使役してはならない。（中略）もしそのように使役したら，彼らを解放しなさい」という1条がある[15]。マヌヂェ・ダマタッは「実際には法典でも，法律の梗概でもなく，むしろその時代に広く行われている習慣や慣習を，それ以前の複数のダマタッに記された統治規則とともに，記した百科事典的な記録である。」[16]といわれるように，現実をこれに

---

15)　*Ibid.*, p. 209. より古いワガル・ダマタッにおいても，人間，家畜などの質入れに際し，質にとったものは，それらを「川を渡らせ，木に登らせ，高山に登らせ」使役しないこと，「危険な場所に行かせて質草が死亡した時には，借金額の半額を賠償せねばならない」と，債権者に対して警告を発している。*Wagaru Dhammathat*, p. 23.

16)　R. Okudaira, "The Burmese Dhammathat," (M. B. Hooker ed., *Laws of Southeast Asia*, Vol. I, *The Pre-Modern Texts*. Singapore: Butterworth & Co. (Asia) Pte. Ltd. p. 33, 1986.

よって裁くようなものではなく，上の例のように明らかにダマタッが示す規範と反する現実があってもその契約が直ちに無効となるわけではない。むしろ社会において広く行われて慣行化していれば，その現実が優先されるのだが，債務奴隷の極端な酷使に対しては明確に否定的な規範を示していることが注目される。

例に挙げた1881年のマンダレーの人身抵当証文の中で単に「厳しく扱ってください」と訳したところは，原文では「チョオパインゼー・ニンパインゼー」という対句となっている。チョオニンという言葉は，現代では，違反する，蹂躙するという意味で使われている。ドー・オンチーは，人身抵当証文の中のこの言葉を，主人が債務奴隷となった女性を性的に自由にすることを認めた了解だろうと推測する[17]。この条項が含まれている証文は数が少ないが[18]，管見の限りではそのすべてが女性を債務奴隷に差し出している場合なので，おそらくこの説が正しいと思われる。

(3) 郷村の習慣に従って

さらに，現在の主人から他の主人のもとに移動することを目的に，新しい主人に身請けを依頼する場合，「郷村の習慣に従って」という文言が挟まれることがある。これもサリン，サレー地方，とくにサリンダガウン一族の証文によく見られる条項である。「単なる身請けの場合は借金総額の返済でよいが，他の家に移ることを意図して身請けする場合は，借金に贈り物を加えて返済しなければならない」[19]と明記してある証文もあるので，習慣に従ってというのは，返済額に加えてなにがしかの追加の金あるいは品が要求されるということだとわかる。また身請け禁止期間が例外的に短く5か月に設定されているマンダレーの証文でも，この5か月が経ないうちに身請けをする場合には「郷村の習慣に従って」という句が書き込まれたうえ，金を足して支払うことと，重ねて明記されている。

---

17) Ohn Kyi, "Salin Thukaung Thamaing Achyin"（「サリンダガウン略史」）Colleagues of Dr. Than Tun ed., *Bama Thamaing Hinley: Studies in Burmse History*, History Department, Mandalay University, pp. 55–82. 1987. 未刊行タイプ本．

18) このほかには，マンダレーの水軍大将，伝奏官，王直轄領長官を兼任した王族の証文の中で2例，メイッティーラ地方の地方長官の証文で2例見られた。これらの例でもいずれも娘が債務奴隷として出されている。

19) STM-KT, no. 17.

(4) 過失に対する免責

　以上の条件はいずれも債権者の利益を保護することが目的になっている。それでは，債務奴隷を保護するような条件はないのだろうか。唯一該当すると思われるのが，「盆や鉢が壊れても」という文言で，使役の最中に奴隷が什器を壊しても，弁償させないという意味だと解される。しかし実際に証文に書き込まれている例はごくわずかで[20]，またこの文言のみ単独で用いられているわけではなく，債務奴隷の服従を約束させる「大河を渡り，川を下り」，「低い木高い木」あるいは「チョオパインゼー・ニンパインゼー」などという定句と併記されていた。

(5) 逃亡時などの保証

　この条項は特定の言い回しで表現されているものではないが，債務奴隷として取ったものを使役できなくなる不測の事態を想定し，そのとき債権者が蒙る不利益を補償させることを目的にして書き込まれている文言がある。想定されているのは奴隷本人の逃亡，王政府による徴用，旧主人や関係者の介入，あるいは訴訟沙汰などである。こうした場合には，別途定められた保証人が，債務奴隷の借金総額および果たされなかった労働の代価，あるいは訴訟費用など，かかったすべての費用を弁済するというものだ。例えば離婚した娘を担保に出して母親が借金している1枚の証文には，「娘が逃亡した場合，あるいは元の夫や息子が現れて受け戻そうとして争いになった場合には，娘の身体代価とかかった費用すべてをここに記した保証人2名が弁済する」と記され[21]，2名の保証人の名が列記されている。保証人が実際に弁済を迫られている中でもっとも多いのは逃亡の場合であり，一方，王政府による徴用によって使役できなくなったと弁済を求めている事例は管見のかぎりではまったく見られなかった。債務奴隷をめぐっての訴訟としては，1862年にマンダレーで書かれた1枚の訴状[22]が，わが娘をある村の村長に質入れしていたが，この村長は，村の住人の娘であると偽って，親に断りなく中央から来た役人に娘を証文ともども売ってしまったと訴えている。これは債務者の側からの訴えであり，債権者側からの訴訟は筆者が目を通した事例の中からは見いだされなかった。

---

20) DMSEH, Vol. 2, no. 0177.
21) DMSEH, Vol. 2, no. 0180 の後半部分。
22) DMSEH, Vol. 2, no. 0230.

(6) 身請けの制限

　債務奴隷は，借金を返済すれば自由の身に戻るので，身分ではなく借金を負っている間だけの一時の境遇である。しかし，証文の中には借金を返済し身請けすることのできる期間を制限しているものもある。これも定型句ではなく，具体的に何年後からは身請けできると書き込まれる。先に挙げたマンダレーの証文2）では，5か月と比較的短い期間になっているが，サリンやサレー地方にしばしば見られるのは，1年から3年使役したのちに身請けできるとしたもので，労働力を安定的に確保したいという債権者の意図が窺える。ピョーブエ地方から収集された緬暦1244年のある証文[23]では，質入れした息子を定められた時期の前に請け戻す場合には，1月5％の利息を付けて借金を返済すると約束させられている。数の上では，身請け期間の制限条項のない証文の方が多く，借金が返済されれば昼夜を問わずいつでも身請けできると明記している証文も少なくない。

　以上のなかで，「テイソゥン・シンプワー」あるいは，「テイマソゥン・シンマプワー」という文言および，逃亡時などの保証条項は重要な決まり事として，地方を問わず共通して明記されることが多い。王都周辺では傾向としてより厳しく，より詳しい条項が書き込まれることが多く，上に引用した証文2）の例はその典型である。サリンダガウンの証文では，服務の従順を促すような定型句が書き込まれることはなく，また逃亡時の保証人についても，あらかじめ逃亡の恐れが少しでも観取されるような場合にのみ，保証人を定めていたように思われる。次章で扱うサリンダガウンの人身抵当証文51点の中では[24]，保証人が立てられているのはわずか6点にすぎない。債権者であるサリンダガウン一族が地方の状況をよく把握しており，逃亡の可能性の有無を判断しているためではないだろうか。一方，メイッティーラ地方のインドオ・トゥンミョウオゥ[25]夫妻を債権者とする証文では，すべて保証人が立てられている。マンダレーにおいては，モービェ軍司令官の夫人を債権者とする証文では，必ず保証人が立てられているのに対し，水軍大将ミンマハーミンティンヤーザ[26]の証

---

23) DMSEH, Vol. 10, no. 1305.
24) サリンダガウン文書の人身抵当証文集の104点中から，重借証文や誓約書などの関連証文を除いた点数。
25) インドオ地方の三つのミョウを束ねて統治している長という意味であり，この夫婦は常に官職名で記されており，実際の名前は不明。

文では，保証人が立てられているものと無いものとが入り混じる。保証人を必須と考えるか否かは，王都と地方による差というよりも，むしろ個々の債権者の考え方や奴隷管理の方法の違いが大きいように思われる。

2　債務奴隷契約の地域的特色——都市的空間

2-1　王都周辺域の債務奴隷契約

　王都などの都市的空間において金を貸し，債務奴隷を抱えていた人々は，王妃，王女，王子などの王族をはじめ，軍高官，大臣，高級官吏などが主である。そのほかパゴダ建立施主や僧院施主など民間の富裕層も含まれる。マンダレー地域の人身抵当証文の中で債権者としてしばしば現れている王族としては，マンダレーの王宮に住む北御寮王女，ピンテイカウンティン王女，その伯父の水軍大将ミンマハーミンティンヤーザという欽賜名で呼ばれる王族，ティーグィン王子とその妹，サインピュン王子などの名が見える。軍関係者では，モービェ軍司令官夫人，騎馬隊長，騎馬隊書記官などが見られ，高級官吏としては中央からシュエボゥ地方に派遣されていた地方長官ミンヂーマハーミンガウンという欽賜名を持つ夫妻，アマラプラではミェドゥー・ミョウの事務長官であるミンネイミョウスィヤンアウンという欽賜名を持つ夫妻などがある。また現役の高官ではなく，元伝奏官など退職役人も登場する。王族あるいは大臣高官であろうと推測される食邑保持者[27]，財産鑑定士，変わったところでは王の指圧師などがいる。

　これらの人々と人身抵当証文を交わし，その債務奴隷となっているのは，居住村名と個人名だけで表される平民がほとんどである。アフムダーンが債務奴隷となっている例としては，王都近辺では，武器などの携行品を携え王に随行

---

26)　ミンドン王の王妃の一人であるザボエーダウン王妃の兄であり，皇太子カナウン王子の妃であるピンテイカウンティン王女の伯父でもある。水軍大将のほか，王領地長官，国王の伝奏官などの要職を兼任していた。

27)　村（ユワ）あるいはその上の地域行政単位であるミョウなどから上がる税収の一定割合を王から与えられている王族高官など。ユワザー，ミョウザーなどと呼ばれる。

する侍史であるアサウン・カインと呼ばれるアフムダーンの男とその妻がミンマハーミンティンヤーザのところの債務奴隷となった証文[28]があったが，筆者はそれ以外の事例を発見できなかった。王都周辺域は王権に対する世襲の役務を担っている階層，つまりアフムダーンの人口比率が高い傾向があるが，王都周辺域の人身抵当文書の中で，アフムダーンが自分を債務奴隷として出していることが明確になっているのは上の1例だけで，予想外に少ない。在地の世襲職であることが多い村長も，王権の認証を受け職に伴う下付地を受けるので，アフムダーン階層に含めて考えられるが，村長あるいはその家族が債務奴隷になっている例も王都周辺域では見られない[29]。17～18世紀前半には，数多く見られたと考えられるアフムダーン階層が公務から逃れるため自ら債務奴隷となるような事例は，コンバウン時代の少なくとも中期以降には，ほぼ終息していたのではないだろうか。

2-2　集団的逃亡の事例

　債務奴隷の逃亡は，地域を問わず起こっていたが，王都ならではという逃亡の事例も見られる。家族の働き手を債務奴隷として売らなければならなかった人々にとって，借金を返済し，身請けして自由を取り戻すことは，大変困難なことだった。なぜならば債務奴隷として使役されている期間の労働は利息の支払いとみなされているから，どれほど長期間働いても，最初の借金元本が減ることはないからである。その間，家族が生きてゆくためにも，むしろ最初の借金額に上乗せして次々借金をかさねることになりがちで，累積した多額の借金をその身に負って一生債務奴隷で終わる人々が多かったと思われる。次章で詳述するサリン地方の人身抵当証文の中には，そうした結末を示す資料が多く見られる。
　このような境遇におかれた人々が，逃亡という非常手段への誘惑に駆られたことは想像に難くない。しかし，逃亡という最後の手段に訴えれば周囲に及ぼ

---

28)　KUMF, Reel 82, no. 9 (6).
29)　1856年のマンダレーの証文の1枚に村長の母が娘を軍司令官夫人に質入する内容が記されているものがあった。(DMSEH, Vol. 2, no. 0177) しかしその1か月半後にこの証文は作り直され，自分の娘として債務奴隷に出したのは，実は代々所有している自分の奴隷であると書き直されている。(DMSEH, Vol. 2, no. 0180)

す影響は，はかり知れない。家族の代わりのものが，代償として債務奴隷に出される場合もしばしばだった。あるいは保証人となった者に，借金総額と使役労働の代価が請求され，これが払えなかったばかりに，保証人の妻や娘が代わりに債務奴隷に取られた例もある[30]。

また逃亡はしたものの，その後うまく逃げおおすことができたかどうかも疑問である。保証人，証人にすぐに回状がまわされ追っ手がかかる。マヌヂェ・ダマタッでは，奴隷の逃亡に関する記述に驚くほど多くの頁が割かれているが，逃亡奴隷と知っていながら一夜の宿を与えたり，匿ったりするものに対しては，罰金や代わりの労役を課すなどの措置が取られるとしており，債務奴隷の逃亡に対する厳しい目が感じられる[31]。

にもかかわらず債務奴隷の逃亡の例は枚挙にいとまがない。そのなかには用意周到に準備された例もある。王都に住む水軍大将ミンマハーミンティンヤーザの邸宅で起こった事例である。

緬暦1223年（西暦1861年），王宮の後宮に住むある王妃の債務奴隷となっていたガ・テーとその妻ミ・グエ，3人の息子，娘とその婿の合計7名の家族が，ミンマハーミンティンヤーザ夫妻に，王妃のところから主人替えしたいので，身請けして自分たちを債務奴隷として買い取ってほしいと申し出る。その後同夫妻の債務奴隷となった家族は，次々と追加の借金を申し込み，証文として残っているだけで22回にわたり総額で約170チャッの借金を重ねた[32]。その間ガ・テー夫婦は，他家で債務奴隷として働いていたもうひとりの娘を，同夫妻に身請けしてもらい，この家の債務奴隷とする。さらに別の家の債務奴隷であった息子1人をも，同夫妻の下に所替えさせることに成功し[33]，家族合計9名が同夫妻の下で働くことになった。

ところが，緬暦1225年（西暦1863年）には，ガ・テーの家族が使役に服さず逃亡したとして，関係者に捜索への協力を呼びかける文書が出されている[34]。主人の側の管理の甘さ[35]を目いっぱい利用して，家族全員が自由の身に

---

30) DMSEH, Vol. 1, no. 0830 では保証人の妻が身代わりに債務奴隷となり，また DMSEH, Vol. 6, no. 2632 では保証人の娘が債務奴隷になっている。
31) D. Richardson, *op. cit*., p. 257.
32) KUMF, Reel 82, no. 9 (8-17).
33) KUMF, Reel 82, no. 9 (17).
34) KUMF, Reel 82, no. 9, (17 の 2). (画像番号 7 のうち 2 番目の画像を指す。)

戻るために賭けに出た，このようなしたたかな生き方もあったことがわかる。

　じつは，同様な事例が，このミンマハーミンティンヤーザ夫妻のところでほかにも3例見られる。1862年にチャウパダウンの食邑保持者(ミョウザー)の家からミンマハーミンティンヤーザの家に主人替えした[36]ガ・テイとミ・サーウと息子，娘の4人家族は，やはり身体代価の上に借金を重ね，その合計が20チャット合金で266チャット5ムーに達した約1年後に家族そろって逃亡した[37]。

　さらに1863年には，ガ・チューとミ・チョオという夫婦の一家4人が他人からの借金の返済に迫られて，その借金額相当で4人を買い取ってほしいと申し出て，ミンマハーミンティンヤーザの債務奴隷となった[38]。彼らもまた，追加の借金を重ね約2年後に一家そろって逃亡している[39]。さらに，先にアフムダーンの債務奴隷化の例として触れた王宮勤めのガ・チップエと妻ミ・レーも1862年に主人替えを希望し，ミンマハーミンティンヤーザ夫妻のところに移ったが彼らもまた借金を重ね，翌年逃亡している[40]。

　わずか，3，4年の間に立て続けに家族全員の逃亡例が出ていることを見ると，この夫妻の下では債務奴隷の管理が緩やかというか杜撰であり，そうした評判が知れわたっていたからこそ，それぞれの家族は，他の主人の下からこの家に集中的に移動し，家族全員で借金を重ねて資金の準備をして計画的に逃亡したのだろう。あるいは債務奴隷の逃亡を補助する仲介業者が介在していたかもしれない。この四つの家族が果たして追っ手に捕まらず，他所に逃げおおせて自由民として生計を立ててゆくことができたのかどうか，後日談は残念ながらわからない。

　こうした家族全員一丸の逃亡例というのは，地方社会ではまず見られない。サリンダガウンのような有力豪族で，多数の債務奴隷を抱えていたと推定され

---

35) ミンマハーミンティンヤーザは，注26）でみたように，水軍大臣，伝奏官，直轄王領地管理官など要職を兼務している高官であったので，債務奴隷の管理については当然，差配するものを使っていたと考えられる。債務奴隷がこの家に所替えする例が数多く見られたのは，管理が緩かったためで，債務奴隷に対してとりわけ温情的であったからではなさそうである。というのは，借金，借米を踏み倒して逃亡した男に対して，その住居と水田を差し押さえ，妻を奴隷にすると取り決めた証文（1865年）も見られるのである。
36) KUMF, Reel 82, no. 9 (26).
37) KUMF, Reel 82, no. 9 (28).
38) KUMF, Reel 82, no. 9 (28の2).
39) KUMF, Reel 82, no. 9 (29の1-3).
40) KUMF, Reel 82, no. 9 (6).

るところでも，債務奴隷が単独で逃亡した例は珍しくないが，家族丸ごとの逃亡例はついぞ見られない。単独で逃げた場合もそのほとんどが追跡発見されているが，地方社会では大人数での逃避行はほとんど不可能だったろう。王都という人口の集中，都市的な匿名性，そして身分のきわめて高い主人による人任せの債務奴隷管理などの要因が，このような逃亡を可能にしたと思われる。

債務奴隷が主人替えすることは珍しいことではなかった。旧主人に借金の返済を求められてそれが不可能な場合，より大きな金額を貸すことができる有力な金貸しのもとに移ることがしばしば見られた。こうして中小規模の金貸しから，大きな資金力を持つ有力な金貸しへと債務奴隷もまた，農地と同様に集中してゆく傾向にあった。証文から見る限り，こうした申し出は通常受け入れられており，王族や高官にとっては，多くの債務奴隷を抱えて使役する意味があったことがわかる。

ミンマハーミンティンヤーザ夫妻の証文の中には，1860～1863年の4年間に書かれた債務奴隷契約の証文が21点あるが，そのうち16点はすでに他家における債務奴隷であったものが主人を替えた例で[41]，最初からこの家の債務奴隷になったというのは5点[42]にすぎず，いずれも借金の返済に迫られて初めて身売りしたものである。ミンマハーミンティンヤーザの地位がきわめて高く，数多くの奴隷を抱えていたため労働が比較的軽度で，奴隷管理も緩やかだったために，この夫妻のもとに多くの債務奴隷が移動してきたものと思われる。主人替えを希望する場合に証文に書かれる「旧主人の下では，幸せでなかったので」という文言は定型の句で，いずれの証文でも具体的な事情には触れていない。

しかし注意すべき点は，貸し金の担保としてとっているのはこうした人間，つまり債務奴隷であるより，この時代においては一般的には，圧倒的に農地が多いということである。農業社会においてだけではなく，王都の高位高官たちも，それぞれ土地を質にとってそれを小作に出したり，奴隷に耕作させたりして米あるいは他の作物から収益を得ていた。上記のミンマハーミンティンヤーザ夫妻については，1854年から1876年にかけて土地を担保に取った証文，あるいは土地を購入した証文が20点[43]残っているが，担保に取ったあるいは購

---

41) KUMF, Reel 82, no. 9 (3-7, 16 の 3, 17 の 1, 18, 21, 23, 24 の 2, 26, 28, 29 の 4, 30, 33 の 2).
42) KUMF, Reel 82, no. 9 (1, 6 後半―7 前半, 28 の 2, 33, 34).
43) KUMF, Reel 82, no. 7-8.

入した土地の規模が非常に大きいことが目に付く。例えば1862年にはある王族からインワにある水田54枚を最終的に買い取り[44]、1866年には苗4750束植えの水田を1チャッ銀貨500枚で担保に取っている[45]。1875年には，1200籠の籾を産出する水田群を銀貨1000チャッで担保に取っているが[46]，この水田群はのちに銀貨400チャッを足して，最終的に1400チャッで買い取られている[47]。土地の質受け，あるいは購入に費やした金額は，文字の消失などで金額部分が読めない7枚の証文を除いた13点の証文だけでも3648チャッにのぼり，債務奴隷の質受けに使用された金額の何倍にもあたる。また購入された水田や果樹園は，灌漑による稲作地帯のマダヤー，メッカヤー，インワなどの複数地方にまたがっている[48]。このような各地に点在する多くの農地―私領の経営もまたひとつの大きな経済基盤となっていたと考えられる。

　王都周辺における金融の主力である王族，廷臣高官，あるいは高級軍人たちは，広く金を貸すことによって土地あるいは人間を抵当にとっていたが，その質草の主力は土地に移りつつあった。こうした土地に差配を置いて経営し産出物を市場に販売するほか，米であれば広く籾米のままで貸し付けていた。こうした米貸付の利息は当時10か月で100％を超えると推定され，現金貸付以上に回収におけるリスクは高かったが，きわめて大きな収益をもたらしていた。

3　農業的空間における債務奴隷

　王都周辺域の都市的空間における人身抵当証文とは異なり，米作を中心とする地方社会における人身抵当証文のなかに債権者としてたびたび現れる人々は，まずは在地の世襲の統治者，ミョウダヂーや村長などである。次いで個人の名前の前にパゴダ建立施主，あるいは僧院建立施主など，寄進者であることを示すダガーという言葉が記されている人々，あるいは水路長，堰頭など灌漑水路の管理や水配分に力を持つ人，様々な取引を仲介するプエザーなどが見ら

---

44) KUMF, Reel 82, no. 7, 8-20.
45) KUMF, Reel 82, no. 7-1 後半.
46) KUMF, Reel 82, no. 7-6.
47) KUMF, Reel 82, no. 7-16.
48) KUMF, Reel 82, no. 7-8.

れる。さらに中央から地方に派遣されている地方長官や，スィッケーと呼ばれる地方長官補佐[49]なども登場するが，その頻度はそれほど多くない。一方，債務を負って奴隷になる人々は王都周辺域と変わりなく，個人名でのみ記される地位，役職などと無縁の庶民である。土地抵当証文ではしばしば村長が村の税を肩代わりするために自分の土地を質入れするような事例が見られ，村長が債務者になっているのは珍しいことではなかった。しかし人身抵当証文では，村長が本人や家族を質入れする例はきわめてまれである。農地が質入れの対象となり次第に流動性を持つようになると，農地の所有権あるいは耕作権を持っている限り，自身あるいは家族を債務奴隷に落とすよりも，土地を動かして金を借りることを選択するようになったと思われる。

以下では，次章で扱うサリン地方を除いたそれぞれの地方の人身抵当証文に見られる特色を見てみる。

3-1　メイッティーラ地方の人身抵当証文

メイッティーラ地方は中部ビルマで，マンダレーとパガンを結ぶ交通路の中間点，半乾燥地帯のちょうど中央に位置する。ピュー時代に建造されたと考えられるメイッティーラ湖から取水する溜池灌漑によって広く稲作を行っており，この人工湖は地域の農業生産を支える基盤として歴代王による修復がなされてきた。この地域からは，すでに1000点近くの土地質入とそれに関連証文が収集されているが，利用可能な債務奴隷契約に関する証文は，DMSEHに含まれる18点に過ぎず[50]，その数の差は大きい。この18点は，1873～1885年に書かれたコンバウン時代後期のものである。

債権者を見ると，世襲の在地統治者がほとんどで，このうち12点が，証文の中ではトゥンミョウオゥ夫妻と呼ばれるインドオ地方の三つのミョウを統治する在地支配者が債権者となっている。2点が王都に居住するコゥ・ボートゥ夫妻，4点がナッスンフモーと呼ばれる村の村長を債権者としている。コゥ・

---

[49] スィッケーは，特に軍事，治安面から地方長官を補佐する任務を負っていた。Maung Maung Tin (U), *Shwe Nan Thoun Wawhaya Abidan*,（『宮廷用語辞典』）Yangon: Tekkatho-mya Thamaing Thutei Tana Oo-zi Htana, 1975, pp. 206–207.

[50] DMSEH, Vol. 7 所収。ただしメイッティーラのヌワーウン僧院文書，インドオ僧院文書には「人身抵当」のタイトルで21点の証文が含まれているが，重複があるので実質は18点となる。

ボートゥ夫妻の証文では，トゥンミョウオゥ夫妻がしばしば使用している証文作成者および証人が登場しているので，この夫妻はトゥンミョウオゥ夫妻の近親者という可能性もある。

借金をする契約者と奴隷として質入れされた者の中に，身分役職名，欽賜名，あるいはダガー（施主）などの呼称を有しているものは皆無で，個人の名前でのみ呼ばれる庶民，平民ばかりが登場するが，奴隷となっているのは，契約を結んだ本人（男）が1人，契約者の娘が13人，息子が2人，姪が1人，孫2人，家族（母＋娘＋息子2名）ぐるみが1件と，娘が債務奴隷となっている例がきわだって多かった。

これらの証文では，債務奴隷契約を結んだときに身体代価と上乗せ借金の区別が行われていないので，奴隷1人に付き40チャッから123チャッが払われており，その額にばらつきが大きい。残っていたのがすべて1870年代以降の証文なので，金属貨幣は使用されておらず，支払いに用いられているのはすべて鋳造貨幣で1チャッ銀貨が主である。

証文の中の契約に付随する条件を見ると，「テイマソゥン・シンマプワー」，すなわち債務奴隷が死んだ場合はその借金を子孫など相続人に負わせるが，債務奴隷が子供を産んでもその子を自動的に奴隷にすることはない，という条件が13点までに明記されていた。その逆の「テイソゥン・シンプワー」という条件のある証文は1例もなかった。サリン地方をはじめ，他地方でも「テイソゥン・シンプワー」という条件は，後期には影を潜め，生まれた子供を奴隷として確保することよりも，借金を子孫から取り返すことに重点が移っている。

「大河を渡り，川を下り」，「低木高木」という条件が9点にあり，「チョオニンパインゼー」[51]も2点あった。「盆や皿を割っても」という免責条項は1点のみ，それに対して逃亡時の保証人は13点に明記され，債務奴隷の逃亡時の保証が重要事項として扱われている。しかしその内容を見ると，証文の契約者である父親が保証人になっているのが4例，親以外の契約当事者が保証人となっている場合が2例あり，第三者が保証人になっているのに比べ，やや簡便なか

---

51) トゥンミョウオゥ夫妻を債権者とする人身抵当証文では，「チョオパインゼー・ニンパインゼー」と韻を踏んだ対句ではなく，「チョオニンパインゼー」という言葉が使われているが，意味は同じである。厳しく扱って構わない，あるいは側妾として扱ってよいという含意であると考えられる。

たちとなっている。逃亡奴隷が出た場合，弁済しなければならないのは，奴隷の上に積まれた借金総額，果たされなかった労務の代金，訴訟などが付随した場合にかかったすべての費用となっているが，これは地方を問わず一般的な慣行だった。借金額が高額になると，保証人が2名，3名と増える傾向があり，借金額が100チャッを超えている3例では，複数の保証人がたてられている。

　他の地方の人身抵当証文では見たことのない文言として，債務奴隷が逃亡した場合，保証人が債務総額の返済だけでなく，返済されるまでの期間に応じて1月1％，あるいは5％の利息をつけて返済すると約束させられている証文が2点あった。

> 　1242年ワーガウン月白分5日，カンビャー村住人ミ・ポゥが，金が必要につき，私の娘ミ・ママをテイマソゥン・シンマプワーの条件で奴隷として買い取ってくださいとインドオ・トゥンミョウオゥ夫妻に申し上げると，その申し出に応じ，「テイマソゥン・シンマプワー」，「低木高木（に登らせ）」，「大河を渡り，川を下り」，という条件で，インドオ・トゥンミョウに住むコゥ・ター，カンビャー村に住むコゥ・チョウトーが保証人となり，ミ・ポゥの娘ミ・ママに1チャッ銀貨115枚を払って買い取った。将来ミ・ママが使役に服さず逃亡した場合には，10チャッにつき1月5ムーの利息を付けるという条件で，奴隷として買い取った。証人は，宿坊施主ウー・ポーティ，判事のウー・フモン，ウー・パンチャウン，コゥ・トゥヂー，筆写はコゥ・チンポゥ[52]。

　メイッティーラの証文の中では，主人替えは少なく1例に過ぎない。母子4人が別々の家でそれぞれ債務奴隷をしていたのが，4人まとめて銀貨438チャッで，トゥンミョウオゥ夫妻の下に移った事例である。地方では，債務奴隷を抱えている有力家系が王都に比べはるかに少なかったことがその一因だとおもわれる。

　ちなみに，ナッスンフモー村長関係の証文の中の2枚には，債務奴隷となっていた娘が逃亡し，その弁済として保証人の娘が代わりに債務奴隷として差し出されたという内容が書かれている[53]。逃亡したミ・ミーキンという娘は，1885年の夏に債務奴隷となったが，その5か月後に逃亡，1か月の捜索後にも見つからず，代わりに保証人の娘ミ・ベイが債務奴隷に出されたことがわかる。

---

52) DMSEH, Vol. 6, no. 2758.
53) DMSEH, Vol. 6, no. 2605, 2632.

3-2　チャウパダウン，サレー，ピィーなどの人身抵当証文

　チャウパダウンは，サリンとはエーヤーワディー河を挟んだ東岸のやや北東に位置する地方である。サレーは，同じ東岸でチャウパダウンより河岸に近接している。

　ピィーは，エーヤーワディー河が下流部デルタに展開するその頭頂部のやや北に位置し，気候と産物の異なる上ビルマと下ビルマの中間点にあるため，古くから物流の中継地点として交易が発達してきた。ビルマ中央平野部における先住民族ピュー人の城市国家の拠点，タイェーキッタヤーとしても有名である。ピィー地方の人身抵当証文は，この地方の図書博物館に収蔵されていたものだが，ピィー地方特有のものというより，サリン，サレー，チャウパダウンなどを中心とするエーヤーワディー河の両岸にまたがる農業地帯から収集されている。DMSEHのデータベースには，ピィーの図書博物館の22枚の人身抵当関連証文の画像が含まれているが，そのうち9枚までがチャウパダウンやサレーの人身抵当文書と重なっている。証文が作られるとき，債権者，債務者，証人あるいは保証人のため複数の写しが作成されたため，こうした重複する写本が残ったものと考えられる。残りの13枚のうち，8枚はサリンダガウン一族を債権者とする証文であり，ピィー地方の証文と考えられるものはごくわずかである。

　チャウパダウンの12点の証文では[54]，債権者として登場するのは，僧院施主夫妻，用水路長であり僧院施主でもある夫妻，そして対岸のサリンのダガウン一族である。ダガウン一族のマ・カインとマ・カインの娘であるガーズィン僧院施主と呼ばれるメー・チーニョウの名前が登場し，メー・チーニョウが債権者である証文が4点ある。一方債務側に登場する人々は，すべて個人名でのみ記される庶民である。両親あるいは両親の片方が娘を債務奴隷に出している例が4例，息子を出しているのが3例，父が婿を出しているのが1例，夫が妻を債務奴隷にしているのが1例，本人が債務奴隷になっているのが1例である。残りの2例は，債務奴隷になった娘，息子の上に上乗せして借金している重借証文である。チャウパダウンの証文では，半数近くの債権者がサリンのダ

---

54)　DMSEH, Vol. 9, no. 1354, 1361, 1365-67, 1711, 1713-14, 1718-19, 1731-32.

ガウンであり，その影響があるためか，他の債権者の場合も奴隷の身体代価と上乗せ借金の別が契約の当初から明らかにされている。身体代価は1人1チャッ銀貨で24枚から60枚までの範囲に収まり，それ以外の貸し金は上乗せ借金として別に記載されている。

さらに債務奴隷契約にまつわる付帯条件が少なく，他地方ではもっとも重視される逃亡時の保証人を立てているのも2例に過ぎない。1例では他人を立てているが，1例は息子を奴隷に出した契約者である父親が保証人になっている簡略なものである。また「大河を渡り，高木低木」に登らせて使役してくださいという常用句も，「チョオパインゼー……」という言葉もまったく見られない。「テイマソゥン・シンマプワー」という句があるのも1例のみである。「グエマソゥン・ルーマソゥン」という条件を示しているのが一点[55]あるが，直訳すると金も失わず，人も失わないという意味になるこの用語の当時の含意が先にも触れたように，筆者にはまだつかめない。

債務奴隷になっている家族の代わりに，家族の他のメンバーが交代で債務奴隷となる例が二つ見られた。1点は，健康状態の悪い母の代わりに娘が債務奴隷になる話[56]で，すでに母が負っている身体代価30チャッと上乗せ借金90チャッの合計120チャッに，新たに上乗せ借金80チャッを重ねて合計200チャッという多額の債務を負って娘が身代わりになっている。他の一例は，サリンダガウンのメー・チーニョウとの間に結ばれた証文であり，父親と息子がともに債務奴隷であったが，息子の身体代価と借金，自分の身体代価と借金，借米などの総額をまとめて168チャッ1ペーの金額で，父親だけが債務奴隷として証文を新たに作り直すという内容である[57]。

またサリンダガウンの証文の中には，父親が30チャッで債務奴隷になる契約を結んだ際に，父親が年齢のため，あるいは健康のため人並みに働くことができなくなれば，息子2人が交代で父親の代わりに働くと約束させられている例がある[58]。

チャウパダウンがメイッティーラに比べ規模の小さい地方であり，したがって人間関係の距離が近いと想定されること，また対岸の在地支配者で有力な豪

---

55) DMSEH, Vol. 9, no. 1718.
56) DMSEH, Vol. 9, no. 1711.
57) DMSEH, Vol. 9, no. 1364.
58) STM-KT, no. 54.

族，サリンダガウンの債務奴隷管理の在り方の影響を受けているなどの理由で，定型句による約定がほとんどなく，より具体的に状況に合わせた取り決めが行われている点などが，この地方の証文の特徴となっている。

　チャウパダウンの南のサレーの証文は2枚のみである。債権者は僧院施主とタマインという村の村長夫妻である。夫が妻を債務奴隷とした例と，父が息子を債務奴隷にした例とで，1883年と1884年，つまり王朝末期に書かれたものである。2者とも家内奴隷として使役することが明記され，後者では逃亡時には他村の村長が弁済すると約束している。身請けはいつでも可能，主人替えをする場合には郷村の習慣に従って行うこと，つまり借金総額の支払に加えて，なにがしかの支払が必要であるという条件が付いている。

　メイッティーラの北に所在するウンドゥィン地方からは，パンチャイン村の僧院所蔵の2点[59]の人身抵当証文が見られるが，2枚とも債権者が同じで仲買人（プエザー）をしているマウン・カウンミャ夫妻とある。1枚は1795年のものでもう一枚は日付部分が破損し読めない。一枚は，ある夫婦がマウン・カウンミャ夫妻に支払わねばならない訴訟関係の費用が払えないので，代わりに娘を質に入れるというもの。もう一枚は，騎馬隊長のガ・フラビンが，馬の代金と1人の兵士の出征費をマウン・カウンミャ夫妻に立替えてもらったが，それを返済できず，自分の息子を質に入れたというものであり，この証文は，騎馬隊長すなわち中級のアフムダーンが家族を債務奴隷に出している数少ない1例である。

　ピィー地方の証文の中で，緬暦1212年（1850年）の一枚の証文[60]は，「テイマソウン・シンマプワー」という条件の下で，債務奴隷が使役中に死亡した場合にどのような処理が行われるかを，具体的に示したものとして興味深い。

　ミンユワという村の住人マウン・ペーは，息子2人を僧院施主のウ・プー夫妻に25チャッ合金170チャッで，債務奴隷として差し出していた。ところがこの息子たちが原因は不明だが，2人そろって死亡してしまった。債権者ウ・プー夫妻は，債務側契約者兼保証人だと推測される彼らの父親に170チャッの弁済を求めたが，この父親には支払えず，自分の所有する畑地をその金額でウー・プー夫妻にとりあえず質入せねばならなかった。死んだ息子たちに代わ

---

59) DMSEH, Vol. 11, no. 1058, 1059.
60) DMSEH, Vol. 5, no. 0471.

る担保である。借金については，約束の期日までに支払えないときは月5％の利息をつけて払う，またこの畑地について相続人たちが介入する[61]，あるいは村長に訴え出るなどの事態が起こった時は，それで蒙った費用や損害を父親が弁済する，という約束を，同村の村人2名の立会いの下に債権者に対して行い，新たにその趣旨の約定書を取り結んだ。証文の契約条項，テイマソゥン・シンマプワーを厳格に履行していると言えばそのとおりであるが，息子2人を失い，畑地を質に入れ，しかも借財はそのまま残っているというこの父親が置かれた過酷な状況が浮かび上がってくる。

4　人身抵当の形を取った様々な契約

　人身抵当証文の中には，債務奴隷契約として結ばれながら，実際には債務奴隷として使役に服すのではなく，ほかの形で債務返済を行うことが認められ，約束されているものがある。筆者が見た中では以下の4枚のみだけで数としては少ないが，このような契約が何を意味しているか，考えてみたい。1) はピィー地方で収集された1861年の証文，2) はチャウパダウン地方で収集された1867年の証文，3) はサリン地方の1869年の証文，4) は同じくサリン地方の1884年の証文である。しかし債権者を見ると1), 2) はサリンダガウン一族のマ・カインであり，3), 4) はガーズィン僧院の建立施主，すなわちマ・カインの娘メー・チーニョウに他ならない[62]。つまり4枚とも債権者はサリンダガウンだった。

> 1) ……村に住むミ…（不明）が，僧院建立施主マ・ヌターに借金を返済せねばならず，私の息子ガ・クンを20チャッで奴隷として買ってください。その身体代価を返済するまでの間は，労働返済のかたちで1年につき籾米15籠を納めますと，ミョウダヂー閣下の母，ダガウンマのマ・カインに申しあげた。その申し出どおりに，マ・カインがグエムエ2チャッ8ムー合金で混ざりも

---

61)　マウン・ペーは自分の所有する畑地と言っているが，ビルマ社会の慣行である均分相続によって同じ農地に複数の相続人がいる場合が多い。この場合も彼の他にこの畑地に権利を持つものがいると推測される。

62)　第4章の家系図（図4-5）を参照されたい。マ・カイン，メー・チーニョウともに一族の中でも，もっとも手広く金融業を展開していた。

ののない貨幣をヒンダー錘で測って20チャッ払い,籾米15籠を納めることとしてガ・クンを買い取り,証文を作成した[63]。

2）パウンビンセー地区の住人シン・アコーが私の娘ミ・ピョオをシンマプワー・テイマソゥンの条件で,身体代価として銀貨30で買い取ってください。身柄は拘束せず,身体代価を返済するまでの期間には1月に米15籠を精米して納めさせてくださいと僧院施主マ・カインに申し出たので,僧院施主マ・カインはミ・ピョオを（以上の条件で）買い取って証文を作成した。（以下略）[64]

3）テインチャン村住人ガ・フモンが（かつて）ガーズィン僧院施主夫妻と証文を結び,身体代価40チャッ合金で30チャッ,上乗せ借金40チャッ合金で35チャッ,合計65チャッ,1チャッ銀貨に換算すると50チャッ相当額で債務奴隷となりましたが,奴隷奉公はせず1年につき雨季と乾季の労働によって40チャッ合金17チャッを支払いますと約束しました。6年間のうち支払の済んだ3年分を引き,残り3年の労働分40チャッ合金で51チャッと,息子のガー・チャーヨゥの身体代価40チャッ合金で30チャッ,上乗せ金40チャッ合金で35チャッ,合計65チャッ,銀貨に換算して50チャッ相当,年々穀倉から借りた米の代金もあわせると,銀貨で168チャッ1ペーの負債があります。私の身体代価の銀貨25チャッ,上乗せ借金銀貨92チャッ1ペー,労働代金51チャッで,私を債務奴隷として受け取ってください。上記の私と息子の人身抵当証文を取り消してくださいとガーズィン僧院施主夫妻に申し上げた。ガ・フモンと同意して上記の証文の記載を抹消し,新たに証文を作り家内奴隷としてガ・フモンを使役することにした。（以下略）[65]

4）ペインディン地区の果樹園に住むマウン・ミャットワーと妻のミ・ドウが,他人へ借金を返済する必要があり,私たちの娘ミ・ヤーピューをシンマプワー・テイマソゥンの条件で,家内奴隷として身体代価25チャッ合金に相当する銀貨24枚と上乗せ借金76チャッで買い取って使役して下さい。身体代価,上乗せ借金を返済するまで,家内では働かせず,1か月につき籾米15籠を精米して納めさせてください,とミョウダヂー閣下に申し上げると,その申し出どおりミョウダヂー閣下の母上,ガーズィン僧院施主が,（上記条件どおりに同意して）証文を作成した。（以下略）[66]

---

63) DMSEH, Vol. 5, no. 1305.
64) STM-KT, no. 74.
65) DMSEH, Vol. 9, no. 1364.
66) STM-KT, no. 97.

上の証文のなかの2）と4）では，娘を債務奴隷として借金しているが，いずれも娘の身柄は拘束されず，代わりに返済が済むまで1か月につき籾米15籠を精米にして納めるという内容である。1）も同じように，息子を奴隷として出すが，拘束される代わりに身体代価を返済するまで，1年につき籾米15籠を納めると取り決めている[67]。3）は，父と息子が別個に結んでいた債務奴隷契約を破棄し，新たに父親が双方の債務合計の金額を負って債務奴隷となる証文だが，以前の契約では，父親は奴隷奉公に入らず，雨季乾季の労働によって1年につき17チャッずつ6年間で返済するという内容となっていた。このように債務奴隷契約でありながら，奴隷奉公が回避され，債務を労働や米で支払う，実質的に無担保借金と同じ扱いがとられる場合もあったことがわかる。

　債務奴隷契約を結ぶ人々は，借金に頼らざるを得ない多くの人々の中でも，もっとも脆弱な貧しい層に属する。家族の一員を債務奴隷に出すほか，生計を立てる方途がないような状況に陥っているが，ここで挙げた4例では，父親，息子あるいは娘を債権者の家内に身柄拘束されるわけにはいかないという切迫した事情があると思われる。こうした債務者の事情を配慮して債権者が労働返済や米による返済を認めているが，その返済が滞れば，3）の証文に見られるように債務奴隷としての奉公を要求できるというのが，これらの証文だと思われる。債権者の側の配慮が感じられるものの，こうした証文が直ちに，債権者のパトロンとして温情や寛大さを表していると断言することは，ためらわれる。というのは，例えば2）および4）の例で，借金に課されている利子を計算してみると，無担保借金の月利が5％であったのに対し，倍額以上の高い利子が課されており[68]，娘を家内で使役しない代償として，高利が要求されているように思える。いっぽう1）の例では利息はかなり低額であり，3）の場合は無担保借金の利息より少々高い程度である。資料の数が少ないうえ，内容的

---

67) ここで「1年につき籾米15籠」というのは，借金額が20チャッと少ないとはいえ，2），3）の例（それぞれ借金額30チャッ，100チャッ）に見る「1月につき籾米15籠」と比べると安すぎる感がする。筆者の読み間違えではないかと思えたが，確かに「1年につき」とある。手書きの証文にはしばしば誤記が見られるので，原典の書き間違いの可能性もあるが，返済条件のような重要な点は，誤記が少ないはずである。この母子の状況に対する配慮がこうした条件になったという可能性も考えられるが，謎というしかない。

68) 筆者の計算による。籠あたり籾価格を1867年は0.4チャッ，1884年には0.8チャッと仮定すると（図2-5参照），2）では，借金額30チャッに対し月利が6チャッすなわち20％となり，4）では，借金総額100チャッに対し，月利12チャッすなわち12％となる。

にも利率のばらつきが大きく，統一的な結論を導き出すことはできないが，債務奴隷契約が常に一定の条件で結ばれていたわけではなく，債務者やその状況によって異なる条件が適用されることもあったということがわかる。

最後に，人身抵当証文から派生して人身売買証文が書かれることがあったかどうかを見ておきたい。農地抵当の場合は同じ抵当地の上に重借が繰り返された結果，最終的に農地を手放し，売却証文を書かねばならない事態に至ることがあった。人身抵当でも重借は頻繁に繰り返されるのが常だった。しかし筆者が見た309点の人身抵当関連証文の中では，人身売買証文は以下の1878年のチャウパダウン地方の証文が1点あるのみで，非常に少ない。

> チャウポン村の住人マウン・カインと（不明箇所）らが，私たちの娘ミ・トゥンを最終的にテイソゥン・シンプワーの条件で，1チャッ銀貨50枚で買い取ってくださいと，パウッマ村に住む用水路長のコゥ・トゥ夫妻に申し上げると，夫妻はその申し出どおり，最終的にミ・トゥンをテイソゥン・シンプワーの条件で買い取った[69]。

最終的に買い取るというのは，アソゥン・アパイン・ウェーという言葉であり，土地の場合と同じである。字義どおりには，最終的に（アソゥン）所有権付きで買う（アパイン・ウェー）ということになる。普通の債務奴隷契約では，この時期すでに使われなくなったテイソゥン・シンプワーの条件が書かれているのは，この娘が家産として債権者に所有され，代々受け継がれる奴隷となったことをよく示している。つまり，子供を産めばその子供もまた奴隷として債権者に所有されることになる。

土地の場合と同じく，同一質草の上に何回も借金を追加して重ねる重借証文は，人身抵当の場合でもごく普通に見られ，先に挙げたマンダレーで家族ぐるみの脱走を企てた何組かの家族も，いずれも度重なる借金を加えていた。こうした上乗せ借金がなぜ与えられていたかについては，債務奴隷の労働をつなぎとめておくことが，債権者にとっても意味があったからに違いない。広大な領地，農地を所有する有力者にとっては，労働力の確保という誘因がそれであろうし，さらに重借で膨れ上がった借金の総額を当人が返済できなくなれば，家族の他のメンバーがさらに債務奴隷となってその労働も使役できるようになる

---

[69] DMSEH, Vol. 9, no. 1713.

可能性が大きいのである。

　債務奴隷契約の形をとりながら，その内実が異なる例は上の4例のみで少なく，さらに債務奴隷が最終的に売られる証文は1点のみだった。コンバウン中〜後期には人身抵当は，担保付き借金の中でその数は一割にも満たず，それに代わって土地を担保とする借金が増加していった。農地に関しては，様々な内容の契約が発達していったが，人身抵当についてはそうした展開が見られるより，むしろ人身抵当契約そのものが減少しつつあったと言えよう。

5　歴史の中の債務奴隷

　これまで，コンバウン中・後期の人身抵当証文によって，この時代の債務奴隷契約の内容やその特色を見てきたが，最後に債務奴隷という存在を通じて見たこの時代の社会経済の構造変動を考えてみたい。手掛かりになる議論は，16世紀から18世紀にかけてのタウングー時代を対象にビルマ王朝政治史を論じたV. リーバーマンの「統治の周期的循環」(Administrative Cycle) 論である。リーバーマンは，その著書[70]のなかで王朝の興亡サイクルを中央王権と地方を支配するエリートの間の資源をめぐる争いという観点から論じ，その中で債務奴隷という存在が重要な意味を持っていたと指摘する。筆者の意図はこの議論の有効性を問う点にはなく，むしろタウングー時代をよく説明しえた議論がコンバウン時代には適用不可能になっている，その理由は18〜19世紀の社会経済の構造に重要な変化が生じていたからではないか，という問題提起をすることにある。

5-1　リーバーマンの議論の枠組み

　リーバーマンは，私人や団体に所有されていた奴隷が，労役徴用や課税の対象とならない，王権にとってはいわば失われた人口であったことに着目し，王国の衰退期，すなわち限られた人口の上に徴用や租税負担がかかってくるような時代には，アフムダーン階層の少なからぬものが自らを有力者に売って債務

---

70) V. Lieberman, 1984, *op. cit.*

奴隷となり，王権の過重な請求を回避したと指摘する[71]。その結果，王権が利用しうる人口基盤はますます狭まり，王朝の崩壊を促進する一つの大きな要因となったとする。

　例えば，軍事的成功によって大帝国を築いた第一次タウングー王朝のバインナウン王（在位 1551 〜 1581 年）の亡き後，ナンダバイン王（在位 1581 〜 1599 年）の治世下では，タイ系諸族やデルタ低平地の朝貢国の反乱を押さえるため，王はデルタ地帯から多くの人員を徴兵して度重なる遠征を試みるが，戦果は得られず兵員と資源を疲弊させることになった。その中で限られた人口の上に課される徴兵や米の課徴などは厳しさを増し，過重な王権の請求を逃れるため，自らを売って債務奴隷となるものが続出し，デルタ地方の人口減少を招いたという。王は，所属身分を離脱し身を隠している若者を強制的に軍隊へ編入し，あるいは僧侶の還俗を進めるなど，人員の不足を補うべく強硬な手段も用いたが効果は上がらず，農業地帯の人口減，米価格の急騰が進み，王朝の衰退と崩壊が促進された。

　代わって第二次タウングー時代（1597 〜 1752 年）になると，初期三代の王（ニャウンヤン，アナウペッルン，タールン）たちは，地方を効果的に支配するための王国行政の改革に着手し，王権の下にある労働力の最大化に向けたアフムダーン人口の再編成を行い，一定の成果を達成した。しかし，その中で王族，大臣を始め，すべてのランクの官吏，地方首長は，資源への支配と政治的影響力を強めるため，税と人々を自らの権限範囲を超えて支配しようと絶えざる競争を繰り返す。官吏は 7 〜 10 ％の徴税手数料と管轄下の人々の裁判手数料の徴収を認められていたが，固定給の無い彼らは，おのれの管轄下にある人々から可能な限りの収奪を試み，人々の債務奴隷化を促進した。こうした動きに対し，タールン王は灌漑による耕地の拡大など予防策を講じるとともに，一方で，規定以上の税を取り立て，差額を私物化する官吏に対しては，罰として市場で手足を切り取るという勅令を出すなど，徴税役人と食邑保持者の越権行為に対し厳罰をもって臨んだ。

　タールン亡き後の王たちはアフムダーンの債務奴隷化を禁じるなどの奴隷化防止策を取ったが，むしろ事態は悪化し，17 世紀中葉から約 1 世紀にわたり王権の長期にわたる衰退期に入る。1664 〜 1698 年には，前例がないほど多く

---

71) *Ibid.*, pp. 152-153, 155, 164-165.

の勅令が債務奴隷に言及し,さらに 1728 年のタニンガネイ王の勅令は,下層のアフムダーンが奴隷や僧侶になることを禁止し,兵士で奴隷となっているものを身請けし,原隊に復帰することを命じるなどの非常措置をとっている。

　以上がリーバーマンの議論の骨子であり,資源をめぐるエリート間の争いが王国の興隆,衰退,崩壊のサイクルを推し進め,もっとも重要な資源である人口が王権から私的セクターへ流失する経路として大きな意味を持ったのが債務奴隷という存在であったとする。

　タウングー時代の諸王は,確かにアフムダーンの債務奴隷化を禁ずる勅令を繰り返し発布しており,王権の下からの人口流出に対する王たちの焦慮を読み取ることができる。こうしたリーバーマンの議論は,タウングー時代の統治権力の興亡を説明する上で,今なおもっとも説得力のある議論だと言えよう。それでは,こうした王朝のサイクルは,コンバウン時代にはどのように変化していったのか。またそれはなぜか。

5-2　コンバウン時代における債務奴隷——その変化

　さて,これまでコンバウン時代の中・後期に書かれた人身抵当証文に依拠して,この時代の債務奴隷契約を見てきたが,タウングー時代についてリーバーマンが明らかにした上のような前提や結論は,コンバウン時代にもあてはまるだろうか。

　コンバウン王朝の創設期を見れば,確かにリーバーマンが描いた第二次タウングー王朝の興隆期と同様な動きが見られる。コンバウン王朝の開祖,アラウンパヤーは,第二次タウングー王朝の後期に絶えずアフムダーン人口を減少衰退させた債務奴隷や奴隷身分への人口流出防止に意を用いた。1752 年にはモゥソボゥ(シュエボゥの旧名)で,囚人や追放者を私人の奴隷にすることを禁止し,住居,食料を与え,アフムダーンの組織に編入するように命じ[72],ペグーにおいては上ビルマで捕らえられ,ペグーで債務奴隷として売られていたすべてのアフムダーンとアティーを解放するようにという命令を出している[73]。しかしこのような動きはそれほど続かない。新たなアフムダーン組織の再編を行

---

72) Lieberman, *ibid.*, p. 260.
73) *Ibid.*, p. 260.

いながら，対外戦争にも精力を注いだ興隆期の王たちの戦さはおおむね勝利に結実し，武器弾薬や財の確保，専門集団あるいは労働力としての捕虜の連行など王国経済に資するとともに，戦役に従事した兵士たちにも応分の配分を与えることができたのだろう。すなわちコンバウン朝初期は，比較的容易に王権の下に充分な兵力，労働力を集めることに成功した時代とみなすことができる。

第二次タウングー時代には，1636年から1692年にかけて，アフムダーンの債務奴隷化を規制する趣旨の勅令11点[74]が『ビルマ勅令集』(ROB)に収められているのに対し，コンバウン時代に関しては，ROB全10巻の中にアフムダーンの債務奴隷化を禁止，あるいは規制するような勅令は，まったく見当たらない。ROBは，発令されたすべての勅令を含むものではなく，失われた勅令も多々あるにしても，この変化は対照的である。モン人勢力との戦闘に備えて可能な限りの兵力，人力を傘下に収める喫緊の必要があったアラウンパヤーによる再統一とコンバウン王朝建設期を除くと，コンバウンの王たちは，私的セクターに囲いこまれた債務奴隷を王権の利用しうる人口へと奪還する試みを放棄しているように見える。

また本章でみたように，18世紀の末ごろから王朝の最後に至るまでアフムダーン階層のものが自らをあるいは家族を債務奴隷化している証文はきわめてわずかしか見られなかった。本章で用いた309点の債務奴隷契約の中で，そこに登場する債務者がアフムダーン階層に属することが明示的に示されていたのは以下にみるわずか3点に過ぎなかった。

1) 1862年，アサウン・カインと呼ばれる王の護衛をする職種のアフムダーンの男とその妻がミンマハーミンティンヤーザ夫妻の債務奴隷となった[75]。
2) 1790年代の末ごろ，ウンドゥィン地方で騎馬隊長が息子を債務奴隷として仲介業者(ブェザー)のもとに差し出した。この仲介業者に馬一頭，そして部下1人の出征費用を借りていたが，返済できなかったためである[76]。
3) 1875年のサリン地方のある証文では，債務奴隷だった村長の息子が逃亡し，村長および保証人2人が息子の債務総額と果たされなかった労働の代金

---

74) ROB, Vol. I (1636. 1. 14, 1636. 8. 5.) Vol. II (1664. 1. 21, 1668. 3. 21, 1671. 8. 13, 1673. 7. 7, 1679. 8. 2, 1679. 10. 27, 1681. 10. 5, 1692. 7. 16, 1692. 12. 9.)
75) KUMF, Reel 82, no. 9 (6).
76) DMSEH, Vol. 11, no. 1059.

を弁済すると誓約書を書かされている[77]。

　もちろん証文の中で名前だけで登場している人々の中にアフムダーンが含まれていた可能性がまったくないと断言することはできないが，その頻度はきわめて少なかったと思われる。人々に姓が存在しないため，ありふれた名前であれば同じ村の中に何人もの同名の人物が存在することも多く，名誉や役職，身分を示す符号があれば，それを必ず記入することが，証文の中の個人の特定という目的にも適しているのである。

　以上のことから，コンバウン中・後期にあっては，アフムダーンの債務奴隷化はきわめて少なくなっており，タウングー時代に見られたような王権の基盤を蚕食するほどの大規模な王権セクターから民間セクターへの人口流出は見られなかったと判断することができる。

＊

　本章ではコンバウン時代においては，アフムダーンの債務奴隷化が激減しているだけでなく，自由民アティーも含めたすべての人々の債務奴隷化が減少していたことを，残存する借金証文の中で，農地担保証文に比べ人身抵当証文の数がきわめて少ないことから明らかにした。また債務奴隷契約は，中央平野部一帯に分布していたのではなく，王都周辺地域，あるいは金融を通じて広い農地を集積した有力者が存在した灌漑米作地帯に集中的に見られる現象であった。人身抵当証文の中に登場する債務者，つまり自身やその家族を債務奴隷とする人々は，社会の中でもっとも弱い層，つまり耕すべき土地をほとんど持たず，専門的な職業や社会的地位も持たない生存基盤の脆弱な人々に限られている。タウングー時代に見られた王権による請求を逃れるために有力者のもとに奴隷となって避難するアフムダーン層とは明らかに性格を異にする。

　ただし，コンバウン時代においても，債務奴隷に対する需要が完全に失われたわけではなく，農業労働力として，あるいは家内労働力として債務奴隷を受け入れる有力者はそれなりに存在した。しかし債務奴隷をとるよりも農地を担保にとるほうが貸金の回収にも，収益性においてもはるかに有利な状況が醸成されてくる中で，債務奴隷は歴史を動かす主体としての役割を急速に失いつつあったと言えよう。

---

77) DMSEH, Vol. 5, no. 0582.

コントロール下における人間の数が直接にその勢力を決めるというより，金銭の力によって土地も人間も利用しうる環境が形成されつつあり，私的セクターに於ける金銭を通じたこうした資源のやり取りに関しては，コンバウン時代の諸王は，驚くほど放任的であったように見える。王権そのものも，おのが財力によって資源を支配する試みに積極的に取り組み，王室専売制度の導入や拡充，そして，王室の支配下にある資源の競争入札制度などによって財政収入を確保する方向に舵を切りつつあったと考えられる。農地の質入と同様に人間の質入に関しても王権はそれを黙認し，私人の間の契約に介入しようとはせず，王国における資源配分，資源の移動において私的契約が持つ意味が拡大していった。王権による直接的な統制と動員，あるいは中央，地方の有力者と弱者の間の保護─被保護関係による人的資源の支配とならび，あるいはそれ以上の力をもって，少なくとも形式的には対等な人間が交わす契約が資源配分システムとして大きく浮上しつつあった。

　こうした中で土地へのアクセスをもたない，生活上の困難に常にさらされていた人々にとって自らあるいは家族を債務奴隷として差し出すという道は，最悪の選択肢ではあっても，少なくとも食と住を得られる生存保障手段，つまりセーフティネットの一種として必要ともされていたのである。

第 4 章

サリン地方の人身抵当証文

ヨーロッパ勢力によって植民地化される以前の東南アジアにおいて，負債を負うことによって不自由労働の境遇に陥る人々が広く存在していたことは良く知られている。自由な労働が豊富に存在しない時代にあっては，こうした不自由労働の存在は社会にとって重要不可欠な労働力動員の手段でもあった。債務を返済できない間は，債権者に隷属してその意のままに使役に服していた人々，すなわち一般的に債務奴隷と呼ばれている人々は，15～16世紀以降の東南アジアの社会では，戦争や略奪による捕虜，宗教施設に寄進された世襲の奴隷身分の人々などに比べ，より普遍的で広範に見られる形態だったと考えられる[1]。

　債務を媒介として隷属状態に置かれる人々は，債務を返済することで自由民に戻ることができ，したがって身分としての奴隷ではなく，一時の境遇としての隷属状態にあった人々である。東南アジアの債務奴隷の存在については，17世紀以降のヨーロッパからの旅行者がしばしば記録にとどめていて，自発的に自らを奴隷として売る人々として描写されたり，「奴隷」という言葉がそぐわないほど主人から寛大な取り扱いを受けていると指摘されたりしている。しかし，東南アジア社会の側の史料に依拠して，こうした境遇の人々がどのようにして生まれ，どのような社会的役割を担っていたかを明らかにするような研究は非常に少ない。その中で，1983年に出版されたA. リード編による『東南アジアにおける奴隷と隷属，従属のあり方』[2]は，植民地支配を受ける以前の東南アジア社会の中で，従属的立場にあった多数の人々を歴史の中に位置づけようとする試みとして注目される。

　同書の中で，M. アウントゥインはビルマの王朝時代の奴隷について，研究初期の暫定的な結論であると断りながら，次のような見解を示している[3]。

1）ビルマ語のチュンという言葉は奴隷と訳されているが，臣下あるいは召使[4]という意味内容に近い。

---

1) Anthony Reid,"Introduction: Slavery and Bondage in Southeast Asian History," (A. Reid ed., *Slavery, Bondage and Dependency in Southeast Asia*, St. Lucia, London and New York: University of Queensland Press. 1983.) pp. 11-12.
2) *Ibid*.
3) Michael Aung Thwin, "Athi, Kyun-Taw, Hpaya-kyun: Varieties of Commendation and Dependence in Pre-Colonial Burma," (A. Reid ed., *ibid*., pp. 64-89.) pp. 65-69.
4) アウントゥインは，subject および servant という言葉を使っており，ビルマ王朝社会のチュンは，slave というより，これらの言葉の意味するところに近いとしている。*Ibid*., pp. 68-69.

2) チュンには世襲的なものと，自発的なものとがある。債務奴隷，宗教奴隷としての托身，王権の請求（人頭税，徭役，軍役など）を回避するため有力者のチュンとなる場合は，自発的チュンであり，奴隷制というよりパトロン―クライエント関係の文脈で理解される。
3) 人身売買では，多くの場合チュンとなるもの自身が契約を結んでおり，奴隷と主人の関係というより，被雇用者と雇用者の雇用契約に等しい。
4) ビルマ王朝時代の基本的な社会制度の枠組みはパガン朝以降，コンバウン朝まで変化していない。またもっとも肥沃な灌漑農地の多くは，王権と僧伽によって所有され，民間の大土地所有層は形成されなかった。
5) ビルマ史を通じて，字義どおりの奴隷が重要な経済的役割を果たすような事態はありえなかった。

　これらの論点のうち，4) に関しては，V. リーバーマンとの間で行われた論争[5]や，パガン時代以降の一次資料に基づいたビルマ史研究の進展によって，11世紀以降19世紀まで，社会構成や基本的な制度が変わらなかったとする氏の議論が成り立ち難いことが明らかになっている。論点3) については，第三章で見たように，多くの人身抵当証文の中で自身や家族を「売る」という言葉が使用されているので，人身抵当を人身売買であると誤解したのだと考えられる。
　一方でチュンは奴隷ではないとする氏の見方は，ビルマ王朝史に関する一般的な歴史常識として広く浸透してもいる。氏の観点では，チュンと呼ばれた人々は，王朝社会全体に張り巡らされた垂直的なパトロン―クライエント関係の一環に組み込まれ，その存在独自の歴史的意味はほとんど認められないということになるが，果たしてそうだろうか。利用できる資料状況が大きく変わってきた現在，今一度，再検討が必要だと思われる。
　本章は，19世紀ビルマの一地方にまとまって残された人身抵当証文を手がかりに，債務奴隷という状況を考察している。資料として用いるのは，中部ビルマのエーヤーワディー河西岸のサリン地方で，サリンダガウンとして知られた豪族一族の中のタウンズィンと呼ばれた家系に伝わった折り畳み写本のなか

---

[5] この論争に関しては，岩城高広「ビルマ前近代史の考え方――アウントゥイン，リーバーマン，ケーニヒの3著の比較」『東南アジア――歴史と文化』No. 21 pp. 142-160, 1992. を参照されたい。

の104点の人身抵当に関する証文類である。時代は，1829年から1885年にかけての57年間，第7代ザガイン王の治世から第三次英緬戦争に敗れ王国が滅びた年までの期間であり，その間にこの家系の4代にわたる人々が近隣の住民に現金，あるいは籾米を貸付けて，その代償に本人あるいはその家族を債務奴隷として抵当にとった証文である。

こうした資料によって，ビルマ王朝時代の地方社会の中で社会経済的に脆弱な立場におかれていた人々が，どのようにその生存をつないでいたか，そして地域社会の有力者とどのように交渉し，その保護を受けていたか，有力者はどのような保護を与え，そして彼らを自由に使役することによってどのような利益を得ていたのか，さらにこうした契約にまつわる社会的通念はどのようなものだったか，これらの諸点を事例に即して考えてみたい。

1　サリン地方とサリンダガウン一族

エーヤーワディー河の西岸，中部ビルマに位置するサリン地方[6]は，ヤカイン山脈からこの大河に向かって西から東に緩やかに傾斜して流れ込むサリン川の渓谷平野上に広がり，サリン川の両岸から引かれた多くの用水路によって潤された米作地帯である。パガン時代以降，チャウセーに次ぐ王国の第二の穀倉地帯となったミンブー地方の北部に位置し，同地方の中でも，もっとも密度の

---

[6]　サリン地方に関する歴史研究としては以下のようなものがある。岩城高広は，ボードーパヤー王の時代，地方支配者に対し，統治地域における彼らの権限や課税などについて回答させた文書シッターンを用いて，サリンの在地権力の特質および王権との関係を考察している（岩城高広「コンバウン朝前期のサリン地方における在地権力について――「スィッターン文書」の分析」『史学雑誌』109編9号 pp. 63-79. 2000年。岩城高広「コンバウン朝前期ビルマにおける地方支配と地方権力の研究」東京大学提出博士学位論文，2002年）。Htun Yee, 1998. "Cases of Headman-ship of Salin Myo in Myanmar during the 19th Century," *Journal of International Affairs*, (Aichi Univ.) 109, pp. 91-155. は，19世紀のサリン地方の統治者の地位をめぐる争いの歴史を描く。Kyaw Hmu Aung "Konbaung Hkit Hnaung Salin Thukaung Thamaing：(1819-1885)," (「コンバウン後期におけるサリンダガウンの歴史 1819-1885」) Unpublished MA thesis to History Department, Yangoon University. 1992. は，コンバウン朝後期のサリンダガウンの活動史を一族の文書資料によってたどっている。Ohn Kyi, 1982, *op. cit.* はダガウン一族の略史である。サリン地方の灌漑については，Stewart, 1913, *op. cit.* 伊東利勝「ビルマ在来の灌漑技術と稲作農業の発展」『史録』11, pp. 39-80, 1979年，そして Aung Thwin 1990. *op. cit.* を参照した。

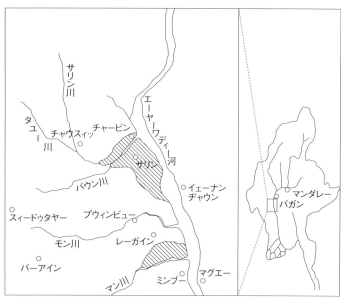

図 4-1　サリン地方概略図

出典：斎藤　2009, p. 16.

高い灌漑網を発展させ，集約的な米作を行ってきた。同時に王国の周縁地域，チン，ナガ，ヤカインなどへのルートとして，防衛上の要衝でもあり，ボードーパヤー王（在位 1782 ～ 1819 年）のヤカイン遠征には，サリンからも多くの将兵が攻略戦に従軍した。

　本稿の対象とする 19 世紀，コンバウン時代の中葉から末期にかけて，サリン地方は，東はエーヤーワディー河，南はレーガイン・ミョウ，西はナガイッ丘陵，北西はラウンシェー・ミョウ，北はエーヤーワディー河に接する範囲の領域を指し[7]，地方の行政センターであるサリン・ミョウのほかにパーアイン，チャウスィッ，スィードゥタヤー，チャービンの四つのミョウ[8]を擁していた。住民は主としてビルマ人とチン人からなり，そのほかには中国人とイン

---

7) Ohn Kyi, 1982. *op. cit.*, p. 57.
8) 現在は町という意味で用いられる言葉ミョウは，当時にあってはその中に中心となる町とそのほかの多数の村，そして市などを擁した地方統治単位であった。パガン時代には，碑文の中に現れるガサンヂャウン・ミョウのように，むしろ辺境に置かれた要塞，砦を指す言葉だったが，その後煉瓦などの壁によって守られた城市を呼ぶようになったと考えられる。

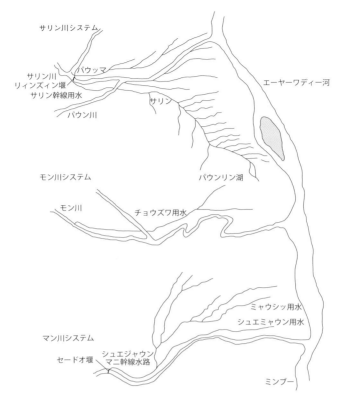

図4-2　ミンブー地方の灌漑システム
出典：Aung-Thwin. 1990. p. 71.

ド人が少数見られた。

　この地方をコンバウン時代に統治していたのは，サリンダガウンと通称される地方豪族の家系であり，ポゥザー，タウンズィン，カインザー，マハータマンと呼ばれる四つの主たる家系があった。それぞれの家系の範囲は截然と分かれているわけではなく，ダガウン一族の内部で繰り返される通婚や，中央王権との関係などの政治的要因によっても結合や離反がありえた。

　本稿の史料を残したタウンズィン家系は，コンバウン初期にはスィードゥタヤー・ミョウとチン人の地方であるタウンズィン・カヤイン[9]を統治していたと考えられ，一方，サリン地方の中心であるサリン・ミョウを治めていたのは，ポゥザー家系であった。しかし，この二つの家系の間には通婚による緊密

図 4-3　サリンの灌漑システム

リィンズィン堰（上）：サリン川灌漑システムの頭首工。なぜかビルマ語でヴィエンチャンを意味するリィンズィンという名が付いている。戦争捕虜として連行されたヴィエンチャンの人々が維持管理を任されたのだろうか？　堰のそばには代々堰守の任務を帯びた人々が住む村が存在した。

幹線用水路（下）：サリン川システムの幹線用水の中流域の様子。当時の灌漑水路は，等高線にそって緩やかに蛇行するように掘削されているので，あたかも自然河川のような風景を生み出している。

図4-4　サリンダガウンの邸宅

植民地時代にイギリスよりバルコニーや窓などの資材を輸入して建設された邸宅，すでに居住者はなく，管理人が一人住んでいた。

なつながりが生じており，本稿が対象とするコンバウン中期から後期にかけては，二つの家系はほとんど融合していたと考えられる。一方，マハータマン家系はモン川左岸地域の村々とパーアイン・ミョウ地方を統治していたと考えられており，カインザー家系との結びつきが強く，コンバウン後期には，サリン・ミョウの首長，すなわちミョウダヂー[10]の地位をポッザー家系と争っている。より古くはサリン地方には複数のミョウダヂーが並立していたが，ボードーパヤー王は1786年11月，以下の勅令を発布して地方行政の整理を試み，1ミョウ1ダヂーを原則とするとした。「ミョウやユワ（村）の首長の家系が複数存在すれば，民衆の負担が大きくなり疲弊をもたらすことになろう。1ミョ

---

9) カインという言葉は，雲南方面からエーヤーワディー流域に南下してきたビルマ人が早くから定住した灌漑網を擁する穀倉地帯において，多くの村を含む地方集住単位，（おそらく統治単位でもあったと思われる）を呼んだ言葉であり，パガン時代から碑文に現れる。チャウセーの9カイン，ミンブーの6カインなどが知られている。

10) ミョウダヂーとは，ミョウを統治する首長を指す。ユワダヂーは村長を言う。

ウ1ユワにつき，1名1系列のみのダヂーにすべきである」[11]というのがその内容であり，サリン地方にも大きな影響を及ぼした。1802年のシッターンでは，ポッザー家系のウー・トーという人物1人だけがサリン地方からシッターンを提出しているのは，その影響と考えられる[12]。

その後コンバウン後期を通じて，サリンのミョウダヂーの地位を巡って，マハータマンの家系とポッザーの家系の間に激しい争いが続いている。王権による地位認証を求めて双方が提訴しあい，この二つの家系の間にサリン・ミョウのダヂーの地位が何回か移動している[13]。小論に登場する債権者の一人も，まさにこの地位争いの当事者であり，タウンズィン家系の女性と結婚し，サリン・ミョウ全体に大きな権力を行使した人物である。

ダガウン一族は，サリン地方の灌漑地を中心に土地を集積したことでも知られる。

本稿の資料に登場する債権者たちが当時どれほどの土地を所有していたかは，詳らかにできないが，ビルマが最終的にイギリスに併合された後，1893〜1897年にかけて最初にミンブー地方で行われた地租設定作業の報告書の中では，100エーカー以上の土地を保有する大土地所有者として，ダガウン一族の個人，夫婦，あるいは兄弟姉妹13組が挙げられている。その所有地は，最小で124.23エーカー（約50.3 ha），最大で1,170.03エーカー（約473.5 ha）におよび[14]，大土地所有者を除いた当時の一世帯の平均保有規模が5エーカー（約2 ha）前後であったことを考えると，その規模の大きさがわかる。

ダガウン一族の文書として残された証文類の中で，もっとも数の多い土地抵当証文は，一族がサリンおよび近隣地方で広く人々への土地を担保とする貸付を行い，何世代にもわたって抵当あるいは購入を通じて農地を集積したことを示している。

---

11) *ROB*, Vol. IV, p. 513.
12) Kyaw Hmu Aung, *op. cit.*
13) Htun Yee, *op. cit.*, pp. 96–99.
14) Burma Govt. SR, *Minbu District, Season 1893–97*. Rangoon : The Superintendent of Govt. Printing and Stationary, pp. 43–45.

2　サリンダガウンの人身抵当証文

　この章で利用した人身抵当証文は，ヤンゴン大学歴史学部に事務所を置くミャンマー歴史委員会に保存されていたサリンダガウン文書筆写集の第10巻人身抵当証文集の104点の証文である。その内訳は，表4-1のとおりだが，合計の点数が証文数より大きくなっているのは一見すると1枚の証文に見えるが，その中に人身抵当契約と上乗せ借金契約の二つの契約が続けて書かれている例が少数だが存在し，これらを別々の契約証文として数えているからである。

　ここで人身抵当証文として分類しているのは，一定の身体代価と引き換えに債務奴隷としての契約をはじめて結んだとき書かれた証文を指している。重借証文とは，すでに債務奴隷となったものを担保にさらに借金を重ねる場合に作成された証文である。具体例を証文番号1と2で見てみよう。

1）セーガン（村）のミ・プの息子ガ・ニーの人身抵当，25チャッ[15]

　緬暦1191年ダディンヂュッ月黒分4日（1829年10月16日）セーガン村の住人ミ・プとマウン・ガフムェが公租公課の負担を果たすために（金が）必要なので，われわれの息子，甥であるガ・ニーをシンマプワー・テイマソゥンの条件で，身体代価25チャッで買ってくださいとミョウダヂーのゼーヤシュエダウンチョオ夫妻に申し上げたところ，彼らの申し出どおりに，ゼーヤシュエダウンチョオ夫妻が，グエムエ・ユエッニーのフマンボー[16]，1チャッ6ムー合金の瑕や欠けのない貨幣を，ヒンダー錘[17]で量って25チャッをミ・プとマウン・ガフムェに払ってガ・ニーを質に取った。この先，ガ・ニーが奴隷であることを

---

15)　STM-KT, no.1.
16)　第2章でみたようにユエッニーは花銀とも訳され，表面に菊花のような線条痕が浮き出た貨幣で，コンバウン中期までは広く各地で用いられていた。銀含有量90％の銀銅合金の貨幣と目されていたが，ここではそれよりやや品質が劣る1チャッ6ムー合金（84％の銀）になっている。本稿のもとになっている2009年の拙稿（斎藤照子「人身抵当から見る19世紀の債務奴隷」『東南アジア——歴史と文化』no. 38, p. 39, 注7）において，グエムエ・ユエッニーの銀銅比率を10：1としているのは，9：1の誤り，同じく1チャッ6ムー合金の銀銅比率を10：1.6としているのは，8.4：1.6の誤りなので，ここに記して訂正したい。フマンボーは純正な銀という意味を持つが，貨幣名としても使われていた。

表4-1　使用資料の内訳（サリンダガウンの人身抵当証文）

1．人身抵当証文	51点
2．重借証文（上乗せ借り入れ）	46点
3．返済証文	4点
4．誓約証文（約定書）	3点
5．証文の破棄の合意書	1点
6．奴隷の子供の帰属についての証言記録	3点
合計	108点

出典：STM-KTからの筆者集計。

嫌って逃亡し，身を隠すことがあれば，カニータウンの村長，ガ・ポゥが自分に責任を取らせてくださいと約束して，証文を作成した。証人は市場の住人マウン・ミャッエイ，貨幣の計量鑑定は仲介業のマウン・トオダー，文書作成はマウン・ミャットゥ，書記はマウン・トゥピュー。

2）ガ・ニーの上乗せ金15チャッ [18]

緬暦1191年ダディンヂュッ月黒分4日セーガン村の住人ミ・プとマウン・ガフメェが息子のガ・ニーの身体代価では足りません，上乗せ金を無利息で貸してください，その金は身体代価を支払う時に同時に返済しますとゼーヤ（シュエ）ダウンチョオ夫妻に申し上げたところ，その申し出どおりにゼーヤシュエダウンチョオ夫妻がグエムエ・ユエッニーのフマンボー，1チャッ6ムー合金で傷や欠けのない貨幣をヒンダー錘で量って15チャッ手渡した。証人は，市場に住むマウン・ミャッエイ，貨幣の計量鑑定は，仲介業のマウン・トオダー，文書作成はマウン・ミャットゥ，書記はマウン・トゥピュー。

2）の証文は証文1と同じ日に作られており，証人や貨幣鑑定計量者，書記なども同じ顔ぶれだ。債務奴隷の身体代価にはおよその水準があり，代価を上回る金を必要とするときは，その額を身体代価に上乗せすることになる。このように人身抵当証文と重借証文を別々の証文として作るのはサリンダガウンと

---

17) 重量の一定しない金属貨幣を量るため，各王の欽定錘として動物型の錘が作られた。ヒンダーという伝説の鳥の錘はザガイン王の時代に作られた。これらの欽定錘は公式の錘として主たる市場などでの使用が義務付けられていた。

18) STM-KT, no. 2.

その影響を受けている地方に見られる慣行であり，他の地方では一つの証文に借金総額を記入して済ますことが多い。

返済証書の数は極めて少なく，4例のみだった[19]。いずれも身体代価あるいは身体代価＋上乗せ借金の全額を返済したものではなく，返済した額を明記し残額はいつまでに完済すると記した部分返済の証文である。土地抵当証文と同様に，借金が完済された場合にはもとの証文を廃棄するのが一般的で，残額が残っている場合にのみ部分返済の証文が作成されたのかもしれない。

誓約証文とここで記した3例[20]は，いずれも債務奴隷の逃亡という事態に直面した時，保証人が債権者に対していかに補償するかを具体的に約束した証文である。1861年の誓約証文[21]では，債権者マ・カインの奴隷であるガ・テッシェーという者が逃亡，彼が身を隠していた家の夫婦がマ・カインに対し，「テッシェーを諭し，働くことを約束させました，再び逃亡することがあれば，自分たちが彼の債務を返済します」と誓約している。こうした約定も当事者だけでなく，証人を立てたうえで結ばれている。

証文の破棄の合意を記したサリン人身抵当文書 No. 77，あるいは奴隷の子供の帰属に関する証言を記録した同 No. 31～33 については，のちに別個検討する。

3　証文に登場する人々

3-1　債権者

図4-5は，タウンズィン家系とポゥザー家系に属する人々の系統図を示したものである。実際に証文の中に登場する人々は，この図中のウー・ソゥ夫妻とウー・ソゥの姉メー・モゥ，ポゥザー・ヨゥのメー・ヤとウー・トオ夫妻，そしてメー・モゥの娘であるマ・カインとウー・トオ夫妻の息子マウン・タートゥンアウンの夫妻，そして彼らの娘であるメー・チーニョウとその息子の3

---

19)　STM-KT, no. 57, 58, 71 および 74 後半部分。
20)　STM-KT, no. 52, 63, 104.
21)　STM-KT, no. 63.

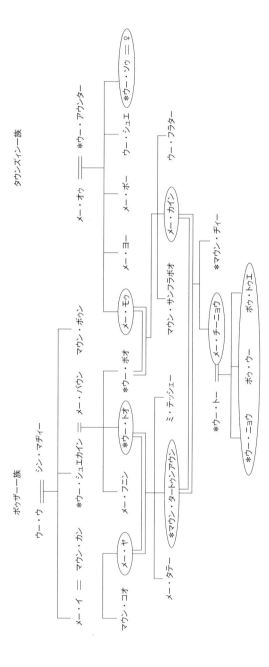

図 4-5　ポゥザーとタウンズィン 2 家系の系譜と通婚関係

出典：Kyaw Hmu Aung, *op.cit.*, pp. 9-21 および Daw Ohn Kyi, *op.cit.* 付図を参照し、作成。
注：〇　は、証文に登場する債権者。＊は、ミョウ・ダギーを勤めたもの。女性に付く冠詞メーはマと同じ。メー・カインは本文中ではマ・カインとして登場する。

166　第 II 部　借金担保としての人

表 4-2　証文に登場する債権者

	名前	証文の中の呼称	年代	証文数
1	ウー・ソゥ夫妻	ゼーヤシュエダウンチョオ夫妻	1829-36	22
2	メー・モゥ	ダガウンマ・メー・モゥ	1834	1
3	メー・ヤとウー・トオ夫妻	マハーパッタヤーザ夫妻 ミョウダヂー夫妻	1832	2
4	マ・カインとマウン・タートゥンアウン夫妻	ゼーヤパッタヤーマハー夫妻 ミョウダヂー夫妻	1838-45	17
	マ・カイン単独	ダガウンマ・メーカイン ミョウダヂーの母上	1839-68	27
5	メー・チーニョウとウー・チー姉弟	ミョウダヂーの姉上 ミョウダヂー	1865-67	5
	メー・チーニョウ単独	ミョウダヂーの娘 ミョウダヂーの姉上 ガーズィン僧院施主	1864-85	16
	メー・チーニョウと長男ウー・ニョウ 次男（マウン・ウー） 三男（マウン・トゥエ）	ミョウダヂーの母上 ミョウダヂー ボゥ[1]・ウー ボゥ・トゥエ	1876-85	12
6	その他（不明）			2
合計				104

出典：STM-KT, no.1-104 より筆者作成。
注：1) ボゥとは土官，将校をさす。メー・チーニョウの長男はミョウダヂー，次男，三男は軍人であることがわかる。
　　2) 表中で，女性の名前の前に付されている冠称メーとマは，メーの方が年長の女性に冠されることが多いが，互換性があり，マ・カインがメー・カインと記されることもある。

人である。表 4-2 は，それぞれの人物が登場する年代，証文の数，および証文の中での呼称を示している。

　主たる債権者は表に見るようにウー・ソゥ夫妻，マ・カインとマウン・タートゥンアウン夫妻，そしてメー・チーニョウであり個人としては，マ・カインとメー・チーニョウが突出している。

　証文の中では債権者は個人名のままではなく，称号や地位を表す呼称で記載されることが多い。サリン地方では，主たる債権者は地方社会のもっとも有力な家系に属する人々なので，称号や地位をあらわす呼称が頻繁に出現する。資料の中でもっとも初期に登場しているウー・ソゥは，ボードーパヤー王の時代，ヤカイン攻略作戦に従軍し，ゼーヤシュエダウンチョオという称号を授

かっており[22]，証文の中では常にその称号で登場する。マ・カインの夫タートゥンアウンも王から授かった称号，ゼーヤパッタヤーマハーとして現れている。どの呼称が優先されるかは，当時の権威の位階制が反映しており，王から下賜された称号，在地の最高権力であるミョウダヂー，そして社会的，宗教的名誉の表現である施主（ダガー）の順序で呼称が優先される。

　ダガウンという言葉もまた古くから王権が特定の家系，集団に授けた爵位であるとされるが，この証文群の中では，その威力は王からの下賜による称号やミョウダヂーの地位には及ばないことがわかる。またダガウン一族に生まれた者全員がダガウンと呼ばれているわけではなく，有力なメンバーのみにダガウンが冠されている。証文の中では，ダガウンマ（女性のダガウンを呼ぶ）がメー・モゥとマ・カインを指して使われており，世代が変わると，彼女たちは，ダガウンマ・ヂー（大ダガウンマ）と後の証文の中で呼ばれている。

　証文に貨幣計量人，鑑定人，証人，文書作成者および書記などが記されている点は，土地質入証文と同じである。貨幣の計量と鑑定は，様々な金属貨幣が同時流通していた時代においては，取引行為において必須だった。

　またこうした土地や人間を担保とする借金契約が私人の間の取引として完結し，王権や在地権力への届けや認証を必要としなかったビルマ王朝社会の慣行では，証人の存在は契約の実効性を保証するものとしてきわめて重要だったと考えられる。そのため証文作成時には，地方社会において影響力を持つ長老，有力者の臨席が求められた。史料として用いた証文104例においても，メー・チーニョウの時代以前は，必ず1名から4名までの証人の名前が記載されており，スィッケー[23]，騎馬隊長，タイッソー[24]，ミョウダヂー補佐，仲介業者，井堰の管理者等の顔ぶれが見える。

　しかし1878年以降，すなわちコンバウン朝最後の王ティーボーの時代になると，21枚の証文のうち，証人名が記載されているのは3例に過ぎない。こ

---

22) Kyaw Hmu Aung, *op. cit.*, p.14.
23) スィッケーは，地方長官の補佐と位置づけられるが，その任命者は国王で，戦略上重要なミョウに中央から派遣された役人で，地方長官のもとで軍事，治安，司法などの主として治安対策を担当した。ミョウより小規模かつ起源が新しいと考えられる行政単位タイッを治める者でタイッダヂーと同義である。
24) タイッとは，ミョウよりも比較的新しく組織された地方行政単位であり，パガン時代のカインが拡大発展したものを呼ぶようになったという説もある。タイッソーとは，タイッの首長すなわちタイッダヂーと同義である。

れは債権者の証文作成時の流儀の変化というよりは，債務奴隷契約をめぐる環境に何らかの変化が進行していたためではないかと推測される。この時期には，後述するようにサリンにおいては身体代価の固定化が進み，証文が合理化，簡素化の方向に向かう傾向が顕在化し，証人の必要性が次第に薄れてきたように見えるからである。

3-2 債務者

　人身抵当証文は，担保となるのが生きた人間であるため，契約当事者と債務奴隷となるものが異なる場合が多く見られる。土地の場合は，原則として土地を所有するものがその土地を提供して金を借りる当事者となる。しかし人身抵当では，契約当事者すなわち債務者本人が自らを債務奴隷として差し出すほか，親が子供を，夫が妻を奴隷として差し出す場合が多々ある。また土地と違って人間は逃亡を図ることもできるので，しばしば契約者以外の保証人の存在も要求されている。

　使用した 104 の証文に登場する債務者と債務奴隷として提供されている者を見ると，1 例を除いてすべてが個人名で登場している。すなわち，彼らは称号や地位の保持者，あるいは宗教施設寄進者になりうるほどの豊かな階層とは明らかに異なった人々であることがわかる。債務者の職業が記されているのは，裁判弁護を職とする男が親戚筋の若者を，その借金を返済させるために債務奴隷とした 1 例[25] だけである。債務者のエスニシティに関しては，どの証文もまったく触れていない。人名のほとんどは通常のビルマ人の名前と読めるが，個人名からは，エスニシティは判断できないというべきだろう[26]。

　証文の中の債務者，すなわち契約主体と債務奴隷として提供されている者の関係を見ると，親が子供を債務奴隷として差し出している例がもっとも多く 23 例見られた。娘を債務奴隷とする例が 11，息子が 9 例で，娘夫婦が 1 例，

---

[25] STM-KT, no. 23.
[26] 証文の中に，ミ・シャン，コゥ・タヨウなどシャン人あるいはタヨウと呼ばれる中国人ではないかと思わせる名前もまれに見られたが，色の白い女性をシャンと呼んだり，目の細い男性をタヨウという名で呼んだりすることは，現代ビルマの農村部でもしばしば見られ，名前からは，エスニシティを判断することはできない。18～19 世紀のビルマでも同じではないだろうか。ともあれ，エスニシティの違いに対する意識は，証文の世界の中には，ほとんど感じられない。

婿が2例あるが，嫁を債務奴隷とする例はない。次いで契約者自身が債務奴隷になっている例が11例あったが，うち単独で契約を結んでいるのは7例で，その他は妻，息子，婿が共同の契約者となっている。

契約者と債務奴隷の関係が兄弟である場合は7例見られ，その中では義理の弟，つまり妹の夫を債務奴隷とするのが4例で一番多いことが注目される。配偶者間では，夫が契約者になり妻が債務奴隷となるケースが4例あり（うち2例は夫自身がすでに債務奴隷となっている），妻が契約者で夫が債務奴隷となっている例はない。

契約者と債務奴隷の関係は，親族，姻戚関係の中における年齢あるいは立場の上下を示しており，親が子を債務奴隷に出す例は数多いが，その逆はない。夫が妻を債務奴隷に出す契約は見られたが，その逆も見られなかった。しかし，契約者と債務奴隷となるものの関係はこうした上下関係だけではなく，生活の破綻や危機を防ぎ，共同で借金を負ってその返済を担う最小の経済単位，結びつきの範囲をも同時に示していると考えられる。

1834年のある証文は，弟たちが契約の当事者となり，兄とその家族を債務奴隷にするという内容となっていて異例だが，実際には弟2人の兄家族への助力，救援と読むことができる[27]。その内容は，弟2人が他村の村長の債務奴隷となっている兄とその家族合計3名を身請けするため，ウー・ソゥ夫妻に3人を買い取って下さいと申し出て，それに夫妻が応じたというものである。この証文に続いて，兄家族3人の身体代価の総額が旧主人への借金返済に不足するとして，ウー・ソゥ夫妻から上乗せ借金をする証文が作られているが[28]，その契約者は弟2名と兄の連名となっている。債務奴隷本人が契約の当事者になることに何ら支障はないはずだが，弟2人がここで契約者に名をつらねているのは，すでに多額の借金を負っている兄だけでなく，弟たちも共同で債務に責任を負うことを，債権者あるいは兄家族が依頼したものと思われる。

契約者と債務奴隷になるものの関係は，上に見たように親族の間，あるいは姻戚関係にある者同士に限られており，ここで利用しているサリンダガウン文書の中では，債務奴隷の主人が証文ごと債務奴隷を第三者に売り渡すような契約証文はいっさい見られなかった。土地抵当証文の場合，証文は相続されるだ

---

27) STM-KT, no. 17.
28) STM-KT, no. 18.

けでなく第三者に売却されることもあり，その結果，担保の土地が第三者の手に移ってゆくこともあったが，債務奴隷の場合は，前章で見た通り債務奴隷自身の意思で主人替えをしており，新しく作成される証文の契約主体にもなっている。アウントゥインの議論の第3点「人身売買では多くの場合チュン自身が契約を結んでおり……雇用契約に等しい」という主張は，こうした人身抵当証文を人身売買の証文であると読み間違えての主張ではないだろうか。先に見たように，人身抵当契約は借金の一形態で人身売買ではないにもかかわらず，「自分や家族を売ります」，「買ってください」という言葉が広く使われているので，こうした間違いが起こりやすい。人身売買であれば，王朝ビルマ社会においても取引の主体は奴隷の元の主人と新しい買い手であり，売買される奴隷は契約主体にはなりえなかった[29]。

4　人身抵当証文の意味するもの，どのような契約だったか

4-1　なぜ債務奴隷が生まれるか

　人はなぜ債務奴隷という境遇に陥るか，人身抵当証文の多くにはその理由が簡単に記されている。証文上の文言に即して見ると，もっとも多いのは借金の返済のため（23例），次いで付け買いした米代金の支払のため（8例），他の債権者からの身請けのため（7例），裁判費用の工面のため（4例），未納の小作料（米）の納入を迫られ（4例），軍役，徭役の負担を果たすため（2例），生計に窮し（2例）という順で理由が示されている。このうち裁判，身請け，徴用を除いた理由は生活上の困難，つまり貧窮が直接の契機であることを物語っている。前者の理由の背景にも経済的困難があることを思わせるが，債務奴隷契約

---

[29]　奴隷の売買については，証文はほとんど残っていない。取引と同時に決済が済んでしまえば証文の必要がないので，人身抵当のように借金が絡む場合よりも証文が少なくなるのは自然なことである。シッターンの中には，奴隷の売買に際して徴収する取引税への言及があるものがごく少数見られ，例えば1783年のピィンヤ・ミョウのシッターンでは，奴隷の売却には奴隷1人について銅1ヴィス（約1.63 kg）の取引税を課すとしている。奴隷の売買が存在していたことがわかるが，その数はコンバウン後期にはかなり減少していると推定される。*ROB*, Vol. IX, p. 474.

を結ぶに至る直接の原因として特定の事情があったことを示している。

　他の債権者からの身請け，つまり主人替えについてみてみよう。1830 年 4 月 30 日付の証文は，アフムダーン集団の奴隷となっている義理の弟が，集団とともに王都に移動しなければならなくなったので，身請けしてミョウダヂーであるウー・ソゥ夫妻の債務奴隷としたいと書かれている[30]。

　また，1834 年 6 月 3 日付の証文では以下の記載が見られる。

> 　緬暦 1196 年ナヨン月黒分 12 日，カンナー村の住人ガ・トゥが，私はメー・スンのところで僕として働いていましたが，主人が亡くなり，私の身柄は国王の財産となって地方長官に没収されることになりました。身請けするため金が必要です。私をシンプワー・テイソゥンの条件で，身体代価 35 チャッで買ってください，とゼーヤシュエダウンチョオ夫妻に申し上げると，その申し出に応じて夫妻は（中略）貨幣を与えて，ミョウウンから身柄を請け戻した[31]。（後略）

　債務奴隷の主人が死亡した場合，主人に相続人がいれば奴隷も相続される。しかし相続人のいない場合は，国王の任命した地方長官に身柄を没収されることになる。それを嫌って地元の有力者であるダガウン一族の奴隷となることを望んでいるのである。

　そのほかの身柄の移動の証文では，「～の下で債務奴隷として使役に服しているが，幸せでないので」身請けしてダガウン一族の債務奴隷になることを希望しているという文言が入っている。これらの証文は，生地から切り離されることを免れるため，あるいは同じ債務奴隷の境遇にあっても，より良い待遇を期待できるとして，ダガウン一族の下へ保護を求めたものであり，パトロン―クライエント関係の文脈で理解することもできそうである。

　中央王権の課す租税や徭役が債務奴隷となる引き金となっている例も存在した。先にみた 1829 年の証文番号 1 は，「公租公課負担の実行のため」，1838 年の証文番号 25 は，「従軍費用のため」，と記している。しかし 1 番は，公租公課を果たすため借金し，息子を債務奴隷として出すという内容で，本人らに課された公租公課を免れようとしているわけではない。25 番の従軍費用の調達のためというのは，自分の代わりに従軍するものを雇うための金と読める。妻

---

30) STM-KT, no. 6.
31) STM-KT, no. 20.

を債務奴隷として借りた金で夫の軍役を免れているが，タウングー時代のように自分自身が有力者の奴隷となることで王権の請求から身をかわしたのではなく，この時代には，軍役のような王権の請求に対して金で解決する方途があったことがわかる。

借金の返済あるいは米代金の支払いに迫られてという頻度の高い理由は，借金の内容が米の付け買いであることが多いので，両者は重なりあっている。これらの借金は，自分が作った借金とは限らず，親から受け継いだ借金である場合も多い。例えば，1850年5月3日付の証文では，債務奴隷であった舅が借金を返済しないまま死亡し，その返済を求められているが，返済不能なので自分の娘婿を債務奴隷として入れる，と記されている[32]。自分の母親の身体代価と自分らが付け買いした米の代金，未納の小作料相当の代金を合わせた借金のため，娘2人を次々と債務奴隷として「売り」，さらに娘の上に上乗せ借金を重ねている父親も見られた[33]。

このように本稿で使用した資料の範囲では，経済的困窮に迫られて債務奴隷契約を結んでいるものがおよそ3分の2を占め，貧困が債務奴隷化の最大の要因であることは間違いない。有力者との債務奴隷契約は，生活困窮に陥った人々の最終的な生存保障であり，生活破綻回避のための債務奴隷化は，パトロン―クライエント関係とまるで無縁ということはできないがそれをあまり強調すれば，以下に見るような人身抵当証文が備えている厳格な契約としての性格が見落とされてしまうのではなかろうか。

4-2　債務奴隷契約の内容

人身抵当証文そのものには，債務奴隷の労働内容や労働条件はほとんど書かれていない。ということは，債務奴隷契約が成立すると債務奴隷となったものは，債権者すなわち主人の命ずるあらゆる使役に服すということを意味する。ダガウン一族の農地での農作業のほか，薪木採集，水汲み，夜警，居宅の修繕，家事労働などの雑多な労働が課されたが，若い女性の場合は主人に対して性的な奉公を要求されることもあった。債務奴隷は，債権者の屋敷地内の小屋

---

32) STM-KT, no. 60.
33) STM-KT, no. 64～66.

をあてがわれる場合も，邸内に住む場合もあったが，自分の住居にいながら作業をこなすこともできた。

　債務を返済するまでに行われた一切の労働に対しては，対価が支払われず，使役に服する期間が長期にわたっても借金の額は減額されない。土地質入れの場合と同様に，債務奴隷の場合でもその用益権が債権者に移り，債務奴隷の労働は利子の支払いと見なされているからである。また，身体代価では債務者の必要が満たされない場合は，追加的な借金が重ねられ身体代価に上乗せされた。追加借金には利息は付かないが，返済すべき債務総額が膨れ上がり債務奴隷の境遇から脱却することが一層困難になる。

　債務奴隷の労働を確保するために，一定期間の身請けを禁じる条項もある。身請け禁止を2年間とするものが1例，3年間とするものが7例，合計8例あり，こうした条項は1例を除いて，すべてメー・チーニョウが債権者であった1884年と1885年に集中している。王朝末期のこの時代には社会不安と人々の流動性が大きく，そうした中で従来はもりこまれていなかった身請けの禁止期間が改めて設定されたのだろうか。

　債務奴隷の逃亡に関する規定を定めている例は6件見られる。債務奴隷になったものが逃亡した場合に責任をとるべき保証人を定めたものだが，その半数では保証人の義務として，奴隷が果たすべきであった労働の負担と身体代価の返済の2点を明示している[34]。とは言っても，実際に債務奴隷が逃亡したとき，保証人が返済金を負担できるとは限らず，1885年5月27日付の証文では，保証人は逃亡した債務奴隷の息子を代わりに債務奴隷として差出し，その保証人になるということで解決を図っている[35]。

　これらはいずれも債権者の利益を保護する目的の条項だが，翻って債務奴隷に入る側を保護する目的の約定はあるだろうか。数は2例だけで少ないが，娘を家内奴隷として差し出すという契約を結んで身体代価を受け取るが，実際には邸内に住まわせる代わりに籾米を毎月定量納めることにするという合意を記した証文がある[36]。娘を差し出さずに済むことが債務者の希望であり，それを債権者が了承したものと考えられる。この例のほかは債務奴隷の保護を明記するような条項はとくに見当たらないが，サリンダガウンの関係する人身抵当証

---

34)　STM-KT, no. 67, 84, 93.
35)　STM-KT, no. 104.
36)　STM-KT, no. 74, 97.

文には，他地方の証文の中に時に見られる，奴隷として買ったものを「いかようにもお使いください」，「鞭打ちしていただいても差し支えない」などの文言がまったく見られないことが指摘されており[37]，債務奴隷の取り扱いが寛大であったという評価に一定の根拠を与えている[38]。

4-3　再び，「シンプワー・テイソゥン」と「シンマプワー・テイマソゥン」

前章で見たように，人身抵当証文の契約条件にシンプワー・テイソゥンあるいは，シンマプワー・テイマソゥンという定句がある。ここで用いた資料の中では，シンプワー・テイソゥンが8例，シンマプワー・テイマソゥンが36例見られ[39]，最初に債務奴隷契約を結ぶ時に，ほとんどの証文に書き込まれる重要な条項である。シン（生きている）とテイ（死ぬ），プワー（増える）とソゥン（失う）という対立する2組の言葉を使ったこの対句の意味について，ドー・オンチーは二通りの解釈を示し1991年には，シンマプワーとは，奴隷の生存中には債務に利息をつけない，すなわち借金の元金が増加することはない，という意味であろうとし[40]，それ以前の1982年の論文では，利息がつかないという意味と，親が奴隷として働いていた期間に生まれた子供でも奴隷にはならないという二重の意味であろうとしている[41]。

筆者は，前章でシンプワー・テイソゥンとは，「債務奴隷である期間中に生まれた子供は自動的に奴隷になる，債務奴隷が死亡したときには債務は帳消しになる」という意味であり，それに対してシンマプワー・テイマソゥンは，「債務奴隷の期間中に生まれた子供でも奴隷にはされない，しかし奴隷が死亡したときにはその債務は子孫に引き継がれる」という意味だと解釈した。つま

---

37)　Kyaw Hmu Aung, *op. cit.*, p.107. Ohn Kyi, 1982, *op. cit.*, p. 73.
38)　1893〜1897年にこの地方で地租設定作業に当たったイギリス人官吏も，ダガウン一族は使役している小作たち（この地租設定官は，ダガウン邸内の雑多な仕事に従事している債務奴隷を小作と誤解しているが）に対し寛大に接し，恣意的で不当な取り扱いや虐待などは見られないとしている。*SR Minbu, op. cit.*, p. 45.
39)　シンプワー・テイソゥンは，STM-KT の証書番号 6, 10, 12, 17, 19, 20, 23 に，シンマプワー・テイマソゥンは，証書番号 1, 4, 8, 11, 14, 15, 16, 25, 30, 34, 36, 40, 41, 42, 43, 46, 48, 54, 60, 64, 65, 67, 69, 72, 74, 78-79, 80-81, 84, 87, 89, 91, 93, 95, 97, 98, 102 に見られる。
40)　Ohn Kyi, 1991, *op. cit.*, p. 51.
41)　Ohn Kyi, 1982, *op. cit.*, p. 73.

りこれらの対句は利息の問題とは無関係であり，債務奴隷が産んだ子供の帰属と債務奴隷が死亡した時の債務の処理についての約定であるとした。

というのは，債務奴隷の債務元金に利息がつかないことは，債務奴隷の労働に対価が払われないことと表裏一体で，当事者間において自明なことであり，証文上に明記する必要があったとは思われず，さらに以下のような証文もこの推論を裏書きするからである。

ミ・ウーの帰属の問題
ミ・チャンダー，ミ・ウーらへの質問

　緬暦1203年ダザウンモゥン月黒分11日（西暦1841年11月8日），ミ・チャンダーに尋ねたところ，その答え。私の妹ミ・ウーについて，私の父ガ・タートゥン，その妻ミ・チンマが宿坊の女性大施主によって<u>シンプワー・テイソゥン</u>の条件で，債務奴隷として買われたのちに生まれたということを私は記憶しております。父母が債務奴隷になる前に（母が）妊娠していたかどうか私は知らず，聞いてもおりません。以上をミョウサーイェーのマウン・チャーイッ，騎馬隊長マウン・モゥ，マウン・ペイダルー，ガ・チンオゥらの前でミ・ウーとともに姉のミ・チャンダーが陳述した。文書を書いたのは，マウン・ペイン[42]。［下線は筆者による］

ガ・ズィーへの質問

　同日（西暦1841年11月8日），ガ・ズィーが答えたこと。私の舅ガ・タートゥンが宿坊の女性施主のところに債務奴隷として買われ使役されているときに，私の妻ミ・ウーが生まれました。姑のミ・チンマが宿坊の女性施主のところの債務奴隷になったとき，私の妻ミ・ウーを懐胎して4か月であったと，姑が亡くなる前にミ・ティーに言っているのを聞いております。このことは，ミ・ティーが陳述すれば，明らかになるでしょう[43]。

ここでは，ミ・ウーという妹娘の帰属をはっきりさせるため，本人，夫，姉への調査が行われ，債務奴隷として両親が使役されている期間に生まれた娘であるか否かが，問われている。とすると，<u>シンプワー</u>という言葉が利息の問題を指しているとは到底考えられない。また1843年3月5日付の別の証文では先代の主人（メー・モゥ）の債務奴隷になっていた夫婦の間に，使役期間中に

---

42)　STM-KT, no. 31.
43)　STM-KT, no. 32.

子供が生まれていたにも拘らず，その事実が隠され放置されていたが，今後はこの母子が行方をくらまさないように関係者が監督下に置いて注意するという約束が，メー・モゥの娘マ・カインに対して，なされている[44]。

　このように，シンプワーという条件は，生まれながらに奴隷になる子供を作るものであり，奴隷を身分にしかねない傾向をもつ。ただし，シンプワー・テイソゥンという条件が出てくるのは，ウー・ソゥとダガウンマ・メー・モゥの時代のみで，1836年までのことだ。この期間は，シンプワー・テイソゥンが8件，シンマプワー・テイマソゥンが7件と両方の条件が使い分けられていた。その後はシンマプワー・テイマソゥン，すなわち奴隷の期間中に生まれた子供でも自動的に奴隷にはしないが，奴隷が死亡した場合は，その相続人たる子孫が本人の債務を返済せねばならないという条件がもっぱら書き込まれるようになる。しかし，債務奴隷になった時の条件がシンプワー・テイソゥンであれば，のちの時代になってもその条件の順守が要求されている。

4-4　債務奴隷の身体代価

　次に債務奴隷の身体代価についてみてみたい。最初に人身抵当証文が作られるとき，身体(コゥボー)の値として一人一人の価格が決められる。証文の中では，「○○チャッで買い取ってください」と債務者が申し出るという形をとっているが，実際にはその人物の性別，年齢，身体能力などによって適当と思われる価格が，債権者から提示されていると考えられる。債務者の必要がその金額で足りなければ，その場で別途もう一通証文を作成し，身体代価に上乗せする借金の証文が作られる。これは身体代価を清算するときに，ともに返済せねばならない。

　債務奴隷契約で支払われている貨幣は，1864年以前はすべて金属貨幣であり，私鋳による様々な品質の貨幣が登場している。一番銀の割合が高いものは7ムー合金，すなわち銀が93％を占める合金，もっとも質が劣るものは30チャッ合金すなわち銀含有率70％の合金だった。この時期の身体代価を見ると，男は25チャッから40チャッの間，女は15チャッから35チャッの間に決まっていて，男の身体代価は女の身体代価を上回っている。この証文群の中で

---

44)　STM-KT, no. 35.

初めて私鋳貨幣ではないディンガーと呼ばれる鋳貨が登場するのは，1864年12月24日のことだ。これは英領下ビルマで流通していた英領インドのルピー貨だったと思われる。1865年以降，ミンドン王政府の欽定鋳貨が発行されたのちは，身体代価も上乗せ借金も速やかにこの鋳貨で支払われるようになった。金属貨幣による支払いでは貨幣鑑定計量人がつきものだったが，鋳貨が用いられるようになると証文から貨幣鑑定，計量人は消えてしまう。代わりに鋳貨を数えて渡した者の名が記載されることもある。また金属貨幣の重量を測るために用いられた錘は，1829年から1843年までがヒンダー錘，そして1841年に初めてカラウェイ錘が登場し，1843年以降は2回の例外を除いてすべてカラウェイ錘となった[45]。鋳貨が使われるようになって秤量が必要なくなると，錘もまた不要なものとなった。

　1864年以降1885年まで，メー・チーニョウとその息子たちが債権者として登場する時期になると，身体代価の定額化が進む。1878年以降の証文では，例外無しに身体代価が，男1人1チャッ銀貨29枚，女1人同24枚となっている。貨幣の規格の統一は，品質の異なる金属貨幣にまつわる貨幣の鑑定，計量など取引に伴う煩雑さをなくしたが，債務奴隷の価格の均一化を促進する上でも一定の役割を果たしたと思われる。

　コンバウン時代末期において注目されるのは，債務奴隷の身体代価と借金総額の乖離が急速に拡大していることである。1829年から1863年まで，つまり金属貨幣の時代においては，身体代価25チャッに対して上乗せ金33チャッ3ムーが加算されている例[46]があるほかは，身体代価と同等あるいはより少ない額が上乗せされている。鋳貨が用いられるようになった1865年以降は借金総額が増大する傾向をみせ，身体代価を上回る額が上乗せされる例も珍しくないが，ティーボー王の時代すなわち，1878年以降の上乗せ借金額の急増ぶりは，表4-3に見る通りで注目に値する。

　表4-3に見るようにこの期間にはすべての契約で，債務奴隷契約を結ぶと同時に上乗せ借金証文を作成しており，身体代価の4〜7倍の多額の借金が上乗せされている。奴隷1人に支払われる身体代価は半世紀の間ほとんど上昇せず，むしろ低位に固定しているのに対し，債務者の側の必要とする金額は急激

---

[45]　ヒンダーはカモの一種だが，ヒンズー教では神聖な鳥としてあがめられ，その形態も様式化され美化されて描かれる。カラウェイは迦陵頻伽であり，極楽に住むとされる鳥。

[46]　STM-KT, no. 49, 50.

表 4-3　身体代価と上乗せ借金額（1878-1885）

証文作成日	債務奴隷名	A 身体代価	B 上乗せ借金	C 債務総額	A/C（%）
1878.3.13	ガ・ピョウ	29 k			
同日			141 k		
1884.5.14			50 k	220 k	13.2
1882.9.29	ガ・テッウー	29 k			
同日			124 k 5 m	153 k 5 m	18.9
1884.3.30	ガ・テッチー	29 k			
同日			171 k	200 k	14.5
1884.4.1	ガ・シュエミャン	29 k			
同日			171 k	200 k	14.5
1883.4.22	ミ・チョゥン	24 k			
同日			126 k	150 k	19.3
1885.3.4	ガ・サンイン	29 k			
同日			181 k		
5.3			40 k	221 k	11.6
1885.4.4	ミ・チャン	24 k			
同日			156 k	180 k	13.3
1885.5.13	ガ・チャー	29 k			
同日			171 k	200 k	14.5

出典：STM-KT, no.84 ～ 103 から筆者作成。
注：k はチャッ，m はムー。1 k = 10 m である。

に増加している。コンバウン末期は，借金証文が各地で急増し，人々の生活の逼迫を思わせる時代だが，サリン地方のように灌漑米作の農業基盤が安定していた土地においても，社会下層の人々の生活が窮迫し借金依存度が急速に深まっていたように見える。下ビルマが英領下に入って四半世紀がすぎ，デルタ開発が本格的に展開する時代であり，上ビルマから少なからぬ人々が英領下ビルマでの雇用あるいは土地を求めて，南下してゆくようになった時代でもある。こうした時代環境と，サリンの債務奴隷に生じた変化がどのように連動していたかという点については，まだ充分に解き明かすことができない。

5　累積借金と債務奴隷の連鎖

本章で用いた資料の中には，たびたびその名前が登場する個人とその家族が

いる。こうした証文をたどると，そこからその家族が生活の中でどのような困難に逢着していたか，そしてどのようにそれに対処してきたか，その歴史が垣間見えてくる。こうした例をいくつか見てみよう。

5-1　ガ・シュエペイとその家族

　ガ・シュエペイという男の名前が始めて証文の中に見えるのは，1838年6月3日のことだ。この日，彼は自分の妻ミ・フモゥをマ・カインとマウン・タートゥンアウン夫妻に20チャッ合金20チャッで債務奴隷として買い取ってください，と申し入れている。ガ・シュエペイ自身がすでに債務奴隷の境遇にあるかどうかは，証文には記されておらずわからない。同日，妻の身体代価では必要額に足りないとして，上乗せ借金15チャッの重借証文を別に1通作っている。

　その3年後の1841年4月16日，この夫婦は一族の穀倉から借りた米とトウモロコシの代金20チャッ合金で2チャッを支払えなくなり，妻の身体代価に上乗せすることになった。続いて8月14日，ガ・シュエペイとミ・フモゥは，マ・カインから数回にわたって付け買いした米の代金を支払えず，その合計金額7チャッ8ムー4ユエを，妻の身体代価にさらに重ねた。同日，娘の一人ミ・トゥンアウンをマ・カイン夫妻の下に20チャッで債務奴隷として差し出している。

　さらに2年後の1843年7月20日，同夫婦は，再び食べるものがなくなって穀倉から米22籠を借りたが，その代金が支払えないとして，13チャッ2ムーを妻の身体代価に重ねた。

　1845年3月14日には，借りた米の代金，あちこちにこしらえた借金の支払いのため，もう一人の娘ミ・ターシュンをも債務奴隷として差し出し，マ・カイン夫妻から30チャッを借りている。

　1847年9月26日，夫婦は姉娘ミ・トゥンアウンの身体代価の上に，7チャッ1マッの借金を重ね，さらに1850年7月28日，同じくミ・トゥンアウンの上に2チャッの借金を重ねている[47]。いずれも食べるために借りた米などの支払いに迫られてのことである。これがこの家族について残っている最後の記録で

---

47) STM-KT, no. 25, 26, 29, 30, 37, 42, 53, 61.

あり，その後この莫大な借金を彼らが果たして返済し，債務奴隷の境遇を脱することができたかどうかは不明である。

　このように食べるものに事欠き，ダガウン一族が多数の村に設けていた穀倉から米やトウモロコシを付け買いしてしのぎ，それで足らなければ知人や近隣の金貸しから借金を重ね，膨らんだ借金の支払いを迫られるたびに，あらたな家族メンバーを債務奴隷として差し出し，さらにその身代金の上に借金を重ねてゆくというパターンは，この家族だけでなく多くの家族にも生じていた。米の付け買いや借金の上乗せの要請に対して，ダガウン一族はそれを拒否することなく応じており，生存線上で危うい生活を送っている人々にとっては，ダガウン一族の存在は命綱であったと思われる。しかし，借金が膨らめば親から子供と債務奴隷になるものが次々と増えていき，家族ぐるみダガウン一族の債務奴隷となる場合も稀ではなかった。

5-2　ガ・シュエとその家族

　ガ・シュエの名前は，先にみた1830年4月30日付の証文，すなわち義理の兄弟ガ・チョオを40チャッでアフムダーン集団から身請けし，ウー・ソゥ夫妻の下に債務奴隷として入れるという証文の契約者として初めて登場する。ガ・チョオには，身体代価のほかに20チャッの上乗せ借金が重ねられた。1831年5月27日には，牛をめぐる訴訟で金が必要だとして，25チャッでガ・シュエ本人がウー・ソゥ夫妻の債務奴隷となっている。ここでも，身体代価では足りないとして，25チャッの上乗せ借金が重ねられた。

　1833年5月15日には，借金の返済のためとして妻ミ・ウーもまた16チャッで同夫妻の債務奴隷となった。その後しばらくの間，この家族の名前は証文の中に見られなくなるが，1876年3月30日の証文に突然ガ・シュエの名前が復活する。ただし死者として，である。債権者はすでに代替わりしてメー・チーニョウとその息子たちになっていた。ガ・シュエは引き続き使役に服していたのだが，「債務奴隷である最中に死亡したので，息子のガ・フナウンと婿のガ・シュエフロオに，ガ・シュエの負債の返済を請求した」とある。負債の総額はこのとき，187チャッ5ムーに上っていた。その内容は，表4-4にまとめたとおり，証文に詳細に記載されている[48]。

　累積した多額の債務の返済を迫られた息子ガ・フナウンと婿ガ・シュエフロ

表 4-4　ガ・シュエの債務履歴

ビルマ暦	西暦換算	事由	借金額
1204 年	1842 年	水田小作料未納（米 40 籠分）	28 k
		付け買いしたコメ 20 籠代金	16 k
1209 年	1847 年	牛に関する訴訟費用	5 k
		（以上合計 49 k で債務奴隷となる）	
1214 年	1852 年	オゥシッピン村の穀倉からの借米	4 k
1221 年	1859 年	預かり物の紛失	30 k
1224 年	1862 年	ミャウガービン村の穀倉から借米	
1226 年	1864 年	シャンユワゴン村の東穀倉から借米	
1227 年	1865 年	シャンユワゴン村の西穀倉から借米	
		（1224～27 年の借米合計）	19 k 5 m
1227 年	1865 年	他人からの借金返済のため	20 k
1229 年	1867 年	ミャウガービン村の穀倉から借米	10 k
1231 年	1869 年	婿ガ・シュエフロオの借金	30 k
1232 年	1870 年	付け買いの米代金	7 k 5 m
同年		ミャウガービン村の穀倉殻借米	17 k 5 m
合計債務総額			187 k 5 m

出典：STM-KT, no. 78, 79, 80, 81 から筆者作成。

オは，それを支払うことができず，この債務を折半してそれぞれが身体代価29 チャッ，上乗せ借金 64 チャッ 7 ムー 1 ペー，合計 93 チャッ 7 ムー 1 ペーずつの債務を背負って，メー・チーニョウとその息子のミョウダヂーの下で債務奴隷になった。2 人を対象とした人身抵当証文が新たに作成され，ガ・シュエを対象とした古い証文を破棄することが約束された。

その後，ガ・シュエフロオについては，さらに債務を重ねた証文が 3 枚残っている[49]。これらを合わせると，彼の債務は 175 チャッ 7 ムー 1 ペーという多額なものとなり，この婿もまた債務奴隷の境遇から脱出することはきわめて難しかっただろうと思わせる。

このように，死亡した債務奴隷の債務が相続人である子供に受け継がれるのは，最初の債務奴隷の契約にシンマプワー・テイマソゥン，すなわち奴隷として仕える期間に生まれた子供でも債権者は奴隷として所有できないが，奴隷が死亡した時はその債務は子孫が負わねばならない，という約定があるからであ

48）　STM-KT, no. 6, 7, 8, 14, 78～79, 80～81.
49）　STM-KT, no. 82, 83, 86.

る。確かにガ・シュエが債務奴隷になったときの 1831 年の証文には，この条件が明記されている[50]。

6　債務奴隷からの解放——債務の返済・証文の破棄

人身抵当証文によって債務奴隷という境遇に入った人々も，債務が完済されれば不自由労働から解放される。債務の返済については，先に見たようにそれがいつでも可能な場合と，ある一定期間使役に服した後に初めて身受けができる場合とがあった。

先に返済証文の数は 4 例のみで極めて少ないと述べた。しかし，これらはすべて完済の証文ではなく部分返済のものだった。部分返済証文の例からではあるが，債務奴隷の境遇からの脱却の道を辿ってみよう。

6-1　ガ・サンとミ・デイバー夫婦の例

ガ・サンは 1843 年 3 月 3 日，兄ガ・ターによって身体代価 27 チャッで，マ・カインの債務奴隷として提供された[51]。2 年後の 1845 年 5 月 2 日には，兄が借りた米 30 籠分の代金 10 チャッがガ・サンの身体代価に上乗せされている[52]。

ガ・サンの妻，ミ・デイバーも債務奴隷だったが，一度は逃亡を企てている。というのは，1848 年 3 月 26 日づけで，夫（ガ・サン）と兄 2 人（ガ・パイン，ガ・プワー）の 3 名連名の約定書が，以下のように債権者マ・カインとの間に作成されているのである。

ガ・サンの妻，ミ・デイバーが逃亡したので追跡発見し，拘束して自分の身体代価と消費した米 300 籠を返済するよう請求したところ，（ミ・デイバーの）兄たちが監禁を解いてください，妹ミ・デイバーと義理の弟ガ・サンが米 300 籠を返済しなければ，私たちが身体代価と米を弁償しますと言ったので証文を作成した[53]。

---

50)　STM-KT, no. 9.
51)　STM-KT, no. 34 前半部。
52)　同上証文，後半部。

同年5月，ガ・サンが単独で再び約定書を作っている。納められなかった小作料，あちこちの穀倉から借りて食べた米の累計が470籠分におよび，「この代金をスィードゥタヤーの町に米市場が開設されるダザウンモゥン月白分15日[54]になったら清算します，返済できなければ，その米の代金で妻，息子，娘を家内奴隷として連れてゆき，使役してください。」とあり[55]，文面から見る限り，本人が債務奴隷から脱却するというより，新たな家族の奴隷化を予想させるような雲行きである。

しかし，約束のダザウンモゥン月には間に合わなかったが，1850年2月にガ・サンが17チャッを返済し，同3月にはミ・デイバーとその伯父らが，米4籠につき1チャッという計算で，83チャッ1マッを債権者マ・カインに返済している[56]。返済額は合計100チャッ1マッで，米400籠分が清算され，未納分は米70籠分とガ・サンの身体代価だけになった。そのとき夫婦は，残額をダグー月に完済するという約束をしている。じつは，この後の展開を示す資料は残っていないが，妻の親族の大きな助力を得て，この夫婦が債務奴隷の境遇から脱却しつつあったことがわかる。

6-2　証文破棄の合意の形成

興味深い一枚の証文がある。1873年4月9日の日付で書かれた「ガ・ポワーの身体代価の破棄証文」というものだ[57]。これは，12年前に両親によって債務奴隷に出されたガ・ポワーという男が死亡，彼の身体代価80チャッを債権者（メー・チーニョウ）がガ・ポワーの両親らに請求したところ，「ウー・バーズィーおよびウー・ピャウンらが，すでに債務奴隷としての代価は満たされている，証文を廃棄すべきであると言ったので，ガ・ポワーの証文類をその妻，伯父，舅，父，姉妹とその婿の前で廃棄し，これを記録した」というものである。ウー・バーズィーとウー・ピャウンが何者かはわからないが，ガ・ポワー

---

53)　STM-KT, no. 52.
54)　ダザウンモゥン月白分15日は，コメの収穫が終わり新米の市場が開設される11月下旬に当たる。
55)　STM-KT, no. 55.
56)　STM-KT, no. 57〜58.
57)　STM-KT, no. 77.

が債務奴隷になった契約時の証人であった可能性もある。いずれにせよ，債務者，債権者双方に対して，影響力を持つ長老と目される人物たちが，残された遺族，しかもこの場合は年老いた両親の上に過重な負担が降りかからぬよう介入したのだと思われる。この資料群の中では一枚限りの例だが，事情によっては社会的・道義的判断にもとづく介入が，債務奴隷の鎖をほどく役割を果たしたこともあったことを示している。

＊

　本章の議論の中で一貫して債務奴隷という言葉を使用したのは，人身抵当証文によって結ばれる契約の結果，人々が置かれていた境遇を表すのには，やはり債務奴隷という言葉が一番適切だと思われるからである。債務を負うことによって不自由労働の境遇に置かれ，債務を返済することによって自由を回復するという基本的な形は，従属的な境遇を表すほかの様々な用語よりも，債務奴隷という言葉によってより正確に表現される。従属者，召使，下僕などの言葉に代えても，こうした境遇に生きた人々の具体的な日常を理解するうえで有効だとは思われず，むしろ輪郭が曖昧になるばかりではないだろうか。

　人身抵当証文において，一つの重要な特徴は，債務奴隷自身が契約の当事者にしばしばなっていることである。また先に述べたように，債務奴隷の主人（債権者）が本人の了解なしに他者に債務奴隷として売り渡すような証文は，この資料中にはまったく見られず，主人替えは，証文の文面から見る限り債務奴隷となっているものの希望によって行われている。これらの点は，債務奴隷が債務を負っている限りの一時の境遇であり，自由民との身分的境界はないことをよく示している。

　しかし，一方で契約時の条件によっては，債務奴隷の子供として生まれると自動的に奴隷になる場合もあり，一時的な境遇であるはずの債務奴隷が実質的に身分化する可能性があったことも事実である。シンプワーという言葉で表されたこの慣行は時代とともに下火になり姿を消した。代わって支配的になった条件では，債務奴隷の死亡時には，その子孫に残された債務総額の返済が請求されるので，これが返済できない場合には子孫が債務奴隷になるほかなく，ここでも結果的には債務奴隷という境遇が世代を超えて受け継がれている。

　サリンのダガウン一族については，小作や債務奴隷に対する温情的で寛大な取扱いをしてきたという評価が定着している。たしかに，今回使用した資料の

範囲からでも，ダガウン一族は，彼らが多くの村に置いた穀倉から米を付けで買うことを広く生活困窮者にも認め，債務奴隷の上乗せ借金の要請にも繰り返し応じていたことが明らかになった。ダガウン一族の存在は，地方社会の中の最貧層の生存に重要な役割を果たしており，そうした意味では，確かにダガウン一族がサリンの地方社会の最大のパトロンだったとも言えよう。

しかし同時に，こうした付け買いや上乗せ借金は細かく記録され，その返済は厳密に要求されていた。証文の中にしばしば見られたように，返済不可能な場合は，新たに息子や娘あるいは婿が，つぎつぎと債務奴隷として差し出されている例も少なくない。

ダガウン一族のもとに主人替えをしたいという債務奴隷側の要望がしばしばあったことは，ダガウン一族の債務奴隷の扱いが寛大であったという評価を裏付けている。だが一方で，ダガウン一族の債務奴隷でも，逃亡の事例はしばしば見られ，そのような場合には逃亡奴隷を探索すると同時に，複数の関係者が呼ばれて約定書が作成され，連帯保証すべき人物が特定されて賠償責任を負わされている。

タウングー時代には，リーバーマンが明らかにしたように，有力者の下に債務奴隷に入ることは，王権に対する世襲的役務を負っているアフムダーンと呼ばれる階層の人々が，王権の請求が苛烈になったとき，それから逃れる手段であった。しかしコンバウン時代には，債務奴隷はそのようなものではなく，少なくとも使用した資料の中からはそうした姿はまったく浮かび上がってこない。タウングー時代には生活に困窮する貧困者だけでなく，地位あるものまでが債務奴隷になる場合も見られたとされるが，そうした例もなく，食料に事欠くような不安定な日常を生きる貧困層が債務奴隷として生存をつなぐという例がほとんどである。

ダガウン一族の債務奴隷は，この一族の下に集積された土地での農業労働に主として投入された。コンバウン朝中〜後期に出現した地方の大土地所有者のもとには，土地だけでなく多くの債務奴隷が抱えられている。債務奴隷を多く持つことは，こうした地方豪族の経済にとっていまだその重要性を失っていなかったように見える。

以上のことから，サリンの人身抵当証文から浮かび上がる債務奴隷と主人という関係は，パトロン―クライエント関係の一形態としてまとめ上げるよりは，金と人身という特殊な取引・契約関係としてまず解明されるべきだと思わ

れる。

　証文を取り結び，そこでの約定の厳格な履行を当然のこととして要求するマ・カインやメー・チーニョウの姿に，温情的なパトロンを見るよりも，経済性を追求する有能な管理者を見てもあながち間違いとは思われない。

　債務奴隷もまた契約の当事者，主体であった限りにおいては，この契約は対等な人間が取り結んだ契約であり，当時の社会において双方の側に対して拘束力を持つ公正なものであった。債権者は自信を持って約束の履行を要求し，債務者も家族を次々不自由労働の境遇に落としても，返済義務を果たすことが当然であると受け入れていたように見える。こうした契約自体が社会にとって問題であるという意識，価値観が生まれるのはまだ遠い先のことであった。

　＊この章は，以下の論文が土台になっている。論旨にかかわる変更はないが，第3章と重複する部分を省略し，説明が不十分な点については加筆している。また貨幣について理解の足りなかった点が2か所あったので，注にその旨を記して変更している。斎藤照子「人身抵当証文から見る19世紀ビルマの債務奴隷──サリン地方の事例」『東南アジア──歴史と文化』No. 38, 2009, pp. 13-46.

第III部
借金担保としての土地

第 5 章
借金証文と農地の流動化

ビャンヂャ村の事例

前植民地時代の東南アジア社会の研究は，過去の長い期間にわたってもっぱら王権を中心にして進んできたという歴史があり，地方社会の具体的な姿が描かれるようになったのは比較的最近のことである。前植民地時代の社会において資源配分，権力構造，支配的文化の中心に王権が存在していたことを考えれば，かつての分析の中心が王権に置かれてきたことは当然だったともいえる。また，王朝時代の一次資料は，ほとんど王権とその周辺で編纂されたもので，村落や庶民の生活を伝える資料が見つからなかったことも，研究を王権の周辺にとどめた原因だった。こうした時代的制約のもとでは，王権が定めた様々な制度や，地方を規制する勅令などの内容が，そのまま当時の地方社会の実態であると考えられてきたのも無理ではない。そうした中では土地，水，人民すべてを支配する絶対的な王権のもとにある停滞的な地方社会，あるいは民衆というイメージができやすい。

　しかし，現在資料の状況は大きく変わっている。18, 19世紀東南アジアについては，王統年代記や法典のほか，詔勅をはじめとする行政文書，裁判判例，私人の間の契約文書などの地方文書や文学作品など，多くの書かれた資料が利用できるようになった。こうした資料を使って描かれた新しい東南アジア史が，従来の東南アジア史像を次々と書き換える時代が到来している。

　ビルマにおいても，テッガイッをはじめとする一次資料がここ数十年の間に広く各地から収集され，マイクロフィルムによって，あるいはデジタル化した資料のウェブ発信によって，こうした文書を読み解き，人口の大多数を占める庶民の暮らしの在り方やその変化にも目が届く新しい社会経済史が書かれる環境が整ってきた。

　本章では，上ビルマの1農村から収集された借金証文を資料として，18世紀中葉から19世紀の中葉にかけて，人々の生活への借金の浸透とその結果生じた農地の流動の具体相を見てみたい。

1 ビャンヂャ村のテッガイッ

1-1 ビャンヂャ村のテッガイッ（1776〜1843年）

　上ビルマのシュエボゥ県ディベイン郡ビャンヂャ村は，ムー河西岸から取水するイェウー用水によって潤された稲作平野のほぼ中心に位置している。シュエボゥは当時の名をモゥソボゥと言い，コンバウン王朝の創始者アラウンパヤーの出身地として名高く，1752〜1764年までは王朝の首都がおかれていた。その後王都は，アヴァ，アマラプラ，マンダレーのあいだを転々とするが，シュエボゥ一帯の灌漑平野は，チャウセーやミンブーと並んで，王国の中心的な穀倉地帯であり続けるとともに，政治的にも重要な役割を果たした[1]。現在のビャンヂャ村の水田を潤しているイェウー用水路は，英領期の1911年より掘削が開始されたものであり[2]，18〜19世紀にはまだ存在しなかったが，村に残存していたコンバウン時代の農地抵当証文の担保となっている農地がすべて水田であることから見ても，広く灌漑稲作が行われていたことがわかる。当時の水路は，おそらく英領期にはほぼ土砂で埋まっていたと推測される[3]。

　ビャンヂャ村からは，コンバウン前〜中期の61枚のテッガイッが見つかっている[4]。一つの村からこれだけまとまってテッガイッが見つかるのはあまり例をみない。61枚の内訳は，シンビューシン王（在位1763〜1776年）治世の

---

1) シュエボゥは王朝始祖の故地であっただけでなく，王位簒奪を企図する反乱軍がたびたび拠って立った地域としても有名である。アラウンパヤーの故事にならってここで兵を養い，新たな兵員を募って王都を狙うという例が数多く見られる。マニプールやカテー，アッサムから連行され，ビルマ王軍の騎馬隊として組織された精鋭もシュエボゥ近辺に多く入植しており，兵力の動員にも好都合の地であったようだ。

2) A. Morrison, *BG, Shwebo District*, vol. A, Rangoon: Govt. Printing and Stationary, (rept.) 1963, p. 116.

3) *Ibid.*, p. 116, Michael Aung-Thwin, 1990. *op. cit.*, p. 25.

4) 斎藤照子1994. では，ビャンヂャ村の証文50枚（1791〜1843年）を扱ったが，その後ヤンゴンの大学中央図書館（UCL）所蔵の折り畳み写本のno. 151107およびno. 151113がビャンヂャ村のものと確認できたので，その中の11枚のテッガイッを含めて61枚（1776〜1843年）を対象として書き改めた。

194　第Ⅲ部　借金担保としての土地

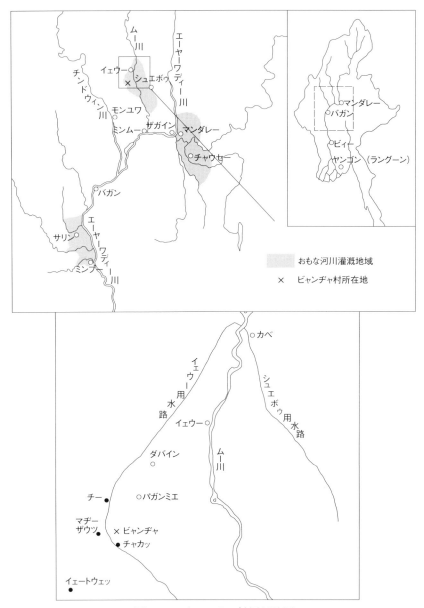

図 5-1　ビャンヂャ村周辺地図

出典：斎藤照子　1994. p. 177. *DG Shwebo*, 1929, (rept.1963), Map No. 2.
注：図中のシュエボゥ用水路は，英領下 1900/01 年に竣工，イェウー用水路は 1911 年に竣工されたものであるから，18-19 世紀には存在していない。イェウー地方には古い起源をもつダバイン池，マヤガン池などの大きな溜池があり，おそらく溜池灌漑がおこなわれていたと考えられる。

最後の年 1776 年の 1 枚，シングー王（在位 1776 ～ 1782 年）時代の 1 枚，ボードーパヤー王（在位 1782 ～ 1819 年）時代の 27 枚と，ザガイン，シュエボゥの 2 人の王の時代（1827 ～ 1843 年）の 32 枚である。

その最初の一枚と最後の一枚を例として水田を担保とする借金証文の様式をみてみよう。

1) 緬暦 1138 年ナヨン月黒分 6 日（西暦 1776 年 6 月 6 日）
　タウンレーヂー（村）に住むパゴダ建立施主ガ・アウン夫妻が，生計が立ちゆきそうにないので，（自分たちが）持っているテッチャーラウンミーと呼んでいる水田の北側の 4 枚の田のうち，種籾 25 籠播きの田を担保にして金をお借りしたいと，マヂーザウッ（村）に住むパゴダ建立施主ガ・ポーアイン夫妻に申し出て，グエユエッニー 50 チャッ合金 15 チャッとグエゾー 15 チャッ，合計 30 チャッを貸してくださいと言った。その申し出どおりに，水田を担保にして 50 チャッ合金 15 チャッとグエゾー 15 チャッを，1138 年ナヨン月黒分 6 日に貸し与えた。証人はガ・プ，貨幣計量は僧院建立施主のガ・ターウ，記録はミーンガエートゥイン，土地の検分は省略した[5]。

2) 緬暦 1205 年ワーガウン月白分 11 日（西暦 1843 年 8 月 6 日）
　シンフナマウン（村）に住むマウン・インが，金が必要なので，パガンのシンマティ・パゴダの寺領地であるコゥッコゥズの南のパウッインという種籾 1 籠播きの水田 1 枚と，種籾 3 籠播きの苗代をグエムエ・ユエッニー 33 チャッ 2 マッで担保に入れたいのでお引き受けくださいと，ビャンヂャ村に居住するミンチョオティンスィードゥノオヤターに申し出た。これに応じミンチョウティンスィードゥノオヤター夫妻が，グエムエ・ユエッニー 33 チャッ 2 マッを貸し与えて，1 籠播きのパウッインの水田と 3 籠播きの苗代を質にとった。証人はマウン・ウーグエ，貨幣計量・鑑定，および記録はマウン・ヤンフム[6]。

この 2 枚の証文を見ると，67 年の年月を隔てているがほとんど同じ形式の文言からなり，すでにコンバウン初期に当たる 1776 年には水田を担保とする借金証文の書式が標準化されていることを思わせる。日付から始まり，借金の必要に迫られている側が金の融通を頼み込むという形で書かれ，その名前と居

---

5) UCL 折り畳み写本 no. 151107.
6) KLT, Byangya collection,（→ KLT-Bc) no. 50.

住村が記され，担保に入れる水田の位置と名前，播種量や役牛あるいは人間の労働量で表される田の広さが示される。借金の金額が次に来るが，銀を主体とした私鋳の様々な重量と質の金属貨幣が流通していたので，貨幣の種類と重量がそれぞれ明記される。貨幣と金額が明らかにされた後，債権者がその申し出を受けて先に記された通りの金を貸し，水田を担保に取ったことが記される。最後に，立ち会った証人，貨幣鑑定者・計量者，記録者の名前が明記されて終わっている。

　証文に登場する債務者と債権者を見ると，1776 年の証文では借金をする側も貸す側も，パゴダ建立施主と記されている。家計が厳しく水田 1 枚を担保に借金をせねばならないガ・アウン夫妻もかつてはパゴダを建立するほどに豊かであり，質に入れた水田も 45 籠播きというから，現代でいえば約 30 エーカーすなわち 12 ha 相当の広いものである[7]。そのほかにも水田をまだかなり所有している様子だ。いっぽう，1843 年の証文では職名も称号も敬称も持たないマウン・インという人物が 0.4 ha ばかりの決して広くない水田と苗代を共に質に入れている。質にとって金を貸している人物は，ミンチョオティンスィードゥノオヤターという長大な称号で呼ばれており，その職名は王の近くに使える侍従，随臣を意味するアサウンドオミェとなっている。ここでは，債務者と債権者の経済的境遇はかけ離れているようだ。

1–2　証文に登場する人々

　ビャンヂャ村関連のテッガイッに登場する人々は，王の廷臣，その他の役人，村長，騎兵隊に属するアフムダーン，アティーつまり自由民，パゴダ奴隷[8] などで当時の社会階層のほとんどを網羅していると言ってよい。生業からいうと灌漑地の米作農民が多数であり，彼らはテッガイッの中では，その居住村と名前だけが記されている。ただし，テッガイッでは，当人がどの身分であるかは明記していないので名前だけで呼ばれている人々の中には，アティーだ

---

7)　当時，水田 1 エーカーに対する籾の播種量はおよそ 1.5 籠だと推定されている。Toe Hla, 1987, *op. cit*., p. 14.

8)　パゴダ奴隷（パヤーチュン）とは，寺領地での耕作と仏教施設の維持管理のためにパゴダや僧院などの仏教施設に寄進された人々をいい，彼らの余剰労働は仏教施設の維持に充てられ，王政府は寺領地を免税地としていた。パヤーチュンは世襲であり贖身できない。

表5-1　貨幣鑑定計量者（ビャンヂャ村テッガイッ）

テッガイッNo.	鑑定計量人	テッガイッNo.	鑑定計量人
1	ガ・ターウ	24	ガ・ユエー
3	マウン・トゥフラ	25	マウン・チン
4	マウン・オー	26	マウン・フマイン
5	マウン・タイッ	28	マウン・チョオ
7	カウン・ミン	29	マウン・キン
9	ナーガンドオミン	30	マウン・ソウ
11	マウン・イン	33	マウン・ヤンビェ
12	ガ・ビャンフム	38	マウン・シュエイェイ
13	ガ・ピョウ	44	ウー・ヤンビェ
14	マウン・タートゥン	47	マウン・ヤンビェ
15	マウン・シュワン	50	トゥインシュエダウンティハヤーザ
16	マウン・ミャッター	51	ミンチョオティン
17	マウン・ワイン	53	マウン・フムエ
19	マウン・シュエミー	58	マウン・ヤンビェ
20	マウン・サンシュイン	61	マウン・ヤンフム
21	マウン・チョオザヤ		
22	マウン・ヂー		
23	マウン・ユエー		

注：多くの地域では，金属貨幣の鑑定人と計量人は別人が務めているが，ビャンヂャのテッガイッでは no. 1-11 では計量人の名前のみが書かれ，そのあとのテッガイッでは鑑定計量人として一人の名前が記されていた。ここでは，鑑定と計量を一人の人物が同時に行っていたと思われる。

けでなく下位のアフムダーンやパゴダ奴隷も含まれる可能性もまったくないとは言えないが，人物特定のためにアフムダーンであればその帰属あるいは職種が書かれるのが一般的であり，そうした例は少ないと推測できる。上位のアフムダーン，すなわちグループの長以上になると例えば騎馬隊長のだれだれ，歩兵隊長のだれだれというように名前の前に必ず，その地位が明記される。また村長などの役人の場合もダヂーのだれだれ，サーイェーのだれだれ，というように書かれる。あるいは名前ではなく，称号（ブエ）で表現されている人物もあるが，これは官職にある人である。称号は王によってのみ与えられ，地位の上昇とともに変化し，職からはずれると使用されない。一方，称号や職名のつかない人々の間でも名前の前に敬称が着く人々，例えば，パゴダ建立施主のマウン・カン，あるいは池の施主ミ・ナンドゥなどと書かれる人々がいる。こうした仏教施設や公共的な池，宿坊などの寄進者たちは，仏教徒ビルマ人社会にあっては広く尊敬を集め敬称で呼ばれる存在だった。

　証文の締結作成に立ち会った証人は，その半数近くが地位あるアフムダーン

やダヂーと呼ばれる村長や，仏教施設の寄進者である。証人はその契約が実効性を持つためにも，地域社会において尊敬され影響力を持つ名士や有力者である必要があったと思われる。これに対して立会人の中でも貨幣の計量人と鑑定人は，表5-1に見るように，そのほとんどが名前だけを記される庶民であり，しかも契約ごとにと言ってよいほど，異なった人物が登場しているが，これはやや意外なことだった。というのは，様々な品質の合金が併存流通している当時の貨幣事情を考えると，計量はともかく鑑定には高度の熟練が必要と考えられるからである。この地域では貨幣の鑑定がそれほど厳密に行われる必要がないほど，私鋳の貨幣でありながら通貨の品質が平準化していたのだろうか。証文の作成，記録者にも様々な人々が登場し，こちらも専門化しているとは思われないが，王朝時代においてもビルマは僧院の寺子屋教育が普及し，識字率が比較的高い社会であったので，これは意外なことではない。

1-3　契約の内容

　表5-2と表5-3は，ビャンヂャ村関連のテッガイッ61枚をコンバウン前・中期と後期に分けてその内容を要約して時系列で表示している。表5-4はこれをもとにした契約内容別の証文点数を示している。

　ここで挙げた農地関連証文のすべては水田を対象とするものであり，畑地，果樹園などは含まれていなかった。証文のうちもっとも多いのが34点の水田抵当証文であり，そのほかに重借証文3点，請戻し証文1点，債権者変更の証文が10点見られた。水田が売買されている証文も3枚あり，証文そのものの売買証文も4点含まれている。

　水田を担保とする借金の中で9割を占めるのは，用益権が債権者に移る質入れの形である。つまり，債権者がその水田を自らあるいは人を雇って耕作し，その収穫をわがものとして，あるいは第三者に刈分け小作に出して地代分を収取して，貸付の利息とするものだ。他の地域の水田の質入れ証文には，債務者が借金を返済して水田を受け戻すことができる時期を書き入れて，その水田からの収穫を何年間か債権者が確保できるようにしている例が多い。例えば3年3作という文言があれば，3年間は水田の請戻しができないという意味だが，ビャンヂャではこのような請戻し制限期間の記載例は見られず，借金を返済すればいつでも水田を回復することができるという慣習であったと思われ

表5-2　ピャンチャヤ村関連テッガイッ（1776-1812）

No.	日付	債権者（購入者）	職名・称号・敬称	居住村	債務者（売却者）	居住村	内容	
1	1766.6.6	ガ・ポーアイン夫妻	パゴダ建立施主	マチーサウン	ガ・アウン　夫妻*	タウンレーチー	水田担保借金	
2	1780.6.6	ウー・ミャッウー夫妻	寺院建立施主	マチーサウンコン	ガ・ドゥンビイ	カンニー	水田担保借金	
3	1782.2.19	ティリチョオティン夫妻*	寺院建立施主	ピャンチャヤ	ミ・タラインシン・カインヨン	チャヤカン	水田担保借金	
4	1783.5.5	マウン・ターウー夫妻		ピャンチャヤ	アマ・タラインマウン、ミ・カイン	チャヤカン	水田担保借金	
5	1786.5.29	同上	同上	ピャンチャヤ	マウン・チャエヤ	カンニー	水田担保借金	
6	1786.8.16	同上	同上	ピャンチャヤ	ミ・チュエヤ	バガンミェー	水田担保重借	ロクペッ
7	1787.10.12	同上	同上	ピャンチャヤ	マウン・サンビュー	トーアイン	水田担保借金	ロクペッ
8	1787.11.19	同上	同上	ピャンチャヤ	ガ・カウン父子	バドゥアイン	水田担保借金	
9	1788.5.15	同上	同上	ピャンチャヤ	ガ・ターペー	マレーター	水田担保借金	
10	1791.8.12	マウン・ターニュン夫妻	ティードオ・モーガウン	ピャンチャヤ	ミ・チュエヤ	バガンミェー	水田担保借金	
11	1791.9.6	ミ・ドゥン父息子	寺院建立施主	ピャンチャヤ	マウン・カラー*家	シンフナマウンコン	寺領田請戻し	
12	1792.9.3	同上	同上	不明	マウン・ネイ	不明	寺領田請戻し	
13	1794.6.19	ミ・ミェシンコク（ノク?）夫妻		ピャンチャヤ	ガ・パルーエ弟	シンフナマウンコン	水田担保借金	
14	1796.6.7	マウン・ターミャッウー夫妻	パゴダ建立施主	ピャンチャヤ	マウン・テー夫妻	不明	水田担保借金	ロクペッ
15	1797.6.14	マウン・ターミャッカン	タウンドー・ネイウー	不明	ウー・ミャッカン	オウッティン	水田担保重借	
16	1804.5.28	マウン・ノル夫妻	ミッター　不明	不明	ガ・シュエチン父子*	ピャンチャヤ	債権者変更	
17	1804.6.5	マウン・シンドン兄妹（3人）	ポッダチー	マチーサウン	マウン・フミー夫妻	シンフナマウン	水田担保借金	
18	1805.5.14	マウン・ポールイン夫妻	稲坊施主	不明	マウン・ターエミエ夫妻	ピャンチャヤ	水田担保借金	
19	1805.6.15	マウン・ビエ夫妻	同上	シンフナマウンコン	マウン・シュエミエ夫妻	タウンチャヤサンコン	寺領田担保借金	
20	1805.6.27	マウン・ノル夫妻	パゴダ建立施主	マチーサウンコン	ウー・サンチン父子*	シンフナマウンコン	水田担保借金	
21	1806.7.8	ミ・ナンドウ	池の施主	ピャンチャヤ	ミ・ナンスー母子	シンフナマウン	水田担保借金	
22	1808.8.3	マウン・ビエ夫妻	稲坊施主	ピャンチャヤ	マウン・タイン	ピャンチャヤ	水田担保借金	
23	1809.6.5	マウン・ターエン夫妻	同上	ピャンチャヤ	マウン・ワイン	チャウエインス	寺領田担保借金	
24	1809.7.15	マウン・ターウン夫妻	寺院建立施主	ピャンチャヤ	ガ・ドウン	ミンチーサウイン	水田担保借金	
25	1809.7.18	マウン・ノル夫妻	池の施主	ピャンチャヤ	ミ・ションム	シンフナマウンコン	寺領田担保借金	
26	1810.8.16	マウン・ターン夫妻		ピャンチャヤ	ミ・ナンドゥロク	チー	水田担保借金	
27	1810.10.7	マウン・シュエアイン		ピャンチャヤ	マウン・カンビュー	シンフナマウンコン	寺領田担保借金	
28	1810.11.14	マウン・シンチー兄妹（3人）		ピャンチャヤ	ガ・シュエエイッ	チー	水田売却	
29	1812.10.12	マウン・イェ夫妻		ガパイン	ミ・ナン	ピャンチャヤ	水田売却	

注1）No.3の証文の債権者の称号は、正式にはミンナンダーティイリチョオティンノオヤター。
注2）債務者の中にも、職名、称号、敬称を持つ人々が少数ながら見られた。＊添付。No.1のガ・アウン　夫妻。No.12のガ・ネイは騎馬隊長であり、マチーサウン村を主から授けられている。No.5のマウン・チャイン夫妻は居住するカンニー村の池の施主。No.12のガ・カラー、No.13のガ・ターー、No.20のウー・サンチンはパゴダ建立施主。

b）、この村からの税収の一定割合を主から授けられている。

第Ⅲ部　借金担保としての土地

表 5-3 ビャンチャ村関連テッガイッ (1827-43)

No.	日付	債権者(購入者)	職名・称号・敬称	居住村	債権者(売却者)	居住村	内容
30	1827.1.31	ミンチョオディン	アサウンドオミェエ	ビャンチャ	マウン・ビチャウン	オウッディン	水田担保借金
31	1827.2.3	マウン・シンエモン兄妹		ビャンチャ	マウン・ビチャウン	オウッディン	水田担保借金
32	1827.10.21	ミンシンエダウンサンゲードウ		不明	ガ・ヤンマ	不明	水田担保借金
33	1828.6.2	ミンチョオディン	アサウンドオミェエ	ビャンチャ	マウン・ターノウ父子	シンラマウン	債権者変更
34	1829.2.11	マウン・ノウ父子		不明	タマウンダ・ゼーヤー	チー	水田担保借金
35	1829.5.21	ミンチョオディン	アサウンドオミェエ	ビャンチャ	ミン・オゥレー	シャン	債権者変更
36	1829.9.29	ミンチョオディン	アサウンドオミェエ	ビャンチャ	ガ・シュエ	マデーザウン	寺領田担保借金
37	1830.2.14	マウン・シ・ビェ夫妻	アサウンドオミェエ	ビャンチャ	ガ・ビャウ	ビャーートウエン	水田担保借米
38	1830.6.5	ミンチョオディン	アサウンドオミェエ	バヤーートウエン	ガ・ビャッら	不明	借米、利息10か月で50％
39	1831.4.13	ミンチョオディン	アサウンドオミェエ	ビャンチャ	ウー・ビョウ	不明	債権者変更
40	1832.8.30	ミンチョオディン	アサウンドオミェエ	ビャンチャ	ミン・ビョウエウエ	ビャンチャ	
41	1834.4.4	訴訟判決文 4籠蒔き(寺領地を含む)の水田を所有者こと長後、他人が耕していた。しかし、借りた金と同額を担保にしてが弟がこの田の法廷で、村の法廷で、現耕作者に返済済み。村の法廷で、現耕作者に買い取らせると判決を出した。					
42	1834.9.9	ミンチョオディン	アサウンドオミェエ	ビャンチャ	シン・グエモン	シンナダウン	債権者変更
43	1835.2.19	破損箇所多く、情報を正確に取れない。					
44	1837.9.8	ミンチョオディン	アサウンドオミェエ	ビャンチャ	ミン・ビョウ	ビャンチャ	寺領田担保借金
45	1837.10.29	ミンチョオディン	アサウンドオミェエ	ビャンチャ	マウン・ウーカ	シンブナマウン	債権者変更
46	1838.9.24	ミンチョオディン	アサウンドオミェエ	ビャンチャ	マウン・ボン夫妻	不明	寺領地借金
47	1840.8.27	マウン・シンチェー夫妻	アサウンドオミェエ	ビャンチャ	マウン・トウェら	王都	債権者変更
48	1840.10.29	ミンチョオディン	アサウンドオミェエ	ビャンチャ	シン・シェザー	不明	寺領田担保借金
49	1840.11.14	ミンチョオディン	アサウンドオミェエ	ビャンチャ	シン・プモチョウー	イェエートゥエン	証文の売却
50	1841.6.4	ミンチョオディン	アサウンドオミェエ	ビャンチャ	マウン・シュエエウー	イェエートゥエン	水田担保借金
51	1841.6.4	ミンチョオディン	アサウンドオミェエ	ビャンチャ	マウン・シュエトゥら	バヤートウエン	借米、利息6か月50％
52	1841.7.26	ミンチョオディン	アサウンドオミェエ	ビャンチャ	マウン・ミャッチョと嬢	不明	証文の売却
53	1842.5.30	ミンチョオディン	アサウンドオミェエ	ビャンチャ	マウン・メインら	フナペーヤ	債権者変更
54	1842.6.2	ミンチョオディン	アサウンドオミェエ	ビャンチャ	マウン・ディン	ビャンチャ	証文の売却
55	1842.6.6	ミンチョオディン	アサウンドオミェエ	ビャンチャ	マウン・イェエ父子	バパン	水田転売
56	1842.6.19	ミンチョオディン	アサウンドオミェエ	ビャンチャ	ミ・ドウッ母子	コンダー	証文の売却
57	1842.6.26	ミンチョオディン	アサウンドオミェエ	ビャンチャ	マウン・ティン	タクワン	抵当地担保で借米
58	1842.7.2	ミンチョオディン	アサウンドオミェエ	ビャンチャ	ミ・イェエ父子	コンダー	債権者変更
59	1842.7.26	ミンチョオディン	アサウンドオミェエ	ビャンチャ	マウン・イェエ父子	ビャンチャ	債権者変更
60	1843.8.6	ミンチョオディン	アサウンドオミェエ	ビャンチャ	マウン・イェエ父子	シンブナマウン	水田担保借金

注1) 債権者として頻繁に登場するミンチョオディンの正式称号はミンチョオティンスィードゥノイオナターである。その官職はアサウンドオミェエ、つまり官任の侍従であった。
注2) No.34の債務者としてあげられるタマンダ・ゼーヤーチョも称号であり、名前ではない。彼はチー村の村長(ダガー)であったと書かれている。
注3) No.40と44に登場する債務者、ミン・ビョウはミンチョオディンの弟。このように、親子兄弟の間にあっても、借金に際しては担保を取り、証人を立てて証文を作成するのは、ビルマでは珍しいことではない。

第5章 借金証文と農地の流動化

表5-4　ビャンヂャ村　テッガイッ内容別一覧

証文の種類	証文点数
1）水田担保借金証文	34
水田の種類　私有（ボバパイン）水田	25
寺領地	9
担保の形態	
質入（用益権が債権者に移る）	31
抵当（債務者が耕作を続け，収穫の一定割合（50%）	
を利息として債権者に払うもの，ロゥッペッ）	3
2）重借証文（担保に入っている田地の上に借金を重ねるもの）	3
3）請戻し証文	1
4）債権者の変更	10
5）水田売買証文	3
6）テッガイッ売買証文	4
7）借米に関する証文	4
8）農地関連訴訟	1
9）その他（破損により判読困難）	1

る。

　残りの1割足らずが，債務者つまり元の水田所有者が水田の耕作を続け，収穫の半分を借金額の利息として債権者に払う形をとっている。証文の中では，「ロゥッペッ」の条件でお金をお貸しくださいなどと書かれている場合である。ただし，ロゥッペッという言葉は，他にも反物を織って納めるなど何らかの労働の成果を借金の利息として納めるような場合にも広く使われ，また刈分け小作契約もロゥッペッと呼ばれていた。

　請戻し証文（返済証文）は，借金を返して土地を取り戻したことを立会人の前で契約の当事者たちが確認して，のちに争論が起こらないように取り交わされたものだが，一般に請戻し証文は必ずしも作成されず，元の借金証文を廃棄するという形で処理されることが多かった。ここでも一例（No.13）のみ見られたが，この水田はもともと質入れなど処分の禁じられている寺領地で，しかも請戻ししている者が水田を担保に借金した当人ではなく，田頭[9]である。こうした事情がこの請戻し証文を作成する背景にあったと思われる。

　債権者変更に関する証文は10点に及び，この地域ではかなりの頻度で書か

---

[9]　田頭（レーガウン）は，王朝時代に直轄王領地を耕す世襲の耕作者（ラマイン）を取りまとめる役職としてラマインの中から選ばれて任命されていた。

れていたことになる。これは，はじめに負った借金が返済できずにいるものが，他の人物に金の融通を依頼して元の債権者への借金を返済し，その代わりに担保であった水田が新しい債権者のもとに移動するという内容をもつ。例を一つ見てみよう。

　　　緬暦1191年ナヨン月黒分4日（西暦1829年5月21日）シャン（村）住人ミ・オゥレーがコゥッコゥズの南のタウッシャーインと呼ぶ種籾2籠半播きの水田を，パヤートゥエッ村の住人ウー・サンビエに多量の籾米を借りた担保として入れてあったが，この田を請戻してアサウンドオミェ[10]のもとに担保に入れたい，100籠の米の時価，2マッ合金60チャッをお貸しください，と申し出たところ，それに応じてミンチョオティンスィードゥノオヤターが米の代金2マッ合金60チャッをミ・オゥレーに貸して種籾2籠半播きの水田を担保に取った。証人はシャン村住人，マウン・チャーシュン，証書作成記録はビャンヂャ村住人シュエダウンヤー[11]。

おそらくウー・サンビエから借米代金の返済を迫られ，それができないミ・オゥレーがアサウンドオミェに借金して返済に回したので，その結果，担保の水田がサンビエからアサウンドオミェのもとに移動している。中小の金貸しから，より富裕な金貸しへと水田が集積してゆく道筋が見える。

　水田売買証文は3点見られた。水田の売却は担保に入っている水田に何度も借金を重ね，いよいよ返済が困難になったときに今までの負債総額で田の所有権を手放し債権者に売却するというケースが多いが，ビャンヂャ村関連の限られた数の売買証文の中では，前後の事情が明瞭に辿れるものはなかった。水田売買証文の1例をみてみよう。

　　　緬暦1172年ダザウンモゥン月黒分4日，シンフナマウンゴン村住人，池の寄進者の息子ガ・シュエエイッらが，私たちが所有するパブーミェのレーベインと呼ぶ3枚の種籾2籠播きの水田を<u>完全に最終的に売り</u>たいと考えています。現在の（水田の）価格は，種籾1籠播きにつきユエッニー24チャッであるから，2籠播きの水田をグエムエ48チャッで完全に売りたいので買い取ってくださいと，ビャンヂャ村のミ・ナンドゥの息子マウン・シンヂーら兄妹3人に申

---

10)　ここでは，官職名（アサウンドオミェ）で記載されているが，ミンチョウティンスィードゥノオヤターと称号で記載されているものと同一人物。
11)　KLT-Bc, no. 41.

第5章　借金証文と農地の流動化　203

し出た。その申し出に応じて，マウン・シンヂーら兄妹3人が，レーベインという3枚の2籠播きの水田をグエムエ・ユエッニー48チャッ支払って<u>子々孫々まで，最終的に買い取った</u>。証人はマウン・ターボゥ，貨幣計量と鑑定はマウン・チョオ，証書作成と記録は，マウン・タール[12]。

　この例のように，水田の売買に関しては，他の物品のように売る（ヤウンデェ），買う（ウェーデェ）という簡単な言葉ではなく，「完全にかつ最終的に所有権を売る」あるいは，「子々孫々に至るまで最終的に所有権を買う」などという言い回しが用いられており，農地の売買が普通の商品の売買とは異なるという観念が支配的であったことが読み取れる。他地方の証文では，水田の売買に関して「パゴダを建て，寺院を建立するように最終的に完全に売る」という言い回しがしばしば見られる。仏教徒としてもっとも大切な仏教施設の寄進を行うという約束は決して反故にはせず，厳粛に守られねばならないという意味の慣用句であったから，水田の売買でも同じように，ここでなされた約束は何があろうと必ず守りますという表明である。後述するように，水田が売買によって流通し人の手から手にわたってゆく商品とは観念されず，土地を開墾したものとそれを受け継いで耕し続ける子孫に永遠に強く結びついたものとみなされ，実際にも質入れした水田について本人だけでなく子々孫々にわたり永久にその買戻しが保証されるという慣習が守られていた中での農地の売買であるから，こうした特別な言い回しが必要とされたのだろう。

　テッガイッそのものの売買は，4点見られた。これは結果的には債権者の変更と同じことになるが，債権者の変更の場合は，債務者が契約の一方の当事者であるのに対して，テッガイッが売買されるときは，債権者が直接第三者にテッガイッを売っていて，債務者は当事者ではなくなっている。テッガイッが売買されるのは，元の所有者が水田を受け戻さないまま，時が長く経過したような場合が多いが，元の所有者の同意を得ずにこれを行うと，第7，8章でみるような訴訟の遠因になることもある。証文の売買の一例を挙げる。

　　緬暦1204年ナヨン月黒分14日（西暦1842年6月6日），ビャンヂャ村住人マウン・ティンが，金が必要なので私どもに他人が担保に入れているマヂーインガレーという水田の質入れ証文をグエムエ・ユエッニー14チャッで完全に売

12）　KLT-Bc, no. 17.

却したい，のちになって元の所有者が現れて請戻しをするならば，そうさせてください，とビャンヂャ村のミンチョオティンティリノオヤター夫婦に申し出た。この申し出に応じて夫妻が金を与えて証書を買い取った。証人はマヂーザウッ住人ウー・モゥ，証書作成と記録はマウン・ピョウ[13]。

借米証文としては，米を借りて10か月あるいは6か月のちに50％の利息（米）を付けて返済するという籾米の貸借証文が2枚（No. 39, 52）あり，そのうち後者では，以下のように，籾で約束通り返済出来なければ，水田を担保に入れるという約束がなされている。

　緬暦1203年ワーガウン月白分9日（西暦1841年7月26日），パヤートゥエッ（村）の住人，マウン・シュエトゥ，マウン・ターボゥらが，飯米が必要です。籾米110籠を貸してください。ピャードゥ月の中日（満月の日）までに50％[14]の利息を付けて返済いたします。返済できない時には，シュエトゥが所有するチン（村）のシンゾオ・パゴダの東の水田7枚，種籾5籠播きの田を籾の元利合わせた165籠の代償として担保に入れますので，貸してくださいとビャンヂャ（村）在住のアサウンドオミェであるミンチョオティンスィードゥノオヤターに申し出た。その依頼に応じ，籾米110籠を貸し与えた。証人はチン（村）住人のマウン・シュエケッ，記録は貸主のアサウンドオミェ[15]。

籾米の貸借に関してはこのほかに最初から水田を担保に籾米を借りているもの1枚，そして，亡父が借りた15籠の籾米が返済されていないとして，その息子と婿に対し，期日を付けて元利の合計を約束させた誓約証文が一枚あった。

---

13) KLT-Bc, no. 45.
14) タクラットゥという言葉が使われている。現在では聞かれない言い方だが，当時の証文には頻出し，2分の1あるいは折半という意味であり，ここでは借米110籠に対して55籠の利息を付けるということになる。
15) KLT-Bc, no. 41.

第5章　借金証文と農地の流動化 | 205

2 　流動する農地

2-1 　農地の流動と有力者のもとへの集積

　表 5-2, 5-3 を比較して見ると水田を担保とする借金は，時とともに様々な形態を派生させて複雑に展開していったのがわかる。1810 年ごろまでは最初の証文（ムーラテッガイッ）と呼ばれている単純な水田担保借金が 8 割方を占め圧倒的多数だが，そのほかに同じ担保に借金を重ねる重借証文（タッピィテッガイッ）が 3 点，債権者の変更が 1 点のみ現れる。水田の売却は 1810 年と 1812 年に初めて見られる。

　1813 年から 1826 年までについては証文が見つからず，空白の期間になっているが，その後の 1827 〜 1843 年の証文にはきわめて多様な取引内容が記載されている。水田担保借金を内容とする証文は，寺領田が担保になっている場合も含めて合計 12 点で数の上ではまだ一番多いが，債権者の変更が 8 点，証文の売却が 4 点あり，米の貸借に関するものが 4 点あり，その中の 1 点（No. 59）では，自分のもとに抵当に入れられている水田を担保にミンチョオティンから米と若干の金を借りるという，債権者の変更に当たる内容となっている。

　同様に表 5-2 がカバーする時代と表 5-3 の時代では，ビャンヂャ村を中心にこのあたりの村々で人々に金を貸していた階層が大きく変化していることがわかる。表 5-2 では水田を担保にとって貸し付けをしている人々が多数存在し，その身分も多様である。一番多いのは平民のアティーの中の裕福な層だと考えられる仏教施設や公共設備の寄進者である。

　これに対して 1827 年以降には，一人のきわめて有力な金貸しが登場し，近隣の村々の人々に広く貨幣と米を貸し付け，土地を集積している姿が浮かび上がってくる。貸借や売買証文の債権者あるいは購入者となっているミンチョオティンスィードゥノオヤターという長い称号を持つ，王の侍従アサウンドオミェという職責にある廷臣である。かつて他の人々に金を貸す余裕を持っていた中小の金貸したちの中でも自分のもとに担保に入っている水田を，この有力者夫婦のもとに移動して金を借りねばならなくなったものが少なからずいたことは，債権者変更や，証文の売却などの事例がよく示している。

表が示すように，アサウンドオミェは1827年から1843年の17年間に，抵当地と買入地あわせて合計43.1籠播きの水田と，広さのわからない5枚の水田と4枚の苗代を金融活動によって集積している。総計ではおよそ50籠播きほどと推定すると，現在の単位で言うと13〜14 haほどになる。

　水田が次々と人手をわたってゆく様子がよくわかる以下のような証文がある。証文番号22の1808年の証文にはのちに書き加えられた部分があり，この証文が何年か後にアサウンドオミェに売却されたことを記録している。

> 　緬暦1170年ダディンヂュッ月白分14日（西暦1808年8月3日），ビャンヂャ村住人，宿坊施主マウン・ビェ夫妻に，同じ村の住人マウン・タイェッが籾米を買うために金が必要なので貸してください，私の所有するチー村のレーヂャンコンドオと呼ぶ水田と，ズィービューインと呼ぶ籾1籠と8分の1播きの水田を担保にして金をお貸しくださいと申し出た。その申し出に応じて，15チャッ合金23チャッと3ムーを与えて，マウン・ビェ夫妻が水田を担保に取った。（以下略）
> 　マウン・ヤンダー夫妻が，マウン・タイェッが宿坊施主マウン・ビェにズィービューインの水田を担保に入れたこの証文を，時価の籾価格に換算して19チャッで引き受けてくださいとアサウンドオミェ夫妻に対して申し出たところ，夫妻はその申し出に応じて証書を買い取った[16]。

　このテッガイッの後半部分は，日付を記さずにのちに書き加えられており，どれだけ時がたっているのかわからないが，ズィービューインと呼ばれる水田に対する権利が，マウン・タイェッ → マウン・ビェ → マウン・ヤンダー → アサウンドオミェへと転々と移動していることがわかる。この例に見られるような証文の転売や，借金の返済に迫られて新たな借金を繰り返し水田の抵当権を移動しているような例が，表5-3の時代（1827〜1843年）には頻繁にあらわれている。アサウンドオミェが担保に取った水田のうち過半数は，すでに他人に質入してあったものである。借金の必要に迫られる人々の層が広がり，以前は仏教施設や池，宿坊などを寄進する，あるいは人に金を貸すだけの経済的ゆとりを持っていた地方の中小富裕層にまで経済的困窮が及んできたことが窺える。そして単独のもっとも富裕な有力者のもとへ水田が集積されている。当時の慣習では，借金が返済されなくても，田畑の所有権は債権者には移らない

---

16) KLT-Bc, no. 11.

ので，債権者が何人変わっても元の所有者或いはその子孫が借金を払って農地を取り戻すことができるのだが，転々と債権者が変わってゆけば，元の所有者とのつながりは希薄になってゆかざるを得ない。こうした流れの中では，私有地も寺領地もその区別がほとんどされていない。寺領地も人から人へと流れ，また売却されてゆく。借金を媒介に土地がそもそもの属性を失ってゆく傾向が顕著になっている。

2-2　寺領地の移動

ビャンヂャ村関連のテッガイッの内容でとりわけ注目されるのは，寺領地が私有地と同じように担保に入れられていることである。担保の水田が寺領地であることを明記したテッガイッが11例ある。

コンバウン時代の土地制度は，コンバウン時代の慣習法典[17]や勅令などの資料およびウー・ティンの『ビルマ王朝統治史論』[18]，J.S. ファーニヴァルの古典的名著『ビルマ経済論入門』[19]などの資料や著作を参照にすると，大枠で以下のように理解されるものだった。

1. 王領地
   1）直轄王領地
   2）扶持地　宅地，耕地，食邑地　（用益権）　　　世襲の役務負担
2. 私有地　（用益権＋処分権）
   　　ボババイン地（開墾者から三代続けて耕作）　10分の1税負担
   　　購入地
3. 寺領地　　　　　　　　　　　　　　　　　　　免税
   　　耕作者はパゴダ奴隷

この中で寺領地はパゴダや寺院の維持管理のために王族あるいは富裕者から寄進された土地であり，いったん土地が寺領地になると永久に寺領にとどまる

---

17)　D. Richardson ed. & trans. 1874. *The Dammathat, or the Law of Menoo*, Rangoon: Mission Press. Part 8, Chapters 1–2.
18)　*MMOS*, Vo. 5. Part V. Section 12.
19)　J. S. Furnivall, *An Introduction to the Political Economy of Burma*, Rangoon: Peoples' Literature Committee, 1957 (3rd ed.) pp. 83–86.

とされ，免税地とされた。また王領地の中の扶持地は，大臣から村長に至るまでのアフムダーンに下付された土地で，税は課されないが，それぞれの職務，役務負担を担う。しかし実際にこの制度的枠組みが保たれていたのかどうか，テッガイッは大きな疑問を投げかけている。

収集されたビャンヂャのテッガイッの中で最初に寺領田を対象としたものは，1794年6月19日の日付のものだが，その内容は注目に値する。

> 緬暦1156年ナヨン月黒分7日（西暦1794年6月19日），ミ・ミェシュのもとに，パゴダ建立施主ガ・カラー一家が所有していたパガンミェ[20]（寺領地）のニャウンインと呼ぶ1.25籠播きの2枚の田が借金の担保として入っていたが，田頭マウン・ニュン夫妻が自分の管理する水田のことなので，2マッ合金28チャッ3マッを払って証文を清算し，請け戻した[21]。（以下略）

ここでは，実際に借金をした人物ガ・カラー一家ではなく，田頭が代わって借金を清算し，寺領地である水田を請け戻している。レーガウンとは，寺領地の世襲の耕作人であるパゴダ奴隷の長を指すので，おそらく自分の下にいるパゴダ奴隷の一家が担保に入れてしまった寺領地を取り戻したのである。少なくともこのレーガウンは秩序の乱れを立て直す必要を感じて，その責任を取ったようにみえる。

だが，こうしてレーガウンが代わりに出てきて，寺領田を請け戻したのはこの一例のみであり，その後はまったく見られない。寺領地は，私人の土地ではなく寺やパゴダに永久に帰属すると観念された土地であるが，証文に登場する人々は「私の所有する水田」と言ってはばからない。こうした寺領地を担保とする借金証文が多数書かれているということは，この地域社会ではそれが当然のこととして受け入れられるようになっていることを示している。こうした契約はひそかに行われるのではなく，証人や貨幣鑑定人，証文作成記録者などの

---

20) パガンミェ（パガンの土地の意）はいくつかの証文に出てくる言葉であるが，ここで寺領地と訳している理由は，例えば次のような表現が行われているからである。「…私たちが所有しているパガンのシンマティの寺領地であるマヂーインと呼ぶ種籾1籠半播きの水田2枚…パガンミェであるマヂーインの2枚の水田…」［KLT-Bc, no. 9］ここにいう，シンマティはパガンのシンマティ・パゴダを指している。ビャンヂャ近辺一帯では，パガン時代から寺院・パゴダ建立のいわば聖地であったパガンの仏教施設に寄進された土地をパガンミェと呼んでいたと考えられる。

21) KLT-Bc, no. 2.

複数の会衆の中で結ばれ，記録に残されているのであるから。

　ビャンヂャ近辺で寺領地がその耕作者たちによって借金の担保に使われる傾向が顕著になり始めたころ，ボードーパヤー王政府は1785年，免税地である寺領地の制限を試みて，すでに崩壊して久しいパゴダや寺院の寺領地を王権側に取り戻そうと試みた。しかしこの王政府の試みは，仏教界の最高位にある僧正によって，「寺領地は永遠に寺領地にとどまるものである。その土地が寄進されたパゴダや僧院が滅びているならば，その寺領地はもっとも近い仏教施設に譲渡される」として封じられてしまった[22]。このエピソードが語ることは，何世紀も前にパゴダや僧院に寄進された少なからぬ寺領地が寄進先の仏教建造物を失って形骸化していること，しかしいったん寺領地として記録された土地に関しては，仏教界はそれを手放すことに強い抵抗を示していることである。王権と仏教界の寺領地をめぐる綱引きにおいては，リーバーマンの以下の記述が示すように，16世紀初頭以降は，仏教界による土地支配の衰退が不可逆的に進行していったとみることができる。

> 1500年代初期に，免税の寺領地の問題は，地方における騒乱，政治的変動そして広い分野での商業化の流れによって実質的に緩和された。若干の寺領地はシャン人によって収容され，寄進記録の石刻文の多くが失われた。同時に多くのビルマ人僧侶が寺領を放棄してタウングーや南方に向けて移動した。……このようにして広大な寺領地は非合法だが実質的に寺領から俗人の所有地へと移動した。17世紀の第二次タウングー朝では，仏教施設に対する王および王族以外の一般人による土地寄進を厳しく制限した。コンバウン朝でも引き続き同じ政策が取られ，王による寄進も土地よりも現金でなされた。こうしてパガンとパガン崩壊後の時代を特徴づけていた宗教界への大規模な寺領地の集積という事態は収束した。……それに加えて活発な土地市場の成長により，多くの遠方の寺領地が公然と売られたり抵当に入れられたりした[23]。

　上ビルマが最終的にイギリスによって併合されたのち，編纂された上ビルマとシャン州の地誌には，コンバウン後期には寺領地の中でもパゴダ奴隷が耕作している寺領地は免税されていたが，一般の人々が耕しているような場合には課税されていたとある[24]。

---

22) *ROB*, IV, pp. 120–123, pp. 460–465.
23) V. Lieberman, *op. cit.*, pp. 159–160.
24) *GUBSS*, Part I, Vol. II, pp. 432–433.

また当時の英人の地租設定官の調査報告によれば，かつて石刻文に刻まれた寄進地の面積と実際に寺領地としてパゴダ奴隷が耕作している面積とがはなはだしく異なり，寺領地がやせ細っている例が，チャウセーやミンジャンなどでしばしば見られたという[25]。

　リーバーマンは上の記述の中で，コンバウン時代に土地市場が活発化し，寺領地もまた借金の担保として使用されるだけでなく，売買もされていたという見方を裏付ける根拠の一つとして筆者の前稿[26]を引用されており光栄に思うが，テッガイッを読む数が多くなるにつけ，ビャンヂャ村のテッガイッが表現しているのは，農地流動の最先端の傾向を示した例であり，地方的偏差はかなり大きいということがわかってきた。例えばメイッティーラ地方のテッガイッを用いて書かれたトゥナンダーの論文では364点の農地を対象とする証文を参照しているが，その中に農地の売却証文がまったく存在していないことが明らかにされている[27]。メイッティーラでも灌漑水田の質入れは頻繁に起こっているが，売却には至らず，それに代わって質入農地に関する訴訟文書が数多く出てくる。ここでは農地を開墾者とその子孫に強く結びつける慣習の世界の規範がより強く作用しており，ビャンヂャのように従来の規範が綻びて貨幣経済の力が優勢になってきた地方と対照的な姿を示している。この両極端の間に様々な地方の現実が存在していたと考えるのが妥当だろう。また，次章で見るように農地担保の借金証文の数も急増する時代とそうでない時代の波があり，とりわけボードーパヤー王治世下の後期および，第一次英緬戦争，第二次英緬戦争の敗北のあとなど，敗北に至った対外戦争とその結果が広い社会不安と経済困難を引き起こした時代に目に見えて増加していることがわかる。

　ビャンヂャ近辺の寺領地の質入れに関しては，田頭が寺領地を請け戻した最初の事例のみがパゴダ奴隷が耕作していた土地であり，その他の事例では，すでに何らかの手段で実質的に私有地化されていた土地であったかもしれない。しかし，それらの土地もまたパガンの寺院や僧院への寄進地である，あるいは

---

25) *Ibid.*, pp. 441-444.
26) Teruko Saito, "Rural Monetization and Land-Mortgage *Thet-Kayits* in Konbaung Burma," (A. Reid ed., *The Last Stand of Asian Autonomies: Responses to Modernity in the Diverse States of Southeast Asia and Korea, 1750-1900*, London: Macmillan, New York: St. Martin's) 1997, pp. 153-184.
27) Thu Nandar. *op. cit.*, p. 42.

あったという事実は，地域の中で共通に認識されており，担保として提供される場合にも証文に寺領地であると明記されているのである。

2-3　王領地の移動

それでは，こうした水田を担保とする借金の広がりの中で，王領地はどのように扱われていたのだろうか。直轄王領地を除いた王領地，すなわち役人やアフムダーンへその役務，職掌に応じて下付された扶持地についても同じような事態が起こっていなかっただろうか。17世紀以来，ビルマの諸王は兵士あるいは様々な職能のアフムダーンのグループを編成しては，王国の中でも生産力の高い灌漑地域に土地を下付し，村を作って入植させてきた。王権の維持に必要不可欠な軍事力や特別の技能あるいは物資を提供するアフムダーンは王権にとって極めて重要な存在であったので，その多くが王朝の中心地域のもっとも生産性の高い米作ベルトに入植している。だが，この土地はあくまでも王領地に属し，勝手に処分することはできないはずであった。一方，テッガイッの中で借金の担保になっている農地は，灌漑水田がもっとも多い。そもそも借金の担保にするには農地に価値がなければならない。生産力の高い灌漑地が担保として選好されるのは当然だが，扶持地は王領地であるという制限がなければ借金の担保として珍重されたに違いない。

アフムダーンの役務に対して王領地を下付する制度が廃止されたのは，コンバウン時代後期のミンドン王の時代，1861年になってのことであり，この時大臣から村長，そして将軍から一兵卒に至るすべてのアフムダーンの報酬が定額月給制へと変更された。当初大臣の月給は1000チャッ，最下級の兵士やアフムダーンは6～7チャッと定められたが[28]，移行は必ずしもスムーズに行われたわけではなく，給料の遅配，欠配あるいは米での現物支給などもあった。しかしこの制度変更のはるか以前から，アフムダーンの下付地もまた借金の担保に使用されていたのではないだろうか。

テッガイッでは土地を担保に借金しようとしている人物が自由民アティーか，あるいは王権への役務を世襲的に義務付けられたアフムダーンか，という区別は，明示的には示されていない。ただしアフムダーン組織の中で中位，上

---

28) *GUBSS*, Part I, Vol. 2, p. 483.

位の役職についていれば必ずその地位名が書き込まれるのでアフムダーンであることが明らかになる。ビャンヂャ村が所在するディベイン地方は，ムー川に取水する灌漑水田を要し，多くのアフムダーン人口を抱えていた地方である。シッターンの記録によれば，1763 年には世帯の 55 ％，1802 年には 48 ％ がアフムダーン世帯であったとされる[29]。人口のほぼ半数がアフムダーンだとすると，ビャンヂャ村のテッガイッに表れる土地の中にも扶持地が混じっている可能性は高いのではないかと推量される。

　ビャンヂャのテッガイッのうち，明らかに扶持地が借金の担保にされているとわかる例は 2 点ある。

> 緬暦 1154 年（西暦 1792 年 9 月 3 日），騎馬隊長でマッヂーザウッ（村）のユワザー[30]であるマウン・ネイがシャム遠征に兵を送るため金を必要としています。2 か所の水田を担保として金を貸していただきたい。この土地は騎馬隊長の扶持地として私に与えられた食禄田で，村の北の溜池の下方に位置しています……とビャンヂャ村の寺院建立施主ミ・ドゥンとその息子のガ・ミャットゥに申し出たところ，その申し出どおりに米代金 66 チャッと，2 マッ合金 1 ベイタ 4 チャッ 6 ムー，合計 1 ベイタ 70 チャッ 6 ムーを貸し与えた。これらの土地はミョウの賦課金や耕作費自己負担の条件で騎馬隊長マウン・ネイにロゥッペッとして（刈分け小作の形で）預けられた。貨幣計量，鑑定はパゴダ建立施主ガ・ビャンフム，証文作成はガ・ピュー[31]。

　この証文の中で騎馬隊長は担保に入れようとする水田が，騎馬隊長に扶持地として下賜された食禄地（サーミェ）であることを明記している。扶持地は耕作地，宅地（ロゥミェ エインミェ）とサーミェと呼ばれる他人に貸し出して地代（小作料）を収取できる食禄地がセットになって与えられる。このことは，扶持地の中では，サーミェがもっとも動かしやすい土地であった可能性を示唆しているようにも思える。ただしこのように借金のかたに第三者に差し出すことは制度の上では，もちろん想定されていない。

　また 1792 年 9 月に書かれたこの証文の中で，借金の理由をシャム遠征に兵士を送るため，と述べているので，1785 年のボードーパヤー王の対シャム戦

---

29) W. Koenig, *op. cit.*, p. 245.
30) ユワザーとは特定の村（ユワ）から上がる税収の一定割合を王権から下付されている食邑主を言う。
31) UCL 折り畳み写本 no. 151113.

の大敗北のあと繰り返された対シャム反攻戦に，マウン・ネイも騎馬隊を率いて遠征するよう命じられたのだとわかる。大敗北とたびたびの対シャム失地回復戦は，兵力を消耗させただけでなく，農業生産を減少させ広汎な地域を疲弊させた。人口も減少に転じ，なかでもビャンヂャが属する王国の北部・北西部地方で減少が著しく，1783年から1802年にかけて北部・北西部の世帯数が38％減少し[32]，そのうち，アフムダーン世帯は39％[33]の減少率を示した。人々にとってきわめて苦しい困窮の時代だったことが窺われる。米の費用に66チャッと大金を借りているのは，率いる騎馬隊の部下たちが自分で自分の飯米を用意できない状況にいたからだろう。糧食や馬や武器が整えられない兵士に対しては部隊長がそれを支給するのが慣例であった。ここでは担保の水田の用益権は移動せず，そのまま債務者マウン・ネイに耕作を任せているロッペッの形態をとっているが，マウン・ネイはこれから遠征に部隊を率いて加わるのであるから，水田の耕作は代わりの家族が行なうか，或いは小作に出され，収穫の半分が利息として債権者にわたることになったのだろうと推定できる。

もう一枚，さらに逼迫した雰囲気の証文がある。

> マヂーザウッゴンの住人，ミョウ長官補佐[34]のガ・サンフラが，米櫃の米が尽きてしまったうえ，葬式の費用も払わねばなりません。(借りた) 5籠分の米は食べ尽くしてしまいましたが，その代金として銀25チャッ，そして葬式のための借金20チャッ合金で22チャッ6ムー，合わせて47チャッ6ムーを寺院建立施主マウン・トゥー夫妻に返済すべきところ，現在の私には払えません。私にはカニー騎馬隊の土地の中に，騎馬隊長が担保として入れた種籾3籠播きの水田がありますが，この水田を借金が完済するまでお引き取りになって使ってください，と申し出た。この申し出に応じて，寺院建立施主ミャットゥ夫妻が，47チャッ6ムーでその水田を担保に取る証文を交わした[35]。

ディベイン・ミョウの長官補佐という地方ではそれなりに有力な役職についているガ・サンフラという人物が食用の米を切らし，葬儀の費用も払えず，そのために負った借金を返済期日が過ぎても返せず，万策尽きて新たに他の金貸しに借金を申し込んでいるのである。その担保として差し出そうというのは，

---

32) W. Koenig, *op. cit.*, Appendix 1. p. 241.
33) *Ibid.*, p. 245
34) 原文ではミョウ・サーイェー。長官の下であらゆる実務を担当する副官を指す。
35) UCL折り畳み写本 no. 151107. 日付は西暦1809年6月3日。

かつて自分がカニー（村）の騎馬隊長に金を貸したときに担保に取ったものだ。それがいつのことかこの証文からはわからないが，先のマウン・ネイと同じく，このカニー村の騎馬隊長なる人物もまた借金をせねばならない状況に追い込まれていたことがわかる。また地方有力者の一員で，かつては金を貸す余裕もあった人物がここでも，飯米を切らすような貧困に追い込まれているという窮迫した状況が伝わってくる。

　これらの証文では，担保になっている水田が扶持地であることが明らかだが，このように土地の素性（私有地であるか，扶持地であるか）が明らかにされている例は少ない。しかしアフムダーンもまた借金を余儀なくされる状況に迫られていたことは，アティーに変わりなく，それと明示されていない証文の中にも扶持地が含まれている可能性は大きい。

　アフムダーン階層に属するものとして扶持地下付の対象でもあった村長による土地の質入れも，社会経済状況が悪化した時期には，あちこちで生じていた。少なからぬ証文がそれを物語っている。下に挙げる1例は，その中でも村の土地だけでなく，王による村長職の任命書まで担保に入れているという点で驚かされる。

　　イーン村の村長ガ・ビンが，自分は村に課された様々な責務を果たすために多額の借金を背負ってしまいました，金が必要です。必要な金額10チャッ合金，60チャッ[36]で，自分が所有する田畑と，村長職任命書をお預けします。どうか村を治めてください。あとに私か息子あるいは孫が，受け戻すことが可能になりましたら，この証文に記載された金額と，今後村の責任を果たすために使わねばならなかった費用を合わせて返済いたします，と言って王の印章付きの任命書とともに村の土地を担保に入れた。その申し出に応じ，1154年ダザウンモゥン月白分10日（西暦1791年11月5日）ネイミョウ地方のミンダー・マウンフモンが…合計1160チャッをイーン村の村長ガ・ビンに与えて，村を担保に取った[37]。

　村長は扶持地の下付を受けるだけでなく免税の特権も有していたが，この例のように多くの村人が税負担に堪えない場合，これに代わって税を納めるため，借金することも少なくなかった。とりわけ18世紀末から1820年代の危機

---

36) この数字は，後段の貸付額とかなり違うが，数字の脱落があったと思われる。
37) KLT, Vol 1, Taundwin Hla Pe collection, p. 18.

の時代には，多くの村が廃村になるような危機にしばしば見舞われたため，このような内容の証文が書かれるような状況に至ったものと思われる。

3　農地の流動と大土地所有の形成

3-1　サリン地方のダガウン

　これまで見てきたビャンヂャ村周辺で18世紀から19世紀中葉にかけて起きていた農地の流動化は，この地域特有の現象なのだろうか。あるいはより広範に中央平野部一帯で見られたことなのだろうか。少なくとも灌漑水田の多い地域では，水田を担保にして借金する慣行が18世紀末ごろからは広く行われるようになり，その中からビャンヂャ村のアサウンドオミェの規模をはるかに超えて広大な土地を集積する豪族が複数出現している。その筆頭に挙げられるのはエーヤーワディー西岸のサリン地方の豪族サリンミョウ・ダガウンとして広く知られた四つの家系からなる一族である。前章ではこの一族が保存してきた人身抵当証文を取り上げて，コンバウン時代における債務奴隷契約の実態，その趨勢，社会経済的な意味を考えたが，この一族においてもその金融業の主体は，農地を担保にする貸付にあり，人身抵当証文に比べてはるかに多くの農地関連証文が残されている。

　彼らは，この地方およびエーヤーワディー河を越えた東岸地方でも広く貸付を行い，これらの地方の灌漑地が多く彼らのもとに集まったが，これらの土地は借金のかたに債務奴隷となった農民や小作農らによって耕作され，収穫された籾を貯蔵するための倉庫が村ごとに建てられた。コンバウン後半期におけるダガウンの所有地は，筆頭のドオ・チーニョウ[38]の618 haをはじめとし，ウー・フナウンの226 haまで，21人で合計4680 haに及んだという[39]。巨大

---

[38]　第4章の家系図の中には，メー・チーニョウとしてあらわれている。債務奴隷契約でも土地質入れ契約でも，その母マ・カインと並んで突出して多くの証文に登場する最大の債権者である。現代では普通に使われている大人の女性を表すドオという言葉は，実際には当時のテッガイッの中にはまったく現れず，メーあるいはシンなどの冠称が使われている。

[39]　Kyaw Hmu Aung, *op. cit.*, p. 69.

な経済力を有したダガウン一族は，中央王権との交渉力も有していたようで，ボードーパヤー王の時代，中央から派遣された地方長官の専横を防ぐため，王に毎年3600籠の米を納めることを条件に，水利税や様々な労働力の提供や役人への便宜供与を免除されるように願い出て認められている[40]。こうした行為は，ダガウン一族に限らず地域の農民の負担を軽減するのに貢献したが，ミンドン王の時代には米の代わりに毎年貨幣で毎年5000チャッを納付することとなり，これは従来の籾による納付よりかなり高額につき，そのため当時のミョウダヂーであったダガウンは，王都において黄金やダイヤモンドを質に入れ，この金額を工面することもあったという[41]。

3-2　ウンビェ村の書記長官の一族

ミンムー地方のウンビェ村には，1830年ころまでに金貸しと土地の集積で富を築いたアティーの夫婦がおり，黄金の傘の寄進者，経典保存庫の寄進者，パゴダ建立施主としても知られていた。彼らの婿となったのが，のちに王直属の書記長官と財務官になって位を極めたウー・ヤウッである。ウー・ヤウッはウンビェ出身ではないが，ウンビェ村の役人に任命されたのをはじめとして，シュエボウ，パガン，ミンドンの三代の王に仕え，その間王や妃や皇太后の恩顧を得て，官位の階梯を登っていった。彼は二番目の妻としてシュエボウ王の妃の一人を下されたほど，王との距離を近くしていく。こうした地位を得た人物の周囲には，その庇護を求めて多くの人が集まり，ウンビェの書記長官一家は，この地方一帯のパトロンになる。ウー・ヤウッは官職のかたわら，一生を通じて金貸しを行ったが，彼の子や孫も小姓からはじめて様々な官位に着くと同時に，金貸しを手広く営んだ。彼らが集積した富の具体的数字はわからないが，約10の村に100 haを超える農地を所有し，多くの債務奴隷を擁していた[42]。

---

40)　*GUBSS*. Part. I, Vol. II, p. 432.
41)　Toe Hla, 1987, *op. cit.*, pp. 151-152.
42)　*Ibid.*, pp.138-143. Htun Yee, collected & ed. 1999. *Collection of Thet-kayit*, Vol. I, Toyohashi: Aichi University, p. 45-46.

3-3　ポパ地方のミョウザーの一族

　パガンに近いポパ・ミョウの食邑主であり，副大臣を務めたウー・フモンの場合は，金貸しを営む下級役人の息子として生まれ，1830年代には水軍の士官になった。1840年には伝奏官，そして1842年には副大臣の官位とポパ・ミョウを食邑として与えられた。彼は金貸し，土地取引のほか，農産物や衣類の交易も手がけており，村長や農民に前貸しを与えて作物を買い付け，また王都で売れ残った輸入品の布をシャン州に運んで販売するなど，活発な商業活動を展開して巨富を築いた。ボードーパヤー王の治世下では，水軍の将兵にエーヤーワディー河流域における独占的商権が与えられていたことを考えると，水軍から始まった彼の経歴は財産形成に大きな意味を持ったと思われる。このポパを食邑とする副大臣はきわめて有能な人物であったが，返済できない農民に対しては訴訟を起こし，投獄するなど他の債権者に比べ苛酷な取り立てを行っていたという。その所有地はマダヤー，インドオ，ニャウンヤン，メイッティーラの四つのミョウにまたがり，広大な農地を小作に出して各地に差配人と米貯蔵庫を置いた[43]。

3-4　モンユワ地方のレーズィン村の一族

　レーズィン一族と呼ばれるのは，モンユワ地方にある大きな村レーズィンの村長の家系に属する人々である。レーズィンは，1316年に組織された10の騎馬隊の村の一つであった。第一次英緬戦争（1824～1826年）以前の時代までは騎馬隊の村であり，その長はミンズィー（騎乗の人）と呼ばれていたが，コンバウン後期には，王宮護衛兵のグループとして再編され，長もダヂーと呼ばれるようになった。この村の耕地の大半は，ダヂーと，ダヂーと姻戚関係にある他の二つの家族の所有地あるいは経営地となっていたと言われ，1800～1850年までの間に一族は村内ばかりでなく近在の多くの村の人々と100件以上の土地を担保とした借金契約を結んでいる。一族の所有地は畑も水田もそれぞれ400 haを超えていたとされる[44]。

---

43) Toe Hla. 1987. *op. cit.*, pp. 143-147.

レーズィン村そのものが一つの騎馬隊に割り当てられた村であるということは，村の耕地はそもそもほとんどが扶持地であったと考えられる。貸し付けを通じレーズィン一族が村の大半の耕地と近在の農地を広く集積したということは，騎馬隊や王宮護衛隊の兵士たちが借金を重ねて彼らの耕地を手放したことを物語っている。

　これらの例を見ると，いずれも 19 世紀の前半までに金貸業を通じてかなりの蓄積を果たし，その後コンバウン時代後期にかけて広大な土地や多数の債務奴隷を集積していったことがわかる。出自は世襲の在地首長の家系もあれば，裕福なアティーや下級役人の場合もあり様々であるが，いずれも富の形成の過程で高い身分，地位をも獲得保持している。富は贈り物やもてなしあるいは公然たる賄賂を通じて，高い身分，官職を可能にし，ひるがえってこうした高い地位は富の集積をますます容易にする様々な機会をもたらした。同時に彼らは多くの寄進行為を通じて仏教徒ビルマ人社会での権威や名声をも併せ持っていた。こうした大豪族はその数が限られているが，金貸し自体は無数に，村に必ず 1 人は存在したと言われている。

4　こうした変化の意味するもの

　コンバウン時代の前，中期までに人口の多数を占める地方の村々のレベルまで，どれほど貨幣経済が浸透していたかを厳密に明らかにすることは難しい。ビャンヂャのテッガイッはそのほとんどが借金する理由として，「金が必要なので」とのみ書き，なぜ必要なのかは書いていない。わずかに理由を挙げている例を見ると，飯米を買うため，租税を払うため，借金の返済に迫られて，訴訟の費用を払うため，などがある。そこで他地方のテッガイッをも含めてみると，やはり一番多く現れるのは食べるのに事欠いて米を買うための借金と，税や戦費の支払に迫られての借金である。戦役があるたびにアフムダーンのみならず，自由民アティーからも徴兵が行われたが，ボードーパヤー，ザガイン両王の時代には兵士を出さない世帯からは，3〜12.5 チャッの現金の徴収が行われた。これを払えずに土地や家族或いは自分を担保にして借金している例

---

44)　*Ibid.*, p. 158.

は，数多い。税については，ミンドン王以前は原則として農民は生産物の10分の1に様々な手数料を付加したものを主税として納めることとなっていた。ただし銀による納付も認められていた。漁民，焼き畑耕作者，カレン人，鉱夫などは現物ではなく銀納とされた。また通行税，取引税，裁判手数料などは金属貨幣で納められていた。リーバーマンは王権が収取していた地方からの税の現金納の程度について，コンバウン朝以前の1600〜1752年までに42％，1752〜1802年までには70％に達していたと推計している[45]。

　テッガイッには様々な物の価格が書かれているが，それは田畑から始まって，籾，玉葱，モロコシ，キンマ，唐辛子，タバコ，椰子糖，胡麻，豆類，食用油，塩，茶，絹，腰布（ロンヂー），毛布，牛，水牛，馬，牛車などきわめて多岐にわたっている。これらの品々は都市の常設市場や，5日あるいは15日ごとに開かれる地方の市で商われた。上ビルマには中国商人が頻繁に渡来していたし，シャン高原からの行商人はビルマ全土を旅して商売した。地方の祭りやパゴダ祭りもにぎやかな交易の場であった。アフムダーンの徭役制度がその起源の一端と考えられる特定の職域に特化した職人の村が，広い地域にわたって存在したが，このことも交易を発達させた一要因である。水壺，牛車，鉄製農具，塩，茶，油，魚醬などのいわば必需品も交易を通して手に入ったのである。

　こうして貨幣が農村においても生活の不可欠の要素になっていった過程で，様々な理由で借金を余儀なくされた人々は，その属する階層を問わず，土地を担保に入れて富裕な有力者から金を借りた。こうした過程が進むにつれ，土地はその素性による区別がしだいに薄れて行った。つまりあらゆる土地の私有地化という動きが徐々に進み始めたのと考えられる。

　こうした流れは，第二次タウングー時代に確立し，基本的にコンバウン時代に受け継がれた王権の資源動員システムの根幹に抵触せざるを得ない。軍役から始まって王権の維持に必要なあらゆる種類の物資の生産，技能，労働力を調達するシステムであったアフムダーンの徭役制度では，王から与えられる反対給付は王領地の中の優良地の下付であった。王からの恩賞という衣をまとった土地の下付という意味を，私有地化の流れは薄れさせてゆく。アフムダーンの子供は親の職務を引き継ぐことによって扶持地を相続する権利を得たが，こう

---

45) Lieberman, 1993. *op. cit.*, p. 235.

した相続が何世代かにわたると，その土地が王から下付されたものだという意識も薄らいできただろう。それに加えて貨幣経済の浸透による土地の流動が始まることは，徭役に対する報酬としての土地という本来の意味をますます希薄にしたと考えられる。アフムダーン層の王に対する忠誠心にも影響を与えかねない事態である。こうした意味で，1861年のアフムダーンに対する下付地の給付を廃止し，サラリー制度を導入したミンドン王政府の措置は新しい制度改革というより，すでに地方社会を含めた広汎な地域で進行している事態を追認し，それに制度を適合させる試みと言えそうである。

＊

　ビャンヂャ村の1776年から1843年に書かれた農地関連証文は，その近隣地方一帯で借金を媒介とする農地の流動化がこの期間に激しく進行していたことを明らかに示している。債権者として農地を担保に取っている人々の顔ぶれは，初期には多様だったが，時代が進行するにつれ，王の侍従である一人の有力者に集中していった。他のいくつかの地方で見られた，地位と富を併せ持ち，広大な農地を集積していった豪族の形成過程の一つの具体例と言えるだろう。

　質入れされた農地の種類は，ボババインと呼ばれた先祖伝来の私有地だけではなく，アフムダーン階層に与えられた扶持地，そして寺領地までも含んでおり，この地方ではすべての土地が実質的に私有地として扱われるような事態が生じていたことも明らかになった。

　こうした事態は王国の他の地域でも同時並行的に生じていたのだろうか。ビャンヂャ村の事例は，中央平野部一帯の中にでは，どのような位置にあるのだろうか。それを次章で確かめたい。

＊本章は，池端雪浦編『変わる東南アジア史像』山川出版社1994年の中の一編として書かれた「コンバウン朝下の流動する地方社会」pp. 171-194. を土台にして，新しくビャンヂャ関連資料と確認できたテッガイッを加えて，書き直したものである。対象とする時代が25年ほど遡ってコンバウンの初期にも及ぶようになったが，論旨については従来の見方のままで，変更の必要を感じなかった。

第6章

農地抵当証文と農地の流動

前章では，シュエボゥ地方の一つの村落のテッガイッを資料として，農地とりわけ灌漑水田が，借金を媒介に複数の人々の手に移動してゆく様を見た。従来，土地は開墾者と，それを受け継いで耕し続けてきたその相続者たちと不可分の関係にあって，永続的にその耕地を耕す子々孫々に受け継がれてゆくものと観念されていた。しかし，18～19世紀には，土地もまた他の財や商品のように人の手から手へと移動し始める状況が生じていた。しかもそうした動向は，ボババイン地と呼ばれていた私有地だけではなく，いったん寄進されたら永久に寺領地にとどまると観念されていた寺領地や，王権から職務への反対給付として下され，売却や抵当設定が原則として禁じられていた下付地にも及んでいたことが明らかになった。

　しかし，これは一つの村落の資料にのみ依存した議論だった。王国の他の地域でも同様な現象が進行していたと断言するには足りない。そこで，本章では，コンバウン時代の歴史資料としては，もっとも浩瀚なデータベースであるKUMFとDMSEHを利用して，この時代における借金証文の中での，農地を担保とする借金証文の比重と地域分布を確認する。その結果，18～19世紀には，中部ビルマと北ビルマの低平地，すなわち王国の中心域においては，きわめて広い範囲で農地を担保とする借金が行われていたこと，また借金証文の中で，こうした農地担保の借金が，無担保利子つき借金の数をも上まわり，もっとも有力な形態になっていたことを明らかにする。

　次に農地売買証文を取り上げ，V. リーバーマンのコンバウン時代の土地売買に関する言及，すなわち，かつては王都に居住する社会の上層部だけが行っていた土地売買が，コンバウン時代には圧倒的に地方的になり，多様な社会階層が行っていたという説[1]を検討したい。筆者がこれまでテッガイッを読んできたかぎりでは，農地売買証文は，必ずしも抵当証文のように広い地域にわたって普遍的に見られるわけではなく，特定地域に集中的に見られる現象である。また農地抵当証文[2]に比べ，数も限られている。コンバウン時代において

---

[1]　V. Lieberman, *Strange Parallels: Southeast Asia in Global Contest, c. 800–1830*, Vol. 1, *Integration on the Mainland*, Cambridge University Press, 2003, p. 179.

[2]　先にも触れているが，この章でも農地抵当証文という言葉を一貫して使っているのは，この時代の農地を担保とする借金の中では，その用益権が債権者に移る質入れが大多数を占めているが，債務者がそのまま耕作する契約も含まれているためである。農地質入れ証文という言葉は質入れであることが明らかな個別の証文以外には使用していない。したがってここでも抵当とは，用益権付抵当を含む広義の意味で使っている。

は，多くの地域では，いまだ農地の売却を避けるべく，強力なブレーキが働いていたと考えるべきだと思われる。そしてそのブレーキは，政策や制度的なものではなく，人々の意識の中にある土地と人間の関係性に根ざしていたことを論じる。

　最後に農地抵当証文と総称する証文の中に見られる四つの形態，原証文，重借証文，請戻し証文，債権移動証文を検討し，借金証文の体裁を取りながら，実は借地証文（小作契約）と解されるものがあるという問題を考える。これは，J. S. ファーニヴァルが，「抵当小作」という言葉を使って，はやくも 1930 年代に指摘している点である[3]。この小作契約の実態がどのようなものか，なぜ借金証文の形を取っているのか，さらに一見同じ形態をとりながら，コンバウン時代の「抵当小作」と英領下の「抵当小作」は，果たして同じものなのか，という諸点について考察を加える。

1　借金証文の中で農地抵当証文の占める位置

　筆者が確認できた中で，残存するもっとも古い農地を担保とする借金証文は，コンバウン朝成立直前の 1752 年 2 月 7 日に作成された水田質入れ証文である[4]。その内容は，「マウン・クン夫妻が苗束 500 植えの水田を，王都に住むパゴダ建立施主マウン・フムェ夫妻に，銀 50 チャッと籾米 10 籠，価格にしてユエッニー 7 チャッで質入れした……」というものだ。コンバウン王朝創設者のアラウンパヤーは，この年の 2 月 17 日に自らを王と名乗り即位しているので[5]，そのわずか 10 日前のことになる。新しい王都の建設がシュエボウで始まるのが 7 月であるから，証文の中の債権者であるパゴダ建立施主は，第二次タウングー王朝の最後の王都インワに住んでいたと思われる。

　コンバウン時代以前に農地担保の借金証文が書かれていたという確実な資料的証拠は，この一枚に過ぎないが，証文が残っていない最大の理由は，折り畳み写本の耐久性にあるので，農地抵当証文自体の起源はより古い時代に求めら

---

　3)　J. S. Furnivall, *An Introduction to the Political Economy of Burma*, Rangoon: Peoples' Literature Committee & House, 1937, pp. 94–95.
　4)　KUMF, Reel 60, no. 7, 6.
　5)　*KBZ*, I, p. 52.

れると思われる。しかし，農地を担保とする借金が，普通の村人たちにまでおよび，広範な地域で見られるようになったのは，それほど古いことではないと推定される。この点を確認するため，コンバウン時代における様々な借金様態の中で，農地担保の借金が占める比率とその趨勢を見たのが，表 6-1 と表 6-2 および図 6-1 である。資料としては，鹿児島大学マイクロフィルム（KUMF）と愛知大学ミャンマー社会経済史資料（DMSEH）に含まれる借金証文を使っている。この二つのデータベースは，両者を合わせるとコンバウン朝ビルマの中心地帯である中央半乾燥平野部をほぼ網羅しており，さらにすべての種類の借金証文を含んでいるためである。本研究で使用しているその他の資料集はそれぞれ農地関連証文だけに特化している，あるいは特定地域のデータのみ収集しているなど，収集の段階での選別が行われているため，借金証文の全体像を示すには適当ではなく，ここでは使用できない。

　コンバウン時代の借金の中で農地を担保とする借金の比率を見ると，それは予想をはるかに超えて高いものだった。表 6-1 は KUMF のマイクロフィルム 114 巻の中から，テッガイッを集中的に含んでいる 13 巻[6]を取り上げて，その中の借金証文を対象として，その内訳を見たものである。また表 6-2 は DMSEH の 11 巻の中での借金証文を対象に，その内訳と，地域分布を示している。

　表 6-1 に見る通り，鹿児島大学のデータベースでは，無担保利付借金の証文が 188 点（27.2 %），人身抵当証文 99 点[7]（14.3 %）に対して，農地抵当証文は 403 点（58.4 %）に上っている。DMSEH では，利付借金証文 995 点（33.7 %），人身抵当証文 185 点（6.6 %），農地抵当証文 1639 点（58.1 %）であり，どちらのデータベースでも農地抵当証文が 58 %強に登り，借金の方法として突出していることがわかる。それに次ぐ利付借金証文，すなわち担保なしに現金を借り，元利を現金で返済する方法は，3 割程度，人間を債務奴隷と

---

[6] Reel 番号 第 11, 52, 53, 54, 55, 60, 61, 62, 63, 67, 68, 82, 84 の合計 13 巻。これ以外に少数の借金証文が含まれているのは，第 10, 12, 15, 16, 39, 40, 45 巻であり，その主な収集地域は，アマラプラ，マンダレーなど王都周辺域である。

[7] この 99 点の人身抵当証文を見ると，そのうちの 83 点が第 82 巻に集中しており，その債権者は，第 3 章でみた王都に居住する有力者ミンマハーミンティンヤーザとその親族である。さらにその内容を見ると，83 点のなかで狭義の人身抵当証文はそのうちの 14 点に過ぎず，残りの 69 点が，債務奴隷が同一債権者に新しい担保の提供なしに借金を重ねた重借証文であるので，実質的には人身抵当証文は見かけ以上に数も少なく，地理的分布も限られていると言えよう。

表 6-1　KUMF の中の借金証文内訳　　　　　　　　　　　（点数）

Reel no.	無担保借金	農地抵当原証文 水田	農地抵当原証文 その他*	農地抵当関連証文**	人身抵当証文 原証文	人身抵当証文 関連証文	原典所在地
52	27	38	0	15	1	0	シュエボゥ
53	69	9	0	0	4	0	シュエボゥ
54	29	1	0	0	0	0	シュエボゥ
55	3	1	0	0	0	0	シュエボゥ
60	14	150	11	37	0	0	イェウー
61	4	19	1	11	0	0	イェウー
62	0	1	0	0	0	0	イェウー
63	2	1	0	0	0	0	イェウー
67	15	7	1	6	7	0	マグエ，サグ
68	0	0	0	0	0	0	サグ
82	13	15	3	1	14	69	国立図書館
84	12	38	1	36	2	2	同上，文化省
小計	188	280	17	106	28	71	
合計		農地抵当		403	人身抵当	99	

注：*この表では最初に作成された原証文と関連証文を分けて表示。関連証文の中には，重借証文，請戻証文，債権移動証文が含まれる。
　　**農地のその他の項目には，畑地，カイン地（沖積地，中洲），果樹園，地目不明が含まれる。
出典：KUMF の中の借金証文を含む 13 巻について筆者作成。

して提供して金を借りる人身抵当証文は，1 割前後にしかならない。二つのデータベースの合計数で見ると，農地抵当証文 58.2 ％，利付借金証文 33.7 ％，人身抵当証文 8.1 ％となる。コンバウン時代には，農地質入れによる借金が過半を占め，農地が借金をする際のもっとも重要な担保になっていたことがわかる。

　ちなみに，当時借金と同様に広く行われていたと考えられる借米と比較してみると，KUMF では上記と同じ第 13 巻の中に，籾米を借りて元利を籾米で払うザバーチーと呼ばれていた借米証文が合計 192 点見られ，これは元利とも現金で払う借金証文の 188 点をわずかに上回るが，農地を担保とする借金の数にははるかに及ばない。金を借りて米で元利を返すザバーペーと呼ばれた方法での証文は，わずか 12 点のみ見られた。一方 DMSEH では，ザバーチーとザバーペーを合わせて全 11 巻の中に 92 点の証文が見られるが，無担保借金と比べても，農地質入れによる借金と比べても，その数はきわめて少ない。植民地

表6-2　DMSEHの中の借金証文内訳　　　　　　　　　　　（点数）

	無担保借金	農地抵当	人身抵当	原典所在地
第1巻	164	237	6	モンユワ, マンダレー
第2巻	6	1	11	マンダレー
第3巻	67	111	66	サリン, メイッティーラ, マンダレー
第4巻	82	149	21	サリン
第5巻	277	291	34	サリン, ピィー, メイッティーラ, マウビン
				ウンドゥイン, タッコンシュエ, マライン
				ダウェー
第6巻	62	249	21	メイッティーラ, ウンドゥイン, マライン
				シンビューシン
第7巻	46	119	0	メイッティーラ, マライン
第8巻	5	40	0	ウンドゥイン, タッコン, マライン, ターズィ
				チャウパダウン
第9巻	164	191	16	サレー, マライン, ターズィ, マダヤー, ヨー
				チャウパダウン, サリン, サグ, インレー
				カニー, マンダレー, ダダウー
				ミンブー, メイッティーラ
第10巻	14	55	2	マンダレー, ピョーブエ
第11巻	108	196	8	ウンドゥイン, アマラプラ, マンダレー
				ピョーブエ
合計	995	1639	185*	

注：*この中には証文の重複が9点見られたので、実際の数は、176点となる。
　　この表の中では、農地抵当証文の中に、請戻し証文、重借証文、債権移動証文などは含まれていない。農地抵当の原証文のみの数である。
出典：DMSEHウェブ公開されている第1〜11巻から筆者作成。

　時代、とりわけデルタ米作農民の没落が顕著になってゆく1920年代以降、しばしばイギリス人官吏によって、零細な農民が貧困から抜け出せない主要な原因が、王朝時代以来の悪習であるザバーペーにあると指弾されているのだが、コンバウン時代には、実はこれは非常に限られた慣行であったと言わねばならない。もちろん、ザバーペーでは証文が作られなかったというような事情があれば話は別だが、零細な借金や借米でも、また親戚、家族の間でさえこまめに証文が書かれている当時の社会の中で、ザバーペーに限って証文が書かれなかったとするのは不自然であり、実際にザバーペーが少なかったと考えるほか

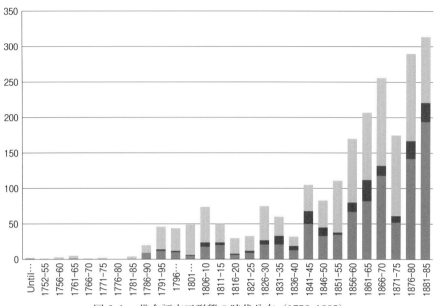

図 6-1　借金証文三形態の時代分布（1752-1885）

上から順に農地抵当，人身抵当，利息付き借金。
出典：DMSEH および KUMF の借金証文データより重複分と日付部分の判読ができないものを除いた 2242 点について，筆者作成。証文の冒頭に来る日付部分の破損や消滅は予想を超えて多く，表 6-1，6-2 の合計数字とこのグラフで用いた数字に差があるのは，主としてこのためである。

ない。

　図 6-1 は，借金の中の三形態，すなわち農地抵当，人身抵当，そして無担保の利息付き借金の時代的推移を見たものである。農地を担保とする借金が，第 1 章で見たビルマ王国の危機の時代の冒頭，シャム戦への大敗北を喫した 1785 年以降に急速に増えたことがわかる。その後 1875 年までの 90 年間は，1840 年代前半を唯一の例外として，農地を担保とする借金が全借金の中で最多を占めている。しかし，コンバウン朝最後の王ティーボーの治世下（1878 ～ 1885 年）では，利息付借金が急速に増え，農地担保による借金を凌駕するようになった。英領下ビルマへの大量の人口流出や，弱体化するビルマ王政府に対するシャン地方の度重なる武装反乱など，政治，経済いずれの面でも混乱期であったこの時期には，借金の様態にも変化が生じていたことがわかる。その理由としては，安定的な営農が損なわれつつあった，あるいはすでに担保に入っている農地が多くなり，新たに担保として提供できる農地が減少してきたので

はないかなど，いくつかの要因が推測されるが，確かな結論を得るためには，さらに具体的な資料の発掘と検証が必要である。

　農地の移動に対しては一貫して不干渉に終始してきたように見えるコンバウンの歴代王政府の中で，例外的に1883年ティーボー王が，地域を問わず，社会階層を問わず，土地の質入れ，売却を一切禁じるという内容の勅令を出したとする研究書があるが[8]，網羅的な勅令資料集である全10巻の『ビルマ王勅令集1598-1885年』（ROB）にはこの勅令は含まれておらず，同書の中でもこの勅令の出典が示されていないので，今一つその存在が確認できない。こうした勅令が実際に出されていたとしても，すでに1870年代後半から無担保利息付借金が，農地担保による借金を上回って増加しているのでこの勅令の影響によって農地担保借金が抑制されたと考えることはできない。

　さて，コンバウン時代の中期以降には，借金の担保としてもっとも多く使用された農地だが，その中でもとりわけ重要な担保は水田に他ならない。表6-1のKUMFの中の農地抵当証文をみると，水田を担保とする証文が280点，その他の土地を担保とするものが17点で，圧倒的に水田が多い。表6-3のDMSEHのデータでも，水田が農地抵当証文総数の1639点の中で，1387点（84.6％）を占める。水田と畑が同時に担保に供されている52点を加えれば，その数は農地抵当による借金の87.8％を占めており，水田がもっとも安全かつ有利な担保として選好されていることがわかる。担保とされた水田が灌漑田か天水田かについては，個々の証文の中では必ずしも明らかに示されていないが，王国の中心域である半乾燥地帯，すなわち天水による水稲栽培が一般的に困難な地域から発見，収集された証文が大多数なので，その多くは河川あるいは溜池からの灌漑水田であると推定することができる。

　担保としての畑は水田に比べると少ないが，表6-2と表6-3では，畑地のみが担保となるケース182点と水田とともに担保となっているケースが52点あり，合計では234点となり，人身抵当証文の数を上回っている。したがって水田の重要性に比べると大差があるが，それでも畑地は水田についで重要な質草であった。水田に比べ水掛かりの劣る周辺地に作られた綿，あるいは傾斜地の

---

8)　斎藤照子「18-19世紀上ビルマ土地制度史——規範と現実：その予備的考察」『アジア経済』30巻5号1989年5月, p. 13. ただし, Ba U, *Myanmar Ok-chok-ye Pyinnya*（『ビルマ王朝統治論』）Mandalay: Pahoshi Thadinsa Taik, 出版年不明 p. 155. からの引用。

表 6-3　担保とされた農地の種類（DMSEH）　　　　　　　　（点数）

	水田	畑地	水田+畑地	果樹園	地目不明	合計
第1巻	232	5	0	0	0	237
第2巻	1	0	0	0	0	1
第3巻	101	9	0	0	1	111
第4巻	147	0	0	0	2	149
第5巻	249	29	7	0	6	291
第6巻	182	39	21	0	7	249
第7巻	70	31	17	0	1	119
第8巻	19	18	2	0	1	40
第9巻	188	3	0	0	0	191
第10巻	29	22	4	0	0	55
第11巻	169	26	1	0	0	196
合計	1387	182	52	0	18	1639
構成比（％）	84.6 %	11.1 %	3.2 %	0 %	1.1 %	100 %

出典：DMSEH　第1-11巻　筆者作成。

　焼き畑などでも栽培された胡麻，新しい商品作物であるピーナッツなどは，自給用作物としても，現金収入をもたらす商品作物としても重要な意味をもち，それらを栽培することのできる畑は充分質草たり得た。

　その一方，新大陸由来の作物，トマト，なす，たばこなどの商品作物の栽培に適した肥沃な河川の中洲あるいは岸辺にできる沖積地(カイン)の担保が非常に少ないことも注目される。またその樹液から黒砂糖を作るオオギ椰子，マンゴーなど，中部平原の特産物であり古くからの有力な現金作物を植えた果樹園の担保もきわめて少ない。高収益を上げていたこうした農地が担保にほとんどならなかったのは，なぜだろうか。

　DMSEH の中で果樹園地が担保となっているのは，わずか1例のみ，サリン地方のダガウン文書の中の1枚で，緬暦1197年（1835年），マウン・シュエマウンとマウン・ピューという兄弟が果樹園地とそこにある果樹すべてを，ダガウン一族のミンゼーヤ・シュエダウンチョオ夫妻に質入れしたとある[9]。この証文が書かれた背景は不明だが，恐らく何らかの事情に迫られ，多額の現金が

9）　DMSEH, Vol. 3, 2061 (STM-KT, no. 26 〜 28).

必要になり，数種の果樹を含む果樹園地をまるごと質入れしたものと考えられる。一般的には商品価値の高い果実をつけるオオギ椰子，ココ椰子，マンゴー樹などの果樹では，個別の樹木を質入れすることができ，こうした樹木を担保とする証文をしばしば目にする。例えば，1865年のある証文[10]では，マウン・サンミンという人物が自分のマンゴー樹を近隣の村人に「3年3作」の条件で預けて，銀貨20枚を借りている。つまり，債権者がこのマンゴー樹から3年間収穫した後にのみ，請戻しができるという条件である。果樹園ではなく果樹そのものが担保になりえたことが，果樹園地が担保にならなかった主要な理由だと思われる。

　カイン地については，KUMFの13巻の中でその質入れを3点見出すことができる。このように数が非常に少ないのは，この土地が雨期に水没し，乾季に現れる中洲や川岸に接した沖積地であり，毎年，その形状，面積が変化するだけでなく，場合によっては洗い流されて失われることもある土地だったからである。そのため借金の担保になることは極めて少なかったように思われるが，1849年のイェウー地方の証文[11]では，「コッ・ターサンが村の北西に位置するカイン地をエーヤーワディー河に接するまで，パゴダ建立施主のウー・タートゥエー夫妻に質入れする」とある。もう一枚のイェウー地方の1861年の証文[12]は，「マウン・マーがチービンと呼ぶカイン地をマウン・シュエコン夫妻に銀20チャッで，「3年3作」の条件で質入れする」とある。債権者が三年間，この土地を使用し，収穫を利息として受け取るという意味の条件であるから，このように質入れされるようなカイン地はかなり安定した，毎年必ず乾季に出現する土地だったと思われる。常畑に近いようなカイン地であれば，このように質入れされても不思議ではない。カイン地は毎年河川が上流から運ぶ土砂で土地が肥沃であり，たばこやトマト，ナスなど当時の新しい商品作物の栽培に適していて，その入手は大きな魅力を持っていた。カイン地の利用に関しては，村レベルのルールが定められている場合もあったが，このように私的な排他的な利用が確立していた場合もあったことがわかる。

　以上，担保にされる農地の地目をみると，中部平原地帯では主食であると同

---

10)　C-DATS, 2005, no. 566.
11)　KUMF, Reel 60, no. 15, 14.
12)　KUMF, Reel 60, no. 11, 32.

時に，商品としても高い価値を持つ米を生産する水田の経済的な重要性が際立っており，担保としてもっとも望まれていたことがわかる。

2　農地抵当証文の地域分布

　次に農地抵当証文の地域分布をそれぞれのデータの原典所在地から見てみよう。原典所在地と資料の関係は，一般的にいえば，僧院に保管されていた文書の場合，地元の地域社会と密接なつながりを示し，当該地域の文書が集中的に納められているのに対し，郷土史家，大学，個人のコレクションは，地域とのつながりはやや薄められ，他地域の文書も含まれがちである。さらに国立図書館，博物館などに収集されている史料は，全国的な収集活動や，コレクションの購入の所産であるから特定地域とのつながりはより一層薄くなる。

　KUMF のテッガイッを集中的に含んだ 13 巻のうち，第 52, 53, 54, 55 巻はシュエボゥ地方で主として僧院から集められた写本，第 60, 61, 62 巻は，シュエボゥに隣接するイェウー地方の僧院あるいは郷土史家の収集した写本，第 67, 68 巻は，中部ビルマのマグエおよびサグ地方の写本である。第 82, 84 巻は，ヤンゴンの国立図書館および文化省所蔵の写本であり，この中には，シュエボゥやマンダレーで書かれた写本と特定できるものと，どの地方から収集されたか判明しない文書も含まれている。総じてこの KUMF のテッガイッ資料は，シュエボゥを中心とする地方の文書の割合が高く，そのほかに中部ビルマのエーヤーワディー沿岸地帯，そして中心的都市マンダレーと，国立機関に収集保存された各地の写本の中の証文である。

　このように KUMF の中の借金証文分布は，地域的にはシュエボゥ，イェウー近辺に偏りがあり，それにマンダレーと中部ビルマのエーヤーワディー沿岸地帯を加えた地域からのものである。前章で取り上げたビャンヂャ村も地図に見るとおりイェウー近在のディベイン地方に所在する。

　次に DMSEH の証文の原典所在地をみると，表 6-2 のとおりはるかに広い地域に資料収集が及んでおり，王国の中核地帯を超えて，シャン高原のインレーや，エーヤーワディー西岸地方のヨーまで含まれていることがわかる。さらに，上下ビルマを分かつ境界線上に位置するピィーやマルタバン湾沿岸のダウェー，そして下ビルマ・デルタ地帯の中心部に位置するマウビンの資料もあ

る。しかし，その内容をみるとピィーの写本は，この町に所在するシュエボゥンプイン図書博物館所蔵のコレクションであり，必ずしもピィー地方で書かれた証文とはいえず，むしろサリン地方を中心にエーヤーワディー沿岸の中部地帯の証文が多数含まれている。マルタバン湾に面するダウェーの数点の写本も，ダウェー博物館のコレクションであり，その内容は無担保利子つき借金に関するもの[13]であり，農地抵当証文ではない。下ビルマのデルタ地帯に位置するマウビンの資料[14]もまた僧院に所蔵されていた無担保利子つき借金の証文である。水田質入れ証文と水田交換証文が一枚ずつあるが，それは英領時代1890年代に書かれたものである。

　こうしたことから，農地抵当を含む借金証文が盛んに書かれていたのは，コンバウン王朝の中央低平地一帯であり，王都を中心にして山地地帯のすそ野の高原まで含む広い地方であったことがわかる。人口が比較的少なく，下流部はジャングルに覆われていた下ビルマについては，王朝時代（下ビルマでは1852年までとなる）には農地抵当証文がほとんど書かれていなかったと推定できる。英領下に入って米の輸出が自由化され米作地が急速に拡大してゆくようになるまでは人口密度が低く，天水によって稲作が可能な湿潤なデルタ地帯では，広大な未開墾の荒蕪地が広がり，土地それ自体は稀少な財とは意識されていなかった。前近代東南アジア社会の特徴の一つとして挙げられる「豊富な土地と稀少な人口」という言葉は，下ビルマについては当てはまる状況だったと言えよう。

3　農地抵当と農地売買

　これまでコンバウン時代に農地が借金の担保としてもっとも多く使用されるようになったことを，上ビルマの中部平原を中心にした広い地域から収集された農地を担保とする借金証文から見てきた。ここでは，担保としての提供からさらに進んで，農地の売買もまた頻繁に発生していたかどうかを検証してみた

13）　DMSEH, Vol. 5, no. 0621, 0645, 0652, 0655 など。
14）　マウビン郡のマーン僧院所蔵文書。DMSEH, Vol.5, no. 0728, 0729, 0801, 0792（1890年英領期の水田質入れ証文），0802（英領期1897年の水田交換証文）。

い。

　タウングー時代を対象とした研究によってビルマ前近代史研究をリードしてきた V. リーバーマンは，東南アジアの 9 〜 19 世紀をユーラシア全体の歴史の中に位置づけた壮大な近著の中で次のように言っている。

> かつての碑文では，王都の地銀をもつエリートたちが（土地売買）に関係していたが，コンバウン時代の商業活動の担い手は社会的に多様であり，圧倒的に地方的であった。地方首長に委託されていたアティーの共同的権利によって土地の移動が妨げられていた 15 世紀に比べて，コンバウン時代の土地売買証文は，そのような制限が劇的に減少していたことを示している。王権もまたアフムダーンの事実上の土地処分をあからさまに妨げるようなことはなかった。言い換えれば個人の所有権と，契約によって処分する権利を持った販売可能な私有地という制度が，限定的であれ，現れてきたということである[15]。

[カッコ内筆者補足]

　筆者はこの指摘に基本的に同意する立場だが，リーバーマンがここで指摘していない点もまた重要だと考えている。コンバウン時代には，民間の土地の移動に関して，中央の王政府，そして地方統治者ともに規制を加えることなく，黙認していたことは間違いない。しかし統治行政権力ではなく，ほかの力が農地の売買を強く牽制していたことに注意を向けたい。それは慣習法律書（ダマタッ）にも記載され[16]，かつ人々に広く共有されていた観念，すなわち農地は開墾者とその相続人に未来永劫にわたって所属するという観念であり，この観念は，土地を借金の担保とすることに対しては，ほとんど抑止的に働かないが，土地の売買に対しては強力なブレーキとなったと考えられる。こうした慣習，観念の存在が，農地売買証文の数，地域分布，証文における特別な言語などに反映していることを見てみたい。また次章で扱う，農地をめぐる紛争の発

---

15) Lieberman, 2003, op. cit., p. 179.
16) マヌヂェ・ダマタッでは，第三巻 4 節で「農地の買入れや売却が行われても，それはもとの所有者あるいはその子孫が望めば買い戻せる」とする。D. Richardson, *The Damasthat, the Law of Menoo, translated from the Burmese, XIV vols. in One*, Rangoon: The Mission Press, p. 71-72. より古く，モンの諸王によって取り入れられたとされるワガル・ダマタッでは，第 7 章で「貧困のため家や土地を売らねばならないものはまず，共同相続人にそれを購入することを求めるべきである。土地の購入者が貧しくなり購入地を売らねばならない時には，まず所有者に買い戻しを打診せよ」とある。*Manu Dhamma That-htan kho Manu Dhamma That Kyan: King Wagaru's Manu DHAMMASATTAM*, Rangoon: Supdt., Govt. Printing and Stationery, 1934, p. 19.

生原因の一つは，土地の移動を促す経済要因と，強固に残る慣習や観念との間の矛盾にあると考えられる。

　まず，農地売買の頻度がどれほどのものか，そしてどのような地域に生じているかを見よう。KUMF の 13 巻の中で，農地が売買されている例は 61 点を数え，そのほとんどは水田である。重借証文など関連証文を除いた農地質入れ証文の数は，297 点なので，農地売買の件数は，売買と質入れを合わせた農地取引の中の 17％に当たる。頻繁に農地の売買が行われていたと言うには足らないが，無視できない程度には売却による農地移動があったことがわかる。しかしこれらの農地売買証文の地方別分布を見ると，35 点がシュエボゥ，イェウー地方，12 点がマンダレーとなり売却件数の 77％を占め，残りの 14 点がその他の地方に散在しており，特定地域への集中が顕著である。

　一方，DMSEH の中では表 6-4 に挙げたように 178 点の農地売買証文が見られた。これを農地質入れ証文 1639 点と比較すると，その発現頻度はいっそう少なく農地取引の 9.8％にしかならない。さらに，農地売買証文の原典所在地をみると，表 6-4 のとおりでサリンと対岸のチャウパダウンが 71 点と 60 点でこの 2 地方だけで農地売買証文総数の 73.6％を占めていることがわかる。次いでマンダレーが 16 点で 9.0％を占める。これを KUMF の資料と合わせてみると，農地売買がある程度行われていた地域は，ムー川流域のシュエボゥとイェウー地域，サリンとその対岸に位置するチャウパダウン，そして都市マンダレーであることがわかる。

　少し内容に踏み入ってこれらの農地売買証文を見てみれば，KUMF のマンダレーにおける農地売買証文は，ここに王都が定められたミンドン王時代以降に，農地獲得に積極的であった王族や高官によって購入された農地の事例がほとんどである。チャウパダウンの証文の多くは，サリンのダガウン一族のいずれかの人物に水田を売った記録であり，サリン・ダガウン一族がエーヤーワディー対岸のこの地方にも積極的に金融を行い，農地を集積していたことを示している。シュエボゥ，イェウー一帯は，古くパガンの時代から，しばしば灌漑水田が王族によって購入され，パゴダや僧院に寄進されていたことで知られ，農地売買の古い歴史を持っている。このことが他地方に比べ，農地売買への人々の心理的抵抗を減じていた可能性があるかもしれない。ビャンヂャ村の例に見るごとく，この地方でも，金融を通じて農地を集積する有力者がコンバウン時代に台頭しており，彼らが農地購入の主役となっている。

表 6-4　DMSEH の農地売買証文（地域別分布）

地域名	水田	水田＋その他	畑	カイン地	果樹園	合計
マンダレー	15			1		16
モンユワ	2	1	2			5
サリン	64	5			2	71
マライン	3		1			4
マウビン	1					1
メイッティーラ	4	2				6
レーガイン*	0		2			2
ウンドゥイン	1					1
チャウパダウン	60					60
ミンブー	3					3
ターズィ	1					1
ラウンシェ	1					1
サグ	1					1
カニー	1					1
ピィー**	3					3
不明***	2					2
合計	162	8	5	1	2	178

注：＊レーガインの文書は農地売買文書と書かれているので表に含めたが，内容を見ると宅地付き畑の期間限定使用権を売っているもので，所有権売買とは言い難い。
　　＊＊ピィーの文書は図書博物館収蔵のもので，文書自体はピィー地方のものというわけではない。
　　＊＊＊クンラッ村という村名のみわかるが，どの地方か特定できず。
出典：DMSEH 第 1-11 巻，筆者作成。

　以上のように，農地売買は質入れと異なり，特定地域に集中的に生じていた現象であり，質入れのように広い地域で頻繁に行われていたわけではない。

　農地の売買が，ある程度目につく現象になったのはいつ頃のことだろうか。二つの資料の農地売買証文をコンバウン朝の初代以降各王の治世ごとにまとめた表 6-5 をみると，コンバウン中期以降に農地売買証文の数が急増していることがわかる。資料の性質上，新しい時代のものほどよく残る可能性があるにもかかわらず，中期のボードーパヤー王，バヂードー王の時代にもっとも多い農地売買証文が残っている。中期に証文点数が増大するのは農地質入れ証文と同じだが，売買証文の場合には中期以降にはむしろ 1 年あたりの点数が減少していることが注目される。後代に行くほど農地売買が頻繁になるような傾向は，

表6-5　農地売買証文の時代別分布

		KUMF	DMSEH	合計	点数／年
コンバウン朝成立以前		1	0	1	
アラウンパヤー	1752-60	0	0	0	0
ナウンドーヂー	1760-63	2	0	2	0.7
シンビューシン	1763-76	2	1	3	1
シングー	1776-82	0	3	3	0.5
ボードーパヤー	1782-1819	3	83	86	2.3
バヂードー	1819-37	18	31	49	2.7
タヤワーディ	1837-46	8	2	10	1.1
パガン	1846-53	1	2	3	0.4
ミンドン	1853-78	15	25	40	1.6
ティーボー	1878-85	2	9	11	1.6
英領期	1886-	3	12	15	
日付破損，不明		6	11	17	
合計		61	179	240	

出典：KUMF, DMSEH, 筆者作成。

これらの資料の限りでは見て取れない。一方，質入れ証文は，コンバウン後期のミンドン，ティーボー王の時代に再び急増している。農地質入れ証文と農地売買証文では，その出現頻度，地理的分布，時代別分布のいずれにおいても大きな違いが見て取れ，農地の質入れと売買が同時に広く進行していったとは言えないのである。

　すでに何度か触れているように証文の中で使用されている言葉が，農地売買証文の場合には，特別な表現になっている点にも注意したい。農地が売買される時には，「売る―買う」という言葉の前に「最終的に所有権をも」，「子々孫々まで」，あるいは「寺院を建立し僧院を建てるように」などの言葉が置かれていて，普通の商品の売買とは明らかに異なった行為であると観念されているのである。また土地の元所有者の子孫たちへの相続を断つという意味ととれるが，「系統を断つ」という言葉をつけることもある。農地の売買にこうした言葉が使用されるのは，売買行為によって，その土地と元所有者の関係が直ちに失われるわけではないことが共通の認識としてあるからである。農地の元所有者とその子孫にいわゆる農地の先取買戻し特権があることは，マヌヂェ・ダ

マタッやより古いワガル・ダマタッにも明記されていた[17]。第3章で触れたようにダマタッは厳密な意味での法律ではなく，ダマタッに記載があることが，現実にこうした慣習が成立していた証明とはならない。しかし第8章でみる質入地をめぐる訴訟事件の具体例が示すとおり，質入地はどれほど時間が経過しようとも，開墾者とその相続人つまり子孫たちに優先的に請け戻される，あるいは借金が未返済でも，債権者は，旧所有者たちの同意なしに第三者にその土地を転売することができないとする先取買い戻し特権は，広く認められ，尊重されていたのだった。こうした中で行われる農地の売買であったからこそ，土地を買い取るものの損失を防ぐために，売却という行為に特別の用語を使って約束の意味をさらに重くして証文が書かれているのである。

こうした言葉の使用は，ビャンヂャの村のあるイェウーやシュエボゥ地方だけの慣習ではなく，他の地方でも同様である。例えば，緬暦1217年（1855年）のサリン地方のある証文では，以下のように書かれている。

> ナウンドー村の元村長であるマウン・チューとその妹シン・ミンベーが，祖父母が質入れしていた水田の最初の借金額と，その上に重ねてきた借金額を合わせて，最終的に"寺院を建立し僧院を建てるように"ダガウンのマ・カインの娘マ・チーニョウに売却した[18]。

それでは，農地が売買されるのはどのような場合だったのだろうか。証文に見る限り，もっとも多いのは，上の例のように借金を重ねてゆき，その総額が土地の価値を上回るほど嵩んで，最終的に売却するに至るという道筋である。それでも農地の売却自体は可能な限り回避され，借金の返済に迫られ，しかも返済が不可能な場合には，まずより多くの金を貸してもらえそうな他の人物を探して，質入れ先の変更を図るなどの手段が模索された。こうして財力に富んだ家には，多くの質入れ農地が集積してゆくことになった。

---

17) 例えばマヌヂェ・ダマタッでは，その第三巻の4条で「水田，畑地，果樹園などが借金の担保として債権者に渡された時，あるいは完全に売却された時でさえ，債権者はそれらの農地に完全な権利を持つものではない。もし元来の所有者あるいはその相続人が買い戻しを要求すればそれにこたえなければならない」としている。Richardson, *op. cit.*, p.71. ワガル・ダマタッもまた，その第7章86条において「土地の購入者が貧しくなりそれを売らざるを得ない時には，最初にもとの所有者に購入を打診しなければならない」とある。Wagaru's Dhammasattham, *op. cit.*, p. 19, p. 21.

18) DMSEH, Vol. 4, no. 0203.

重借証文を何枚も書いて借金が嵩んだ挙句の売却，すなわち借金の積み重ねの果ての売買ではなく，いきなり田畑の売買が行われていると推測される例は少ない。マンダレーで多くの債務奴隷を抱えていたミンマハーミンティンヤーザ夫妻の折り畳み写本のなかでは，彼らとその姪ピンティッカウンティン王女が，多くの王族あるいはその子孫から大規模に水田を買い取っている様子が窺われるが，その中にはいきなり水田を買ったように見える例がいくつかある。例えば，タイ式歌謡の作者として高名なピンズィー王子の息子から54枚の田をユエッニー498チャッで「パゴダを建立し，僧院を建てるように最終的に」買い取った[19]，などとあり，この写本ではこの記述の前に同一人物による借金証文や重借証文がまったく発見されないので，直接水田の売買があったような印象を持つ。しかし実際には，父であるピンズィー王子の代から方々に借金を抱えていた家系であり，息子は多くの水田を相続したものの，それらはすでに質入れされている田が多く，その借金を返済するためにミンマハーミンティンヤーザ夫妻に多くの水田を売却せねばならなかったのである。同夫妻の証文の中には，第三者に質入れしてあった水田を同夫妻に債権者変更すると同時に最終的に売却するという内容の証文も複数見られる。同一債権者に対する借金とは限らないものの，農地を質入れしてその上に借金を重ねたあげくの売却という点では，変わりない。

　もう一つの田畑の処分の理由としては，均分相続の結果の田畑の細分化が極端に進んだ場合がある。すべての子供に均等に遺産が配分された結果，自分の持ち分だけでは耕作ができないほど狭小になった場合，自分の取り分を他の相続人に売却する，あるいは相続人がまとまって水田を他者に売却するような例が見られる。

　1836年のメイッティーラのある証文では，共同相続人の中の一人が他の相続人一同から水田畑地を購入している[20]。また，1810年のサリンの証文では多数の相続人が一団となって，ダガウンマのメー・ヤと僧院建立施主マウン・コーに水田を所有権ごと売却している[21]。

　以上見てきたように，農地の質入れと売却の動きは，コンバウン時代において必ずしも同時進行していたわけではなかった。質入れが地域的にも広範に広

---

19) KUMF, Reel 82, no. 8, 20.
20) DMSEH, Vol. 7, no. 0478.
21) DMSEH, Vol. 4, no. 0034.

がり，数の上でも他の借金形態を圧倒して増加していったのに対して，農地の売却は，王都周辺や，シュエボゥ，サリンなどの地域，つまり財と地位とを兼ね備える有力者が積極的に土地や人間を集め，金融と農業経営およびその作物の販売を通じて富を形成しているような地域に集中した現象であり，それらの地域においても質入れに比べて売却の数は格段に少なかった。シュエボゥやサリンを上回る大規模灌漑を擁した穀倉地帯だったチャウセーについても，同じような現象があった可能性もあるが，残念ながら第二次大戦中の戦火の被害で多くの寺院が破壊され焼失したチャウセーでは，テッガイッの収集がなかなか進まない。植民地統治初期には，チャウセーの寺領地の多くが王朝時代にすでに私有地化されて売却されていたという報告があるが，これが，いつごろからどのように始まった動きだったかは不明である[22]。

そのほかの地方では，農地の売却はごくわずかな例が見られるだけで，むしろ例外的な事態にとどまっていた。貨幣が社会のあらゆる階層に浸透してゆく中でも，農地については，単なる商品に還元できない，開墾者とその子孫に強く結び付けられた特別なものだという観念が広く共有されていたためである。

4　農地抵当証文の解釈をめぐる問題

コンバウン時代のビルマ語では，じつは「農地」抵当証文という言葉は存在せず，「土地」抵当証文という言葉があるのみである。そもそも，稲作，畑作，焼き畑などを一括して農業という産業として括る観念が存在しなかったので，農地という呼び方もなかったのである。したがってそれぞれの証文は，水田抵当証文，畑地抵当証文などと地目ごと別々に呼び慣わされていた。本稿では，現代の用例にしたがってこれらの土地を便宜上，農地と呼ばせてもらっている。

---

22) 植民地時代のチャウセーの農地質入れ証文については，水野明日香「植民地期の上ビルマ一村落における農地の所有と質入れ——チャウセー県の事例」『東洋文化』第82号　2002年3月 pp. 165-180. がある。同論文で挙げられている1948年の農地質入れ証文はコンバウン時代のテッガイッと極めて似た様式で書かれていることが注目された。また10～20年の長期間にわたり質地の請戻しが認められたとあり，英領下でコメ輸出基地と化した下ビルマおける質入農地の扱いとの大きな違いが認められる。コンバウン時代の農地質入れをめぐる慣行が，部分的とはいえこれほど長く保たれていることに驚きをおぼえる。

さて農地抵当とその関連証文には，先にも見たように，最初に書かれた原証文と請戻し証文，債権移動証文，重借証文と大きくいって4種類があった。さらに，決して多くはないが，農地抵当証文そのものの売買においても証文が作られていた。通常の財貨であれば取引と決済が一度に済めば証文は必要ないが，農地抵当証文の売買になると，将来様々な問題が引き起こされる可能性もあったからである。しかし農地抵当証文そのものが売買された例は，実際には非常に数が少なく，KUMF の中に4点[23]，そして前章のビャンヂャ村のテッガイッの中に4点見られたのみで，しかも KUMF の4点で1842年から1845年にかけて証文を買い取っているのは，前章に登場したあのアサウンドオミェに他ならなかった。ということは前章で見たビャンヂャ村における農地の激しい流動は，コンバウン時代のビルマ社会でも最先端の現象であったというべきだろう。債権移動証文は，他の地方からもしばしば出てくるが，証文そのものの売買例は管見の限りでは見あたらない。債権移動証文では，はじめの債権者から新しい債権者への申し出という形で書かれる場合と，債務者が新しい債権者へ申し出るという文面で書かれる場合とがある。
　例を挙げると，以下の二つの形である。

1) 緬暦1222年ワーガウン月白分10日（1860年7月27日）マウン・ピューがチュエタリンの村長タマンタヤンアウンに，わたしがマウン・チューとその仲間から10チャッ合金15チャッで質に取っているタリンゴン村の西にある畑地を引き取って，10チャッ合金15チャッ払って下さいと申し入れると，それに応じてチュエタリン村の村長が質に取った。証人は，モウガウン・マウン・ヤウとコゥ・タードゥ。証文を書いたのはチュエタリンの村長[24]。

2) 緬暦1227年ダグー月黒分13日（1865年4月23日）パンドイン村長のマウン・アッと息子のマウン・エイがコゥ・マッチー夫妻に「ウー・チャーヤとマウン・チェーが，我が一族の水田13枚をウー・ウンターとガ・モンにユエッニー28チャッ6ムーで質入れしました。これらの水田は，インマビン堰から取水し，南はタウンガズィン水路に接し，西はコゥ・チョウヤの水田に接し，北は村の垣根に，東はウー・パンガウンの水田に接しています。万が一，他の相続人が妨害してこれらの田を使えないようなことがあれば，私どもが弁済します。」と言ったので，コゥ・マッチー夫妻は，さらに20チャッ

---

23) KUMF, Reel 60, no. 13—9, 13-12, 13-13, 13-16.
24) MTC, no. 93. Thu Nandar, *op. cit.*, Appendix, p. 153.

を貸し，また古いテッガイッに対してユエッニーで28チャッ6ムーを支払って質に取った。証文作成はズィーチョオビン村のマウン・コー，筆写は債権者の義理の息子マウン・チョオ，証人はマウン・ニュッ。ウー・マッチーは仲介料を双方に5ムーずつ払った[25]。

この2枚の証文は，いずれもメイッティーラ地方から収集されたものである。1)の例では，旧債権者と新債権者間の契約として新たな証文が作られているのに対し，例2)では，水田を質入れしている債務者と新たな債権者の間で契約が結ばれている。旧債権者からは重借ができないばかりか，金の返済を迫られているという状況だと考えられる。旧債権者への借金を返済し，上乗せ借金として借りた20チャッで，当面の経済困難を乗り越えようとしているのである。

債権者の側にしても，必要に迫られれば貸金の返済を要求し，返済されなければ，証文と引き換えに金を払ってくれる新たな人物を求めるのは自然な成り行きだが，その証文が元の水田の所有者の了解なしに結ばれている場合はあとでひと悶着起こる可能性もある。開墾者とその子孫は，永久にその土地を買い戻す権利があるという当時の慣習的な規範からすると，債権移動が重なることでこうした農地と人の関係が次第にあいまいになり，農地をめぐる訴訟の原因ともなったからだ。また2)の証文で言及されている他の相続人の存在もまた農地訴訟の主たる原因の一つだった。

こうした債権移動証文は，実質的には抵当証文の売買に近い内容を持っているが，債権を記した証文そのものが売買の対象になっている抵当証文の売買は，その前提に，農地の流動化，商品化の一定程度の進展がなければ生じない現象であるのに対し，そうした現象が見られない地域で質受者が何らかの事情で移動したときに書かれるのが債権移動証文であると言えよう。

質入れした農地の上に，さらに借金を重ねるときに作成された重借証文は，数の上では最初の証文に次いで多数残っていて[26]，同じ担保の上に借金を重ねるという慣行が広く行われていたことがわかる。これは債務奴隷の場合も同じで，重借証文がたびたび書かれ，一人の債務奴隷が負っている借金の合計額が

---

25) *Ibid.*, p. 161, no. 133.
26) 例えばMTCデータベースでは，268点の農地質入れとその関連証文の内訳は，原証文133点，請戻し証文12点，債権移動証文18点に対し，重借証文は105点で全体の約4割を占めている。

年を経るにつれて膨れ上がってゆくことがしばしばだった。これらの重借証文では，ほとんどの場合新たな追加担保なしに行われている。他の財と異なり，人間も土地もその使用が可能な限り，ものを生み出し，新たな価値を創出するので，このような重借が可能であったのだろう。ごくまれには，追加の担保の提供が要求されていることもある。

　重借証文はごくありふれていて，わかりやすい証文に見えるが，じつは解釈がかなり難しい問題もある。以下の3点の証文は，ある水田の質入れ証文とその後2回にわたって結ばれた重借証文であり，1864年から1887年にかけて書かれている。

1) 緬暦1225年ダバウン月黒分10日，インドオのテインティ地区に含まれるユワテッ村の住人マウン・シュエミョウと弟のマウン・チェーが，私たちが祖先から受け継いだヨウン池の水を引いている種粒3籠撒きのガ・インスェという水田，石積みの北の4分の3籠撒きの水田，その下の4分の3籠撒きの水田，石積みの下の4分の3籠撒きの水田，計種粒5籠4分の1撒きの4枚の水田を，金が必要なので，40チャッで質に取ってくださいとアインダー村の住人でパゴダ建立施主であるウー・ルー夫妻に申し出ると，その申し出に応じて（不明箇所）1チャッ銀貨40枚を与えて質に取った。証人は，コゥ・メー，コゥ・ミャッユエ，コゥ・シュエティー，筆写は水田の持ち主[27]。

2) 緬暦1231年ダバウン月白分12日，ヨウン池の水田の持ち主，マウン・チェーが金が必要なので，先に質入れしてある水田の上に重ねて，20チャッ貸してくださいと言ったところ，それに応じて（不明箇所）パゴダ建立施主メー・ザッ[28]が，1チャッ銀貨20枚を与えた。証人は，コゥ・メー，筆写は，水田の持ち主[29]。

3) 緬暦1249年ダグー月白分9日，ヨウン池の水田の持ち主ウー・シュエミョウの息子マウン・ピャーが，金が入り用なので，先に父が質入れしたヨウン池の水田の上に重ねて20チャッ貸してくださいとマ・エーに言ったところ。その申し出に応じてマ・エーが1チャッ銀貨20枚を重ねて貸し与えた。証人は，コゥ・ポオ[30]。

---

[27] 1864年3月1日。C-DATS, 2005, no. 0056-22, no. 0249.
[28] メー・ザッは，ウー・ルーの妻か？おそらく夫が亡くなっていると思われる。その後の証文のマ・エーは，夫妻の相続人と推定される。
[29] 1870年3月13日。C-DATS, 2005, no. 0056-22, no. 0250.
[30] 1887年4月1日。C-DATS, 2005, no. 0056-23, 0256.

表 6-6　ヨゥン池の水田の質入れと重借

		水田の所有者	債権者	借金額
1864 年	最初の質入れ	マウン・シュエミョウ マウン・チェー（弟）	ウー・ルー夫妻 （パゴダ建立施主）	40 k
1870 年	重借	マウン・チェー	メー・ザッ（パゴダ建立施主）	20 k
1887 年	重借	マウン・ピャー（息子）	マ・エー	20 k

　以上の証文3点を整理すると表6-6のようになり，そこから様々な事情が見えてくる。

　シュエミョウとチェーは兄弟で，父祖からヨゥン池の水田と呼ばれる土地を相続している。均分相続が支配的な慣行だったので，このように同じ農地に複数の相続人がいるのはごく普通のことだった。シュエミョウとチェー兄弟は，パゴダ建立施主のウー・ルー夫妻に40チャッと引き換えに水田4枚を質に入れた。それから6年後に，弟のチェーが，同じ担保の上に20チャッの借金をし，さらに17年後にシュエミョウの息子が同じく20チャッの借金を重ねている。その間に債権者の方も代替わりしているようで，ウー・ルーはすでになく，メー・ザッとマ・エーに代わっている。ただそれだけのことのようにみえる。しかし，こうした証文の解釈については議論の余地があり，これがはたして単純な借金と考えてよいか，じつは借金契約の体裁を取った小作契約ではないかとも考えられるのである。ファーニヴァルがその古典的著作で，上ビルマ地方で王朝時代から行われていたと指摘している抵当小作ではないかとする見方である。その点を次に論ずる。

5　借金証文なのか，小作証文なのか？

　ファーニヴァルは，著名な『ビルマ政治経済学入門』の中で，上ビルマ地方で20世紀初頭に行われていた小作形態の一つとして，抵当小作（mortgage tenancy）を挙げている。少し長くなるがその部分を引用する。

　　抵当小作は土地所有者が自分の土地を小作に抵当に出すという形をとった小作形態だ。これはいくつかの点で注目すべきやり方である。普通は，抵当を取

るもの，つまり金を貸すほうが裕福だと考えられ，金を借りるものが貧しいと思うものである。しかし抵当小作にあっては，金を貸すほうが一般的に貧しく，金の借り手，つまり土地所有者が金持ちなのである。さらに，この小作形態は，法外な地代をとって小作農を搾取するのに便利であり，また法的規制がきわめて困難である。例えば，マウン・ガレーがウー・チャンダーに1年に200籠の籾を地代として納めるのに同意していたとしたら，翌年に210籠納めるのには反対するだろう。しかし，これがある年に100ルピーをウー・チャンダーに貸したということなら，翌年に5ルピーをまた貸すのは比較的容易だろう。このように土地価格が徐々に上昇するにつれ，土地所有者はその増加分を簡単に取り立てることができるが，一方労働の価値が下落すれば，小作は地主から抵当額をすべて取り戻すことは難しかろう。協同組合が上ビルマに導入されるまでは現金がきわめて不足し，土地の価値はわずかであった。信用協同組合が創設されると，村に現金がもたらされ土地価格が上昇し，地主が抵当小作によって耕作しようとする人々に対してより高額の地代を要求できるようになった。このように抵当小作が広がっている村々では，信用協同組合の創設の効果は，多額の現金を土地所有者にもたらしたことだけだった。耕作農民は，かつてとまったく同じ劣悪な状況に置かれてしまった。それでもこの抵当小作には，所有地の細分化を防ぐなどの利点もある。相続地を分割するよりも，抵当に入れてその金を分割するほうが容易だからだ[31]。

　ここでファーニヴァルが論じているのは，明らかに英領時代の上ビルマの状況である。

　20世紀初頭に若きインド高等文官としてビルマに赴任し，様々な地方で郡長あるいは地租設定官として働いて，実際の見聞から得た知見であり，とりわけ小作農保護の必要性が初めて植民地政庁にも意識されるようになった1930年代の経験に基づいて書かれている。ファーニヴァルが見た英領期の抵当小作と1885年以前のビルマ王朝時代に行われていたものと，その背景も内容も同じではあり得ないことは当然のことだろう。しかし，ファーニヴァル自身は，20世紀初頭に目にした上ビルマの土地制度，小作制度は王朝時代に起源をもち長い時間をかけて進化したものと考えていた。そして明確でわかりやすいこの著作の中で，もっともわかりにくい部分とされるこの抵当小作を論じた個所は，そのわかりにくさゆえに，王朝時代にも抵当小作が広く行われ，それはこ

---

31) J. S. Furnivall, *op. cit.*, pp. 94–95.

こでファーニヴァルが論じているものと同じ性格のもの，すなわち隠れ蓑として借金証文の形式を取っているがゆえに法外な地代を可能にする小作形態だったと，勘違いされることがある。1910〜1930年代を対象としたファーニヴァルの記述のために，19世紀の上ビルマの土地をめぐる慣行が誤解されるという倒錯した現象が生じるのである。

そこで，19世紀の農地質入れ証文と重借証文に即してこの問題を少し整理してみたい。確かに，農地質入れ証文あるいは重借証文の形を取っているが，実際は借金というよりも土地の使用料の授受を表している，つまり借地（小作）契約と考えてよい例が18〜19世紀のコンバウン時代の証文の中にも存在する。例えばメイッティーラ地方の次の証文がそのよい例となる。

1) 1870年2月3日，父ボゥ・ニェインが，金が必要なので貸してほしいと言い，婿のコゥ・マウンターと妻が1チャッ銀貨5枚貸して，インドエルムの樹の水田を質に取った[32]。
2) 1870年4月29日，ボゥ・ニェインが婿のコゥ・マウンターとその妻に金が必要なので，ココ樹の水田を担保にとって金を貸してくれと言ったので，コゥ・マウンターと妻は1チャッ銀貨5枚を父に貸した。証人は，コゥ・（不明）とコゥ・ミャッテイン。債権者が手数料として5ムー払った[33]。

父親が2か所の自分の所有水田を，短期間のうちに娘夫婦に質入れし，5チャッずつ合計10チャッ借りたという借金証文である。金に困った父親が娘夫婦に借金を申し込み，その担保に水田を次々差し出しているのだろうか。それにしては貸した金額はずいぶん僅かであり，10チャッと言えば当時の米価では米10籠から20籠分の金額である。2か所の水田を担保に取るほどの額とは思えない。一か所の水田を担保にするだけでもお釣りが来そうではないか，よほど阿漕な娘と婿なのだろうかと想像が膨らむ。しかし，この場合の状況を考えると，おそらく高齢となった父親がもう自分で耕作することが難しくなった水田を，娘夫婦に耕作させてその地代をとっているのではないかという推定が，一番無理のないところではないだろうか。したがって内実は借金契約ではなく小作契約，ファーニヴァルの言うところの抵当小作であった可能性が高い。

---

32) MTC, no. 181.
33) MTC, no. 189.

同じくメイッティーラ地方のある綿畑の場合，1867年から1875年の8年間にわたって以下のような内容の証文が書かれている。

1) 1864年4月5日，グエゴンのマウン・ヤンフニンが，すでに他人の抵当に入っているワーヂータッという綿畑を請け戻して担保に取ってくださいとマウン・メイに申し出た。マウン・メイはユエッニーで9チャッ8ムー払って，3年間耕作する権利つきで質にとった。証人はマウン・イェー，マウン・メイが貨幣鑑定，計量，筆写[34]。
2) 1867年4月8日，レッパンドオのウー・ルーが，同上証文の上にさらに借金を頼み，マウン・メイは銀貨で5チャッ払った[35]。
3) 1869年3月12日，ウー・ルーがワーヂータッの畑の証文の上にさらに借金を申し込み，マウン・メイが3年3作の条件で再び畑を質に取り，5チャッ払った[36]。
4) 1870年5月15日，カンバウのウー・ルーがワーヂータッの畑の上にさらに借金を申し込み，マウン・メイが役牛の代金24チャッを銀貨で渡し，再び畑を質に取った。1870／71年にも，ウー・ルーと息子は5チャッをさらに借りた[37]。
5) 1875年4月9日，ウー・ルーがコウ・チョウペー夫妻に，同夫妻がコウ・メイ（マウン・メイと同一人物）から請戻した抵当地の上に，12チャッを再び貸してくださいと言った。同夫妻はそれに応じて12チャット貸して，畑を質に取った[38]。
6) 1875年4月20日，ウー・ルーがマウン・メイに金が必要なので，ワーヂータッの畑の上に，また金を貸してください。もし他の相続人の妨害が入ってこの土地を使うことができなければ，その損失を弁償しますと言った。それに応じて，マウン・メイは銀貨で16チャッ貸して3年3作の条件で畑を質に取った[39]。

　このワーヂータッとよばれる綿畑について1864年から75年の11年間に書かれた6枚の証文の内容を整理すると，この綿畑の所有者はマウン・ヤンフニ

---

34) MTC, no. 122.
35) MTC, no. 148.
36) MTC, no. 162.
37) MTC, no. 191.
38) MTC, no. 223.
39) MTC, no. 224.

ンとウー・ルーの2名だが，共同所有していることから，おそらく兄弟などの血縁者だと推定できる。2人とも自分で綿畑を耕作するより，それを担保に金を得る道を選んでいる。いっぽう，綿畑を質に取った人は，名前の不明な第三者とのみ呼ばれている人物と，その人物から綿畑を請戻して使用しているマウン・メイ，そしてそのマウン・メイから一部あるいは全部の畑を請戻したコゥ・チョウペー夫妻，そして再びマウン・メイである。マウン・メイは1867年から1870年まで，5チャッずつウー・ルーに金を渡している。1875年には，コゥ・チョウペー夫妻やマウン・メイがウー・ルーに渡している金額がかなり高くなっている。こうした流れを見てみると，ここで授受されている金額は，生活の必要に迫られて行うランダムな額の借金というより，一定期間の綿畑の使用料と考えた方が理解しやすい。1875年にはおそらく綿花栽培の収益性が高くなって使用料が高騰したのではないかと思われる。この例もまた，ファーニヴァルが言う抵当小作という小作形態に当てはまるのではないだろうか。

　それでは，前節で見たシュエミョウとチェー兄弟の例はどうであろうか。抵当小作契約とみなすべきだろうか。この例では，金を出しているのが地域社会において富と名声の指標ともなるパゴダ建立施主夫妻となっているのを見ると，ファーニヴァルの言う植民地時代の抵当小作，すなわち，金を出しているほうが貧しく，借りているほうが裕福である，という状況とは異なっていることが明らかである。また合計種籾5.25籠撒きの4枚の水田というのは，兄弟で分けるには狭小すぎて耕作に不便であるというような小さな規模とは言えないので，一般的な借金証文，重借証文のように思われる。しかし，同じ水田に複数の所有権者がいて，これを小作に出すことによって小作料を現金で得て，それを配分していると考えることもできないわけではない。この3点の証文からは確定的な結論を導き出すことはできず，どちらの可能性もあると言うにとどまる。

　重借証文が同じ担保の質地に繰り返し作成され，重ね借りした金の合計額がかさみ，最終的に田畑の売却に追い込まれている例がしばしば見られたが，こうした場合は，抵当小作と考えることは難しい。地主が借金の担保を装って自分の農地を小作に出しているのだとすれば，それを最終的に売り払ってしまうということは考えにくいからである。ほとんどの重借証文は，金に困った質入れ者が，重ね借りをしている姿を示しているものと判断してよいのではないだ

ろうか。

　しかし，ファーニヴァルが20世紀の前半の上ビルマで観察した抵当小作が，王朝社会の中にすでにルーツを持つということは，その通りだろう。それでは，どうして実際は小作契約でありながら，このような借金証文の形を取った文書が作成されるようになったのかという疑問が生じる。

　筆者は，いまだ現金納による定額小作という慣行が発達していないコンバウン時代のビルマ社会の状況がそれを促したのではないかと考えている。英領下ビルマでは，新開地デルタで広く地主―小作関係が展開するようになると，現金払いの定額小作料[40]が支配的なかたちとなって行くが，コンバウン時代のビルマ社会では，現金による小作契約はほとんど見られないのである。サリンのダガウン一族や，マンダレーの王領地監督官などを代表とする土地を大規模に集積した各地の有力者は，これらの土地を一部は債務奴隷などに耕させたが，同時に金融業によって集積した各地に散在する土地を刈り分け小作に出している。当時の刈り分け小作は，日本語でいう小作という概念とはそのニュアンスがかなり異なり，共同で事に当たる仲間という意味の強いロッペッという言葉で呼ばれている。あるいは，同じ意味でペッサッという言葉が使われていることもある。ちなみに現代ビルマ語ではペッサッというのは，共同出資や合弁事業を指している。ロッペッでは，土地の所有者は，土地，家畜，種もみ，水利を提供，耕作する者は労働力を提供し，得られた収穫を折半するという形がもっとも多かった。

　共同で農業経営に当たる力のないもの，すでに生産の場から撤退している老齢の親世代や病弱者，あるいは均分相続の連鎖の中で，細分化されすぎた小地片を所有したが，耕作するにはまことに不便で，まとめて他人に貸して現金を得ることをのぞんでいる人など，こうした人々が土地に対する所有権は保持したまま，耕作を他人や子世代に任せて，毎年あるいは3年に一度など定期的に現金を手にしようとしたのではないだろうか。

40）英領ビルマのデルタ地帯では，広大な水田地帯で定額小作が支配的な小作形態になってゆく。ただし籾で決まった量の小作料を支払う現物小作だった。ここでは小作はロッペッとは呼ばれずティーザーと呼ばれている。ティーは収穫物，サー（ザー）はそれを食べる，自分のものとするという意味であるが，いつごろからティーザーという言葉が，定着してくるのか，残念ながら不明である。コンバウン時代の証文の中からは，管見の限りであるが，小作（ティーザー）あるいは小作に出す（ティーザーチャ）という言葉は見つからない。

現金による定額小作料という慣行が定着していなかった18〜19世紀ビルマ社会で，現にある借金証文の形を借りて，それを実現したのではないかと考えられるのである。
　例えば下の例では，相続により細分化した土地の耕作を他の相続人に任せて，金を受け取っていることがわかる。こうした証文はしばしば目にすることができる。この時渡された金は貸付というより地代と解されるべきものではないだろうか。

　　　1204年ダディンヂュッ月白分11日（1842年10月15日）タービョウ村のマウン・エイが，叔父のウー・ヤウッに，金が必要なので，セインバンジンと呼ぶ水田の，私の相続分を質に取って金をお貸しくださいと言ったので，ウー・ヤウッは，ユエッニーで15チャッ貸し与えてマウン・エイの相続分の水田を質に取った。証人は，緬方医のウー・ミャッとウー・シェイヤウ，経典庫の寄進者マウン・カラーが証文作成。筆写はマウン・サンピョウ。仲介料は3ムー[41]。

　このように農地質入れ証文に重借証文が続くとき，その中に，実際には性格の異なる契約が表されていることもある。文面どおり，現金の必要に迫られて農地を質に入れて借金し，それでもさらに生活の困窮に迫られて重借を繰り返している場合と，一種の小作契約である場合とである。借金証文の形は常に現金を必要とする側が，現金の貸し付けを依頼し，金主はそれに応じたという文体で書かれている。しかし，土地の耕作を求める側が，現金の支払いでその耕作権を手に入れたいと考えた場合，すなわち金の貸し手が土地を借りることを依頼する場合もあり得た。土地の質入れが広く行われるはるか以前から書き継がれ，安定した形式を持つ借金証文の形式を利用して，新しく生じた需要を満たしているのであり，証文の中に現れる人間関係における，能動，受動あるいは力関係などの実態が証文の固定した形式によって隠されている場合もありうる。
　ファーニヴァルが英領期に観察した抵当小作の一側面，つまり常識とは異なって金を貸す側が（つまり小作）が借りる側（土地所有者）より貧乏だと言っている点を，コンバウン時代に応用するわけにはゆかない。サリン・ダガウンや王領地監督官のような突出した富豪，有力者は経営地を集積するためには，むしろ土地を抵当に取る金融に精を出す，あるいは土地を買い集めるという手

41）　MTC, no. 39.

段に頼り，自らが「抵当小作」に入るような行動はまったく見られない。金融を業とするほどの富裕層の耕作地拡大の方法としては，近隣一帯の人々への貸付そのものが結果として土地をもたらし，こうした耕地をロゥッペッの方法により，広く近隣耕作者に刈り分け小作として貸し出していた。

借金証文による耕作権移動（現金地代による小作契約）が行われた背景には，老齢に達した父親の場合が示すように，土地を保持しているが自らが耕作することが難しい，あるいは，均分相続の結果，極度に細分化されて耕作するのが困難な土地を共同相続人のうちの一人にその耕作を任せたい，あるいは何人分かの土地をまとめて他人に耕作に出して得た現金を配分するなど，それぞれの事情が控えていた。英領時代に上ビルマの地主が土地価格高騰を背景に小作料の引き上げがより容易な形態として，あるいは小作保護の法的規制を逃れるために抵当小作という形態を取ったということとは，まったく異なる状況であったことを確認しておきたい。現金で地代を取るような小作形態が存在していなかった時代に，旧来の借金文書の形式を利用して，農地を提供して耕作を人に委ね，現金を取得する方法として行われるようになったのが，コンバウン時代の「抵当小作」であると考えられ，ファーニヴァルの言う債務者が金持ち，金貸しが貧者という「貧富の逆転現象」もコンバウン時代には，まったくあてはまらない。

*

前章で見たビャンヂャ村の農地関連証文は，借金を媒介にして農地の流動化が激しく進行している状態をまざまざと示していた。しかも先祖伝来の私有地だけではなく，扶持地，寺領地など，質入れや売却が認められていなかった土地もまた，この渦に巻き込まれていたことがわかった。王朝社会の土地制度を実質的に無意味にするほどの土地の流動化が進行していたのである。

本章の目的の一つは，目を中央平野部全体に広げ，こうした現象がどれほど広がりをもっていたかということを検証することだった。18世紀半ばから19世紀後半にかけて，借金の諸形態の中で，土地を担保とする借金は借金証文総数の6割近くを占め，支配的な形態になってきた。地域的にも農地質入れは，上ビルマの中央低平地の全域に広く行われていたことも確認された。しかし，農地の売買はビャンヂャ村の所在するシュエボゥ，サリンとその対岸のチャウパダウン，マンダレーなど特定地域に集中しており，他地方では農地の売却を

示す証文がごくまれにしか見られなかった。農地を売却するときに使用される言葉が，一般的な売る，買うという短い言葉ではなく，「パゴダを建立し，僧院を立てるように」あるいは，「子々孫々まで最終的に」などという重々しい副詞を付けて表現されることも，農地の売買が普通の物品の売買とは異なる行為であることを示していた。

　庶民が農地の売却に追い込まれるのは，主として借金を重ねてその返済が不可能になった時だったが，多くの地方では，土地の売却を押しとどめる強いブレーキが存在していると判断された。農地を開墾者とそれを耕作し続けた子孫たちに強く結びつける慣習法に裏打ちされた観念が存在し，農地の売却を押しとどめていたからである。

　最後に，「抵当小作」の問題を取り上げた。すなわちファーニヴァルが英領期に観察した借金証文の形を取った実質的な小作契約に相当する慣行もすでにコンバウン時代に出現していたが，当時におけるその意味はかなり異なっていた。18〜19世紀の証文に表れる「抵当小作」とは，老齢や耕地の細分化の結果，自分で耕作できないような状況にある人々が，従来の借金証文の形式を借りて，所有地の耕作をまかせてなにがしかの現金を得る方法として行われていたのであり，いまだ定額小作という慣行が発達していない中での工夫であったと考えられる。形式において同じでも，時代と背景が大きく異なっているものを，同一の性質のものと即断してはならないということだろう。

第Ⅳ部
ビルマ近世はどのような社会であったか

第 7 章
契約社会としてのビルマ近世社会
借金証文の実効性を支える社会システム

1 契約社会としてのコンバウン・ビルマ社会

　前植民地時代の東南アジア社会について，それがどこであれ，契約社会と呼ぶことは，奇異の念を抱かせるかもしれない。それは契約というものが，長らく近代西欧の国民国家のもとでの自立した私人相互に結ばれ，国民国家の法的保護のもとにあるものというイメージで理解されてきたためだろう[1]。植民地支配によって西欧的な行政システムや法体系が導入されるようになるはるか以前の東南アジアについて，契約社会という言葉を使うのは，いかにも唐突な感じがする。筆者自身，コンバウン時代の地方社会に興味を持った当初，このような概念とはまず無縁の社会として，頭の中に契約という言葉はほとんど存在しなかった。しかし，夥しい数のテッガイッが存在することを知り，それを読んでいく中で，こうした民間の私人の間に結ばれた契約による関係形成が，この社会できわめて大きな役割を果たしていることに気づかされることになった。

　近年の歴史研究においては世界の異なった文明や，遠く隔たる時代の中でも，私人相互に結ばれた契約が社会の中で認知を得て，その社会が持つ何らかのシステムによって保護されていたことが，次第に明らかにされてきている。イスラーム世界における契約をめぐる研究，中国における契約についての研究の蓄積はその代表的な例と言えよう[2]。中国の明清社会について寺田浩明氏は，次のように書いている。

　　この百年間ほどの契約文書研究および近三十年間の民事裁判研究を通じて，固定的な地縁的・血縁的共同体とそれと乖離した国家からなる通俗的な中国社会像は打破され，中国近世社会が私人相互の合意（広義の契約）による関係形

---

1) 例えば『歴史学事典』（第9巻［法と秩序］）弘文堂2002年，において，中国の契約について扱った岸本美緒（pp. 166-168），ヨーロッパの契約について扱った田中実（p. 166-169）を比較，参照されたい。「契約概念は西洋や近代社会の特徴を示すのに使われてきた」（田中 p. 168）とあるように，法的に対等な個人の自発的な合意形成が成立しうるのは，人々が身分制度や封建的束縛から解放されていることが前提であり，したがって西欧近代社会成立以降の現象であるとする見解が支配的だった。

2) 岸本美緒によれば，中国社会では，「秦の始皇帝以来辛亥革命まで二千年余りの間，皇帝を頂点とした官僚政治のもとで小農民がおもに契約による様々な生産関係を結んできた」という。岸本美緒『東アジアの「近世」』山川出版社 1998年 p. 3。

成に満ち溢れた社会であり，また国家も積極的に契約紛争の解決に関与し，そして概ねその私的合意の保護・実現に努めていたことが明らかになってきた[3]。

中国の明清社会について言及された上の言葉は，私が東南アジアの西端に位置するビルマの18～19世紀，コンバウン社会について考える場合にも，不思議に共鳴するところが多い。

しかし，コンバウン時代のビルマ社会に契約社会という側面があることを指摘することだけが，本書の主たる目的ではない。従来，前植民地時代の東南アジア社会については，親しさを基準に結ばれる二者関係の網の目や，有力者の庇護を求めて結ばれる保護―庇護関係など，パーソナルな関係形成が社会編成の原理として注目されてきたのに対し，経済資源をめぐる取引契約による関係形成については，ほとんど言及されることもなかったことを考えれば，東南アジア近世社会に対しても契約という視点を導入することの重要性は，強調されてよいと考える。本章では，それに加えてコンバウン時代のビルマ社会で夥しく取り交わされていた借金証文が，契約としての実効性を持つために，社会のどのようなシステムによって支えられていたのかという点を検討したい。さらに，こうした民間の契約に対する中央王権および，地方在地権力の認識と対応を検討し，こうした行政統治権力の対応が民間の契約にどのような影響を与えていたのかを検討する。それによって，ビルマ近世社会の性格そのものを再考するというより大きな課題につなげてゆきたいと考える。

2　テッガイッによる契約の実効性を保障するもの

これまでに見てきたように，コンバウン時代の借金証文から浮かび上がってくるのは，土地質入れ証文であれ，人身抵当証文であれ，債権者と債務者双方が自らの意思で証文を取り結び，それぞれが相手側に対して負う義務とその履行を約束している姿である。先にも触れたように，当時の借金証文の作法では，現金を借り入れるほうが貸す側に対して簡単な敬語（お貸しください）を

---

[3]　寺田浩明「合意と契約――中国近世における「契約」を手掛かりに」（三浦徹・岸本美緒・関本照夫編『比較史のアジア・所有・契約・市場・公正』東京大学出版会 2004年 pp. 89-112, p. 89。

使用して依頼し，金主はそれに応じた，という幾分恩恵のニュアンスが込められた文体が常に用いられている。しかし，これはもちろん当事者双方の自発的な行動として合意が形成されていることを否定するものではない。コンバウン時代のビルマ社会においては，証文を取り結ぶ債権者，債務者の双方が，契約を交わし，それに伴う約束履行の義務を負うと同時にその結果を享受する主体であることは当然であり，自明のこととして受け入れられていたように思える。債務と引き換えに不自由労働に甘んじる債務奴隷の場合でも，彼あるいは彼女は，新たな契約，すなわち重借借金あるいは自分の家族を債務奴隷に出す契約などを結ぶ時，契約当事者として一方の主体となりえた。

だが，私人の間で行われた自発的な合意形成があり，その内容が証文として文章化されるというだけで，これを契約と呼ぶことはできないだろう。合意された約束が実効性を持つためには，当事者相互の約束だけでなく，万が一，どちらかの当事者が約束を履行しないような場合，その履行を何らかの形で強制するような力が社会に存在せねばならない。拘束，逮捕などの物理的強制力とまでゆかなくとも，履行義務を果たさずには済まされないと思わせるほどの強力な精神的圧力がその社会に存在しなければ，当事者の合意のみでは契約として成立するとは思われないからである。

合意事項を正当なものとして認めそれを保護する主体は，他の社会では，共通して信仰されている神とその現世における代理人，あるいは統治権力の場合もあるだろう。しかし，コンバウン・ビルマ社会の証文には神は不在であり，中央王政府や在地権力も明らかな影を落としていない。

こうした観点から本章では，まずこうした合意，契約を社会が支える仕組みを探ってゆきたい。ビルマ近世の契約文書はどのような力，関係性に支えられて実効性を保つことができたのだろう。

2-1　証人の立ち合いの重み

これまでにも何度か指摘してきたように，コンバウン時代の借金をめぐる契約は，基本的に証人を含む複数の立会人（貨幣鑑定，計量者，証文作成，筆写者など）が見届けるなかで，当事者間の合意事項が定型的な証文として作成されることによって成立したが，借金の担保に人間を債務奴隷として差し出したり，あるいは耕地を動かしたりしても，証文の写しを村長やより広域の地方行

政単位であるミョウやタイッの首長に提出する必要もなく，証文にこうした行政担当者の押印や署名を得たりする必要もなかった。何より重要な契約成立の要諦は，当事者のみならず，多くの立会者が臨席して証文の作成を見届けることだった。なかでも一番重要な存在は，ビルマ語で「立ち会う人，見聞きし，理解する人」[4] という意味を持つ言葉で呼ばれる証人であり，重要な契約証文には複数の証人の名前が列記されるのが常であった。それではどのような人物が当事者双方から証文締結に必要な証人として選ばれたのだろうか。証人としてテッガイッに登場する人々を見ると，ダガーあるいは女性ならばダガーマと呼ばれるパゴダ建立施主，僧院建立施主など仏教関連の施設や備品，あるいは池，井戸，橋など公共的な財の寄進者が多いことが目につく。次いで多いのが，在地領主，村長，騎兵隊長，歩兵隊長などアフムダーン，井堰や用水路の管理者，あるいは称号もなく，役職名もない単に個人の名前でのみ呼ばれている人々など多様な顔ぶれである[5]。注意すべきは，統治行政職にある人々が証人として登場していてもそれは，統治機構や組織を体現して臨席しているとは限らず，あくまでも双方の当事者に対して影響力を持つ人物として立ち合っていることである。借金証文のうちの過半は，こうした統治行政の職にあるものを誰一人として証人につけていないことから，行政職や統治者の陪席が証文作成の必須条件でなかったことがわかる。また，たとえ村長が証人として登場しても，この人物が当事者のどちらか，あるいは双方の居住する村の長であることは予想外に少なく，ほとんどが他村の長であることも，行政や統治という観点からの立ち会いではないことを示している。証人として望まれるのは，契約の当事者双方がその言動に敬意を抱き，精神的な強い影響力を感じているような人物，そして地方社会においても尊敬の対象と目されている人々であり，地

---

4) 証人を表す言葉として，テッテイ（証人）のほか，ティシードゥ（立ち合い人），ティチャーミィンドゥ（見聞し理解した人），アティーアチャー（見聞者，理解者）などの言葉が用いられている。いずれも実際に臨席してよく見，よく聞き，了解した人，ということが表現されている。

5) メイッティーラの借金証文を調べたトゥナンダーは，330枚の証文中235点に証人の名前が明記されており，その内訳は，仏教関係施設寄進者（ダガー，ダガーマ）33人，統治行政の役にあるもの10人，質入れ人の親戚18人，緬方医6名で，その他多くが称号や役名のつかない名前だけであらわされた人々168名であったとする。Thu Nandar, "Characterisitics of Land-mortgage Contracts in the 18th-19th century Myanmar Society: An Analysis based on *Thet-kayits* Manuscript," Ph.D. Dissertation, Tokyo University of Foreign Studies. 2008, p. 67.

縁的な行政組織や，身分職業階層における上下関係とは別の原理に拠っていると考えられる。統治や行政とは無関係な仏教施設や公共財の寄進者が数多く証人として登場することも，証人選定の基準が，統治権力や身分とは別のところにあることをよく示している。当事者双方にその言を重んずべき人物として影響力を持つ人々が立ち会うなかでの合意の形成は，当事者のみの約束に比べ，自分が地域社会に生きていくうえで，合意事項の履行がきわめて重要な義務であることをおのずと自覚させたのではないだろうか。

2-2　テッガイッの法的有効性

　地方社会の中で敬意を払われ，その意見が尊重されるような人物が証人としてテッガイッの作成を見守り，立ち会うことは，地方に生きる人々にとって，その合意事項を間違いなく履行することを当然とさせる重要な契機であったと考えられるが，それでもなお，証人を含めた立会人の臨席だけで，テッガイッの現実的な効力が保証されていたとは考えられない。より重要な要因と思われるのは，テッガイッがビルマ社会のあらゆるレベルの法廷で，紛争解決のためのもっとも重要な証拠として扱われていたことだろう。テッガイッに書かれた約束がどちらか一方によって履行されない場合，あるいは長い時間がたってその内容の理解に離齬が生じ，紛争にもつれ込んだような場合には，人々はしばしば訴訟という手段に訴えた。テッガイッの中に借金せざるを得ない理由として，「訴訟の費用を支払わねばならず」という言葉がしばしば書きこまれているが，民間の訴訟が決して珍しいことではなかったことをよく示している[6]。紛争を裁く法廷は，村のレベルから，王の膝下で東宮が主催する枢密院[7]レベ

---

[6] Toe Hla, *Konbaung Hkit Myanma Luhmu Apwe Asyi hnin Tayahmu-hkin-mya*, Yangon: Thekkatou-mya Thamaing Thutei Thana U-si Htana, 2004, p. 48.（『コンバウン時代の社会組織と訴訟』）では，ザガイン，マンダレー，マグエ管区から収集した訴訟判決文約160点の中でもっとも多いものが土地に関する争い54件，次いで遺産に関する争い38件，三番目が借金に関する争い17件であるとしている。土地や借金をめぐる訴訟が突出して多かったことがわかる。

[7] フルットーは国務院と訳されることもある。国政の全般にわたる重要事項を審議決定する最高機関であり，王自身が臨席し大臣らと協議のうえ決定するが，王が出席できないときにはしばしば皇太子が出席する。Theing Hlaing, *Hkit Haung Myanmar Thamaing Thutei Thana Abidan*, Yangon: Tekkatho-mya Thamaing ThuteiThana Oo-zi Htana,（『ミャンマー歴史研究辞典』）2000, p. 164. など参照。

ルまで様々な段階で設けられたが，いずれの法廷でも紛争解決のためのもっとも重要な証拠として，裁判官がその提出を求めたのがテッガイッであり，その記載事項に基づいて審理が行われ，判決がくだされた。そのため，テッガイッは極めて大事な文書として代々伝えられ，保存されてきたのであり，紛争が生じたときにもっとも頼りになる証拠なのであった。

　そうした意味でテッガイッは，コンバウン時代のビルマ社会において，村落から中央までのどのレベルでも，法的な拘束力を持つ文書として認められ，公認されていたのである。このようにして当時のビルマ社会は全体として，テッガイッという形に取りまとめられた私人の間の合意に法的有効性を与え，単なる約束を超えた契約としての性格を与えていたと考えられる。次章では，質入れ地をめぐる紛争がどのように解決に導かれたか，具体的な例に即してその経緯を見ているが，その中で各レベルの法廷でテッガイッがどのように扱われたかを確認できるはずである。

3　私人の契約と王権あるいは地方権力

　次にこうした私人の間の証文と中央権力（王権）および地方権力との関係を考えてみたい。民間取引証文が，その作成時に中央，地方の統治権力への届け出や，認証をまったく必要としなかったことは事実であるが，そうした取引の結果に対して中央，地方行政権力の規制や介入が行われることはなかったのだろうか。あったとしたらどの程度の介入が，どのような場合になされたのかという点を確かめたい。これまで見てきたように担保付借金証文では，担保として人間と耕地が質入れされており，コンバウン時代には借金担保は，人間から耕地へその比重が急速にシフトしていった。民間セクターでのこうした重要資源の自由な移動は，地方権力，王権の経済的基礎をむしばむようなことはなかったのだろうか。コンバウン王朝の王政府や地方権力は，こうした事態の進行をどのように認識し，対処しようとしていたのだろうか。

　この問いへの答えは，じつは，かなり単純なものである。コンバウンの王権も地方権力もともに，基本的にはこうした私人の間での資源の移動について積極的に何らかの統制のもとに置こうというような意思をほとんど見せていない。大まかに言えば金融を通じた資源の移動に関しては，むしろ自らも１プ

レーヤーとして登場し，債権者ともなり，債務者ともなって，蓄財に努めたり，あるいは手元の不如意や所領経営の破綻を回避したりしていたというのがありのままの姿だったように思われる。

確かにすでに債務奴隷の章で触れたように，タウングー時代からコンバウンの創立期にかけて，王権は借金のかたに人々，とりわけアフムダーン階層のものが有力者の債務奴隷となり，戦役，公共土木事業，あるいは税の担い手として王権が依拠していた人的資源が枯渇することを非常に恐れていた。そこで，繰り返しアフムダーンとその子供の債務奴隷化を防止あるいは禁止する勅令を発していた。しかし，18～19世紀のコンバウン時代には，債務奴隷に関しても，特にそれを防止するような施策は取られず，また新たに急速に展開しつつある土地の質入れに対しても，傍観と黙認の態度で終始しているのである。

3-1　王による土地没収の可能性

しかし，厳密に言うと王権が土地の移動に対しても，何らかの介入を企てることがありうるという危惧は，コンバウン時代を通じて少なくとも一部では維持されていたとも言える。土地質入れ証文の中には，王権の介入がありうることを示唆するような言葉が挿入されているものが，ごく少数とはいえ存在するからである。

一般に債権者は，耕地を質に取って金を貸したのち，何らかの事情でその土地を使えなくなるような可能性が少しでもあれば，それによって生じる損失を回避できるような条項を証文に挿入することを望んだ。耕地が使えなくなる場合として想定されているのは，「誰か他の者が妨害して」，あるいは「親族が介入して」，「他の相続人が妨害して」，そして「もとの所有者が介入して」などである。同様に債権者が質入れ地を使えなくなる場合として，「将来王によって（土地が）没収された場合」という句が入っている例が稀に見られる。以下に二つの例を挙げる。

1) 緬暦1217年ダバウン月黒分12日（西暦1856年4月1日），イェイフラヤンナインと彼の相続人マウン・プはユワ・ティッ村の僧院建立施主ウー・フラ夫妻に，金が必要なので私たちの（中略）2枚の水田を質に取り，金をお貸し下さい。他の相続人たちが妨害したり，あるいは王やダヂーがこの水田を使うことを禁じたり，灌漑用水をめぐる争いが生じて，これらの水田をお使い

になれない場合には，私たちが弁済します，と申し出た．この申し出に応じて僧院建立施主ウー・フラ夫妻はユエッニー13チャッを渡して，水田を3年3作の条件で質に取った．僧侶の父であるウー・ラウが証人，マウン・フモンが証文作成，土地の持ち主イェイナンヤンナインが筆写した[8]．（下線は筆者による）

2) 緬暦1235年ダディンチュッ月白分8日（1873年9月29日），マヂービンザウッ村に居住する王子マウン・チン，孫のミ・ミキン，田頭マウン・シュエロウンらが，金が入用につき，我々の祖先が切り開いた私有地である村の南のフナッセイボンと呼ぶ5枚の水田，東は丘，南はテインズの王領地，西はボゥンレーの苗代，北はマヂービンザウッ村の端に接している土地を，1チャッ銀貨80枚と引き換えに3年3作の間お使い頂きたいと，学識者として知られるカニー内務大臣兼ソー・ミョウ食邑保持者であるマハーミンヂーミンガウン夫妻に申し出たところ，夫妻は，彼らの申し出のとおりその水田を3年3作の間，1チャッ銀貨80枚で質に取った．<u>将来王により土地が没収された場合</u>，あるいは<u>以前の所有者が所有権を主張して</u>使用不能となった場合は，その土地から取れる量の米，および証書に記された金額を，マウン・シュエロウン夫妻らに請求できることとした．証人はコゥン・ウー・メイッ，レーゼードオダーライッ・マウン・ポー，侍従長のマウン・トゥンフラ．証書作成マウン・タンダイン[9]．

例1）は，1856年のメイッティーラ地方の証文だが，債権者であるウー・フラ夫妻は，質地が使用できなくなるようなあらゆる可能性に対して備えるように，補償のための条項を多く証文に入れている．債務者，すなわち水田を質入れしたイェイナンヤンナインは，個人名ではなく王から下賜された称号を使用しているので，アフムダーン階層の一員であることがわかる．証文の作られたのは，ミンドン王の治世下になっているが，同王政府の諸改革がまだ導入されていない時期に当たるので，アフムダーンの俸給はいまだ基本的に王から与えられた扶持地とされ，現金による月給制は登場していない．扶持地であれば，アフムダーンはその用益権はあっても処分権はないという建前が残っている時代である．質入れされた土地はこうした扶持地であったのかもしれないが，実

---

8) 1856年4月1日付．MTC, no. 54.
9) KUMF, Reel 82, no. 7-9. なおこの土地は，請戻しはされず1年半後に債権者変更している．新しい債権者は，王女ピンテイカウンテインと伯父ラマイン・ウンである．KUMF, Reel 82, no. 7-20.

際には，扶持地の質入れは，これまで見てきたようにより古い時代からしばしば行われており，それが王権や地方統治者によって禁止されたり，処罰の対象になったりした事例は管見の限りでは，見つけられなかった。しかし，すでに形骸化が進んでいる制度と建前にしろ，王やダヂーの介入がありうるという可能性が人々の意識の中から払拭されるには至っていなかったことを示しているように思われる。

例2）は，同じくミンドン王の治世下も終わりに近い1876年のマンダレーにおける証文である。すでにアフムダーン階層に対する俸給が扶持地の給付に代えて現金による月給になり，アフムダーン層にも徴税が行われるようになっている[10]。王族やアフムダーン層に属する人々が，元来は下付地であった土地を処分しても，それに対して禁止や処罰が行われる根拠が失われている時代である。またこの証文では，質入れした水田について祖先が開墾したものであるとも言っているので，その言葉のとおりなら質入れ，売却など自由に処分することができるボバパイン地[11]であり，王による没収という事態を考える必要はさらになさそうである。すると，この証文で王権による没収という語句が挿入されているのは，ほかに理由がありそうである。

コンバウン時代，ミンドン，ティーボーの最後の2代の王の宮廷で官僚として勤め，イギリス植民地政府にも仕えたウー・ティンの浩瀚な著書『ビルマ王統治論』によれば，コンバウン時代の諸王によって土地の没収が行われたのは，その土地の所有者がまったく相続人を残さずに死亡した場合，あるいは，謀反など王に対する重大な罪を犯した場合に限られていて，扶持地を勝手に処分したというような場合は没収の対象には含まれない[12]。しかも前者の場合は，10年以内に正当なる相続人が出現した場合は，土地が容易に返還された

---

10) 税制改革により，全国一律に付加されるタッタメーダ税が導入されていたが，一部のアフムダーン階層に対しては，その賦課が免除されている場合もあった。*KBZ* 新版 第三巻 p.243. 伊東利勝「マンダレー王朝によるタッタメーダ税制の導入とアフムダーン──上ビルマ・シュエボー地方の事例を中心に」（伊東利勝編『19世紀ミャンマーにおける一元的資源管理国家の成立過程に関する研究』科学研究費基盤研究成果報告書 平成20年），pp. 1-44.

11) 第5章でも簡単に触れたが，ボバパイン地とは，ボーバ（祖父母）以来，パイン（所有）している土地を意味している。具体的には，先祖が開墾し，三代以上続けてその土地を子孫が耕し，かつ税も支払ってきたという条件のもと，使用権だけでなく処分権も完全に備えた土地を意味していた。

12) *MMOS*, Vol. 5, Part V, pp. 20-21.

し，後者の場合でもその罪人の土地が質入れなどされている場合は，債権者に対して対価が払われることもあったという。

そうしてみると，2) の証文で「将来王によって土地が没収された場合」という文言が証文に挿入されているのは，耕地の質入れ人のグループの代表が王子(ミンダー)であったことに拠るのではないかと推測できる。ミンドン王自身も兄であるパガン王に反旗を翻して王位に就いたが，ミンドンも息子のミングン王子とその同調者による謀反にあって，自身は辛くも難を逃れたが，後継者と定めていた弟カナウン王子が殺害された。ミングン王子らの謀反は失敗し，連座した王子たち，また別個に反旗を翻したパデイン王子らの財産は没収された。コンバウン王統の宿痾とも言うべき王位継承をめぐっての謀反はたびたび繰り返されたので，耕地の質入れ人が王子であること自体が，債権者にとって不安材料の一つとなりえたと思われる。そのためこの条項が債権者を安堵させるため必要であったのではないだろうか。

「王に没収された場合」という語句に比べ，質入れ地の上に頻繁に問題が生じて，債権者が質受け地を使用できなくなったのは，「他の相続人が妨害して」，あるいは「もとの所有者が介入して」などの語句で表された場合だった。以下の証文のように，こうした条項が挿入された証文は数多く見られる。

> 緬暦1238年ナヨン月白分9日（西暦1876年5月31日），タグワゴン村のコゥ・シュエゲーが次のように言った。金が必要なので，メイッティーラ湖の下にあるボンズィークワ南用水路から取水している私たちの水田3枚，種籾1.5籠撒きのパウッビンと呼んでいる水田3枚を3年3作の条件で質にとって，金を貸してください。もし他の相続人たちが妨害して，訴訟沙汰になったら，その費用は弁済します。その申し出に応じてパウッビンター村のウー・ターチョウが18チャッ8ムー8ペーを貸して三年間使用する条件で質に取った[13]。（以下略）

原則として男女を問わず，すべての子供たちに均分相続が行われていたビルマ社会では，分割するには狭小な耕地に複数の共同相続人が存在することがごく普通に見られ，こうした場合，共同相続人たちは，何年かに一度ずつ順番でその土地を使用する，あるいは一人の相続人に耕作を任せて他の者は小作料を取るなど，様々な取決めを結んでいた。共同相続人のうちの一人が金に困り，

---

13) MTC, no. 237.

他の相続人たちへ無断でその耕地を質入れし，何年間か請戻しもできないということになれば，他の相続人の権利が侵害され，もめごとが起こる可能性は大きい。あるいは，土地を質にとった債権者が，金が必要となって質入れ証文を他人に売却したような場合，元の土地の所有者と新しい債権者の間に合意がなければ，請戻し条件などをめぐって紛争が起きる可能性が高い。実際に，質入れ地をめぐる紛争や訴訟に関する文書を見ると，こうした事態が頻繁に起こっていたことがわかる。

　「他の相続人が妨害して」，「もとの所有者が介入して」，「だれか他のものが妨害して」質受け地が使えなくなり，そのため訴訟が生じている事例は多数存在するのに対し，「王によって土地を没収され」，その結果，土地が使用できなくなったという事例がテッガイッの資料からまったく出てこないのは，コンバウン時代には実際上は，そうした事態は生じていなかった証左だと判断してよさそうである。

3-2　民間の金融活動と王政府

　王政府はコンバウン時代を通じて，民間の金融活動を通じて資源が移動することに関して，積極的な干渉を行ってこなかったと先にのべたが，ここで遡ってそもそも民間の借金問題について王政府がどのような態度を取っていたのかを，歴代王の勅令の中から見てみたい。勅令集（ROB）の中に残っているこの主題の勅令は，コンバウン王朝創設者アラウンパヤー，そして中期のボードーパヤー，後期のミンドンの各王の時代に見られた。1760年1月1日，アユッタヤー方面に遠征中であったアラウンパヤーは，「戦闘が終わり凱旋するまでの間[14]，従軍兵の留守家族，すなわち両親や妻子などに対する借金返済請求訴訟をいったん停止し，遠征が終わるまで延期すること，またその他の困窮した人々の借金についても10か月の間，債権者による返済請求を禁止する」という勅令を出している[15]。コンバウン王朝創設に至る時期の戦乱と，王朝成立後も度重なる遠征のなかで困窮する人口が増加していた時代であり，とりわけ長

---

14) アラウンパヤー王は，1760年マルタバン，タボイを占領したのち，4月にアユッタヤーを包囲したが，5月には負傷してビルマ軍とともに退却する中で没している。
15) *ROB*, Vol. III, p. 229.

期にわたる遠征軍に兵員を出さねばならなかった家族では働き手が失われ，累積する借金を返済する方途も尽きていたのだろう。前線の兵士が家族の窮乏に動揺し，逃亡することを防ぐことを目的に出された勅令である。

ボードーパヤーが王権を掌握した翌年，1783 年 3 月 6 日に出された勅令は，アマラプラでの新王都建設のさなかであったので，こうした工事に関わるすべての者を訴訟によって召喚し，その任務を放棄させてはならないという内容を主とするものだが，後半に「借金の取り立てについては，代理人を用いることを禁じ，債権者だけが回収すべし」[16] という文言が入っている。おそらく代理人による借金の取り立てが，訴訟による召喚と同様に，王都建設を遅らせるような事態が生じていたものと思われる。

コンバウン後期では，ミンドン王即位後 3 年目の 1855 年の複数の勅令がある。4 月 20 日の勅令は，藩王（ソーブワ）から地方長官（ミョウウン），地方統治者（ミョウ・ユワダヂー），その他のアフムダーンに至るまで，地方の公務を実施するために多額の借金を負い，苦境に陥っているものが多数存在すると指摘し，債務取り立てをめぐる訴訟や請願については国王直結の法廷でこれを裁くとしている[17]。次いで同年 6 月 1 日には，近衛鉄砲隊，砲兵隊およびその他のアフムダーンに対する借金返済期限を半年間延期するように求めた勅令が公布された[18]。それに続き同月 16 日に，その措置をアフムダーン以外の一般人に対しても適用するとした勅令があり，これは重臣たちの進言を入れたものだと記されている[19]。ミンドン時代の新王都マンダレーの建設は 2 年後の 1857 年から始まったので，まだ開始されていないが，即位後の財源の確保，官僚機構，軍組織の整備などの喫緊の課題に迫られており，こうした公務を担う人々の間にも借金によって任務の遂行に支障をきたすような事態が広がっていたと考えられる。

借金問題を扱った勅令の数が少ないので，性急な結論は出せないものの，以上の例からもコンバウン朝の創設期から末期に至るまで，階層を問わず広がっている負債の累積が，時として対外戦役，王朝機構整備，建設工事などの遂行に支障をもたらしかねないような深刻な問題になっていたことがわかる。そうした時に王政府が取った対策は，この期間ほぼ一定しており，借金問題に関す

---

16) *ROB*, Vol. IV, p. 246.
17) *ROB*, Vol. IX, p. 408.
18) *Ibid.*, p. 410.
19) *Ibid.*, p. 412.

る王政府の立場は基本的に変わらなかったことが見て取れる。すなわち，王権は民間の自由な金融活動そのものを規制したり，介入したりする意図は持たず，債権者の債権が守られることは当然としたうえで，地方首長，アフムダーン，兵士たちが借金取り立てによって，彼らに課された任務に専念できないほど困窮するようないわば非常事態が生じた時には，債権者に返済期日の延期を求め，あるいは公務中の債務者を訴訟のため召喚することを禁ずるなど，限定的な介入を行っている。またアフムダーン階層だけでなく，一般民衆の疲弊が甚だしい場合にも債務取り立ての延期を求め，あるいは強圧的な取り立てを禁ずることもある。

王権の介入がこのように常に部分的なものであり，債権そのものを損なうようなものではなかったということは，これを言いかえれば，王権によっても債権者の権利は基本的に尊重され，間接的に守られていたということでもある。このような中央権力の在り方も，この時代の借金証文が契約として成り立つための条件を整えていたと考えることができる。

3-3　債権者としての王

じつは歴代の王自身が，金融活動を営み，多額に上る債権の保有者でもあった。王による貸し付けは，国庫と王の個人財産が明確に区分されないという状態[20]の上で行われていたが，国王は，諸公，役人，アフムダーン階層，そして一般人に対し融資を行っていた。ボードーパヤー王が王座に就いた1782年に発した以下に掲げる勅令には，そのことがよく示されている。

　　父君アラウンパヤーはサンガの法に従って，王室財政から藩王，ミョウザー，ダヂー，カラン[21]その他の役人および一般人に貸し付けを与えた。これらの貸

---

[20]　ミンドン王，ティーボー王時代の大臣の一人，ウー・ボーフラインが王政府の改革の一つの重点として指摘，批判したのはこの点であった。王による国庫財産の私的な乱費を防ぎ，王をはじめ王族に対しても俸給を定めるべきとした彼の提言は，王の不興を買い，たびたび自宅軟禁の憂き目にあった。Po Hlaing (U), "Yaza Dhamma Thingaha Kyan", (Maung Htin, *Yaw Mingyi U Hpo Hlaing Akuthou' Pa'ti hnin Yaza Dhamma Thingaha Kyan,*) Yangon: Zabe Sape, 1983, 2nd ed.)

[21]　カランは，パガン時代においてはアフムダーン一般を指している言葉であったとされるが，コンバウン時代においては下級役人，あるいは村長を指している。U Theing Hlaing, *op. cit.*, p. 3. *MMOS*, Vol. 1, pp. 189–90.

金の相当部分はまだ返済されていない。私の兄弟である国王[22]，そしてシンビューシン[23]による貸し付けについても，いまだ返済されざるものがある。（中略）私は即位にあたって，王国と仏教の繁栄を願い，王たる者の八聖徳を実現するため，シンダー・ミョウザー[24]（以下列挙される43名の名は省略）ら罪業あるものを取り除いた。彼らは国に災いをもたらした故に処刑されたのである。彼らの不動産，動産は没収され，それによって得られた財貨が現在利用可能になっている。過去歴代の諸王は貸金の回収に努めたが，徴収官が債務者に返済圧力をいくらかけようとも，王庫に金子が回収されることはなく，むしろ債務者は一般人民，つまりは王の臣民から財を絞りとろうと試みた。私の治世にもこのようなことが繰り返されれば，生ある者すべてが耐えがたき状況に立ち至ろう。それ故，私はこれまでの歴代諸王の貸付金の回収は行わないと決心した。わが王国の臣民の安寧と，輪廻における我が積徳を願って，総額にして銀2万3000ベイタ[25]強，金10ベイタ強の債権を放棄する。緬暦1144年カソウン月黒分3日（西暦1782年4月14日），枢密院の前で，太鼓の音を合図に国王に対する債務は，金であれ銀であれ，すべてこれを廃棄する[26]。

　この勅令に従えば，初代アラウンパヤーから第六代のボードーパヤー即位までの30年間にコンバウン王朝の歴代王が国庫から支出した貸付金のうち未回収債権が銀だけでも230万チャッにのぼっていたことになり，王が巨額の貸し付けを行っていたことがわかる。その回収を放棄すると宣言したこの勅令は，日本の鎌倉，室町時代に見られたような徳政令，すなわち御家人層の貧窮対策として民間金融業者に債権放棄を命じたものとは異なって，民間の金融活動については触れず，国王に帰属する債権に限って放棄すると宣言している。自らも武力で王位を簒奪したボードーパヤー王が，自身を仏法にのっとった正法王

---

22) アラウンパヤーの長男である第二代王ナウンドオヂーを指す。ボードーパヤー自身はアラウンパヤーの四男にあたる。
23) アラウンパヤーの次男。強力な軍事的リーダーシップをふるい，対シャム戦争で勝利し，アユッタヤー王朝の崩壊をもたらした。
24) シンダーは第4代王であるが失政が続き，第二代王の息子マウンマウンによって王位を簒奪された。ボードーパヤーは，王位を奪取して1週間しかたたぬマウンマウンをとらえて滅ぼし，シンダーとその家族，残党をも徹底的に壊滅させて王位に就いた。ここではシンダーを旧王とは呼ばず，ミョウザー（食邑保持者）と呼んで軽侮している。
25) 1ベイタは100チャッであり約1.63 kgなので，銀23,000ベイタは37,490 kg。金10ベイタは，16.3 kgにあたる。
26) *MMOS*, Vol. 3, pp. 39-40.

として示すための一つの演出であったとも考えられる。

　こうした国王の貸付においては，利息が付く場合と無利息の場合とがあり，借り手が統治上の経費の調達に苦しんでいるような場合などには，無利息で貸し付けたと言われるが，あくまでも国王あるいはその政府の裁量によるもので，一般的な利息を付けることもあった。シャン州の藩王に対する貸し付けでは，アラウンパヤーからシングーまでの4代の王，および最後のティーボー王の貸付記録では利息がついているが，ボードーパヤー，パガン，ミンドンの各王は無利息で藩王へ貸付を行った[27]。王の近辺にはタンミンウーが王の銀行家たちと呼んだ富豪がおり[28]，王は彼らに融資し，彼らを通じてより多くの人々に金融を行うこともあったし，逆に王家が富豪から融資を受けることもあった。また国王だけでなく王族が債権者として登場する証文が多数存在し，とりわけ王妃たちあるいはその親族による貸し付けが目立つ。王妃，王子，王女の多くは，ミョウや村を食邑として与えられ，その地方からの税収を得ていたが，とりわけ特産品や有力な商品を産出するような地方を食邑として保持している王族は，税として納入される産品を市場に回すことによって大きな利益を得ることができた。当時急速に普及した茶を産出するシャン高原のミョウや村を食邑として与えられた王族などがそれにあたる。有力王族には，それぞれが信頼する財務官（バンダーゾウ）などが家臣として仕え，彼らが商品取引や金融活動を取り仕切っていた。

　ミンドン王の時代にその金融活動によって多くの人間や土地を集積していた代表的な存在は，ザボエーダウン・タイッを食邑としていた王妃，その娘であるピンティッカウンティン，同王妃の兄で国王伝奏官，王領地担当奉行，リンズィン水軍大将などの要職を兼ねたミンマハーミンティンヤーザなどである。ティーボー王の時代にも王妃たちによる盛んな金融活動が見られ，1878年12月に書かれた一枚の証文では，1人の軍の将校が煙草の取引のために正妃とその親族に借りた1チャッ銀貨111枚が，煙草の値崩れで損失を被ったため返済できず，妻を債務奴隷とし，一家で債権者の屋敷地内に居所を移す旨を申し出，受け入れられたとある[29]。このように財力のある王族は，積極的に金融事

---

27) *MMOS*, Vol. 5, p. 176.
28) Thant Myint-U, *The Making of Modern Burma*, Cambridge University Press, 2001.
29) Toe Hla, 1981, *op. cit.*, p. 136–137.

業を行っていたが，一方で，王族の中には食邑も持たず，かなり苦しい生活を営んでいたものもあり，相続で得た田畑を質に入れては借金を重ねていた人々もある。先にも見たヨウダヤー・タチンと呼ばれたタイ式歌謡の作者として著名なピィンズィー王子も，経済面では不如意をかこっていたようで，彼と彼の息子が田畑やカイン地など多くの農地を質入れして借金を重ねた証文が残っている[30]。

3-4 借金をめぐる紛争の処理

王権と民間の金融活動とのもう一つの接点は，借金をめぐる訴訟が地方の法廷で解決できず，枢密院にまで持ち込まれたときに見られた。民事事件であっても地方レベルの裁判で長期間にわたって決着がつかない場合には，最終的に枢密院の裁きを求めることができたが，その判決・裁定書の中にも王政府の民間の借金契約に対する基本的な立場が窺える。1758年，シャン地方ヤウッサウッの藩王とその債務奴隷であったフラ・チッという男の争いが持ち込まれた時の例を見てみよう。

ヤウッサウッ藩王はフラ・チッが生まれながらの奴隷であると主張，一方フラ・チッは，自分は債務奴隷であり，借金を補って余りあるほど長く働いてきたので，解放されるべきだと主張して折り合いがつかない状態で，枢密院での裁定が求められた。これに対し，枢密院は，1）同様の事例を法律書でよく研究せよ，2）性急な，あるいは偏った判断を避けよ，3）少なくとも1〜6週間の充分な時間をかけたのちに判断を下すように，という三点を示唆している[31]。

つまり持ち込まれた争いに関して，どちらが正しいかという決着をつけて判決を言い渡すのではなく，争いの解決に当たる場合の原則を示すにとどまっている。この形は民事訴訟が地方の法廷で決着つかず，枢密院に持ち込まれた時の裁きのつけ方の基本形を示している。すなわち多くの場合，枢密院はその裁判の最終判決を下すのではなく，地方の法廷に差し戻す形で解決のための筋道を示し，指針を与えるのである。枢密院が王都に適当な担当奉行があると判断

---

30) KUMF, Reel 84, no. 8-3, 8-4, 8-5, Toe Hla, *ibid.*, p. 131.
31) *ROB*, Vol. III, p. 214.

した場合は，そのもとで紛争の結審を行うこともあったが[32]，枢密院自身が私人の争いの決着をつけることはできる限り回避された。

1782年，ボードーパヤー王は即位後間もなく，多岐にわたる行政方針の大綱を示しているが，債務問題の解決については，いわゆる「寡婦が困難な仕事を処理するやり方」つまり，簡単なものからゆっくりと処理して，徐々に解決に向かうこと，そして「木の枝はその幹を超えない」という原則，すなわち利息が元金を超えてはならないという原則を遵守することの2点の指針を示しているが[33]，ここでも民間の累積債務問題に対する王政府の基本的立場が，解決のための指針あるいは原則を示唆するという点にあることが示されている。

以上みてきたように，王政府は，民間の金融活動に対して規制を加えることはなく，その金融活動の結果，なんらかの深刻な社会的問題が発生した時，例えば借金返済請求訴訟によって裁判に召喚されるアフムダーンが続出し，公的任務遂行に支障をきたすようになったなど，いわば非常時に返済請求を一定期間延期するという限定的な介入を行うのみだった。また国王自身も金融活動の1プレーヤーという側面を持ち，一般と同じような金利において貸し付けを行っていたことも注目される。

18〜19世紀のコンバウン時代の王政府は，16〜18世紀のタウングー，ニャウンヤン時代の王政府に比べ，民間の金融活動に対して，その契約や債権の有効性を否定するような直接的介入は，回避するようになった。タウングー，ニャウンヤン時代の王たちは借金を通じて王権に直結する人口が民間の有力者のもとへ移動し，王権の手の届かない存在すなわち債務奴隷となることに関しては，王権存立の死活問題として，アフムダーンを債務奴隷化する人身抵当契約を禁止し，債務者，債権者双方を罰することも辞さなかった。コンバウン時代には，人間のほかに，耕地がもっとも重要な借金の担保として浮上してきたが，借金を通じた人間や耕地の移動に対して積極的な規制が行われることはなかった。コンバウン時代に急激に増加していった下付地や寺領地をも含む農地の移動についても，王政府は具体的にそれを阻止するような行動は示していない。いくつかの証文においては，王が質入れ地を没収する可能性を示唆

---

32) 例えば，1787年のサーイェー村の女性統治者ミ・ウェー対ガ・アウンチョオサンという人物の争いは，王都のアティーウン（自由民担当大臣）が裁定にあたって判決を下している。*ROB*, Vol. IV, p. 558.

33) *ROB*, Vol. IV, pp. 228-229.

する文言が残っているが，実際にそうした王権の発動が行われた例は，借金証文や訴訟文書の中から見つからず，王権の態度は黙認，そして紛争に対しては解決への指針を示すという間接的関与に終始していたと判断される。

4　在地支配者と借金証文

4-1　村長や長老による農地価格査定の例

　それでは，日常的に住民とより近い接触を持っていたミョウダヂーや村長など在地の支配者は，こうした民間の金融とそれに伴う重要資源の移動とどのような関わりを持っていたのだろうか。ミョウや村の内での，あるいはミョウや村の垣根を越えた金融によって耕地の移動や人間の債務奴隷化が生じても，そうした行為はミョウダヂーにも村長にも届け出る義務はなかったし，地方統治の任に当たる彼らが，私人の間の契約に何らかのコントロールを加えていた形跡も窺われない。

　ただしコンバウン時代前期の土地売却証文の中には，村長や村の長老が，取引の成立以前に土地の検分や価格の査定などに携わっていたことを示しているものがあり，土地所有権の最終的移動については，地域で影響力を持つ人々の判断が求められることがあったことがわかる。例えば，1776年の一つの土地売買契約書は，ある人物がマンゴー林の中にひろがる田畑，用水路，丘などをひっくるめた広い土地をパゴダ建立施主に売却する内容だが，その際，間に立った長老たちが土地を実地検分し，価格を欽定価格[34]の3分の1にあたるグエ・ウンブエ[35]で240チャッと決め，長老の一人の家でその価格で売買を行った，とある[36]。

　またモンユワ地方レーズィン村の1811年のある貝葉には，伝奏官の地位にある人物が，自分の所有する2か所の水田，合計で苗600束植えの水田を担保

---

34)　「王が与えた価格」となっているが，その詳細は不明。
35)　金属貨幣の1種。
36)　UCL折り畳み写本 no. 178505. 緬暦1138年トオダリン月黒分8日（西暦1776年8月4日）付。地方は不明。

に借金していたところ返済できなくなり，債権者に借金額合計にあたるユエッニー 120 チャッで最終的に売却するという契約が記されているが，この売買は，ユワパレー村の長たちの裁定に従ったと書かれている[37]。

さらに，同じモンユワ地方のヌワテイン村の1814年の証文では，以下のように記されている。

> 緬暦1175年ダボゥドゥエ月黒分14日，ミ・ウィン，ミ・ルンドゥ，息子マウン・タートッらが，私たちが所有する大きな畑を買ってくださいと，シュエインマー村の村長のマウン・シュエダーに申し出たところ，長老たちが査定したら買おうと言ったので，寺院建立施主マウン・ヌ，パゴダ建立施主マウン・サンプ，レッパン村のパゴダ建立施主マウン・ニュインらがその畑を2マッ合金で270チャッと査定した。その価格を村長のマウン・シュエダーが払って買い取った[38]。（以下略）

このように，18世紀半ばから19世紀の10年代までの間，地方によっては耕地の売買に際して，村の長老たちがその土地を検分し，さらに売買価格を査定するということが行われていたようだ。耕地の売買がいまだ非日常的な例外的な事態にとどまり，耕地の価格の目安が与えられるような土地市場が存在しない中で，地方社会の中で重きをなす人々が，当該耕地の価格として妥当であると判断した価格を，売買当事者が受け入れていたことがわかる。1814年のヌワテイン村の証文の中で，価格を査定した長老たちがすべて仏教施設の寄進者であることは，借金証文において立会人として登場する人々にダガーが多いことと通じ合う。また耕地の売却が地域社会の中の主だった人々に了承され，妥当な金額での取引であると保証されているということも，その地方では必要な手続きだったとも考えられる。しかし，こうした検分や査定が行われていた例は，同時代の土地の売買においても数としては少なく，土地売買の必須の手続きとはなっていなかった。先に見たビャンヂャ村でも1810年，1812年における水田売却証文があるが，これらの例では長老の査定や価格設定などはまったく行われていないので，モンユワなど特定の地域と特定の時代に限られた現

---

37) KLT, Vol. 1, p. 30, レーズィン村貝葉　緬暦1173年ナヨン月白分5日（西暦1811年5月26日）付．

38) KLT, Vol. 1, p. 33, ヌワテイン貝葉．緬暦1175年ダボゥドゥエ月黒分14日（西暦1814年2月18日）付．

象だったと考えられる。

　一方，より多くの村を含むミョウの長であるミョウダヂーが私人間の土地売却において同様な検分，価格の査定などを行っている例は，今のところ未見である。

4-2　債権者，債務者としての在地支配者

　多くが世襲の在地領主であるミョウダヂー層は，金を貸し付ける側に登場することも稀ではない。金融業を手広く営み巨大な富を蓄積したミョウダヂーの家系の中でもっとも突出しているのがすでに幾度か触れたサリンダガウンと呼ばれたサリン地方の有力家系だった。サリンダガウン一族は古くからサリン地方のミョウダヂーを数多く輩出し，名実ともにこの地方の統治に深く関わってきたが，同時に古くから金融を通じて多数の債務奴隷と広大な耕地を集積し，関連文書を代々伝えてきた。

　ミョウダヂーが債権者として登場する場合，実際に金融を切り盛りしているのは，妻であったり，差配人であったりすることがしばしばであった。借金証文においては，債権者が夫婦単位で記されていることが多いが，ミョウダヂー夫妻が債権者である場合，ミョウ内の統治に多忙なミョウダヂー自身が，私的な金貸し業務も取り仕切るのは困難だったと思われる。サリン地方の偉大な女性ダガウンとして知られるマ・カインのように，事実上，妻が金貸しにまつわるすべての業務を取り仕切っていた例もある[39]。商業，金融の場面では，王朝時代においても女性の活躍が顕著だったビルマ社会で，こうした例はおそらく珍しいことではなかっただろう。

　一方，ミョウダヂー職の地位にあるものが借金に頼ることもある。ミョウの経営に絡んで借金せねばならないこともあったし，私的な理由から借金に走る

---

39)　サリンダガウンの中のタウンズィン一族に属するマ・カインは，同ポッザー一族のマウン・タートゥンアウンと結婚，彼はサリンのミョウダヂーとなった。彼ら夫妻は，1830年代後半から手広く金融を行っており，はじめのうちこそミョウダヂー夫妻の名で貸し付けを行っているが，1840年代後半から1860年代の終わりにかけては，主としてマ・カイン1人の名前で広く貸し付けと取り立てを行い，逃亡債務奴隷の探索に至るまですべてをとり仕切っている。彼女の娘，メー・チーニョウもやはりミョウダヂーを務めたウー・トーと結婚するが，1860年代からコンバウン時代の末にまで及ぶその貸付事業を，ほとんど自分自身であるいは，自分と息子たちでとり仕切っていた。

こともあったろう。ミョウダヂーは，領内から上がる生産物税のおよそ１割，取引税，通行税，裁判手数料の半分などを自分のものとすることができ，自分と家族の労働力によって土地を耕し生計を立てている村人から見れば，経済的にも圧倒的に強い立場にあった。平時の，そして領内の生産基盤が比較的しっかりした地域の，例えば灌漑水田地域を擁しているようなミョウでは，その支配経営はミョウダヂーにとって大きな経済力をあたえるものであった。サリンのマ・カインの夫がライヴァルとの熾烈なダヂー職争いを経て，ダヂー職を勝ち取ったのも，そうした背景からだと思われる。

　しかし，戦時あるいは大規模な土木事業に際して王政府から通常の納税のほかに兵員や賦役の要求がある場合など，こうした負担に耐えず，所領そのものを抵当に入れて借金をせざるを得ない弱小ミョウもあったようである。借金が嵩じてついにはミョウやユワを売却するに至ることもあり，こうした事例を論じている伊東論文[40]には，本章のテーマにとって興味深い事例が紹介されている。その一つは，アカイェイン・ミョウという規模の小さなミョウの抵当売却[41]とその後の展開を追ったものである。1794年に，従来このミョウを代々受け継ぎ支配してきたダヂー夫妻が，ある有力者夫妻にこのミョウを抵当売却するという事態が発生した。こうした事態に至った理由はつまびらかにされないが，「支配行政つまり王政府から課される任務にかかわる負担が重く」のしかかり，方々に借金を重ねた結果であったという。

　アカイェイン・ミョウが抵当売却されて２年後のこと，ミョウの購入者により，元ダヂー夫妻に対して訴訟が起こされた。元ダヂー夫妻が，ミョウ内の池を第三者に抵当売却したので，先にミョウを抵当購入していたものが，池の使用差し止めを求めたのである。裁判の結果，池の抵当売却は無効とされ，元ダヂー夫妻は池の売却金返済と諸経費に充てるため再び借金することになった，という。

　第二の事例は，現在のカター地方の砂金産出地域にあるクェーチョー村の抵当売却である。金産出地は，金御用頭の管轄の下に置かれ，金で納税する義務を負うが，税や御用金の納入に困ったクェーチョーを含む４カ村のダヂーた

---

40) 伊東利勝「所領の抵当売却——コンバウン朝前期における中・小ダヂーの事例」『東洋学報』第82巻2号 2000年 pp. 97-129.

41) 伊東論文の中では，抵当売却，抵当購入という言葉が使われており，その意味するところが必ずしも明らかではないが，ここでは原典通りそれらの言葉をそのまま使用している。

ち[42]が，他地域を統治している金御用頭にそれぞれの村を抵当売却してしまった。一方4村を従来統治してきた金御用頭は枢密院に提訴，1802年にダヂーたちに村を抵当売却する権利はなく，売却したものに懲罰を与え，村は返却されるべしとの裁定が枢密院によって下された。村を抵当購入していた他地域の金御用頭は，それに従い村を返却したが，村の土地に対するその地代等取得権は，抵当売却証文の金額が返却されるまでは，そのまま行使できるものとされた。村を統治する権能であるダヂー権は，あくまで，王権に安堵され公式記録に留められたダヂーにあるが，さりとて村を抵当に取り，購入するに至った者の村の土地や不動産に対する領有権は認められるという判断である。

　この二つの事例は，コンバウンの王朝政府の法廷および地方法廷が，地方行政の根幹にあるミョウやユワに生じた予想外の新事態，すなわち，その統治者であるダヂーによる所領の売却に対して，どのような対処を行ったかを示しており興味深い。ミョウ，ユワの統治者たるダヂーは，王権によりその地位を安堵されることにより，その正統性が認められるものであり，ダヂー権そのものは私的な抵当設定や売却によって自由に動かしてはならない，しかし，ミョウ，ユワを買い取った者のミョウ内の動産，不動産に対するその権利＝所有権はあくまでも尊重せねばならない，ということであろう。

　とすれば，コンバウン王朝政府は，抵当設定や売却における債権者の債権や購入者の所有権を尊重するという点で，ゆるぎがなく徹底していることが，ひときわ印象的である。所有する農地や，自分自身あるいは家族を担保とする借金とは異なり，そもそも抵当設定や売買の対象とされてはならないミョウ，ユワを対象とする行為であっても，売却者に対しては，買い戻しを命じているが，購入者に対しては，代金が返済されるまでは，所領地からの地代等を収取する権利を認めているのである。コンバウンの諸王の政府が私的な債権や所有権に対して，一貫してその尊重と不介入という方針を取っていたことは，これらの例からも明らかである。

[42) シュエ・ダヂー（金ダヂー）とある。砂金採取地域として王室直轄の行政組織が敷かれており，金御用頭が複数の金産出村を管轄統治していた。シュエ・ダヂーは税を砂金で納めることが義務化されたこれらの村の長と考えられる。

＊

　以上みてきたように，コンバウン時代には，民間の取引契約があらゆる階層において縦横にとり結ばれ，資源の移動に大きな役割を果たしていた。そしてその背景には，私人の債権や所有権が権力によっても脅かされることのないきわめて確かなものとして社会的に認知されており，王権といえどもそれにむやみに介入制限するようなことはできないという不文律の了解があり，歴代の王政府によって基本的に順守されていた。また在地権力もこうした取引行為に規制をかけたり，介入したりするよりも，自分自身が債権者，あるいは債務者として同じ原理で行動する取引の場の1プレーヤーとしてふるまっていた。先に触れた証文作成時における証人を主とした複数の会衆の立ち会い，そしてあらゆるレベルでの法廷で認められていた証文の法的効力と並んで，私人の債権，所有権がどのような場合においても尊重されるという王朝政府から地方に至るまでに浸透した観念とそれに基づく行動が，私人の間に大量に取り交わされた約束に，契約と呼ぶに足る実効性を持たせるもう一つの基盤となっていたと考えられる。

第 8 章

質入れ地をめぐる紛争の調停

地方社会における紛争解決メカニズム

証人の陪席のもと，形式を整えた証文を結んで農地の質入れ契約がなされても，農地をめぐる争論はしばしば起こり，その中には訴訟にもつれ込むほど深刻な対立もあった。折り畳み写本の中に訴訟関連文書が登場する頻度はかなり高く，コンバウン時代のビルマ社会の中で訴訟が決して珍しいことではなかったことがわかる。訴訟が比較的頻繁に起きる社会であった理由は，一つにはこの時代の司法制度の在り方にあると思われる。民事をめぐる司法システムが，堅固な制度として存在するのではなく，柔軟かつ不定形な柔らかなシステムとしてあり，地方に暮らす一般の人々にとって法廷の垣根が非常に低かったのである。事実，地方レベルの法廷審議は，裁判官を務める人物の居宅や庭先で執り行われ，裁判官となるのも，在地領主や村長や中央派遣の役人だけでなく，パゴダや寺院の建立施主や緬方医，僧侶など様々な顔ぶれであった。裁判官になりうる人物について勅令はこう定めている。王の任命によるもの，王自身，ミョウ・ユワの統治者，戒律を保持するもの，バラモン，そして訴訟当事者双方が同意して選んだ人物[1]。また『ミャンマー王統治論』では，裁判官の資格として，まったき信仰を持ち，真実の法の守護者であり，英知の持ち主で，人を慰撫するこころよき言葉を話し，勝敗のつけ方を知悉している，という五つの点を挙げており，権威，良き家柄，法の知識をその上に付け加える場合もあったとする[2]。このように権威や家柄を除けば人物の外在的資格ではなく，内的な資質が裁判官の資格とされている。とりわけ訴訟当事者双方が同意した人物を裁判官にすることができるという慣行の存在は，人々にとって法廷に訴えることと，もめごとの仲裁を長老に依頼することとの境界を限りなく低いものにしたと思われる。

　また，質入れ農地をめぐる争いが生じる大きな原因も，コンバウンのビルマ社会に深く根ざすものであった。一つの原因は，農地と人との関係が金銭に置き換えることのできない密接なものとしてあり続けたことにある。土地を開墾して農地とし，それを耕し続けるものは土地に対する完全な所有権を持つとみ

---

1) 　この勅令は古くは，1607年6月23日に第二次タウングー朝第二代王アナウペッルンによって発令され，1634年6月24日に同朝第4代王タールン王によって同文のまま再発令されている。裁判官を定める原則としてコンバウン時代にもそのまま引き継がれた。*ROB*, Vol. I, p. 191, p. 216.
2) 　*MMOS*, Vol. 1, Sec. III, no. 118, p. 177. 裁判官に求められた資質に関しては，奥平龍二『ビルマ法制史研究入門――伝統法の歴史的役割』により詳細な解説がある。(日本図書刊行会 2002年 pp. 30–31.)

なされ，その土地はたとえ金に困って質に入れても，永遠に元の持ち主，あるいはその相続人である子孫に請戻し特権があるというのが，先に見たようにダマタッと呼ばれる伝統的な法律書にも記されており，現実にも遵守されている慣習であった。貨幣経済の浸透の中で，借金担保としての農地の重要性が高まるにつれ，農地の流動は激しくならざるを得ない。しかし慣習法に基づいた，土地を開墾者と結びつける観念は強固に残り続けた。そこに生じたきしみが紛争であったとも言える。元来の質入れ証文を取り結んだ当事者双方が亡くなって久しく，孫や曾孫の代になった時に双方の子孫が，自分が祖先から受け継いだボババイン地であると思い込み，争いになるというのがこのタイプの紛争の典型的な姿である。

　もう一つ，農地紛争の遠因となったのは，均分相続の慣行だった。男女を問わず，すべての子供に均分に財産を相続させる慣習が広く行われ，農地が主たる財産であった多くの世帯では，代を経るに従って農地の極端な細分化が進行することになった。中部ビルマの平野部では，一つの水田に数十人の所有者が存在することも珍しくなく，耕地使用のローテーションを組む，あるいは他の相続者の持ち分に対して収穫の一定割合を払う約束のもとに誰か一人が水田を使用するなど，様々な複雑な慣行が発達することになった。そうした中で，同じ田に権利を持つ複数の共同相続人の間で，その土地の利用法や抵当設定をめぐって利害の対立が生じる可能性が常に存在していた。この場合は，共同相続人の間，すなわち兄弟姉妹など親族の間の争いとなる。

　そのほかにも農地をめぐる紛争は様々な形で起こっているが，質入れ農地をめぐる紛争ではこの二つのタイプの争いが非常に多かった。本章ではこうした争いの具体例を挙げて，紛争がどのように起こり，それがどのように解決に導かれたかをみてゆきたい。訴訟での陳述，証言，判決文などに当時の法廷の雰囲気が現れているので，いくつかの紛争例を挙げて，その経緯を可能な限り追ってみよう。

　はじめに，現在のザガイン管区のディベイン郡[3]で，1848年に起きた2人の人物の農地争いの記録を見てみよう。争いの対象の土地はレイッチャードオと呼ばれる水田で，訴訟の原告はガ・ヤン，被告はガ・インという人物である。資料の原典はヤンゴンの大学中央図書館に所蔵されている折り畳み写本である

3）　ディベインは表記にそった発音だが，ダバインと呼ぶ人も多い。

が，ここではトーフラ氏編の資料集（KLT, Vol. 1）を利用させていただいている。写本は被告となっているガ・インの側が書きつけていた記録である。ガ・インは第5章で見たビャンヂャ村の住人であり，ガ・ヤンの居住村は史料の中には記されていないが，同じ地域の住人だと書かれているので，同村あるいは近隣村の住人と思われる。係争の対象の水田はマヂーザウッ村の中に位置している。

1　レイッチャードオの水田をめぐる訴訟

　この訴訟で最初に利用できるのは，1848年4月23日にディベイン・ミョウの法廷で行われた原告のガ・ヤンという名の人物の陳述である。じつは，折り畳み写本にはこの記録の前に4月2日付で，レイッチャードオの水田をめぐる訴訟で使った費用というメモが書き込まれており，ミョウの法廷にゆく前に村レベルの法廷でも争っていたことがわかる。そこで決着がつかず，ディベイン・ミョウの法廷に持ち込まれた時点の記録だと判断される。

　　原告ガ・ヤンの陳述　（1848年4月23日）
　　　ディベイン・ミョウの管轄内のマヂーザウッ村にある私の父祖伝来の所有地であるレイッチャードオと呼ぶ水田を，関係の無いビャンヂャ村住人のガ・インとその父ガ・フムーが密かに他人に質入れしています。私の申し述べている農地は私のボババインの水田なので，私が不在の時期に質入れしたのは不当であると訴えたところ，私の父が生前に，ガ・インの祖父ガ・ミャットゥのところに質入れしたのだ，その質入れのテッガイッもあると言って，ガ・インが反駁しているのでございます。チョオビンゴンドオという水田を，私どもが，ガ・インの父ガ・フムーの舅であるネイミョウチョオドゥヤーザーに質入れしたのを，ネイミョウチョオドゥヤーザーが，ガ・インとその父ガ・フムーへ債権を移動したらしく，姻戚同士の事なのでそれを歪曲して申し立てているのです。レイッチャードオの水田は，私どもがミ・インに質入れしてあり，我々が請け戻しできる土地です。私の両親がガ・インの祖父ガ・ミャットゥにこの水田を質入れしたことはなく，ガ・インが他の人間にこの田を質入れしたのは不当であります[4]。

　ガ・ヤンは，自分が父祖から相続した水田を，この水田に対する権利のない

ガ・インとその父がひそかに第三者に質入してしまったと非難している。それに対するガ・インの反論は以下のようなものだった。

> ガ・インの反論 （同日）
> マヅーザウッ村にあるレイッチャードオという水田は，私が祖父母から受け継いで所有している土地で，父と私がある人に質入れしています。ガ・ヤンは，これまでいつ何時も，ボババインの水田であると言って介入したことはありません。ガ・ヤンの父ガ・ミッが私の祖父のところにチョオビンゴンという5籠撒き[5]の水田とレイッチャードオという3籠撒きの水田の2か所の水田を銀1ベイタ2ムー1ペーで質入れしたのです。計8籠撒きの水田のうち5籠撒きの水田を，ガ・ヤンの親戚であるネイミョウチョオドゥヤーザー[6]が，私の父ガ・フムーに銀50チャッを払って請戻したので，未返済の金額でレイッチャードオの水田3籠撒きを私と父が他の者に質入れしました。ガ・ヤンも同じ地域に暮らす人間です。争いとなっている水田は長い間，質入れしてあったのに，今になってガ・ヤンが出てきて訴えたのです[7]。

訴えられたガ・インは，問題のレイッチャードオという水田は他の水田とともに，ガ・ヤンの父によって自分の祖父に質入れされたもので，レイッチャードオについては貸金が返済されていないので，未返済の金額で自分と父が他人に質入れしたのだと主張する。

両者の争論に対し，1か月後の5月22日，法廷が以下のような判決文を出し，解決を図った。裁判官は，ミンネイミョウティリヤーザチョオという長い称号で呼ばれているウン・サーイェーである。ウン・サーイェーとは，中央からこのミョウに派遣された地方長官ミョウウンの副官にあたるもので，ミョウダヂーのような在地領主とは異なる。

> 緬暦1210年ナヨン月黒分5日の判決文 （1848年5月22日）
> ガ・イン対ガ・ヤンの水田をめぐる訴訟において，テッガイッをガ・インに提出させて調べると，チョオビンゴンの5籠撒きの水田，レイッチャードオの3

---

4) KLT, Vol. 1, p. 84. 原典はUCL折り畳み写本no. 151107. 日付は緬暦1210年カソゥン月黒分6日。
5) この地域では，種籾の播種量で田の面積を表していたことがわかる。種籾1籠撒きは，現代では，およそ1エーカー（0.4 ha）の見当になる。
6) ガ・ヤンの親戚だというこの称号で呼ばれている人物は，一方でガ・インの父の舅でもあるので，ガ・ヤン，ガ・インはまったくの赤の他人というわけでもなく，ゆるい姻戚関係にある。
7) KLT, Vol. 1, p. 85.

籠撒きの水田の2か所を銀1ベイタ2ムー1ペーで（質入れした）とある。ガ・ヤンの親戚であるネイミョウチョオドゥヤーザーが、チョオビンゴンの5籠撒きの水田を銀50チャッでガ・インの父ガ・フムーから請戻した。レイッチャードオの水田3籠撒きは、残りの銀50チャッの金額で証文に記載されているので、尋問すべき人々を誓約させて調べれば、決着がつくことである。決着したら、それ以上争うこと勿れ。ガ・インと父ガ・フムーが3籠撒きのレイッチャードオの水田をガ・ウーに籾米50籠で質入れしてあるのを、ガ・ヤンが請け戻すようにせよ。ガ・インのところにあるテッガイッも、ガ・ヤンに預けなさい。（裁判）費用については、使ったものが支払いなさい。枢密院から（訴訟を）取り下げるのは、ガ・ヤンが行いなさい。今後ガ・インとガ・ヤンは、争いになった水田についてまだ決着していないと言わず、放念し、平和に過ごしなさいと、1210年ナヨン月黒分5日に、ウン・サーイェーのミンネイミョウティリヤーザチョオ、ネイミョウチョオズワらが訓戒を与えて判決を言い渡した。ガ・ヤンとガ・イン両者とも合意し、茶[8]を交わして食した。茶を供したのはネイミョウチョオズワ[9]。

　以上の内容から、判決に至るまでの間に、ガ・インからテッガイッが提出され、その記載によってガ・インの主張通り、レイッチャードオの田がガ・インの祖父に質入れされていたことが確認されたことがわかる。しかし、判決文がガ・ヤンに請戻しを認めているのは、農地は開墾しそれを耕作し続けた者の所有に帰し、開墾者の子孫に代々受け継がれてゆくべきものとする慣習法に即した処置である。どれだけ時間が経過しようとも、農地は最初の開墾者の血統に帰すべきという考えで、質入れ地についても、未来永劫にわたって、最初に開墾しそれを耕作し続けた者の子孫に請戻しの権利があると考えられていた。したがってここでは、訴えられたガ・インの主張が認められてはいるが、訴えたガ・ヤンの敗訴というわけでもなく、田は代価を支払ったうえでガ・ヤンが取り戻すことができることになった。一般に裁判では、敗訴になった方が裁判費用を支払うのが慣例であるが、上の事情から、それぞれが費やしただけの費用を分担せよとなっている。以上の内容の判決文にガ・ヤン、ガ・インの両名が

---

[8]　この茶は、シャン地方産出の茶葉の漬物であり、裁判の結審時に判決が両当事者に受容されるか否かを示す重要な役割を果たした。茶を交わして食べたとあれば、同意が成立で結審、茶を食べずとあれば、判決にどちらかが不同意でまだ訴訟が続くことになった。

[9]　KLT, Vol. 1, p. 86.

同意したので，発酵茶葉を交わして食べた，つまり結審になっている。ガ・ヤンの田を取り戻す決意は固かったようで，ミョウレベルの法廷で決着がつかない場合に備えて枢密院への上訴の手続きを進めていたこともわかる。ミョウの法廷で決着がついたので，その取り下げを行うべきことも判決文にはしたためられている。

　この事例は，農地の質入れの当事者がすでに亡くなってから長い時間が経過しているため，双方の子孫ともに，正確な記憶が途絶えていたために生じた紛争である。訴えられた側の子孫は父祖の代から使用してきたボババイン地であるという認識があり，一方訴えた側の子孫は，長らくこの土地に対する記憶が失われていたが，何らかの事情で自分たちの祖先がもともと所有していた土地だと気付き，何としてもそれを請け戻そうとしている。このように農地質入れを行った両当事者から何代も経た子孫が，双方，父祖伝来のボババイン地だとして，その帰属をめぐって争うのは，農地紛争の中でもっとも数多く見られるパターンだった。

2　パウッインドオの水田訴訟

　次に見る事例も同様の経緯で訴訟に至った例である。時代はやや下って1856年の5月から1857年の7月にかけての記録であり，係争の水田の場所はディベインの南西方向のカニー村に所在し，訴訟で訴えられたのは先の事例で登場した同じガ・インである。この事件が記載された折り畳み写本は，先の訴訟の写本とは別冊[10]だが，同じくガ・インが所有していたものと思われる。訴えたのは，ガ・チャウッケーという人物で，この2人の訴訟は，法廷を次々と替えながら長期にわたって戦われた。断片的でありながら，長期の記録が辿れるので，当時の様々な法廷における訴訟の実態を理解させてくれる資料である。

　最初の記録は，マウンタウン村のパゴダ建立施主を裁判官として行われており，訴えたガ・チャウッケーと訴えられたガ・インの供述から始まる。

　　パウッインドオの水田をめぐる訴訟

---

[10]　UCL 折り畳み写本 no. 151105.

原告ガ・チャウッケーの陳述　緬暦1218年ダグー月黒分13日（1856年5月2日）

　私が幼い時に，祖父母，両親とも亡くなりましたので，祖父母，両親が所有していた水田について記憶しておらず，調べたところ，カニー村の中にパウッインドオと呼ぶ5籠強の種籾を撒ける水田があり，それをビャンヂャ村のガ・インが使用し，収穫していることを知りました。ガ・インと対決し，訴えようとしましたが，私の両親が亡くなった時，私はまだ年若く，調査や尋問ができなかったので，でたらめなことが行われておりました。私が調べることができるようになり，カニーにあるパウッインドオという一群の種籾5籠強撒きの水田は，私の曽祖父，祖父母から受け継いだ正当な所有地だと判り，現在それを使用しているガ・インを止めようとすると，ガ・インは正しいことを言わず，法も守らず，強引に耕作するような人間なので，訴訟を起こさねばなりませんでした[11]。（後略）

ガ・インの反論　（同日）

　私は母親が亡くなったのち，代々の御代にわたり永い間，（その水田を）我がものとして使用し収穫してきました。私の父や祖父の生きている間には，ガ・チャウッケーの父母が，それを阻止し，訴えることもありませんでした。ガ・チャウッケーが今になってパウッインドオの水田を私が使用し，収穫していると言って妨害し，訴えたのです。

　ガ・チャウッケーの父が生存している時にも私たちは，現在と同様に使用し，収穫しておりました。祖父が亡くなったのちは，父母が引き続き耕し，収穫しておりました。私も相続人である子孫ですから，同様に耕し収穫していますが，無法なガ・チャウッケーが金の力に頼って，私のあら捜しをして，悪者であるかのように言いふらしています。私は祖父母や父母が正当に所有していた水田だけを耕して収穫しているのです。ガ・チャウッケーの祖父母や父母が所有していたパウッインドオの5籠強撒きの水田については，私は知りませんし，収穫してもおりません[12]。

　以上のように両者ともパウッインドオの水田は，自分が祖父母，両親から受け継いだボババイン地であると主張している。舞台は，マウンタウン村のパゴダ建立施主を裁判官とする法廷であり，パゴダ建立施主のマウン・ミンマウン

---

11)　KLT, Vol. 1, p. 87.
12)　*Ibid*., p. 88.

は両者の言い分を要約したのち,次のように言い渡した。

マウンタウン村のパゴダ建立施主による要約と判決　1218年カソゥン月白分13日（1856年5月7日）

　　ガ・チャウッケーの陳述要点は以下の通り。被告のガ・インが使用し,収穫を得ているパウッインドオという籾5籠強撒きの水田は自分が祖父母から受け継いで所有している水田である。（中略）そのパウッインドオの水田を,ガ・インが使用して収穫しているのを知ったので訴えた。

　　このガ・チャウッケーの言い分が正しいか否か,彼の水田の使用と収穫を停止しろという言い分をガ・インが拒否しているので,審査して明らかにせねばならない。

　　ガ・チャウッケーは法廷に証人3名を示しなさい。証人の証言が上の要約に合致すれば,ガ・チャウッケーが当該水田を得ること。合致しなければこの籾5籠強撒きの水田は,ガ・チャウッケーが得るべきではない。裁判に掛かった費用は,負けた者が支払いなさい。以上のように1218年カソゥン月白分13日にマウンタウン村住人のパゴダ建立施主マウン・ミンマウンが判決を言い渡した時,ガ・チャウッケーとガ・イン両名は同意して茶を交わして食した。茶を供したのはガ・カー[13]。

　判決というよりも,証人の提示を求めその証言に基づき勝敗を明らかにするという解決への道筋を決めたこの裁定に対して,ガ・チャウッケーもガ・インも同意したことが茶を食したことで示されている。次に約2か月後,ガ・チャウッケーの証人が2人登場するのだが,法廷はパゴダ建立施主のもとから,すでに部隊長（トゥエダウッチー）[14]のもとへと移されている。法廷が変更された理由は不明だが,この部隊長の法廷で裁判を受けたとしても,原告,被告の双方あるいはどちらかが,この部隊に属しているとは必ずしも即断できない。訴訟当事者は,自分たちの争いを裁く判事を選ぶことができ,当事者双方が信頼を置くことができる人物という基準が第一に来るからである。

　　証人の供述―その1　ガ・ヤウン

　　1218年ワーゾゥ月白分4日（1856年7月5日）日曜。年齢60歳のガ・ヤウ

---

13)　*Ibid*., p. 89.
14)　コンバウン朝創立期に兵士を軍に編成するときに互いの血を啜る（トゥエーダウッ）固めの儀礼を行ったことからこの名で呼ばれるようになった。トゥエダウッチーは,兵士50人の長を指す。Thein Hlaing, *op. cit*., p. 526.

ンに宣誓書を手に持たせ，3回誓詞を読み聞かせ，現世と輪廻における二つの功徳を説明したのち，ガ・インが使っているパウッインドオという5籠撒き強の水田が，ガ・チャウッケーが祖父，父から受け継いで所有してきた水田であるというのは確かなことかと尋ねた。証人は，ガ・チャウッケーの父ウー・ボオが私の舅のガ・ヤンビェ，ガ・シュエミャらにパウッインドオという水田を質入れしたテッガイッについては知っているが，水田そのものについては知りません，と答えた[15]。

証人の供述―その2　　ガ・ミャッフモゥ
　1218年ワーゾゥ月白分4日（1856年7月5日），年齢70歳のガ・ミャッフモゥに誓約書を手に持たせて，3回読み聞かせ，現世と輪廻における功徳2種を説明し，ガ・インが使っているパウッインドオという5籠強撒きの水田が，ガ・チャウッケーが祖父，父から受け継いで所有している水田というのは確かかと尋ねた。するとガ・ミャッフモゥが，わかりませんと答えた[16]。

　ガ・チャウッケーの呼んだ証人は，3人に足らず2人のみで，しかもそのうちの1人の証言は，わからないというだけで，ほとんど役には立たないように見える。いずれもガ・チャウッケーの言い分の裏付けにはならない証言であったので，同日の法廷で部隊長は以下のような判決を言い渡した。

部隊長による判決　　　1218年ワーゾゥ月白分6日（1856年7月5日）
　ガ・チャウッケー対ガ・インのカンニー地方のパウッインドオという水田についての争論では，ガ・チャウッケーの言い分をガ・インが拒否しており，マウンタウン村の法廷で裁きを受けた。そして，問題の水田をガ・チャウッケーが祖父，父から受け継いで所有している水田というのが本当かどうか，ガ・チャウッケーが証人3名を示すこと，証人たちの証言がその主張に合致していたら，パウッインドオの水田をガ・チャウッケーが取得せよ，合致しなければその水田をガ・チャウッケーが得るべきとは言えず，ガ・インが取得せよという裁定が出て，両名，茶を食して同意した。その裁定に従って，ガ・チャウッケーが呼んだ証人ガ・ミャッフモゥ，ガ・ヤウンらに誓約書を与えて尋ねたところ，（ガ・チャウッケーの主張とは）合致しなかった。マウンタウン村の法廷でガ・ミンマウンが下した同意を得た（茶を食した）判決に従い，問題のパウッインドオの水田をガ・インが取得しなさい。ガ・インの使った費用をガ・チャウッ

---

15)　KLT, Vol. 1, p. 90.
16)　*Ibid.*, p. 91.

ケーは返済し，非を認めよ。茶を食さず[17]。

　この部隊長による判決書の記録の中でもっとも注目されるのは，最後に茶を食べなかったとあるところだ。つまり，原告，被告両方の合意が得られなかったので，この法廷では紛争の決着がつかなかったことになる。このように出された判決に対して，原告，被告のどちらかが不服であれば，茶を食べないという行為でそれを表し，判決を拒否することが可能だった。この場合はもちろん敗訴となった原告ガ・チャウッケーが不服であったと思われる。主張を認められなかった側が判決を拒否することができるとなると，果たして裁判によって紛争を解決できるのかという疑問が生じるが，次の記録を見ると，紛争の当事者2人が以下のような約束を結ぶことで，その隘路を突破していることがわかる。以下の合意書がそれである。

　両者の合意書　1218年ワーゾゥ月白分12日（1856年7月13日）
　　1218年ワーゾゥ月白分12日，訴訟当事者ガ・インとガ・チャウッケーが結んだ約定。
　　我々は，パウッインドオと呼ぶ水田をめぐる訴訟に関して，エインウー[18]の法廷判決では同意に至らず，問題の解決ができなかった。法廷，裁判官によって判断はいろいろであるから，（我々が）適切だと考える人物の法廷に行って最終的に決着をつけようと2人で話し合った。ガ・チャウッケーがその法廷が出した判決の結果を受け入れず，さらに争いを続けるならば，彼は係争の水田を失い，裁判での敗北を認める，ガ・チャウッケーが結果を受け入れ，ガ・インが受け入れずさらに争えば，パウッインドオの水田4枚をガ・インがガ・チャウッケーに移譲した上，敗北を受け入れるとして，両者が合意書を作り，茶を取り交わして食した。茶を供したのはガ・アウン[19]。

　つまり両者が納得できる裁判官の法廷を選び，そこで出た結論は受け入れる，どちらかが拒否して争いを続けるようなことがあれば，その者が係争の水田を失うことにするという約束が結ばれた。残念ながらこの続きは記録が途絶えており，次の記録は5か月後の12月の事になり，王宮内の東 裁判局[20](エインシェイヨゥン)にこの争いが持ち込まれたことがわかる。判事を務めたのは，ここでの裁判を担

---

17)　*Ibid.*, p. 92.
18)　エインウー：家の玄関，門口という意味だが，ここでは先の裁判官を務めた部隊長の家を指していると考えられる。
19)　KTL, Vol. 1, p. 93.

当していたナッマウ・ミョウザーであり，彼は先の法廷に提出された書類等を調べることを指示し[21]，ついで部隊長と訴訟当事者のガ・チャウッケーとガ・インを召喚して尋問し，その供述を取りまとめて，ディベイン地方長官である東宮近衛部隊長にあてた命令書を2人に預けた[22]。

　この王宮の東裁判局での裁きの記録は，上のように簡単なもので，詳しいことはわからないが，争論そのものの中身に踏みいって判決を下すというよりも，証拠書類を整え，関係する地方長官に指示を与えるというものであったことが窺える。

　ムーダー村の法廷での新たな争い

　記録にはまた半年ほどの空白があり，1857年の6月25日から次の記録が始まる。この間に何度か法廷での裁きがあったようで，すでに問題の水田が，ガ・チャウッケーのボババイン地であることは明らかになっており，彼が裁定による代金を支払ってパウィンドオの水田を請戻していることがわかる。しかし1857年の6月の法廷記録は，ガ・チャウッケーが，請戻した水田の面積が足らないとして，新たな訴訟をガ・ヤウンなる人物を相手に起こしている。ガ・ヤウンはパウィンドオの水田を最初に質受けした債権者の孫であり，彼の祖父母がその田をガ・インの父に質入れしたという関係である。それを裁く法廷は，ムーダー村の法廷と呼ばれているが，裁判官の名は記されていない。

　被告　ガ・ヤウンの供述　　緬暦1219年ワーゾゥ月白分5日（1857年6月25日）

　　ガ・チャウッケーのボババインであるパウィンドオの水田4枚は私の祖父母に質入れされましたが，私の祖父母が困窮した時，ガ・インの祖父に質入れしました。ガ・チャウッケーのボババインの田なので，彼が請戻しを望んで起こした訴訟の判決に従って，私の祖父母がガ・インの祖父母に質入れしてあったこの水田をガ・インのところからまず請け戻し，ガ・チャウッケーが代金を支払いましたので，質入れ証文に記された水田を彼に渡したところ，証文の水田の広さに足りないと言って訴えられました。最初の質入れ証文にある水田4

20) 王宮内に置かれた裁判所であり，王都域で生じた犯罪や争いを審査し刑罰を下した。枢密院の管轄下におかれた5部局の一つで，枢密院の東に置かれており，西に位置するナウッヨゥンが王妃関係の犯罪，もめごとを扱うもう一つの裁判所であった。*ROB*, Vol. IV, pp. 91-98.

21) KLT, Vol. 1, p. 94. 1856年12月9日。

22) *Ibid.*, p. 95. 1856年12月16日。

枚を私どもが使用し，収穫してきたわけではありません。私どもの祖父が質入れしたガ・ミャットゥとその孫ガ・インらが長期間にわたって使用し収穫してきたので，水田の面積が減少しているかどうか，ガ・チャウッケーとガ・インだけがわかることでしょう。私にはわかりません[23]。

この供述から，パウィンドオの水田も，事例1のレイッチャードオの水田と同様に，最初の質入れ先から，移動して新しい債権者のもとに移動していることがわかる。新しく訴えられているのは，最初の質入れ先の孫に当たる人物である。時間の経過だけでなく，その間の債権者変更が事態をいっそう錯綜させたことがわかる。ガ・ヤウンに続いて，ガ・インも尋問を受け，以下のように証言した。

> ガ・インへの尋問とその答え　（同日）
> 　（前略）全員が同意して茶を食した先の判決，すなわち，ガ・チャウッケーの父がガ・ヤウンの祖父に質入れしたテッガイッに記された質入れ金額の半分を減額し，残りの金額15チャットで水田をガ・ヤウンがガ・チャウッケーに渡しなさい，ガ・ヤウンの祖父ガ・サンフラが私の祖父ガ・ミャットゥへ質入れした金額から10チャットを減額し，37チャット6ムーで，証文に記載された水田を，私がガ・ヤウンへ渡しなさい，という判決のとおりに，証文に記載された水田をガ・ヤウンにテッガイッを添えてたしかに渡しました[24]。

同日に判事は，先の複数の法廷の判決文をガ・インが提出すること，ガ・チャウッケーのところにあるガ・ヤウンの祖父の質入れのテッガイッを提出することを指示し，それらを調べて判決を行うと述べた。そのムーダー村の判決は，7月9日に出され，判事はまずそれぞれの言い分を要約したあと，以下のように説諭を込めて判断をくだした。

> ムーダー村の判決　（1857年7月9日）
> 　ガ・チャウッケーはガ・ヤウンが渡した水田は，元の水田に比べ播種量が少ない，すなわち狭いと訴えている。ガ・ヤウンは，自分はテッガイッに書かれているとおりの水田を渡した，しかしガ・チャウッケーの祖父と自分の祖父が取り交わした最初のテッガイッは破損して失われているので，双方の父親の代に新しいテッガイッを作りなおした，その時の証人としてビャンヂャ村の村長

---

23)　*Ibid.*, p. 96.
24)　*Ibid.*, p. 97.

や，ガ・ヤンウェーという人物がいると，証言した。その新しいテッガイッが真正のものか否かを，2人の証人に尋問する。そして，それらの証言によって新しいテッガイッが確かなものとされれば，同意された問題を，息子の代に再び生じさせてはならないという法理に従ってガ・ヤウンが渡した証文に書かれている水田をガ・チャウッケーが受取りなさい，もっと広ければよいのにと，不満を言ってはならない。放念せよ。証人がそのように供述しなければ，上記のパウィンという水田4枚が4籠撒き（の広さ）になるまで，ガ・ヤウンがガ・チャウッケーに補填しなさい。裁判の費用は負けた者が支払いなさい。ガ・インは，パウィンの水田について，（これ以上は）訴えてはならない。放念せよ。この判決にガ・チャウッケー，ガ・ヤウン，ガ・インら3名が同意し茶を交わして食した[25]。

　新しく作られたテッガイッに書かれている田の広さとガ・ヤウンがガ・チャウッケーに渡した田の広さが合致すれば，それで結審となるということであろう。証人の前で作成されたテッガイッが，唯一の典拠として重要な意味を持っている。記録はここで終わっているので，果たしてこれで決着したか否か明らかではないが，パウッインドオの水田をめぐって紛糾した事情が解き明かされ，関係者の同意形成に向かって事態がそれなりに進展していることがわかる。

　このパウッインドオの水田の事例では，2年にわたる記録でその間様々な法廷が登場する。明らかになっている法廷は4か所，記載が中断している期間に行われた裁判の法廷がそれに数か所加わるはずである。判事の顔触れは，パゴダ建立施主のマウン・ミンマウン，そして部隊長のテイザーチョウティン，東宮奉行のミンヂーマハーミンチョオティンなどである。この中では，部隊長の裁定に対しては，茶を食べないという形で，訴訟当事者の不同意が表明され，原告，被告の合意により，新たに仕切り直して，2人の合意できる裁判官の法廷を選んで決着をつけることになった。これをまとめると表8-1の通りである。

　行政職についておらず，慣習法典の専門家とも思えないパゴダ建立施主が裁判官を務める，あるいは訴訟当事者が合意のもとに裁判官を選んでいるという，パウッインドオの水田訴訟の記録は，前植民地時代の地方社会において

---

25) *Ibid*., p. 98.

表 8-1　パウッインドオの水田訴訟の法廷変遷

	法廷の所在	裁判官	判決への同意（茶）
1856 年 5 月	マウンタウン村	パゴダ建立施主	同意
1856 年 7 月	テーゴゥン村	部隊長	不同意
記載中断期間			
1856 年 12 月	王宮東裁判所	東宮奉行	同意
記載中断期間			
1857 年 6 月	ムーダー村	不明	同意

は，在地領主層に行政，司法，警察権が集中していたとしていたかつてのビルマ歴史叙述[26]とは，まるで異なった現実があったことを示している。このザガイン地方のシュエボゥ一帯の事例は，たまたまごく例外的なものなのだろうか。コンバウン王朝の発祥の地でもあり，王位をめぐる謀反，反乱の拠点として 18 〜 19 世紀を通じ，歴史に何度も登場するシュエボゥ地方は，王権に直属する騎馬隊や歩兵隊など軍事組織に編成されたアフムダーンの人口に占める割合が相対的に大きな地方であり，政治的にきわめて重要な地域だった。こうした背景から，地域住民が例外的に大きな司法上の自由を享受していたのではないかと思われるかもしれないが，各地に多く残る訴訟記録が，これが決して例外や逸脱ではないことを示している。例えば，トゥナンダーによればメイッティーラ地方のテッガイッ・データの訴訟文書のなかで，裁判官の素性が明記されている 16 件の内訳は，村長 2，地方長官 1，ミョウ統治者 3，長老 3，僧院建立施主 2，パゴダ建立施主 1，宿坊建立施主 1，僧侶 1，訴訟当事者の親戚 1，緬方医 1[27]となっている。すなわち地方行政，統治の担当者は合計でも 6 人に過ぎず，その他 10 人は宗教施設の寄進者を筆頭に，近隣で長老と呼ばれている人物や，僧侶，伝統医など様々である。

　先に見たように，この二つの裁判での訴訟者たちの行動は，慣習法上でも，勅令によっても，王朝社会のルールのうちに問題なくおさまっているのである。

---

26) 例えば，ミャセインの古典的な名著（Mya Sein, *Administration of Burma: Sir Crosthwaite and the Consolidation of Burma*, Kuala Lumpur: Oxford University Press, 1973, rep.）を嚆矢として，王朝ビルマの地方統治制度については，ミョウダヂーなど在地統治者が行政のみならず，司法，警察などの権能を一身に集中していたと考えられてきた。

27) Thu Nandar, *op. cit.*, pp. 115-116.

3　共同相続人の間で起こる紛争

　農地をめぐる紛争のもう一つの主要な原因は，同じ土地に多数の共同相続人が存在することにあった。19世紀の中部ビルマ平野部一帯では，均分相続による農地の細分化はかなり進行していたように思われる。20世紀初頭に地租設定官としてミンジャン県に赴任した経験を持つファーニヴァルは，一つの農地に5世代にわたる100人あるいはそれ以上の共同相続人が存在することも珍しくはない，ほかの県でもおそらく同様であろうと記している[28]。農地の経済的価値が高いほど，多くの共同相続人がその上にひしめき，とりわけ灌漑水田でその傾向が強かった。人口が少なく，モンスーン降雨に依存した天水米作を行っていた下ビルマでは耕地の外延的拡大が容易だったが，米作適地が水掛かりによって規定され，人口も相対的に密な上ビルマ灌漑地域では，新しく水田を開くことは容易ではない。結果的に限られた水田に多数の相続者が権利を持つ状態が生み出され，世代を経るに従って共同相続人が増加してゆく傾向にあった。多数の権利者が同じ土地に存在するような場合は，どうしても種々の悶着が起こる可能性も高い。

　そのためか農地の相続をめぐっては，以下の例のようにテッガイッの書式にそった遺産配分証文を作成し，証人たちの前で，茶を交わして同意を形成することがしばしば見られた。

　　緬暦1233年ナヨン月白分8日（1871年5月26日）コゥ・タヨゥの5人の相続人が立会人とともに，マヂーザウッ村の僧侶ウー・ナンダーマラーのもとに集まり，その前で合意書を作成した。ミャッピューとミャムウェは，コンガンとケートオの水田を相続し，ピャッは池の下のコンガンの水田を相続，ミャッフラとミャッルーは，タンビンチュンの水田とチンヤーチャウンの水田を相続することとなった[29]。

すでに質入れされている水田を共同で相続した場合などは，相続人の間で水

---

[28] Furnivall, *op. cit.*, p. 87. また，水田以上に均分相続による共同相続が発達しているのは，収穫が分割しやすい砂糖椰子で，同じ椰子の木から椰子砂糖を受け取る権利を持っていることが親族であるしるしにもなっていると指摘している。

田請戻しにかかる費用その他について，負担の配分を前もって取り決め，証文にすることもしばしば行われたようである。

　　ボー・アウンケーとメー・フマッサンの相続人であるウー・ポーターヤウッ，ウー・シュエピィ，菩提樹寄進者ウー・チッ，コゥ・ターガウンは，以下について同意した。「我々の祖父母によって質入れされた水田の請戻しに際しては，それぞれが平等の金額を負担する，もしその他に負債があれば，それについても平等に負担する，また土地の所有権をめぐって訴訟が起きた場合にもその費用を平等に負担する，もし我々のうち誰かがこの約束を破ったら，彼は60チャッを支払わねばならない。」皆が茶を食して合意し，契約がなされた。ウー・シュエミンが文案作成。コー・タンソゥンが筆写。ルーペーが茶を提供[30]。

こうした証文を作ることがどれほど一般的であったのか，その実際はわからない。しかし，かなりの資産を持つ裕福な家系に限られていたわけではないことは，相続した水田がすでに質に入っているという上の例でも窺える。これほど多くの証文がごく普通の人々によって作成されていたことは驚きであるが，灌漑水田がもっとも重要な資産であり，生計のよりどころであったことは，間違いない。たとえ相続した農地が一枚の水田の何分の一かであっても，以下の証文に見るようにその権利を質入れして借金することもできたのである。

　　緬暦1233年カソゥン月白分6日，コンタウン村のマウン・シンとマウン・チャンベッが，レッパンガンの水田の私たちの持ち分に，重ねて金を貸してほしいと言ったところ，それに応じて，マウン・カインが1チャッ銀貨12枚を貸した[31]。（後略）

さて，共同相続人の間の水田をめぐる紛争をみると，その多くは，相続したはずの持ち分が他の相続人によって占拠され使用できないという訴えから始まっているが，その背景には，上の証文が示すような相続した農地に関する費用分担の問題が絡んでいることが多い。例えば，以下のような例がある。

　　緬暦1227年ダディンヂュッ月黒分12日（1865年10月16日）ガ・トゥンア

29）　MTC, no. 199.
30）　MTC, no. 204. 1872年3月3日。
31）　MTC, no. 197. 1871年4月24日。

ウン，ミ・ミンヤン夫妻とガ・チッ，ガ・シュエピィ，ガ・シュエミン，ガ・シュエウーの間に水田をめぐって紛争が生じた。ガ・トゥンアウンとミ・ミンヤン夫妻は水田に関する訴訟の費用を払ったにもかかわらず，これらの水田を使えないと訴え，ガ・チッ，ガ・シュエピィ，ガ・シュエミン，ガ・シュエウーらは，訴訟の費用合計15チャッのうち，夫妻が5分の3を負担し，その他の4人が残りの5分の2を支払うという合意があったと述べた。彼らの主張を聞き，チャウタイン村の僧院建立施主ウー・カラーが，以下のように判決を下した。いわく，夫妻は5分の2を払い，その他の4人が5分の3を払いなさい。そうすれば相続の慣習どおり平等な負担となる。今後は争いを起こさないように。（中略）全員合意し，ともに茶を食した。ウー・カラーが証文を書き，レーダウンガン村の村長マウン・カンヤが筆写した[32]。

この例では水田に関する訴訟費用の負担をめぐっての不和が原因で，当該土地の利用を特定の相続人に認めないとする他の相続人たちとの争いになっている。同じような事例がほかの家族にも生じている。

　緬暦1211年ダバウン月白分4日（1850年2月14日）マウン・ピューが，祖父母が所有していたヨンガンの水田について自分の取り分を主張し，マウン・シュエマウン，マウン・フモウ，マウン・ビールー，マウン・プらと争ったところ，マウン・ビールーが，「父が生前に，マウン・ピューが遺産配分を望むならば，灌漑用水に関する訴訟で費やした30チャッを支払うべきだと言っていた。マウン・ピューがその金を支払うなら相続人の中に加えよう」と言った。マウン・ピューはこれに同意せず，「払う理由はない，取り分を渡してほしい」と主張したので争いとなり，決着がつかなかった。そこでアインダー村の長老たちが集まり，次のように言い渡した。「訴訟に長い時間が費やされている。これ以上争ってはならない。マウン・ピューは，30チャッのうち13チャッ5ムー[33]をマウン・ビールーとほかの相続人たちに支払い，土地を平等に耕作して収穫しなさい。」この判決に相続人たちは同意した。証人は，ウー・チッ，村長のマウン・ターミン，戒壇の施主マウン・トワ，パゴダ建立施主マウン・ターベー，マウン・シュエタウン，マウン・チットゥ，マウン・ポーヂーとマウン・シュエマウン。

---

32) MTC, no. 137.
33) C-DATS, 2005, no. 216 および MTC, no. 45 は，同じ本件の写本であるが，登場人物，日付けなどは同一だが，細部にくい違いが見られる。一つは長老たちの判決でマウン・ピューが支払うべき金額は，C-DATS の写本では，14チャット8ぺーとなっている。このように複数つくられる写本に，誤記が見られるのは珍しくない。

ここでも相続した水田の灌漑用水をめぐる訴訟の費用分担についての考えの食い違いが争いを招いている。先に紹介した相続に関する同意書（MTC, no. 204）では，良い遺産（すなわち財産）も悪い遺産（負債など）も相続人たちの間で平等に相続，あるいは負担されねばということが原則として示されており，こうした慣習が確立していたと考えられるが，上の例では，相続人の一人のマウン・ピューが負担は分担しない，財産の取り分はもらうと主張し，それに対し他の相続人たちが，それでは彼には水田の相続を認めないとして争っている。この争いは，共同相続人の間だけでは解決が付かず，村の複数の長老の裁定によってマウン・ピューもまた負担分を支払うことに同意して，解決に至っている。

　これらの共同相続人の間に起こった争いは，先に見た元来の債務者（＝土地質入者）と債権者（＝質受者）の子孫たちが繰り広げた訴訟に比べ，当事者の記憶がはっきりしている。証文が作られている場合はそれが残っている確率が高く，さらに親族関係があるのでお互い話がしやすいなどの理由で，先に見たディベイン地方の債務者子孫と債権者子孫の訴訟のように，法廷を何度も変えながら，数年にわたって争い続けるような例は見当たらず，比較的調停が容易だったと考えられる。そしてこうした紛争は，地方社会の枠内で，長老，僧侶，村長，役人，仏教建造物の建立施主，医者など何らかの権威をまとい，尊敬の対象となっていた人物の居宅で，簡単な裁判を行い，調停によって解決されていた。

4　訴訟の経済的側面

　訴訟の判決文には，しばしば「あくまで争いを続ければ，費用も時間も蕩尽してしまうから，これにて争いを収束し，放念しなさい」という意味の文言が書かれている。「双方が訴えて，微に入り細に入り，言葉をますます重ねて正義を求めて相争えば，経費も費やし，疲労するばかりである。争いはやめなさい」というのは，メイッティーラ地方で，1859年に行われた裁判の判事を務めた長老の言葉である。この裁判は，村長，助役，その他の複数の人間が入り乱れて双方が訴えあった複雑な訴訟であった[34]。裁判の判事は，双方にそれなりに納得ゆく結論を導き出すと同時に，一種の訓戒も与えているが，その訓戒

としてもっとも多用されるのが，経費と時間の浪費になるばかりであるから争いを収めよという極めて現実的な言葉である。

また借金をせねばならぬ理由として，「訴訟の費用を払わねばならず」，と書かれている借金証文もしばしば見られる。地方社会における裁判は，尊敬に値すると当事者が認めれば誰でも裁判官を務めることができたため，人々にとって親しみやすく，またどのような裁定，判決が下されようとも，当事者の合意がなければ，決定として強制されることはなかったので，確かに紛争を調停という形で解決する手段として有効であった。しかし訴訟に高額な負担が伴えば，貧しいものには，手の届かぬ解決方法となりかねない。

そこで，最後に訴訟にはどれほど，どのような費用がどれだけかかったのか，という点を見てみたい。先にレイッチャードオおよびパウィンドオという水田をめぐる2件の訴訟で，被告として訴えられていたガ・インのものと思われる折り畳み写本には，細かな費用細目を記したメモが残されている。

レイッチャードオ水田訴訟の費用を示したこのメモの日付は1848年4月2日とあり，本章で事例1として紹介した4月23日から始まるミョウレベルの法廷での争いより先の話である。ガ・インは以前にもこの水田について村やミョウのレベルで訴訟を経験し，枢密院への上訴の手配もしていて，そのために合計で28チャッ2マッ1ペーを使っていたことがわかる。また金額リストに添えられたメモによれば，このうちの大半はマウン・メイッという人物からの借金で賄われていた。その後の裁判でも同様な費用が掛かったはずで，ガ・インとその父ガ・ミャッフモゥは，この裁判の後の1848年6月6日に，マウン・メイッ夫妻からさらに14チャッ1マッを借りて水田2枚を質に入れていることが別の証文[35]に記されている。それを合わせれば，42チャッ3マッ1ペーとなる。この金額がどれほどのものか推測することは難しいが，当時の米価を参考にすると，1847年の100籠あたりの籾価の最高値は50チャッ，平均値は43チャッ6ムー5ペーであり，1849年ではやはり最高値が50チャッとあるので[36]，ガ・インはレイッチャードオ水田の訴訟で，籾米100籠の値に近いほどの額を費やしたのではないかと思われる。100籠の籾米は約2トン強に

---

34) C-DATS, 2005, no. 526.
35) KLT, Vol. 1, p. 53.
36) Toe Hla, 1981, p. 99. 1847年の数字はレーガイン地方の証文，1849年の数字はビャンヂャの証文からとある。

表8-2　ガ・インがレイッチャードオ水田訴訟で費やした費用

1848年4月2日

費用細目	金額
1. ミョウへの支払い	2 k 5 mu
書記へ	1 k 6 mu
約定書作成	5 mu
村への支払い	7 mu 1 pe
法廷召喚の費用	2 mu 1 pe
チョオ先生への支払い	5 mu
食費として渡した金	2 mu 1 pe
小計	6 k 3 mu 1 pe
2. ミョウの裁判費用	1 k 5 mu
宰相補佐の書記へ	5 mu
保証人マウン・ヤンリンへ支払い	5 mu
弁護士の足代2回分	2 k 2 mu 1 pe
写本筆記マウン・ボゥへの支払い	2 mu 1 pe
メー・イェイへの食費支払い	2 mu 1 pe
重量減少補填	8 mu 1 pe
小計	6 k 1 mu
3. フルットー上告に際し勅撰弁護士のお車代	3 k
マウン・ガレーへ再度支払い	3 k
マウン・ヤンミンの食事支払い	1 k 5 mu
上訴の際，裁定に従い上訴金	1 k 5 mu
茶代支払い	2 mu 1 pe
茶係ウー・ソゥへ支払い	2 mu 1 pe
マウン・ヤンシンへ支払い	1 k 2 mu 1 pe
ウー・イェイへ支払い	1 k
食費	3 k 3 mu
重量減少補填	8 mu
水田質入れ時の仲介料支払い	2 mu 1 pe
小計	16 k 1 mu

原典注記：マウン・メイッから借りたユエッニー10チャッ1マッ1ペー，10チャッ合金2チャッ，重ねて借りた1チャッ3マッ合金で14チャッ1マッ，合計26チャッ1ペー。貨幣の鋳造に2チャッ，すべて合わせて28チャッ2マッ1ペー。

出典：KLT vol. 1, pp. 82-83, UCL 折り畳み写本 no. 151107.

注：貨幣重量単位は1チャッ（1 k）＝ 10 ムー（10 mu）＝ 20 ペー（20 pe）。表の中で重量減少補填というのは，金属貨幣の摩滅分の補填費用だと思われる。

表8-3　ガ・インがパウッインドオ水田訴訟で費やした費用

日付不明，1856年12月頃

費用細目	金額
部隊長への支払い	1 mat（= 2 mu 1 pe）
お役所への支払い	1 k 7 mu 1 pe
小計　　　　　　　　　　　2 k	
法廷への支払い	7 mu 1 pe
法廷小番への支払い	2 mu 1 pe
折り畳み写本筆写代	2 mu 1 pe
誓約書筆写代	2 mu 1 pe
小計　　　　　　　　　　　1 k 5 mu	
上告時お知恵拝借お礼	5 mu
裁定文筆写代	2 mu 1 pe
判決文筆写代	2 mu 1 pe
お茶代	2 mu 1 pe
小計　　　　　　　　　　　1 k 2 mu 1 pe	
ムーダー村上告時お知恵拝借お礼	5 mu
裁定文筆写代	2 mu 1 pe
お茶代	2 mu 1 pe
小計　　　　　　　　　　　1 k	

出典：同上，p. 95.

なり，当時では中規模以上の水田保有面積を有する世帯の年間収穫量にゆうに匹敵すると推定されるので，ガ・インが費やした訴訟関連費用は並大抵の支出ではなかったということができる。

　さらに，表8-3に見るように，パウッインドオの水田訴訟でもガ・インは費用支出の小さなメモを書き残している。訴訟のどの時期をカバーしているか不明であるが，両訴訟において訴えられて，それに対し闘い続けたガ・インにとって，訴訟関連の支出は極めて大きかったはずである。

　さらに，上の二表から読み取れることは，実に多くの人に報酬を払っていることだ。法廷つまり裁判官，判決文や合意書などの文書の筆写者，弁護士，茶を供する者，仲介者，保証人，上告の際に何らかの知恵を借りた人物，法廷の小使い，賄いの女性などなど。訴訟の過程で関わったほとんどすべての人に対して，それぞれの大小のサービスに対して現金の支払いが行われ，訴訟費用を膨らましている。市場が未発達な中で，需要と供給の距離を生身の人間が埋めて

第8章　質入れ地をめぐる紛争の調停

ゆき，それに対して代価が支払われるという形で，貨幣流通が浸透してゆくシステムの一つの表れのようにも見える。

いっぽう，共同相続人の間で起こる訴訟の多くがそうであったように，地方社会の中で一度の訴訟で解決に至るような場合は，ガ・インが支払ったほどの巨額の訴訟費用がかかることは，少なかっただろうと考えられる。しかし，村レベルの裁判であろうと，判事への手数料，筆写者への支払，茶代など諸掛りが必要なことは変わらなかった。水田などの質入れ証文の中で，「訴訟費用の捻出のため金が必要なので」という文言がしばしば見られるのは，訴訟の数多さとともに，訴訟費用がばかにならないことを示している。

＊

制度としての地方法廷は，影響力を持ち尊敬を受けている人物ならば誰でも判事になれることに典型的に見られるように，きわめて柔軟な制度であり，また訴訟の解決の方法において，勝訴，敗訴の白黒をつけるのではなく，双方の言い分を思うさま述べさせ，争点を解きほぐし，仲裁に持ってゆくという調停を旨とするものであったので，人々が言わば安心して利用できる制度であった。しかしながらその経済的側面から見れば，手数料収入を多くの人々に配分する社会的効果は別として，訴訟当事者にとっては，時には水田を手放すほどの大きな負担を伴うものでもあったので，それほど気軽に行えるものではなかった事も事実であろう。それでも水田のような重要な生計基盤をめぐっては，ひとたび争いが起これば，人々は紛争の解決を法廷に求めて，そこで言い分を尽くして戦い，その決着を権威と徳を兼ね備えた人物とみなされる裁判官にゆだねたのである。そして地方社会の法廷はこうした紛争の解決において，充分に有効に応えていたと言えよう。

補章
歩いて作った村の境界

19世紀中部ビルマにおける村落境界紛争とその調停

この章では，借金証文の主題から離れて村落境界紛争を扱っている。にもかかわらずこの章を補章としてここに加えた理由は，隣あった村落の土地争いを取り扱った裁判の在り方が，18～19世紀ビルマの地方社会の性格を考えるために好適な素材を提供しているからである。農地をめぐる私人の間の訴訟の事例と並んで，この村落間で長期間にわたって激しく争われた争論がどのように収められたかの顛末は，当時の訴訟の在り方や，それに対する司法制度や近隣村落を含めた地方社会の在り方をよく示している。

　19世紀のコンバウン・ビルマ社会における民事訴訟の原因として，もっとも多数を占めていたのは土地をめぐる争いだった。その中身は農地の帰属をめぐる争いと領地の境界争いに分かれ，数としては農地の帰属をめぐる争いが大勢をしめている。農地紛争がこの時代に目だって増えている背景としては，先に論じたように，借金の担保として農地が盛んに提供されるようになったこと，しかし，一方で伝統法ダマタッにも支えられた強固な慣習や観念，すなわち均分相続制度と，農地は開墾者とその子孫に永遠に一体であるとする観念の存在があり，その間の矛盾が数多くの紛争となって表れていた。こうした争いは基本的には個人対個人あるいは，共同相続人の間で争われる人と人との紛争だった。

　一方，領地の境界争いは，村落対村落，あるいは村落の上に位置するより大きな地方行政単位であるミョウ対ミョウという形で争われる。ミョウ対ミョウの争いは，勅令集にかなりの数が見られる。それに対してここで検討する村落対村落の争いの記録は極めて少ない。しかし，村落の境界をめぐる紛争とその解決の記録は，当時の紛争解決システムの在り方や，村と村の関係の在り方を考えるうえで，多くの貴重な示唆を与えてくれる。

1　前近代東南アジア社会と領域・境界に関する議論

　前近代の東南アジア社会における領域・境界に関する議論としては，O. W. ヴォルターズの曼荼羅国家論の中での王国の領域に関する議論[1]，そして

---

1) 　O. W. Wolters, *History, Culture, and Region in Southeast Asian Perspectives*, Singapore: Institute of Southeast Asian Studies, 1982. の議論を参照。

シャム王国を対象に「地理的身体」（ジオボディ）というキータームを使用して，その近代的領域の形成を論じたトンチャイ・ウィニチャックンの議論[2]が大変示唆的である。

地図の上に表現される境界線で区切られた領域に排他的な主権が存在するという観念は，近代国民国家というシステムの創出と表裏一体の関係にある。こうした観念や，近代地理学による地図作成という技術を受容していなかった時代の東南アジアでは，ひとつの王国の支配の及ぶ領域は，境界線で明確に区切られた空間として観念されているわけではなかった。ヴォルターズの議論が指摘するように，いくつかの王国の接する境界領域は，複数の支配力が働く重層的な場であり，領域は揺れ動く可変的なものであった。たとえ石柱が境界の標識として置かれていても，あるいは川や丘などの自然物が境界をなしていると見なされていても，それらを結ぶ線が存在するという意識は存在しなかったと考えられる。トンチャイ・ウィニチャックンはその著書『地図に書かれたシャム——国家の地理的身体の歴史』で，他の東南アジア諸王国と同じく，このように地理上の境界線を持たなかったシャム王国が，19世紀後半にかけて，英・仏列強との接触の中で，測量，地図作成という近代技法を取り入れ，国民国家としての地理的身体（geobody）を獲得していくさまを描き出している。そこでは多くの史書では，英国やフランスによるシャム王国の領土割譲と書かれてきたプロセスが，従来朝貢関係で結ばれてきた地方の中小王権，在地勢力をシャムという国家の不可分の一部として取り込み，シャムが近代的国民国家としての地理的身体を獲得していく過程であったことが，描かれている。

筆者は，前近代の東南アジアのより小さい社会単位，村落あるいはその上の単位，ビルマではミョウ，ユワなどと呼ばれていた地方社会の性格に関心を持っているが，このウィニチャックンの地理的身体という言葉に触発されて，村落に即して境界という問題を考えてみたい。

一人の人間の身体感覚を遥かに超える王国という広大な世界ではなく，人々が日常生活を営むより小さい社会空間においては，境界はどのようなものだったのだろうか。村落という場では，人々は自分が属する村とそのほかの村についてどのような境界意識を持って行動していたのだろうか。王国の境界をめぐ

---

[2] Thongchai Winichakul, *Siam Mapped: A History of the Geobody of a Nation*, University of Hawaii Press, 1994.

る議論が，東南アジアの王国・王権の在り方を鮮やかに示したように，植民地支配を受ける以前の東南アジアの村落社会を考える上でも，境界というテーマは，過去の村落像を再構成する上で重要なひとつの切り口になると思われる。

　19世紀のバリについてクリフォード・ギアツが論じた劇場国家論では，王国の秩序をめぐる観念は王権の存在様式，とりわけ儀式や儀礼を通じて下位の社会単位にも模倣され深く浸透していたと解釈されている[3]。しかし秩序とその観念をめぐる議論をそのまま境界とその観念に関する議論に適用して，王国の境界および境界概念と地方社会の境界と境界概念が同質のものであり，同心円を描いていたと仮定することはできない。またなによりも下位の社会単位，ここでは村落だが，に由来する史資料（テキスト）を用いずに議論を展開することは，無謀であると思われる。

　本章では，コンバウン時代後期に上ビルマの村と村の間に起こった領域紛争の事例を取り上げて，村と村の境界がどのようなものであったかという問題を考える。さらに境界をめぐる争いが起こったときに，どのように紛争が解決されたか，すなわち秩序を回復するどのようなシステムが社会に存在していたかという問題もあわせて考えたい。そしてその解決に至る過程でどのように新たに境界が創出されたか，さらに新たな境界を地方社会が認知し，共有するためにどのような方法がとられたかという点にも注意を払いたい。

　事例としては，トゥンイー編纂による『コンバウン時代判例集[4]』第三巻所収のザガイン地方の村と村の間に生じた境界紛争を取り上げる。この紛争の記録は，もっとも古い資料が1768年から始まり，1780年にいったん途切れ，その後59年後の1839年から再燃した紛争が翌年に最終的な解決にまで至った過程の詳しい記録が残っている。その間にも二つの村の間で世代を超えて小競り合いがあったことは，訴状などから読み取れる。1840年の紛争の最終局面とその後の紛争収束，解決に至る道筋については，トーフラ著『コンバウン時代のミャンマーの社会組織と訴訟[5]』に折り畳み写本原本の内容が詳細に紹介さ

---

3) Clifford Geertz, *Negara: the theatre state in the nineteenth century Bali*, Princeton, and New Jersey: Princeton University Press, 1980.

4) Htun Yee, collected & edited., *Konbaung Hkit Hpyat Sa Paung-chok, Collection of Hpyat Sa, Legal Cases and Court Decisions of Myanmar in the Konbaung Period*, (以下 *KHSP* と略記) Myanmar-hmu Beikman Sa Pe Bank, 2006. vol. III.

5) Toe Hla, 2004 (a). *op. cit.*

れているので，この紛争の初期の記述を含むトゥンイー氏編纂の資料集とを合わせると，長期にわたる村落境界紛争の展開とその解決に至るおよその曲折が見えてくる。

2　村落境界紛争の事例

2-1　タウンヂャー村[6]　対　サダー村[7] の紛争

『コンバウン時代判例集』に収録された最初の記述は，1768 年，ザガイン地方のとある村の村長が枢密院に訴えを起こすところから始まっている。訴えたのは，タウンヂャー村の村長を務めるガ・ウーというもので，訴えの内容は，自分はタウンヂャーの村長の正しい血統を継ぐものだが幼少時に両親を亡くしたため，血統のものではないガ・チョオフラという人物が（臨時に）村を治めていた。そのとき隣村サダー村との間で領土争いが生じ，ガ・チョオフラとサダー村の村長ガ・アウンミョが潜水神判[8] を行いチョオフラが負けた。それで村の土地の一部をサダー村の村長が没収した。しかし自分が曾祖父以来の正しい村長の血統のものであるから，正しい血統に属さないチョオフラが負けたと言って，それで事は決しない。サダー村の村長と正しい血統をつぐ村長である

---

6)　タウンヂャー村は，のちの資料の中で，ゼイテッ・タウンヂャー村とも記されている。

7)　サダー村は，のちの資料の中で，インサ村，インサダー村，ミンサダー村と様々な名前で書かれているが，みな同じ村である。ここでは依拠した文献に従って，書かれているまま村の名前を映している。トーフラ氏が紹介した折り畳み写本の中では，サダー村，インサ村となり，トゥンイー氏編纂の判例集に収集されている写本の中ではインサダー村，ミンサダー村という名で記載されていたようだ。実際に当時は，このようにいくつかの名前で呼ばれていたのか，いずれかの記録者が誤記したものか，判明しがたい。現在の村名はザガイン管区内のタウンヂャー村，インサ村である。(Pyi-htaung-su Sochelit Thamada Myanmar Naing-ngan-daw, *Pyi-ne hnin Taing-mya shi Myo-ne alai Myo, Yakwet, Kyei- ywa ousu hnin Kyeiywa-mya, Sikaing Taing*,「州，管区内の町，区，村落区と村」ザガイン管区 1974, p. 3.）

8)　訴訟が，証拠や証人によって明確に裁かれないときに，あるいは双方があくまでも譲らず，紛糾したときに，このような神判が用いられることもあった。潜水神判では長く潜っていられた側が勝者となったが，このほかに籾米を口中にできるだけ多く含む，溶けた鉛に手を突っ込むなどのやり方もあったようだ。

私が領土の問題について話し合うべきだ，というもの[9]。

　このタウンヂャー村の村長ガ・ウーは，ボードーパヤー王が1782/3年に王国内の諸地方に対し，その統治者の系譜，領土内の土地，課税などについて回答を求めた調書（シッターン）に答えている村長であり，その時の年齢は45歳と記されている。するとこの訴えを起こした時はまだ30〜31歳であり，自分は村長の正しい血統を継ぐものであるという自負とともに，じゅうぶん若く再び潜水神判になろうとも，このいわば'肺活量の戦い'にも充分勝算ありという目算も抱いていたのかもしれない。

　この訴えを受けた枢密院は，1768年3月28日，1）ガ・ウーの血統は正しいものか，2）チョオフラとサダー村の村長の争論ではいずれが正しいか，の2点につきガ・ウー，ガ・チョオフラ，ガ・アウンミョの三名を尋問するという決定を下した[10]。その決定にそって，3月30日に以下の陳述が行われている。

> サダー村村長の陳述
> 　村の領土についてタウンヂャーを治めていたチョオフラと争ったとき，潜水神判となり，チョオフラが先に水から現れたので，私が係争地を自分の村の土地としました。チョオフラがタウンヂャー村長の血筋のものかどうかについては，私は知りません。
>
> チョオフラの陳述
> 　私がタウンヂャー村を管理していたとき，サダー村との間で領土争いが生じ，潜水神判で負けて，タウンヂャー村の土地をサダー村村長が没収しました。タウンヂャー村と私の父祖の家系は無関係で，ガ・ウーが先祖代々の正しい村長の家系のものですから，彼が帰ってきて村を治めることになりました[11]。

　枢密院は，これらの陳述にもとづいて4月7日に以下のような判決を下している。すなわち，「サダー村村長とチョオフラの領土争いでは，チョオフラが潜水神判で敗北した。そのチョオフラはタウンヂャー村の村長の家系のものではなく，ガ・ウーが正しい家系のものであること，以上3点が明らかになった。領土は永遠に引き継がれるという法に従うと，正統な家系の血統ではない

9）　*KHSP*, p. 326.
10）　*Ibid.*, p. 326.
11）　*Ibid.*, p. 327.

チョオフラが潜水神判で領土の問題を決定できるものではない。ガ・ウーとガ・アウンミョが訴訟で明らかにすべきである[12]。」この判決文に対して訴訟当事者たちは茶[13]を食したとある。

　ここで注目されるのは，村の土地（領土）は，永遠に村長の血統のものに引き継がれるものであるという言葉と，血統のものでない者が（たとえしかるべき理由があってその村を実際に治めていても），村の領土の問題を決めるようなことはできないという判断である。第6章で見たように，農地については，それを開墾し，耕作を続けてきたものとその子孫に未来永劫にわたって強く結び付けられるべきである観念が18〜19世紀においても強く存在し，質入れ農地の売却を押しとどめる方向に影響していた。この判決は，村とその領土に関しても同じような観念が存在していたことを示している。村を拓き，それを代々統治してきたものの子孫が真正の村長であり，彼らとその村は永遠に結びついているという観念である。

　先に触れたように，実際には18世紀末から19世紀の初めの飢饉や敗戦の危機の時代には，村の土地と村長の任命書を共に抵当に入れてしまうような事態も出現している。そのような事態に対して王政府は，村の土地や池に対する債権者の抵当権はそれを保護しながら，村長の統治行政権の抵当設定や売却は認めないという方策でなんとか対処していた。

　さて，ダウンヂャー村対サダー村の訴訟の行方は，すぐには決着がつかなかったようで，1780年になって再びガ・ウーが枢密院に訴え出た記録がある。いわく，シンビューシン王（在位1763〜1776年）時代のご裁定を，サダー村村長が遵守しないので，シングー王の御代（在位1776〜1782年）になっても土地争いが解決しないというのである。

　1780年に枢密院は再び過去の訴訟記録や判決などを調べることとし，1780年1月9日，サダー村の村長ガ・アウンミョとガ・チョオフラが調書を提出，それに基づいて1月12日に枢密院の判決が下された。しかしその内容は，タウンヂャー村の村長ガ・ウーとサダー村の村長ガ・アウンミョの2人の間で解決に至るよう論争させよという，いわば振り出しに戻るものであった[14]。この

---

12) *Ibid.*, p. 327-328.
13) すでに何度か触れているように，この茶とは，発酵させた茶の漬物であり，茶を食べたとあるので，双方が判決に同意したことがわかる。
14) *KHSP*, pp. 328-329.

時の裁判記録はいきなり最高裁判所ともいうべき枢密院への訴えから始まっているが，農地をめぐる訴訟と同じように，枢密院の判決は，紛争の勝者と敗者を明らかにして決着をつけるというのではなく，問題解決の筋道を示すというものだった。

それから記録は途絶え，再びこの二つの村の領土紛争が記録に現れるのは，半世紀以上たった1839年のことだった。当然二つの村の村長もそれぞれの子孫に代わっている。タウンヂャー村ではトゥインゼーヤボゥという称号で呼ばれる騎馬隊長が村長となっている。騎馬隊長が村長であるということから，この村はかつて騎馬隊に下付された村で，代々その騎馬隊構成員が居住している村であろうと推測される。サダー村（ここからの記録ではインサ村と書かれている）では，ガ・サンニェインという人物が村長になっている。これは個人の名前であり，彼については職位や称号を示すような記述がないが，この事件の目撃記録を記した写本の中に，「45年のシッターン[15]を提出したミェダイン[16]のガ・タートゥンの孫の下士官であるガ・サンニェイン」[17]とあり，彼もまた軍人であることがわかる。二つの村の位置するザガイン地方は，王国の軍事力の一つの核心地帯でもあり，かつてインド東北のマニプール，アッサム，カチャールから連行された捕虜が，騎馬隊に組織されこの一帯に入植したことでも知られる。この二つの村もそうした由来を持つ可能性もありうる。ザガイン地方では，王権に対する世襲の職務を担うアフムダーン人口の比重が高く，18世紀の80年代には，世帯数の8割近くがアフムダーンであったとされる[18]。

さて，1839年の訴えは，インサ（サダー）村の村長からで，以下のようなものだった。

---

15) 緬暦1245年（西暦1782/3年）にボードーパヤー王によって行われたシッターン。45年シッターンとして広く知られる。地方に関する問題を扱う法廷で常に参照されるべき，もっとも重要な文書として扱われていた。

16) ミェダイン：そもそもは土地を測るという意味で土地配分を行った人物を指していたと思われる。45年のサダー村のシッターンでは，村長とミェダインの2名が提出したとあり，ここでは，村長とミェダインの役は分化していたようで，ミェダインは地税の徴収などを行っていたことがシッターンからわかる。村長（ユワダヂー）が不在で，ミェダインが実質的な村長である場合も多々見られる。

17) Toe Hla, *op. cit.*, p. 128.

18) 緬暦1245年のシッターンによれば，ザガイン地方の人口構成においては，アフムダーン世帯が約79％を占めており，王国の中でももっともアフムダーン人口が高い地方となっている。W. Koenig, *op. cit.*, p. 245.

（前略）インサ村の土地の中で，タウンヂャー村，マヂーゴン村の者が砂糖椰子に登り（収穫し），塩を煮，水田を作り，家を建てて暮らしております。以下の者たちを（男17名の名列挙）を（彼らは）引き取るべきであります[19]。

　それに対するタウンヂャー村の反論は，砂糖椰子に登り，塩を煮，水田を耕し，家を建てているのは，タウンヂャー村，マヂーゴン村の土地の中で，インサ村の領地ではない，ということであった。

　この時の法廷はネーミョウシュエダウンチョオドゥノオヤターという長い称号で呼ばれる騎馬隊長の居所で開かれている。騎馬隊長は，1839年11月21日に判決を出したが，その前半はインサ村とタウンヂャー村の双方の言い分の要約であり，そのうえで，双方の言い分だけでは真実が明らかにならないとして，三つの村の45年シッターンを提出するようにと命じている。さらにインサ村の村長が45年シッターンを提出するのは適当でない，この土地争いではかつて潜水神判をしておりインサ村の村長が勝利した判決があると訴えているので，当時の判決文，取り調べ調書などを提出せよと命じた。茶が提供され双方が食した，すなわち合意が成立したとなっている[20]。

　しかしインサ村の村長ガ・サンニェインは1840年5月10日に，枢密院に上訴しており，以下のように申し立てている。

　　ミンガラー・シュエマウン部隊長ガ・ボオヤ[21]とインサダー（サダー）村の村長，ガ・サンニェインの申し立て
　　　私どもの領地にある椰子を枢密院のお求めに答えて伐採しようとしたところタウンヂャー村の村長，マヂーゴン村の村長らがこれを妨害して枢密院に訴えたので，私どもは管区騎馬隊長官[22]に拘束されました。ボー（ドー）パヤー王，ナウンドーパヤー王の御世にも妨害があり，当時の裁判の判決によって明らかに得ていた土地を，後々の現在になって，こうした判決の存在にもかかわらず再び妨害してきたのです。

---

19) *KHSP, op. cit.*, p. 331.
20) *Ibid.*, p. 332-333.
21) ガ・ボオヤという部隊長は，この記録の中でのみ現れ，ガ・サンニェインとの関係，村との関係は不明。
22) 管区（タイッ）とは，17世紀末に勅令を持って定められた広域行政範囲であり，村，ミョウ，タインを含む。当時は王国を七つの管区に分割した。*ROB*, I, 1983, pp. xiii. 一管区の騎馬隊すべてを統括する長官をミーンダッ・ボゥと呼び，この事例では，当時のミーンダッ・ボゥは，ネーミョ・シュエダウン・チョオドゥ・ノオヤターという称号で呼ばれる人物だった。

管区騎馬隊長官による拘禁を解いて，領地の件について証拠を調べてください。証拠の力が同等だったら，奪われた土地を均分に分配するという判決を下してください。茶を交わして食べる必要があります。
　　ボードーパヤー王，ナウンドーパヤー王の御世から，今上陛下の現在に至るまで引き続き手放すことなく治めている領地でございます。過去の土地争いでは，タウンヂャー村が水から現れて敗訴しました。インサ村は水の中に潜っていることができました。勝訴した判決を記録した判決文などもあります。シンビューシン王（から）今上陛下まで70年以上の間，タウンヂャー村の村長が異を唱えて争うことはありませんでした。45年のシッターンにおいても村の土地とされている範囲に，この砂糖椰子の林が含まれておりました。トゥインゼーヤボゥも，タウンヂャー村の45年シッターンのリストに載っているものの子孫代々の村長ではありません[23]。

インサダー村村長，ガ・サンニェインの訴えをまとめると，その要点は以下のようになる。

1) 70年以上前にもこの土地をめぐる争いがあり，そのときに行われた潜水審判に勝利したインサダー村が得た土地であること，その判決の記録もあること。
2) 係争の砂糖椰子林は，1782/83年に行われたシッターンにおいても村の土地の範囲に含まれている。
3) 現在のタウンヂャー村の村長トゥインゼーヤボゥは，正しい村長の血統の者ではない。
4) 管区騎馬隊長官による拘禁を解いてほしい。

これに対してタウンヂャー村の村長は以下のように反論している。

　　タウンヂャー村村長のトゥインゼーヤボゥの反論　（1840. 5. 10）
　　私どもの管轄地であるタウンヂャー村の中にある私の村の者が所有している砂糖椰子をインサ村村長ガ・サンニェインが伐採しようとしておりました。…タウンヂャー村の中にある私どもの住民の所有する椰子でしたから，これを阻止しました。
　　この土地問題が解決しませんので，管区騎馬隊長官へ訴えたところ45年の両

---

23) *KHSP, op. cit.*, p. 341–342. Toe Hla, *op. cit.*, pp. 116–117.

村のシッターンに照らして審査し，その判決に双方が同意し茶を交わして食したのですが，インサ村の村長ガ・サンニェインは決着したと認めず，長期間にわたってここに居座っておりました。それゆえ管区騎馬隊長官が彼を監禁したのです。この件については，すでに同意して茶を取り交わして食した判決があります。

タウンヂャー村の正統な（村長の）血統のものでないガ・チョオフラと潜水審判をしたといって，わがタウンヂャー村の正統な村長が負けたのだと主張することはできません。それについては，ガ・チョオフラとインサ村の村長ガ・アウンミョウとガ・ウー３人を尋問して，ガ・ウーがタウンジャー村の正統な村長であることが究明されています。正統な（村長）でないガ・チョオフラとインサ村の村長ガ・アウンミョウらが潜水神判を行った，そしてその判決文があると言わせるわけにはいきません[24]。

タウンヂャー村村長の反論の要点は，

1) 砂糖椰子の土地はタウンヂャー村の村人の所有地である。
2) 椰子葉の伐採をめぐって係争となり，管区騎馬隊長官に訴えた。その判決には双方の村が同意した。（茶を交わして食した）
3) しかるにインサ村の村長ガ・サンニェインは，これを無視してこの土地に３～４か月居座っているので，管区騎馬隊長官が拘束した。
4) 過去に潜水審判を行ったものは，タウンヂャー村の正統な血筋の村長ではない。（したがって潜水神判の結果は無効である）

ということになろう。

枢密院はこの事件を受理し，1840年6月6日に過去の判決文等を枢密院へ提出したうえ，上告するようにと命じた。1週間後の6月13日には，3人の大臣[25]が自由民管轄副大臣の陪席を得て，以下の決定を下している。

---

24) Toe Hla, *op.cit.*, pp. 118-120. *KHSP*, *op. cit.*, pp. 343-344.
25) 判定を下したのは，騎馬隊管轄大臣および，軍司令官であるヨー・ミョウザー大臣，およびサレー・パカンゲー・ミョウザー大臣であり，自由民アティーを管轄する副大臣も陪席を求められた。この領土争いは，軍組織に属するアフムダーンだけでなく，村内に居住するアティーにも関連する問題であるので，アティー管轄副大臣の陪席が求められたのだろう。ミョウザーは，既出のように食邑を授けられているものを呼ぶ言葉。サレー地方，パカンゲー地方を食邑としている大臣の管轄部署の有無は不明。

> 枢密院判定[26]
> 　インサ村の村長ガ・サンニェインとタウンヂャー村の村長トゥインゼーヤボゥらの取調べの中で，両村が提出した45年シッターンにより（下された）管区騎馬隊長官の判決を両者が茶を取り交わして食べたとおり，最終的に受け入れよ[27]。

この判定そのものは，きわめて短くあっけない。しかし，この境界紛争が現実に決着するためには，むしろその後に行われた一大ページェントが大きな意味を持っていた。

枢密院の裁定がなされた約2か月後の1840年8月18日，サダーとタウンヂャー村の村長，各村の長老たち，そして枢密院から派遣された書記，管区騎馬隊長官の書記らが参集して，村の境界を定めるために以下のような盛大な行事が執り行われた。その記録の見出しは以下のとおりの長文となっている。

> 　管区騎馬隊長官による決定，その茶を交わして食した判決に従って最終決着にせよと命じた枢密院の判決により，枢密院書記のガ・ティーン，書記見習いのガ・マー，管区騎馬隊長官，書記のガ・カー，見習いのガ・パロゥッ，両村の村長，長老たちがそろったところで45年のシッターンに記されている領域の標識どおりにミンサダー村の村長ガ・サンニェインが誓約文を持って行進した道筋の記録[28]。

つまり訴訟の当事者が，多くの関係者の見守る中で誓約文を掲げ，誓詞を唱えながら，村の境界線となるべき道筋を（おそらく騎乗して）歩いてみせたのである。最初にミンサダーの村長，ガ・サンニェインが，ビルマ暦1202年ワーガウン月黒分6日（1840年8月18日），誓約文を掲げて次のような誓詞を唱えながら行進した。「私の治めるミンサダー村の領地につき，45年のシッターンの記述に従って正しい標識のみを辿って歩きます。45年シッターンに記された標識に外れた正しくない道を進んだら，誓約文にある通り，罰が当たりますように。」45年シッターンに記録されている池の傍を最初の標識とし，そこからガ・サンニェインは西に向かって歩をすすめ，参集した関係者も後に

---

26) ここでは，判決文（ピャッサー）という語ではなく，要点，論点などの意味で使われるカウッチェッという語が使われている。この語も判決の意味で使用されうる。
27) Toe Hla, *op. cit.*, p. 120. *KHSP*, *op. cit.*, p. 345.
28) Toe Hla, *op.cit.*, p. 121.

ついて行進した，とある．
　その道筋が以下のように記録されている．

　　　西方にミッピョウ川に向かって歩き，タマリンドの池にぶつかるモゥソウのタマリンドの樹まで．
　　　西南に向かって水田が尽きるところのハネビロバランの樹まで．
　　　アナウットーグン・パゴダ，北へ歩いてタマリンドの三辻まで．
　　　そこから西南に向きを代えて，塩田のココ椰子まで．
　　　西の方角へ牛車道を歩いて石積みのところまで．
　　　西の方角へその牛車道を歩いてポンナ[29]の大きな水田まで．
　　　池の間のコゥコゥの樹，パンカーの樹，ベンガル菩提樹まで．
　　　そこから西北方向に，田畑，ザウンチャンの樹，さらに西北にガ・パッウンの田を横切って，ズィービンの丘，タナウンの樹，西北に向かって，砂糖椰子の二差路[30]．

　続いて翌日，ワーガウン月黒分7日（1840年8月19日）にはタウンヂャー村の村長トゥインゼーヤボゥが誓約文を持ち，同じ内容の誓詞を唱えながら歩いた．参集したのは，同じく当事者の村長2人および同じ顔ぶれ，すなわち枢密院書記，従者，管区騎馬隊長官の書記と従者，そして両村の長老たちである．ここで，トゥインゼーヤボゥは，45年のシッターンに記されているベンガル菩提樹が，遥か昔に川水に流されて失われていることを参集した関係者たちに説明し，タラインジュン村の北方，マンゴー樹の丘を流れる川の上方の畑の柵を最初の標識とした．トゥインゼーヤボゥは誓詞を唱えながら，そこから東に向かって進んだとある．その行進も以下のように記録にとどめられた．

　　　東方向に向かってタマリンドの樹，東に進んでチークの雄木と石柱，
　　　東南方向に進んでラセモサの樹の切り株，東南にアセンヤクの低木．
　　　東南方向に砂糖椰子三本，（不明個所），東南方向に牛車道の北側に，ゴバンノアシの樹，東南に田畑，ウダノキ，その方向に畑地の柵，ナベーの樹，砂糖椰子，牛車道まで．その牛車道を歩いてマヂーカン川まで．マヂーカン川添いにインサ村の水田を通り抜けて，ミッピョウ川に添って川の終点まで．

---

29)　ポンナとはバラモンを指すビルマ語．「モゥソウ（猟師）のタマリンドの樹」と同様，「ポンナの大きな水田」についても名の由来はわからないが，当時の近隣の人々には，標識になるほどよくしられた名前だったのだろう．
30)　Toe Hla, *op. cit.*, p. 122.

以上，タウンヂャー村村長トゥインゼーヤボゥが誓詞を唱えて歩いた道である[31]。

　2人が歩いて示した領地の境界は地図に書かれたとあるが[32]，地図は残っていない。

　その後再び45年シッターンと照合し，9月22日にはフルットーが最終決定を行っている。その内容は，両村長が歩いた道筋，そして提出した証拠は同等であるので，管区騎馬隊長官の判決を受け入れ，争いの生じた土地を半分に分けて治めよというものだった[33]。この判決に従って領地の分割が行われ，1840年9月29日付けで以下のように分割記録が記された。

　　分割予定地にミンサダー村の村長，ガ・サンニェインと村の長老5名と対するゼイテッ・タウンヂャー村の村長トゥインゼーヤボゥと村の長老6名らと，管区騎兵隊長官の命により分割に当たった書記ガ・カー，ガ・ウンと見習いのガ・プレー，当事者がそろって集まり，同意の下に分割した。（中略）

　　村長2人が誓約して歩いた道筋の中のガ・ターサン，ガ・タートゥンら2人が所有する土地の境界の畑地，垣根，小川のそばに，訴訟の当事者の2人，村の長老たちが同意して最初の標識を中央に置き，（中略）ミンサダー村長ガ・サンニェイン，ゼイテッ・タウンヂャー村の村長トゥインゼーヤボゥの両名が同意して記録した領地の区分，垣根，樹木，丘，扇椰子，パゴダ，樹木と川岸の泊，両名が誓いを立てて歩いた道の中，ガ・サンニェインが誓いを立てて歩いた道の尽きるところ，菩提樹の傾斜地から北へタウンヂャー村の村長が誓いを立てて歩いた道のそばのチービン樹まで標識を定めた。誓約の道筋の中央に位置するガ・サンターとガ・タートゥンらが所有している土地，垣根と川のそばを最初の標識として，書記，見習い，村長両名，両村の長老たちが同意して分割記録した。

　　管区騎兵隊長官の下で，（中略）村長両名，両村の長老，書記の青年らが分割したとおりに誓約の道を真ん中にして北側をミンサダー村長ガ・サンニェインのミンサダー村の土地に入れて統治させなさい。誓約の道の中央に上って分割したとおり，南側をゼイテッ・タウンヂャー村の土地に編入して，ゼイテッ・

---

31) *Ibid*., p. 122.
32) *Ibid*., p. 124.
33) この判決は，パカン地方を食邑とする大臣が下し，陪席したのは，先の判決に加わった軍司令官ヨー・ミョウザー大臣，騎兵隊管轄大臣，サレー・パカンゲー・ミョウザー大臣のほか，イェイナンジャオンを食邑とする大臣の4名であった。*Ibid*., p. 124-125.

タウンヂャー村の村長トゥインゼーヤボゥに治めさせなさい。

　以上のように領域を分割した。両名，両村は満足し受け入れ同意した。茶をともに交わして食した。その日は，1840年9月29日（ビルマ暦1202年ダディンヂュッ月白分4日）であった。茶を供したのは見習いのガ・プゾーである[34]。

　この事件については，当事者による記録のほか，両村長が誓約文を掲げて行進したのを目撃した記録も残されている。「ビルマ暦1202年ダザウンモゥン月，シュエボゥ王の時代，領地争いでミンサダー村長ガ・サンニェインとゼイテッ・タウンヂャー村の村長トゥインゼーヤボゥが誓約文を掲げて行進したとき，参集した人々，ついて歩いた人々に知らしめるため事情を記録させた文書」[35]というものだ。それによると，この誓詞を唱えながら行われた行進は，訴訟の当事者，村の長老，枢密院の書記と見習い，管区騎馬隊長官の書記と見習いのみならず，近隣の村落を巻き込んでの一大イベントであったことがわかる。タウンヂャー村のトゥインゼーヤボゥが行進した8月19日についての記録は以下のとおりである。

目撃記録
　1202年ワーガウン月黒分7日（1840年8月19日）の吉祥の刻に周辺の村の村長，長老，男も女も大勢やってきて，タラインジュン村，マヂーゴン村の男も女もみな大変喜んで，景気よく楽器を打ち鳴らし，踊り跳ねた。タラインジュン村では祭りを催した。
　タラインジュン村はやってきた人々を充分にもてなし，ご飯，菓子，飲み物などを振舞った。（中略）（行進には）村人がキンマや水を左脇に抱えて20人から30人ほど参加した。
　ミンサダー村の村長，ガ・サンニェイン，村の長老たちもそれを見届け同行した。タウンヂャー村のパゴダ建立施主ウー・シュエウーは村の若い者たちを率いて演奏し，踊りながらついてきた。周囲の村の村長，長老も好意を示して，見物が300人から400人ほどあとについて歩いた。
　ムー川の岸の泊の最初の標識から出発して，（中略）石柱から歩いて樹木，扇椰子，マヂーコン川，インサ村の中央を通って進んだ。インサ村の土地の東端の川のそばにタウンヂャー村の住人のパゴダ建立施主，マウン・フマイン，ウー・シュエミーン，パゴダ建立施主メー・イー，メー・アウン，メー・フラ

---

34)　*Ibid.*, pp. 127-128.
35)　*Ibid.*, pp. 128-132.

エイ，メー・エインビエ，メー・ヤウらと男女青年娘たちが出迎えて祝った。マヂーカン川を歩いてミッピョウ川の尽きるまで誓約文を持って歩いたとき，陽も暑からず，雨も降らず，障害物も無く平穏にミッピョウ川の端まで到着した。書記見習いが誓約文を掲げて歩く事業が完了したと告げ，誓約文を預かった。誓約文の書記らがこれを受け取り，同行した馬も（立派な）手綱や飾りをつけており，そのうえ三度大きな声で嘶いたのを，大勢の見物たちが聞いて驚き，褒め称えた。

村に帰ってくると，村の入り口では女性のパゴダ建立施主ら 6 人が立ち並び，吉祥の誓願を行い潅水供養した。村長が身にまとっていた衣装装具のままで，家に帰着したときには，家人知己らが吉祥の誓願を唱え，水を降り注いだ[36]。

記録は，「終わり近くになると大雨が降ってきた。見物たちも村に帰っていった。誓約文を携えて道を歩いたとき瑞祥があったことを明らかにして，後々の子孫が覚えておくようにしたためた文書」という言葉で終わっている[37]。

2-2　タウンミョ村　対　タウンヂャー村の紛争

こうした境界紛争の処理の仕方が特別なものではなかったことを示す事例として，タウンヂャー村が抱えたもう一つの境界紛争の事例を見てみたい。1848年に起こったタウンヂャー村とその隣村の一つ，タウンミョ村の領域争いである。ここでは，堰での漁労をめぐって，この堰がどちらの村に属するかということが争われた。双方とも騎馬隊の村であり，タウンミョ村の村長は，トゥインイェーティンという欽賜名で記されている人物である。タウンヂャー村の村長は，事例 1 の後半に登場したのと同一人物トゥインゼーヤボゥである。

原告のタウンミョ村の村長，トゥインイェーティンの訴えは次のようだった。

　　私の治める領土の中で，タウンヂャー村の住人のガ・シュエヌ，ガ・シュエニェイン，ガ・トゥ，ガ・シュエフモンら総勢20人を超すものたちが堰の中で魚を盗獲し，食っております。彼らはならず者で制止を聞きませんので，法に

---

36)　*Ibid.*, p. 141.
37)　*Ibid.*, p. 142.

則って尋問し彼らと闘うために申し立てました。私の祖父母が亡き後，私まで四代の王の御世を通じ，シュエダイッに納められた45年のシッターンにあるとおり，現在まで引き続き租税，訴訟手数料などを徴収し納めてまいりました。いかなる年にも，タウンヂャー村の村長が主張する領土の中で統治したり，租税を徴収したりすることはありませんでした。シッターンによる私の領土は，北は沼の取水口のタマリンドの樹の境界，もう一方は白い宿坊，ガ・カレーの（不明箇所），退役騎兵隊の土地に接し，東北は，レイッタウンの洞窟とタウンヂャー村の土地，ガ・ニェインのポンサウン騎兵隊の土地と接し，東は，水牛を飼うフサナリイチジクの樹の境界でタウンヂャー村の土地と接し，南はコンチンナアカシアの茂みの境界でタウンヂャー村と接しており，この中の領域で川をせき止めて魚を取っていたわけであります[38]。

これに対してタウンヂャー村村長トゥインゼーヤボゥは以下のように反論している。

　　（1210年ナヨン月白分2日（1848年5月4日），タウンヂャー村村長トゥインゼーヤボゥ，息子ガ・クー，ガ・シュエヌ，ガ・シュエニェイン，ガ・ウー，ガ・シュン，ガ・シュエフモンらの弁解）
　　我々の村の住民20数名は，タウンミョ村の村内の堰で魚を取ってはいません。タウンヂャー村内の堰でのみ魚を取っているのです。この堰は，老若の力を合わせてせき止めて築いたものです。この主張は45年のシッターンの記録するとおりであり，領域の区分と一致しています。タウンミョの村長トゥインイェーティンが新しく区画した領域はわれわれの45年のシッターンに含まれている領地の中にあり，われわれが現在までずっと代々の王の御世に渡る長い間，統治し租税を徴収してきた土地であります。
　　領地は水牛の放牧地のフサナリイチジクの樹からヌワクーチー樹，そこからオーボーのタマリンドの樹，パウッ川の岸，そこからウエッタウンガーの取水口，そこからボーミンジー・ナッ[39]の宿るタマリンドまで。これらの標識で区切られた土地の中ではタウンミョの村長トゥインイェーティンが治めていたことはありません。われわれタウンヂャー村の村長の45年のシッターンに含まれている土地は，南は石門まで，ガ・ボージーの土地に接し，西南は，チー村のパウッ川まで，西は小川が曲がって流れる丘のティッニョウの樹までが，45年のシッターンに含まれている領地です[40]。

---

38)　Toe Hla, *op. cit.*, pp. 133-134.
39)　ボーミンジーは精霊（ナッ）の名。

この紛争を最初に取り調べたのは，両村長の上司にあたると思われる騎馬隊長であり，彼は，両村の村長に 45 年シッターンを提出するように命じた。しかし，タウンヂャー村の村長と，その息子や仲間は，管区騎馬隊を統括する騎馬隊長官の下で調べを受けたいと法廷の変更を申し出た。この申し出に対し，騎馬隊長は直ちに許可を与え，村長 2 人もその決定に同意し，そのしるしに茶を交わして食べたとある[41]。

　管区騎馬隊長官[42]は，この件を受理して 1848 年 6 月 10 日，両村の村長に 45 年のシッターンの提出を命じた。両名はそれぞれシッターンを提出，6 月 26 日にこれらの提出されたシッターンをシュエダイッ[43]にあるシッターンとつき合わせて調べたところ，真正のものを提出したものとわかった。

　管区騎兵隊長官の判決は，7 月 29 日に下され，以下のとおりだった。

> 　欲望，恐怖，怒り，愚昧の四種の悪業の中で，愚昧はさておき，他の三種の悪業に従ってはならない。両者を取り調べ，その言い分を法に照らして聴取したが，タウンミョ村とタウンヂャー村は他人ではなく，隣り合って暮らす隣人同士である。訴訟で徹底的に争ってはならない。事を大きくしてとことん訴訟で争えば，費用もかかるし，疲労もすることを省みて，現在の係争の領地をヌワクーと呼ぶチャウッの樹から西北にセッタウンカーの沼，タウンナカーンの用水路の堤防，スィッピンの樹，そこから西北にペーディーと呼ぶタマリンドの樹，そこから西北にボーミンジーの精霊の宿るタマリンドの樹，チュエッケー・パゴダ，文書に記載されているスィッピンから南側をタウンミョ村の村長トゥインイェーティンが統治し，タウンミョ村の土地としなさい。北側をタウンヂャー村村長が統治しタウンヂャー村の土地とせよ。……費用は使ったものが支払うこと。領地の問題，漁撈の問題でまだ言い分があるといわず，これにて解消しなさい[44]。

　この判決を両村長とも受け入れ，茶を交わして食した。そのとき同席した立会人たちは，タウンミョ村の住人，尖塔の施主ウー・ベイ，パゴダ建立施主

---

40) Toe Hla, *op. cit.*, pp. 135–136.
41) *Ibid.*, p. 137.
42) この時の管区騎兵隊長官は，"ディンメーのミョザー，イェーベッ騎兵隊将校閣下，マハーミンティンミンガウン" とも書かれている。ディンメー地方の領主であり，マハーミンティンミンガウンという称号の持ち主であったことがわかる。
43) シュエダイッ：王宮宝物殿と訳されることもあるが，当時の行政文書を集約，収蔵するアーカイブズでもあった。
44) Toe Hla, *op. cit.*, p. 142–143.

ウー・シュエウー，僧院施主ウー・カンヤ，タウンヂャー村の住人パゴダ建立施主マウン・シュエトゥ，僧院施主マウン・ミャッハン，僧院施主マウン・シャンチー，パゴダ建立施主マウン・タヨウ。茶を供したのは，タウンミョ村住人ガ・ミャッケー，書記はガ・パウン[45]。

この裁定では，判決文（ビャッサー）という言葉が使われているが，その内容は上に見るように説論から始まり，和解を促すものである。事実認定についてはほとんど触れず，係争地を線引きし折半して両村に分割せよ，という結論であり，裁判費用についても折半するようにというもので和解勧告あるいは説論文（ソーンマザー）のように読める。

3 村の領域・境界

以上の二つの事例から見る限り，1840年代の中部ビルマの村落では，隣り合う村と村の間の境界は，必ずしも明確なものではなかったことが明らかになる。こうした村の領域をめぐる紛争が裁判沙汰になったとき，裁判官が騎馬隊長であれ，枢密院の大臣であれ，最初に訴訟の当事者たちに提出を命じているのが，ボードーパヤー王の時代に行われたビルマ暦1145年（西暦1782/3年）のシッターンである。村長らが保持しているシッターンの写本が提出されると，そのシッターンが本物であるか否か確認するためにシュエダイッに保管されているシッターンの原典と照合される。過去の判決や当事者の尋問以上に，領土紛争解決のためにもっとも重要な参照枠組みとなっているのがこのシッターンである。シッターンは当該の村長が過去に王権によって安堵された正しい村長の系譜に属するものであるかどうか，そしてまた係争の地がどちらの村に属するかについての判断の最大の根拠として扱われている。

しかしシッターンという文書は，領地の確定という点から見ると実際には大きな困難を抱えている。なぜならば，付録につけた両村の45年シッターンに見るように，シッターンは，ミョウや村の領域を，ミョウや村の中心[46]から東の方角へ向かっては，（特定標識A）まで，東南に向かっては（標識B）まで，

---

45) *Ibid.*, p. 144.
46) 中心地というのは地理的な中心ではなく，ダヂー（長）の居所を指している。

南に向かっては（標識C）まで，南西に向かっては（標識D）まで，というように四至あるいは八至で示し，それぞれの標識の地点で隣接する他者の土地を明示しているだけだからである。標識となるのは，川，池，樹木などの自然物のほか，パゴダ，石柱，あるいは田畑の柵などの人造物でもありうる。タウンヂャー村の村長が示した川に流された菩提樹のように，これらの標識はときに失われたり，動いたりもする。タウンヂャー村のシッターンの場合は，中心からそれぞれの方角の標識までの距離が1タイン強，1タイン200[47]などと記しているが，これらの数字はおよその概数で実測とは思われない。

　以上のようにシッターンに記録されたミョウや村の領域は，決して境界線によって区切られ完結した空間としては存在していない。東西南北の方角に，それぞれ特定の境界標識が他の村落や集団に属する土地との接点として認識されているだけであり，その点と点の間には明示的な境界線は存在しない。

　具体的なある特定の地点において複数の村の利害の衝突が生ずると，その帰属を定めるため線引きの必要が浮上する。しかし，こうした境界線はそもそも存在していないし，シッターンも四至八至の標識や，その地点での隣接地を記すのみで，必ずしも解答を与えることができない。

　そこで，事例1ではシッターンに記された標識を参照しながらも，多くの聴衆の見守る中で訴訟の当事者である双方の村長が誓詞を唱えながら行進してつくられた道筋が，新たに境界線を形成している。この行進は，当事者と少数の関係者によって行われるだけでなく，近隣の村落を巻き込んで音楽と踊り，そして饗応が付随するにぎやかな行事として営まれ，そのことによってこの新しい道（＝境界線）が立ち会った関係者，周辺の村々の有力者そして村人たちの聴衆の記憶の中に刻みこまれる。紛争当事者である二つの村の間に了解を形成するだけでなく，近隣の村落の参加，了解，記憶を得たことがこの新しい境界線の存在を確かなものとして保証しているのだと考えられる。

　しかし，このページェントによって新たに創出された境界線は，おそらくタウンヂャー村とサダー村の間だけの境界線だったと思われる。行進の出発点と，終着点が異なった地点として記録されていることから，行進によって作ら

---

47) 1タインは，約2.8 km，1タイン200は約3.4 kmほどである。このようにシッターンの中では，ほとんどすべてのミョウや村で中心からの距離を示す四至，八至が大まかな丸めた数字で表されている。Trager & Koenig, 1979. あるいは岩城高広 2002. を参照されたい。

れた新しい道＝境界線が，それぞれの村の完結した境界線を作るものではなかったことがわかる。村の地理的身体は未完成のまま残されているのである。

　事例2の紛争でもシッターンが提出され，参照されるが，係争の堰の帰属という問題の回答はそこには見当たらない。裁判に当たった管区騎馬隊長官の裁き＝調停は，争いの無益さを説いて聞かせたうえ，係争が生じた区域の土地を東西の線で二つに区切り，その北と南の半分ずつを両村にそれぞれ取らせて解決するというものだった。この事例では，近隣の村を巻き込んだページェントなどは行われていない。しかし両村から，パゴダ建立施主に代表される複数の有力者を証人として立ち合わせ，係争地における新しい境界線の認知を地域社会の中にもたらそうとしている。ここでも村全体を包括する境界線が創造されたのではなく，係争地点の線引きが行われたにとどまっている。

4　境界紛争の解決と調停

4-1　シッターンの参照

　上に見たように事例1でも，事例2でも，紛争が生じた特定の土地，砂糖椰子林や堰がどちらの村落に所属するかという点について，45年シッターンは明確な解答を与えていない。事例1では誓詞を唱えて両村長が歩いた道を境界線として，その北側と南側をそれぞれの村の領地として配分している。事例2では，結局争いが生じた区域の土地を半分に分けて治めよという判決となっている。

　このように実際の判決内容に対しては，必ずしも解答の指針を与えることができないシッターンではあっても，その参照がきわめて重要なこととして重んじられている。ここから推測されるのは，当時，複数の地方社会の間に生じた紛争，とりわけ境界紛争の解決のためには，最終判決の内容と同等にあるいはそれ以上に，解決に至る道筋が重要であったということではないだろうか。王権と地方社会を結ぶ文書であるシッターンとその参照は，紛争解決の手続きに正統性と権威を与えるために，欠かすことのできない文書であり，手続きであったと考えられる。つまり，争いの当事者たちに裁きの権威を感得させ，裁

定を無理なく受け入れる心理的状況を生みだしてゆく装置の一つとみなすこともできる。

4-2　裁判官という調停者

　タウンヂャー村とタウンミョ村は，ともに騎兵隊の村であった。インサダー村は，下士官が村長を務めている村と書かれているので，この村もまた王権に対して世襲の役務（軍役）を義務付けられた階層であるアフムダーンの村であったと推定できる。こうした村の間に生じた紛争は，しばしば両者にとっての上官の裁きを受けることもあったようだ。事例 1 では，過去に管区の騎馬隊長官が裁定し，両村長は茶を交わして食した，つまりその裁定に同意したことが記されている。にもかかわらず，実際には不服を抱えていたインサダー村長が，枢密院に上告している。枢密院による裁定は，過去の判決（裁定）を覆すものではなく，基本的に管区騎馬隊長官の裁定を踏襲するものだったことが枢密院裁定文から窺える。しかし枢密院でこの件が取り上げられ審理を受け，さらに近隣村落を動員したページェントを経ることにより，裁定の内容が両当事者に納得されるものになる，と同時に地域社会にも受け入れられてゆくというプロセスが見て取れる。

　事例 2 では，まず騎馬隊長のもとで裁判が開始されているものの，タウンヂャー村側が，法廷の変更を申し出ている。より上級の管区騎馬隊長官の下での裁判を受けたいというのである。この申し出が騎馬隊長にも即座に受け入れられ，そして相手側のタウンミョ村の村長にも受け入れられている。このように民事の訴訟において，誰の裁きを受けるかという点が，訴訟当事者の合意にゆだねられている例は，他にもしばしば見られる。こうした事例から，コンバウン時代後期の民事訴訟においては，訴訟の決着点だけではなく，どこで裁判を受けるかというその開始時においても，紛争当事者の合意が重要な意味を持っていたことが推測される。

4-3　茶を交わして食すことの意味

　コンバウン時代の民事裁判記録の最後には，茶を交わして食した（ラペッフランサー）という文言が書かれていることが多い。訴訟の当事者双方がこの判

決を受け入れ合意したという意味である。たまに茶は食せず（ラペッマサー）と書かれることもあるが，これは同意が成立しなかったということである。合意が成立した判決を，茶を食した判決（ラペッサー・ピャッサー）という呼び方もする。ここでいう茶は，茶葉を発酵させた漬物であり，現在では広くピーナッツ，揚げにんにく，ゴマ，油，魚醤などと混ぜて，お茶請けとして食べられ，来客にも必ずと言っていいほど供される日常生活に欠かせない食品となっている。こうした茶の漬物の生産と消費の起源や歴史は定かではないが，コンバウン時代には，茶の葉を産するシャン高原で生産され，行商人によって平野部ビルマに持ち込まれ，ひろく浸透するようになり，裁判において欠かせない儀礼上の食物となっていた。紛争のあとに，双方がともに茶葉の漬物を食することは，和解と合意を表現するものとされた。茶がなぜ和解，合意を象徴する食品となったかについては，筆者はつまびらかにし得ないが，裁判に茶の儀礼がつきものになっていることは，民事訴訟の着地点が，判決の言い渡しにではなく，訴訟当時者の合意形成にあったことを表しているように思われる。

4-4　近隣社会の立会い，参加そして証人の存在

　事例1の境界紛争の解決においては，裁判だけでなく紛争の両当事者が，新たに境界線となるべき道を，誓詞を唱えて行進してみせるというイベントによって作り出された「誓いの道」＝新たな境界の形成とその地域社会による認知がきわめて重要な役割を果たしていた。このイベントには，近隣村落の積極的な参加があり，歌や踊りで場をさらに盛り上げる人々や，参加者に饗応を行う村などが見られ，地方ぐるみで行う祭典のような様相を呈している。数世代にまたがり，持ち越されてきた二つの村の境界争いの解消，調停の成立が，近隣村落を含めた地方社会にとって大いに歓迎すべき事態であったこと，また当事者を超えたより広い範囲での合意の成立が，この和解を支えていることがわかる。
　このようにコンバウン時代の地方における紛争，訴訟の解決においては，当事者以外の人々による認知や支持が重要な役割を担っていたと考えられる。事例2では，管区騎馬隊長の判決を両村長が受け入れたとき，立会人が7名同席し，その名前が明記されている。そのほかには書記と，茶を供したものがそれぞれ1名存在する。立会人は，タウンミョ村から3名，タウンヂャー村から4

名出ているが，いずれも宗教施設の建立施主であったことが注目される。パゴダの建立施主が3名，僧院施主が3名，尖塔の施主が1名である。ダガー，あるいは女性の場合のダガーマとは，先にも見たように宗教施設あるいは井戸や池，宿坊などのような公共財の寄進者を指すが，ダガーであることは，当時のビルマ仏教徒社会においては，社会的尊敬の対象であることと同義であり，文書資料の中では，彼らは単に名前だけでなく，必ずその前にダガーという尊称を付して記されている。

両村の紛争の解決を見守るにふさわしい，村の中の有力者つまり影響力と威信を持つ人々としてダガーが立ち会って，紛争の解決を実効有らしめ，それを保障する役目を担っているのだと考えられる。

以上のことから，当時の地方社会の訴訟の解決のプロセスには，以下のような特色があったと言えるだろう。地方社会に起こった紛争が裁判という場に持ち込まれたとき，いずれの法廷でも，事実の究明という側面も探求されてはいるものの，それ以上に重要な目標は，合意をいかに形成していくかということにあった。事実認定によって勝敗，正邪を明らかにするというより，いかにもつれた争いを解きほぐし，それを，当事者を含む社会的な広がりの中に定置させてゆくかというプロセスが中心となっているように思われる。すなわち争いあう心の状態を沈静化する方向にむけて発達したシステムであり，それが地方社会に生じた争いを解決する主要な方法でもあった。王朝ビルマの裁判においてよく指摘される「大きい訴訟は小さく，小さい訴訟は解消するように」[48]という格言が，実際に紛争解決の場における生きた指針であったことが確認されるのである。

---

48) ビルマ語では，"kyi thaw ahmu nge aung, nge thaw ahmu go pa pyauk aung"。奥平龍二『ビルマ法制史研究入門――伝統法の歴史的役割』日本図書刊行会 2002年。p. 42.

附1　タウンヂャー村の45年シッターン

　緬暦1145年ダバウン月白分10日（1784年2月29日）に北方管区にあるゼイテッ・タウンヂャー村の村長ガ・ウー，日曜日生まれ45歳が調査に回答しました。この村をナンダヤが治めてきました。ナンダヤの亡き後，息子のガ・アウンボオが治め，その亡き後は弟のガ・スンボオが治めました。彼の亡き後は息子幼名ガ・トゥエチー（ガ・フラチーと称す）が治め，その亡き後は息子である私が治めております。

　領地は，東はおよそ1タイン[49]強離れたティッパガン樹[50]，タマリンドの樹まで。パウットオ・サー地方のリンダルー騎馬隊の土地に背中合わせとなり，東南方面は，およそ1タイン強離れたコンダンイェーレーのレーダウン池まで。ガ・ボオジーのダバイン・クェー村と背中合わせ。南には1タイン強ほど離れた石の門まで。（ここでも）ガ・ボオジーのダバイン・クェー村の土地と背中合わせ。南西では1タイン200ほど離れたところのチー村，パウッの小川まで。それらの土地に隣り合わせています。西方は，1タイン強離れた，小川が曲がって流れているパウッフラ丘のティッニョウの樹まで，ガ・プのチャオンティン騎馬隊の土地と隣り合わせ，南西方面は1タイン強ほど離れた渡し場の菩提樹，小川の泊，チーク（の雄）の樹，石の柱まで。ガ・サンターのピンズィン騎馬隊の土地と接し，北へはマヂーカン川まで，ガ・シュエオーのサダー村の土地と背中合わせ。北東は，タンドゥイン丘陵まで。パウットオ・サーのリンダルー騎馬隊の土地と背中合わせ。

　われわれの領地の中には，シュエグー・パゴダの寺領地が10ペー[51]，未墾地，ケインナヤの湖，その周辺に御座船3000[52]の土地19ペー，丘1ペー，未

---

49) 距離の単位。1タイン＝1000ター＝約2.8キロ弱。
50) 樹木の和名，学名不明。
51) ペーは，地積語。ミンペー（王者のペー）とバガディペー（本来のペー）との2種類があり，本来のペーは一辺25ターの正方形の広さを基準とする。英領期には1ペーは約1.75エーカーとされた。王者のペーはその2倍に近かったとされる。

墾地の中に砂糖椰子が一叢，三宝奴隷の土地 10 ペー，北側に騎馬隊の土地一箇所，村に居住する騎馬隊の食邑地，ガ・トゥンフラのトゥバーヨン・パゴダの寺領地 57 ペーのうち未墾地が 10 ペー，残りの 47 ペー，砂糖椰子一叢，パガン・シンビューシンの黄金寺院の寺領地 29 ペー，未耕地に砂糖椰子 5 叢があります。ソー大臣の寺院領地 1 箇所，シュエグー・パゴダ寺領地，トゥバーヨン・パゴダ寺領地，パガンサーティン寺院領地，御座船の土地からは 1 ペーにつき，主税が銅 250 チャット，合金 25 チャット，法廷書記料に 25 チャット，食邑主に籾米 1 籠，贈り物として精米 1 籠，茶 1 包み，砂糖椰子税は椰子一叢につき寺領地，御座船の土地も同様の割合。ソー大臣の寺領地，北方面騎兵隊の土地は，籾米 100 籠につき，シュエグーの寺領地，御座船の土地と同率。奴隷の人頭税（ガウングエ）は 1 マッ，水牛は 1 ムー，牛は 1 ペー，水牛や牛が死んだら，アナン・ダヂーが食味するのが慣例で，水牛，牛，馬が迷い込んで三年たっても持ち主が現れなかったら，長官に半分お渡しする慣例です。緬暦 1030 年，1044 年，1126 年と引き続き（以上のように）実行しております。以上お調べを受けて提出したリスト[53]。

---

52) 3000 は兵員の数ではないかと推定されるが，不明。
53) Toe Hla, *op. cit.*, pp. 138-140.

附2　ミンサダー村の45年シッターン

　緬暦1145年ピャドゥ月白分3日（1783年12月25日），北部地区のミンサダー村の村長ガ・ミャッフラ，水曜日生まれ43歳および，ミェダインのガ・タートゥン金曜日生まれ67歳に問い，得た答え。村の土地は東に向かってシュエレーの石柱まで，そこでガ・サンニェインの領地ブーシャウッ村に接し，東南に向かっては，白皮アカシアの根元の石柱まで，そこでガ・サンニェインの領地に接しています。南に向かってはハミルトンチークの水溜りまで，そこでガ・サンニェインの領地に接しています。南西に向かっては，タマリンドの池の小川の岸辺の砂糖椰子，ガ・ペーの寡婦のタマリンドまで，そこでガ・サンニェインの領地に接しています。西に向かっては，池のそばのベンガル菩提樹の崖まで，そこでガ・サンフラの領地，レッシュエヂー騎馬隊の土地に接しています。西北に向かっては，ミェッカラー川まで，そこでガ・チンの領土ターズィ村の土地と接しています。北に向かっては，ハミルトンチーク樹の石柱までで，ガ・ウィンの領土内の人里離れた寺領地に接しています。北東に向かっては，カヤツリグサの宿坊の川まで，そこでパウットオ騎馬隊の荒蕪地に接しています。この領土内には，タートゥン地方のチェーザー騎馬隊の土地が1か所，カウンモンチョオ黄金船隊の隊員の食邑地が28ペー，御座船3000（隊）の東西に約500ター，南北に約500ターほどある土地が一か所，ナンヌィンドオの私有地30ペー，バガンのシュエグー・パゴダの寺領地30ペー，ディドゥ村のタウンシュエムドオ・パゴダの寺領地10ペー，ガ・ピィの領地のソー大臣の寺院の東西に400ター，南北に1タインほどの土地，ガ・トゥンフラの領地のバガンのティンディーン寺院の東西に300ター，南北に400ターほどの土地と，砂糖椰子に取り付けた梯子10本余。ガ・ウーの領地に御座船3000隊の土地が1か所あります。チェーザー騎馬隊の土地では，籾米100籠につき税が10籠，労働者1人につき銅25ベイタ，ナンヌィンの私有地では水田1ペーにつき銅2ベイタ，カウンモンチョオ黄金船隊の土地，御座船3000隊の土地では土地1ペーにつき銅2ベイタ，シュエグー・パゴダの土

地，ムドオ・パゴダの土地では水田1ペーにつき主税が銅125チャッ，食邑主に籾米1籠，労働者1人，水牛の所有者，チェーの食邑主には25チャッ，シュエグー・パゴダの土地にある砂糖椰子にかけた梯子1本につき25チャット，砂糖椰子にかけた梯子1本の主税は250チャット，食邑主は籾1籠，法廷書記費を払う慣習はありません。ソー大臣寺院の地税は籾米100籠につき主税が10籠，アケー（？）が2籠，その土地にある砂糖椰子税は，梯子1本につき水田1ペーの税に等しく，砂糖椰子の食邑主は，梯子1本につき銅1ベイタ，チェーザーの土地，ティンディーン寺院の地税から10分の1をミェダインがとる習慣です。ゴマ，トウモロコシ，豆を栽培したときは，主税を払うしきたり。食邑主は，農民から10分の1をとるしきたりです。土地を売却したら10分の1[54]。

54) *KHSP, op.* cit. pp. 335–7.

結論

東南アジアの前植民地時代の歴史，とりわけ社会史研究者が遭遇する困難，中でも最大の困難は，資料の問題ではないだろうか。もちろん外部世界から訪れた旅行者や商人などが残した記録を，漢籍やインド・ヨーロッパ諸語あるいは中東諸語などによる旅行記に求めることはできる。こうした記録は，異文化の背景を持つ人々の目に映った東南アジアとして，様々な視線にさらされた東南アジア各地の様相を読み解く大切な手掛かりとなる。また現地語の記録も王統記や勅令集，法律書などの形で残されている。しかし，東南アジアのいつの時代においても大勢を占める人々，つまり権力の座に君臨する諸王，高名な将軍や宗教指導者，あるいは傑出した宮廷詩人や芸能者などその名が伝承され，記録されてきた人々ではなく，ごく普通の人々の日常や行動を現地語で記した資料が果たして存在するのだろうか，という不安がつねに付きまとう。普通の人々の日常生活，行動，そして心の在り方にまでに届くような歴史を描きたいと思うものにとっては，東南アジアの過去はまだその姿を充分に明るみにさらしてはくれない。

　ビルマ近世に庶民の間でも広く用いられた折り畳み写本，あるいはより古い時代から使用されてきた椰子の葉を加工した貝葉という筆写媒体があったこと，人々はこうした紙や乾燥椰子葉に必要に応じて様々な記録を残していたことを知ったときには，ほんとうに心が躍った。本書で主資料として使用したテッガイッという証文類は，従来の歴史にはついぞ登場してこなかった大勢の人々が残した記録の中の一部であり，しかも彼らの生活に直結した重要な約束事が記されている。こうした資料に出会えた幸運を生かして，今まで書けなかった新しいビルマ近世史を描きたい，というのが本書のひそかな野心と言えば野心である。

　序章でも述べているように本書は，以下の二点をおもな課題として設定している。

　1．私人の間に取り交わされた契約証文であるテッガイッの中でもっとも数多く書かれていた借金証文を主資料として，その分析を軸として18～19世紀の最後のビルマ王朝であるコンバウン王朝統治下のビルマ社会の隅々に深く浸透し，進行していた社会経済の変化の様態を明らかにし，その歴史的意味を問うこと。

　2．いまだ王国のすべての資源が王に属するという建前が残っていた近世ビルマにおいて，私人が王国の最重要資源である土地と人間を借金の担保として

自由に質入れする内容の契約を書いていた。それでもこうした契約証文が広く社会で通用し，その内容の履行を契約当事者たちが順守することに支障はなかったように見える。証文は中央政府あるいは在地統治者に届け出たり，認可を得たりする必要もなかった。それでは，私人の間で取り交わされた約束がテッガイッという形式にまとめられたとき，契約として社会的に認知され，契約当事者双方に約束の履行を促すことができたのはなぜか。どのようなシステムと力によって，契約の実を保証することができたのだろうか，という問いに答えること。

　このうち第二の課題には，第Ⅳ部が当てられているが，従来経済史という立場から歴史を見がちであった私にとっては，経済史研究者が陥りがちな視野狭窄から脱皮したいという試みでもあった。近現代を過去に投影し，その経済発展あるいは社会問題の発生の源を過去に探そうという意識が，過去をあるがままに受け止めることをできなくしているのではないか。あるいは東南アジア総体を遅れた経済社会とみなしてきた植民地主義やオリエンタリズムに対抗するため，東南アジアの世界との同時代性を強調しようとする意識が働いて，結果的に東南アジアを見る目を曇らしていたのではないか。大学での務めを終えて，歴史学の方法に関する書物をゆっくり学ぶ時間を得てからは，対象とする時代や社会との丁寧な対話を繰り返しながら，その社会の姿を再現したいという思いが強くなった。「歴史的時間を遡るということは，現代を過去に投影して，その発生の跡をたどることではない。過去を異文化として見る目を持つことによってはじめて，真の歴史的変化を探ることができる」[1]という言葉に共感し，また「当時の人々に共有された社会認識そのものが社会を作り上げるのだ——我々を束縛するとともに支えている社会秩序というものは，そうした共同主観の産物なのだ——」[2]という考え方にも惹きつけられるようになった。

　各章の論点，要約はすでに各章末にまとめているので，ここでは繰り返すことはしないが，本書の中で私なりの新しい議論を試みたいくつかの論点を確認したい。

　第Ⅰ部では，18〜19世紀ビルマでは，借金証文が中央平野部のほとんどす

---

[1] 二宮宏之『歴史学再考——生活世界から権力秩序へ』日本エディタースクール出版部　1994年 p.4.
[2] 岸本美緒『明清交替と江南社会——17世紀中国の秩序問題』東京大学出版会 1999年 p.xiii. シンポジウムにおける森正夫氏の報告の論点として紹介されている。

べての地域においてあらゆる階層を巻き込む形で広範に書かれており，中でも農地を担保とする借金が大きな役割を果たしていたという事実を前提として，こうした状況が出現した基本的な要因を，まず風土という視点から考察した[3]。本来の自然に対し，「人間が長期間にわたって働きかけて改変した自然」を意味する風土という言葉は，自然に刻み込まれた歴史を読むという視点から生まれたものだ。この風土という概念が，主穀生産のままならぬ乾燥地帯を，いくつかの拠点に大規模灌漑網を建設することによって，ほぼ人口を養うに足る主穀の生産地に変えたビルマ王国の中部平原を考える一つの重要な鍵となった。灌漑によって水を得ることのできる農地の供給量には上限があり，土地が稀少財となる条件を作ったからである。灌漑網は農耕可能な土地を創出するだけでなく，その範囲を限定するものであり，既存の灌漑システムの能力を超える異常な旱魃時には，食糧不足や飢饉を防ぐことはできなかった。なかでも19世紀の10年代に襲った歴史に残る大飢饉は，借金証文の数を一気に増加させ，農地を担保とする借金が広く出現する背景になった。

次にこの時代に大きな社会経済変動をもたらした背景として，対外関係とその激変があった。コンバウン前期の諸王は，対外戦役に明け暮れたと言っても過言ではなく，西に向かっては，マニプール，カチャール，アッサムに対し，東に向かってはヴィエンチャン，チェンマイ，アユッタヤーに対して軍を進め，これらの地域から数千，数万単位の戦争捕虜を連行して，そのうちの多数の者をアフムダーン組織に編成し，灌漑地の優良農地を与えて定住を促した。しかし，1785年シャム戦で初めて大敗北を喫した後は，東方への道が閉ざされ，さらに第一次英緬戦争後はヤカインとタニンダーイを失うのみならず，東北インドの藩王国に対する宗主権も失った。そして第二次英緬戦争では下ビルマ一帯を失い，陸封された王国となる。こうした結果は，戦争捕虜という形の人口補填を不可能にしただけでなく，王国内の地域間交易による経済循環を阻害して必需品の自給体制を崩壊させ，近代兵器，武器弾薬などを除くと対外交易を求める必然性が比較的少なかったビルマにおいても，対外交易がその経済にとって不可欠なものとなった。このように対外戦役と対外交易におけるビルマの立ち位置の変化は，地方社会の隅々までに貨幣経済を浸透させる一つの重要な要因となった。

---

3) 玉城哲『風土――大地と人間の歴史』平凡社新書 1974年。

しかし，貨幣経済とはいうもののコンバウン時代の通貨状況は，私鋳による様々な品質と重量の貨幣が同時流通するきわめて複雑な様相を呈していた。一つの借金証文の中でも複数の異なった品質の通貨が使用されている状況の中で，取引にさしたる支障が生じなかったのは，村のレベルに至るまであまねく存在していた貨幣鑑定秤量者が，異なった通貨の流通を媒介していたからだった。通貨統一を目指す改革は，コンバウン時代に2回行われ，1797年の改革は挫折，1865年の改革は成功に帰結した。結果が正反対に分かれた原因が，王政府とりわけ王個人の資質や性格にあったとする従来の見方に対し，本書では18世紀末の改革の挫折は，私鋳貨幣の流通を担保していた介在者たち，すなわち貨幣鋳造者，鑑定秤量者たちの欽定貨幣に対する静かな抵抗，すなわち市場における受領，流通拒否に主要な原因があったのではないかと論じた。1865年改革の成功は，すでに下ビルマが第二次英緬戦争の敗北によりイギリスに奪われ，王国内での資源の地域間循環が不可能となり，米をはじめとする生活必需品を英領下ビルマから購入せざるを得ない王政府が，英領インドのルピー貨と純度と重量においてほぼ同じ欽定通貨を発行して交易の円滑化を図ったところにもっとも大きな成功の要因があったという結論を導いた。
　借金証文の分析にあてた第Ⅱ，Ⅲ部では，証文から読み取れた発見に基づいていくつかの論を立てた。まず確かめられたのは，コンバウン時代には借金証文全体の中で，人身抵当契約は一割にも満たず，こうした契約が残るのは地域的にも王都周辺地域や，主要な灌漑稲作地帯で有力な在地豪族が金融を通じて広大な土地を集積しているような地域に限られていることだった。第二次タウングー時代に頻繁に生じたという王権による請求（徭役，徴兵，徴税）を逃れるためにアフムダーン階層の人々が有力者の庇護下に入るという債務奴隷の在り方がほとんど見られなくなっており，むしろ生計を立てることに困窮した人々が，借米や借金を重ねた上の最後の手段として債務奴隷になるという姿が一般的だった。債務奴隷という存在は，コンバウン時代には数も減少しつつあり，歴史のアクターとしての重要性も減じていった。しかし王都周辺の有力者あるいは農業の中心地の豪族などには債務奴隷に対する需要がまだ存在し，一方生活基盤が弱体で食べるにも事欠くような人々にとっては，拘束的労働に縛られるとはいえ，住と食を保障するためのセーフティネットとして債務奴隷になるという選択肢があったとも言えるだろう。
　次に人間に代わって担保の主力となった農地の質入証文の分析からは，特定

地方においては借金を媒介として，農地の激しい流動化が進行していたことが判明した。シュエボゥ地方の一村落，ビャンヂャ村では1776年から1843年の期間にボバパインと呼ばれた祖先伝来の私有地ばかりでなく，アフムダーン階層に対して与えられた扶持地，そして寺領地までもが，借金の担保として使用されており，すべての土地が実質的に私有地として扱われるような状況が現出していた。しかも，証文の転売や借金高が嵩んだ末の農地の最終的売買も珍しくなかった。しかし，中央平野部全体を視野に入れると，ビャンヂャ村で見たような質入れから農地の最終的な売却へと進行したのは，限られた地域にのみ見られた現象であり，同一農地に借金がたびたび重ねられても，それが売却に結びつかない場合が多く，リーバーマンが言うような農地の質入れと売却がともに広範に見られるような状況になっていたとは言い難いことも明らかになった。ほとんどの地域では農地売却証文の数が非常に少なく，農地の最終的売却が可能な限り忌避される傾向が窺えるが，そこに通底するのは，コンバウン時代においても社会に強固に残っていた，農地は開墾者とその子孫に永遠に結び付けられているという観念であり，これはマヌヂェ・ダマタッやワガル・ダマタッなどの慣習法律書にも明記されているものだった。

　第Ⅳ部では，コンバウン・ビルマにおいて経済資源をめぐる取引契約による関係形成があらゆる社会階層に浸透していたという事実を前提として，テッガイッという一定の形式をもって書かれた証文が，社会の中で契約の実を持ちえたのはなぜかという問題を検討した。第一には，証文に契約当事者以外の多くの人々の名が列挙されていることに注目し，それらの中では貨幣鑑定秤量者，文書作成者，筆記者などの技術的，専門的な立場から取引の成立を補佐する人々にもまして，取引内容を確認し契約の成立を見届ける証人の存在が，契約当事者双方の約束履行を促す上で一定の役割を果たしているのではないかと考えた。証人として陪席を求められているのは，ダガーという尊称を付けて呼ばれる仏教施設や宿坊，池，井戸など公共財の寄進者たちがもっとも多く，在地首長や役人などの数をはるかに上回る。証人として求められているのは，契約の当事者がその言葉には従わねばと思うほどの影響力を持ち，地域社会の中でもその言動が重んじられるような人々であり，地縁的な行政組織や身分職業階層における上下関係，あるいは単なる経済力とは異なった力が働いていたと判断された。

　次に契約当事者間に紛争が生じた場合，どのような紛争解決システムが働い

たかを具体例に即して見ると，村落から中央までのあらゆるレベルの法廷で，もっとも重要な証拠として提出を求められるのがテッガイッであり，その記載内容に基づいて審理が行われていたことが確認された。このように法廷はテッガイッという形に取りまとめられた私人の間の合意に法的有効性を与え，単なる約束を超えた契約としての性格を与えていた。

　王国のあらゆる資源に対して最終的な所有者であることを主張しているかに見える王権は，実際にはこうした私人の金融活動や，人や土地をめぐる取引に対して介入や制限を設けることはまず見られなかった。戦時など累積債務問題が，アフムダーンの任務遂行に支障をもたらすなど，何らかの深刻な社会問題に発展したような場合に一時的に債権者による返済請求を一定期間延期するというような限定的な介入を行った例は見られたが，債権者の債権を否定する，あるいは取引そのものを禁止するような例は見られない。むしろ王も在地統治者も債権者あるいは債務者として同じルールのもとに行動する一プレーヤーだったと判断された。

　さらに農地をめぐる訴訟の具体例からは，当時の民事訴訟の解決の独特の在り方があきらかになった。農地紛争の原因としては，農地を開墾者とその子孫に結びつける観念と，農地を担保とする借金の急増によってもたらされた農地の流動との間の矛盾があった。当時参照されていた慣習法律書には，土地の所有者が金に困って土地を質に入れても，その旧所有者あるいはその相続人である子孫たちに土地の請戻し特権が永久に存在すると明記されている。元来の質入れ証文を取り結んだ当事者双方が亡くなって久しく，孫や曾孫の世代になって，訴訟が起こるというのがこのタイプの紛争の典型的なすがたであり，一方の子孫は，自分の祖先伝来の土地であると主張し，他方の子孫が，いや自分の祖先が質入れした土地だと主張するのだった。また，均分相続の慣行によって男女を問わず，すべての子供に均分に財産を相続させる慣習が，代を経るにしたがって耕作することができないほどの農地の極端な細分化をもたらしたことも農地紛争の一つの原因をつくった。相続人がローテーションを組んで順番で耕地を使う，あるいは，だれか一人が耕作し，他の相続人の持ち分に対し収穫の一定割合を配分するなどの複雑な慣行が発達したが，土地の利用や抵当設定をめぐって，複数の共同相続人の間で利害が対立する可能性が常に存在したのである。

　こうした農地をめぐる訴訟がどのように解決されたのか，その具体例を見る

とコンバウン・ビルマの裁判の独特なありかたが浮かび上がってきた。人々の間の紛争を取り扱った当時の司法システムは[4]、柔軟かつ不定形なシステムであり、その中でも特に注目されたのは、裁判官になりうる者の範疇の中に、訴訟当事者双方が同意した人物という一項が入っていること、さらに法廷で下された判決に対して、どちらかの訴訟当事者が不服である場合、判決後に供される発酵茶葉を食べないという形で不同意を示すことができるという点だった。本書で取り上げた一つの事例では敗訴したものが茶を食さず、その結果、訴訟当事者双方が話合って合意書を取り交わし、新たに他の裁判官の下で裁判をやり直している。こうした裁判の在り方を見ると、植民地時代に導入された裁判制度とはまったく異なる原理、手続きにのっとって裁判が行われていることがわかる。テッガイッはもっとも重要な証拠としてすべての法廷で提出が求められているが、長い年月の間に失われていることもある。こうしたケースでは、各レベルの法廷は、関係者の証言、過去の裁判記録など利用できる資料を動員するとともに、原告被告双方の言い分を充分に述べさせて、両者が納得できるような合意形成を促し、調停という形の判決を出して決着に至るのが常であった。判決を言い渡しても、どちらかが茶を食べなければ、実質その判決は無意味となるので、こうしたやり方が必須でもあったと思われる。このように、テッガイッを契約として成立させていたのは、慣習の集成でもあるビルマの伝統的な法律書[5]とそれに基づく観念、そして法廷の在り方など、私たちが「近代性」と呼ぶものとは異なった文化、慣習の中で育まれたものだったのである。

---

4) 国王とかかわるすべての犯罪（ヤーザウォッフム）の裁定に関しては、この限りではない。こうした件では、国王が慣習法律（ダマタッ）を学識者に解釈させ、それに基づき詔勅の形で判決を下した。（奥平龍二 2002, pp. 19, 42 参照）詔勅に対しては、茶を交わして食すようなことはもちろんありえなかった。

5) ダマタッと呼ばれるビルマの慣習法律書については、「土着慣習が成文化され、さらに時代が経つに従い、訴訟判例など先例が付加された一種の法規類纂であり、いわゆる制定法（Statute Law）ではない。……ビルマにおいて制定法が作られなかった最大の理由は、制定法を作ることにより硬直化し、その法規が時代にそぐわないものとなり、解釈上複雑な問題が生じてくることを懸念したためではないかと考えられる。」という指摘が参考になる。（奥平龍二 2002, pp. 29-30.）さらに、「判決に当たっては、ダマタッの規定がヤーザタッに抵触する場合には、ヤーザタッを優先し、ヤーザタッの規定が現代慣行に抵触する場合には現代慣行を優先するのを常にした」（同上書 p. 41.）と言われるように、ビルマの司法においてはその時代に流布している慣習・慣行が非常に重視されていた。

以上を本稿の結論として筆を置きたいが，どこまで掲げた課題に迫ることができたか，省みて決して満足できるものではなく，とりわけ第二の課題に対しては，研究の方向性を定め，課題への手がかりとなるいくつかの諸点を論じたにすぎない。しかし従来の筆者自身の研究を含めた先行研究に抜け落ちていた視点を回復することによって，東南アジア地域の近世のあらたな時代像を求める一つの可能性を示すことが出来たのではないかとも考えている。

　本書の副題である「東南アジアの一つの近世」に関して，近世という時代区分に関して，なぜ論じていないのかという疑問を持たれる方も多いかと思う。これは単純に，筆者が独自の近世論を持っているわけではないからであり，近世とは，近代という大枠の中の前期にあたる部分，英語で Early modern と呼ばれる時代と同意のものとして使っている。どのような地域，あるいは王国を研究の対象としても，近世と呼ばれる時代の変化は，一地域，一国の閉じられた世界の中で説明され得るものではなく，世界史的な流れの中でのみ良く把握できるものと考えている点においても，歴史研究に携わる多くの先達と理解を共有しているつもりである。

　従って時代区分としては，何ら新しい議論を提出するものではないが，しいて言えば，本書の中で筆者が意識的に試みたのは，近代を特徴づける諸現象，国民国家的領域の統合や貨幣経済の社会の隅々までの浸透が出現してくる時代としての近世をとらえる視角を転換することであった。近世は，単純に近現代を準備する時代ではなく，独自の風土や慣習などそれぞれの地域が培ってきた広義の文化が，新しい変化をも包摂しながら，それを翻訳し，社会が受容しうる形で動かしているともいえる時代だった。本稿の中でコンバウン時代（1752〜1885年）をビルマ近世と呼んでいるのは，そうした視点からである。

　こうした慣習や文化は一概に変化の中で，時代遅れになり消え去るものとは限らず，長い生命力を保ってその社会の一つの特徴となることもある。筆者は，ビルマ式社会主義と呼ばれた時代のビルマで1970年代の中葉，2年間を過ごしたが，物資やサービスの公的な流通網の停滞と混乱をかいくぐって，プエザーと呼ばれる仲介業者があらゆる場所に遍在して，需要と供給をつなげていることに驚嘆せずにいられなかった。近代社会主義思想によって設計された新しいシステムの破綻をよそに，古くからの人と人，物と物をつなげてゆくシステムは，社会の隅々で活発に動いていた[6]。これは，個人の小さな体験でしかないが，人々の行動や意識にしみ込んだ慣習や文化に踏み込んで観察するこ

とが，今ある東南アジアの諸社会をよりよく理解する一助になるのではないかと思われるのである。

6) 斎藤照子「研究展望：近世貨幣史の研究課題と展望——18〜19世紀ビルマの通貨状況と改革を素材に」『東南アジア——歴史と文化』no. 42 2013年 pp. 59–79. でも，このような視点について簡単に触れた。

謝辞

　本書の誕生までには，大勢の方の御助力を頂いています。こうした励ましがなくては，果たしてゴールまで辿り着けたかどうか，と思わずにおられません。
　なかでもトーフラ先生との出会いがなければ，私がテッガイッの世界に没入することはなかったはずです。マンダレー大学で初めてお会いした時は，植木鉢に水やりをしている先生を用務員さんと間違えて，「おっちゃん，大先生（トーフラ先生のこと）はどこだい，」と学生が聞いたというエピソードを彷彿とさせる気取らぬ風貌に，自然に緊張がほぐれる思いでしたが，テッガイッや歴史の話になると，その熱量の大きさに圧倒されました。先生の仕事の後を追いながら，始めた私のテッガイッ研究ですが，長い間に少々異なった視角と結論に辿り着きました。喜んで頂けるでしょうか。それとも厳しい批判が待ち受けているでしょうか。
　その後，まだ外国人研究者が自由に国立図書館に出入りできなかった時代に，同館所蔵の折り畳み写本から農地関連証文の写しをとってくださった元同図書館長のウー・キンマウンティン先生，私自身がテッガイッの収集保存事業に関わったときに，多くの助言を頂いた元大学中央図書館館長で，福岡アジア文化賞の受賞者でもあるウー・トーカウン先生と，的確な実務のアドヴァイスを頂いたご子息のタントーカウンさん，ガベェの宗教省図書館の折り畳み写本を見せて頂き，また文書資料収集保存のための国際シンポジウム兼ワークショップをヤンゴンで開催する企画を立てたときには，ほとんど不可能であると言われた会議の実現のために一方ならぬ労をとって下さった元仏教振興局局長で歴史学者であるミョウミン先生，メイッティーラ周辺の写本のデジタル化，マイクロフィルム作成において素晴らしい仕事をしてくださった大学図書館のライブラリアンの方々，客員研究員として東京外国語大学に来られた時に，写本の読み方で難解な箇所を一緒に考えて下さったウー・チョオ先生，以上の方々に心から御礼を申し上げます。

そして，写真がとても上手なトゥナンダーさん（今はマンダレー大学歴史学部トゥナンダー教授と呼ばなければいけませんね），いつでも使ってくださいと言って残してくださった多くの写真から二葉を，表紙カバーに使わせて頂きました。

　この本の原稿は，多くの方に読んで頂き，コメントを頂く幸運な機会に恵まれました。最初の誤字脱字満載の原稿を読んでくださった斎藤紋子さん，アフムダーンがアフムダ人になっていますよ，と言われて一緒に大笑いしました。ビルマ近世史研究の岩城高広さんにも読んで頂き，有益なコメントを頂きました。そして奥平龍二先生には，慣習法に関する章について，多くの貴重なご教示を頂きました。出版に至る前の審査員であった匿名の査読者である三人の先生方のコメントは，大きな励ましであると同時に，厳しい注文も頂き，いくつかの点についてさらに深く考察するきっかけになりました。

　さらに，2017年の4月には年齢を顧みず，東大文学部史学科の博士後期課程に在籍することになりました。歴史学の今ある姿，手法について学んでみたいという気持ちからですが，若い伸び盛りの研究者と歴史学方法論の議論を交わすのはたいへん新鮮な経験でした。快く指導教官を引き受けて下さった島田竜登先生は，私の原稿の隅々にわたって目を配り，多くのあいまいな表現や誤りを指摘してくださいました。南アジア社会論の水島司先生，貨幣論の黒田明伸先生，立教大学名誉教授の弘末雅士先生，そしてビルマ農村研究の高橋昭雄先生からも，鋭くかつ有益な多くのコメントを寄せて頂き感謝に堪えません。

　テッガイッという資料を集め，読み込む作業は，まさに机の上でのフィールドワークであり，最初に奉職したアジア経済研究所で，右も左もわからぬ新米研究員に，農村調査の基本と土地に刻まれた歴史を読み込むことを叩きこんでくださった諸先輩の教えが今なお，身にしみ込み，支えになっています。一つ一つの証文に登場する人々の背景にある地域空間が具体的な姿で頭に浮かんでくるのは，こうした訓練のたまものと思います。

　最後にこの10年，体調を崩すことが少なくなかった私の健康を本人以上に気遣ってくれた家族の存在が，いつも変わらぬ大きな支えとなりました。感謝の言葉を添えて本書を夫と娘たちに贈りたいと思います。

　本書の出版に際しては，日本学術振興会 平成30年度科学研究費研究成果公開促進費（課題番号18HP5255）の出版助成金を頂きました。ここに記して感謝いたします。京都大学東南アジア地域研究研究所の速水洋子先生をはじめとする地域研究叢書編集委員会と，京都大学学術出版会の鈴木哲也さま，実際の編

集を担当して下さった永野祥子さんには，たいへんお世話になりました。深く御礼を申し上げます。

2019 年 1 月
斎藤照子

参考文献

1. 文書資料　人身抵当証文および農地関連証文
A.　人身抵当証文
(1)　鹿児島大学ビルマ調査団マイクロフィルム（KUMF）東洋文庫
　　　　　　　　　　　　　　　　　　　　　　　東京外国語大学図書館（複製）蔵
　　Reel 番号　資料番号－画像番号（1 画像中の証文点数）
　　　52.　　3 – 2, 7.
　　　53.　　8 – 19. 10 – 2, 3. 19 – 3.
　　　54.　　9 – 1, 4, 7, 15.
　　　67.　　1 – 23, 26, 29～34. 8 – 1.
　　　82.　　8 – 3. 9 – 1, 3～7, 8(4), 9(5), 10(6), 11(6), 16 (3), 17(2), 18, 20(6), 21 (5), 22 (5), 23 (5), 24 (4), 25 (4), 26, 27 (4), 28 (2), 29 (4), 30, 33 (2), 34 (4), 35.
　　　84.　　8 – 15(2), 19.

(2)　Salin Thu-gaun Manuscript vol. 10, "Ko-ne Thet-kayits,"（手書き筆写版）
　　→ STM-KT（サリン・ダガウン文書　人身抵当証文集）
　　　　　　　Toe Hla（U）個人蔵，および Universities Historical Research Centre（UHRC）蔵
　　証文番号　No. 1～104.

(3)　Documents of Myanmar Socio-Economic History（DMSEH）愛知大学
　　　　　　　　　　　　　　　　　　　　　　　　　taweb.aichi-u.ac.jp/DMSEH/
　　巻号　　画像番号
　　Vol. 1　0480～81, 0703, 0728, 0751, 0830.
　　Vol. 2　0177, 0180～82, 0206, 0209～10, 0230, 0569.
　　Vol. 3　0835～36, 0846, 0848, 0856, 1087～88, 1090, 1093, 1096, 1101, 1103, 1105, 1108, 1110, 1113～15, 1119, 1125, 1127～28, 1130, 1132, 1134, 1136～37, 1140, 1142, 1146, 1148, 1150～51, 1156,1158, 1161, 1163, 1166, 1168,1171～74, 1176, 1118, 1145, 1186～88, 1275, 1293, 1299, 1308, 1310, 1437, 1690, 1979, 1983～84, 1160, 1165, 1856～1857.
　　Vol. 4　0324, 0873～74, 1009～10, 1013, 1015, 1020, 1039～40, 1044, 1050, 1052, 1058, 1064, 1248, 1392, 1395, 1501, 1503, 0250, 0321.
　　Vol. 5　0130, 0134, 0548, 0558, 0563～64, 0568, 0580, 0648, 1089, 1210, 1256～58, 1260, 1267, 1271, 1273, 1293, 1295～96, 1298, 1305, 1331～34, 1338, 1383, 0205, 0471, 0557, 0582.
　　Vol. 6　2490～93, 2623, 2625～26, 2750～52, 2754～55, 2757～64, 2605, 2632.
　　Vol. 9　1360～61, 1364～66, 1711～14, 1718～19, 1731～32, 2458, 2737, 2797.
　　Vol. 10　1305.
　　Vol. 11　1058～1059, 1285, 1583, 1585, 2525, 2700, 2889.

B.　農地関連証文
(1)　KUMF
　　Reel 番号　資料番号－画像番号（1 画像中の証文点数）
　　　16　　　6 – 17, 8 – 30.

39	8–38.
40	1–10, 2–30.
45	6–36, 7–17, 10–45.
46	1–30.
50	7–18.
52	3–1, 3. 4–3. 5–1, 4, 6〜12, 15〜22, 24〜37, 39〜40, 40 後半〜54. 6–2〜5. 7–1. 9–1〜4. 10–3, 9〜11, 16〜18, 20, 23, 26. 11–1. 12–3〜5. 13–2. 14–20, 29.
53	1–3. 6–1〜2. 7–1〜12. 9–10. 10–6, 7. 11–7. 15–3. 17–1〜2.
54	9–5. 18–10.
55	4–2.
60	5–2. 7–2, 6(4), 10, 14, 20. 10–1〜7, 9, 10, 12〜16, 18, 22（前半）, 23〜25, 26（後半）〜29, 30（後半）〜31. 11–3, 6, 7〜11, 13, 15, 17〜18, 20, 24, 26, 28〜31, 32〜33. 12–3〜4. 13–2(4), 3〜7(14), 8 (3), 9, 10(3), 11(4), 12(3), 13 (4), 15 (2), 16(5), 17(3), 18, 21(4), 22(3), 23(5), 25(3), 26(3), 27, 28(4), 30(4), 31(2), 32 (2), 33(4), 34(4), 35(3), 36(4). 14–1, 2(3), 3(2), 4(2), 6(2), 7(3), 8, 9(2). 15 –1(2), 2(4), 3(4), 4(5), 5(3), 6(4), 14(4), 15(3), 16(5), 17(2), 17(2), 18(4).
61	1–2(2), 3, 6(2), 7(3), 8(2), 9(4). 3–1(2), 2, 3(3), 4(2), 5(2), 6(2), 7(2). 14–4. 15–2, 3, 4(4).
62	8–9, 10. 14–5.
63	15–1.
67	2–1, 2. 3–3(2). 4–2. 5–2. 6–2. 7–2, 3(4), 6. 8–2, 3, 6. 10–1.
68	10–2.
82	6–1. 7–1〜2, 4〜6, 8〜13, 16. 8–2, 5, 7, 10〜11, 15〜17, 20, 20(2), 22, 23(2), 24, 26.
84	3–1, 2(2), 3(2), 4, 5(3), 6(2). 4–6(2), 7(3), 8〜9, 13, 20(2). 5–1(2), 3, 4(2), 6(2), 7, 9. 6–5, 7, 9, 18(2), 19〜21. 7–7(4), 8(2), 9〜10, 14(2). 8–3(3), 4(3), 5, 7〜9, 11〜12, 16(2), 17, 20〜21. 9 –17〜18. 10–13(2).

(2) Toe Hla（U）ed., 資料集 1977 /78-78/79. *Konbaung Hkit Leya Thetkayit pa Luhmu Sibwaye Thamaing*,（→ KLT）(『コンバウン時代の農地証文に見る社会経済史』) 2 vols. Yangon: 未公刊筆写タイプ稿。1075 点

(3) メイッティーラ地方の農地関連証文 (→ MTC)
　ビルマ語　手書き筆写集　364 点 Mandalay Univ. History Dept. undated.
　英語訳　Thu Nandar. 2008. "Characterisitics of Land-mortgage Contracts in the 18th-19th Century Myanmar Society," (東京外国語大学博士学位論文) Appedix B. 364 *thet-kayits* collected from Meiktila. pp. 137-199.
　証文番号　39, 45, 54, 93, 122, 137, 148, 162, 181, 189, 191, 197, 199, 204, 223, 224, 237.

(4) 東京外国語大 COE 史資料ハブ地域文化研究拠点 (C-DATS) プロジェクト
　C-DATS 2004 年〜2005 年　折り畳み写本　CD-ROM およびマイクロフィルム

1)「中央ミャンマーの僧院蔵折り畳み写本」75 冊
2)「トーフラ氏蔵の折り畳み写本」55 冊

東京外国語大学図書館蔵
C-DATS, 2005 no.0056-22, 0056-23, 0249, 0250, 0256, 0352-01, no. 216, 526, 566, 624.

(5) 大學中央図書館 University Central Library（Yangon）（→ UCL）所蔵
折り畳み写本　no. 151107, no. 151113, no. 178505.

(6) DMSEH
巻号　画像番号
Vol. 1　0108〜12, 0001〜05, 0009, 0011〜12, 0020, 0022, 0106, 0126, 0163, 0165, 0197, 0204, 0207, 0209, 0212, 0215〜16, 0218〜21, 0223, 0227〜28, 0231〜32, 0237, 0258, 0288, 0289, 0293, 0310, 0313, 0328, 0336, 0392, 0402, 0405, 0408, 0410, 0415〜16, 0441, 0443, 0466, 0491,0499〜0501, 0506〜08, 0510〜11, 0513〜15, 0517〜18, 1520〜23, 0526〜29, 0602, 0605, 0611, 0618, 0622, 0627, 0634,0637, 0640〜41, 0643, 0648〜49, 0651〜52, 0655〜56, 0702, 0705〜06, 0709〜10, 0714〜17, 0724, 0726, 0838, 0840〜41, 0843〜46, 0849, 0851, 0914, 0936, 0937, 0943〜44, 0953, 0954〜55, 0970, 1038, 1044, 1050, 1081, 1083, 1087, 1089, 1092, 1094, 1131〜32, 1153, 1167〜69, 1172, 1283, 1284, 1286,1296, 1299, 1355, 1360, 1391, 1407〜08, 1424, 1426, 1439, 1443, 1486, 1511〜13, 1520, 1528〜29, 1550, 1569〜71, 1578, 1580, 1604, 1688〜90, 1610〜11, 1654〜55, 1658, 1662, 1666, 1684〜86, 1690, 1693〜95, 1701, 1703, 1744, 1745, 1747, 1750, 1753, 1756, 1761, 1763, 1768, 1771, 1787, 1794, 1798〜99, 1808, 1810〜12, 1814〜15, 1820, 1824, 1828, 1832, 1835〜36, 1838〜39, 1841, 1845, 1847, 1857, 1859, 1861, 1863, 1865〜66, 1870, 1872〜74, 1880.（以上農地抵当設定）
0056, 0502〜03, 0505, 0509, 1037, 1422, 1326.（農地売買）

Vol. 2　1109（農地抵当）

Vol. 3　1044, 1358, 1878, 1879, 0858, 0869, 0926, 0941, 0949, 0247, 0253〜56, 0323, 0353〜54, 0359, 0379, 0541, 0544, 0644, 0645, 0685, 0745, 0859,0862, 0920, 0925, 0928〜29, 0978, 0983〜84, 0988, 0990, 0992〜94, 0995, 1040〜41, 1043, 1049〜50, 1297, 1306, 1360, 1747, 1761, 1786, 1790, 1804, 1807, 1817, 1935, 1945〜47, 1949, 1960, 1963, 2010, 2016, 2018, 2021〜22.（農地抵当）
0662〜63, 0680, 0690, 0691, 0743, 0746〜47, 0762, 0767, 0796〜97, 0799, 0837, 0933〜34, 1053, 1721, 1746, 1752, 1983〜84, 1941〜44, 1961, 1993, 2003〜04, 2015, 2023, 1891, 1927, 1918〜20, 1958〜59, 1990〜01.（農地売買）

Vol. 4　0391, 0400, 0405, 0905, 0945, 1355, 1435, 1350, 0001, 0003, 0007, 0011, 0013, 0015, 0017, 0020, 0022, 0024, 0026, 0030〜32, 0036, 0040〜43, 0045, 0049, 0051〜53, 0056, 0059, 0062〜65, 0068, 0071, 0073, 0081, 0085, 0087, 0090〜92, 0094, 0097, 0099, 0102, 0104, 0160, 0116, 0122, 0123, 0124, 0131〜32, 0135, 0141, 0143, 0145, 0147, 0151〜52, 0154, 0257〜58, 0162, 0165〜67, 0169, 0171〜72, 0174, 0176〜78, 0183〜85, 0187〜89, 0191〜93, 0196〜97, 0199〜0201, 0207, 0216, 0220, 0246, 0275, 0278, 0280, 0282, 0287, 0292, 0297, 0334, 0401, 0458, 0485, 0495, 0511, 0518, 0520〜22, 0591, 0604, 0772, 0861, 0864〜68, 2854, 0870〜71, 0949, 1002, 1011, 1128, 1132,1138, 1140, 1146,

1146, 1147, 1170, 1178, 1182, 1183, 1200, 1208, 1211, 1328, 1335〜36.（農地抵当）
1143, 1627, 0004〜06, 0008, 0019, 0034, 0078, 0083〜84, 0086, 0100, 0120〜21, 0125〜26, 0130, 0142, 0153, 0164, 0203, 0223, 0294〜96, 0346, 0394, 0445, 0472, 0513, 0548, 0550〜51, 1187, 1405.（農地売買）

Vol. 5　0458, 0915, 1799, 1121, 1559, 1625, 1938, 1971, 1977, 2201, 2204, 2539〜41, 2679, 2681, 2839, 2854, 2909, 2922, 2960, 2992, 3002, 0136, 0138, 0145, 0200, 0222, 0225, 0360, 0362, 0365, 0404, 0412, 0423, 0431, 0444, 0447, 0468, 0473, 0476, 0482, 0489, 0492, 0497, 0503〜04, 0507, 0512, 0514, 0520, 0529, 0534, 0545, 0549, 0571, 0577, 0595, 0678, 0792, 0874, 0898, 0909, 0912, 0914, 0919, 0926〜27, 0932, 0934, 1019, 1021, 1053〜54, 1076, 1078, 1080, 1094, 1098, 1100, 1108, 1113, 1123, 1127, 1129, 1132, 1134, 1142, 1149, 1151〜52, 1156, 1173, 1182, 1186, 1190, 1198, 1204, 1218〜19, 1221, 1246, 1250, 1252, 1254, 1306, 1320, 1326〜27, 1329, 1336, 1358, 1379, 1380, 1401, 1403, 1417, 1421,1432〜33, 1435〜36, 1441〜42, 1444, 1455, 1463, 1488, 1492, 1510, 1563, 1566, 1569, 1573, 1630, 1632, 1641, 1647, 1649, 1696, 1707〜09, 1723, 1731, 1736, 1794, 1796,1894, 1936, 1943, 1949〜50, 1959, 1963, 1966, 1991, 1996, 2004, 2014, 2021, 2043, 2046〜47, 2051, 2054, 2055, 2173, 2183, 2185, 2187, 2192, 2198〜99, 2205, 2210, 2212, 2217, 2256, 2258, 2265, 2267, 2269, 2336〜38, 2342, 2394〜95, 2399, 2419, 2477, 2533, 2642, 2690, 2694, 2711, 2717, 2829, 2836, 2838, 2849, 2864, 2873, 2880〜81, 2912, 2919, 2924, 2944〜45, 2948, 2953, 2967, 2970, 2975, 2979, 2986, 2999, 3004, 3010, 3015, 3020, 3033, 3042, 3051, 3054, 3058, 3065, 3075, 3090, 3091, 3093, 3095〜99, 3101, 3105, 3117〜19, 3126, 3129, 3137〜38, 3158, 3161, 3164〜67, 3172〜75, 3177, 3179, 3183〜84, 3187, 3194, 3200〜01, 3204, 3207〜10, 3215〜18, 3220, 3222.（農地抵当）
1, 826, 0067, 0483, 0798, 0861, 1177, 1431, 0449, 0547, 0802, 1631.（農地売買）

Vol. 6　0468, 0471, 0478, 0066, 0077, 0091, 0092, 0171, 0188〜90, 0221, 0224, 0239, 0266, 0291, 0342, 0575, 0580, 1052, 1231, 1237, 1608, 1609, 1610, 1656, 1722, 1724, 1733〜36, 1745, 1791, 1799, 1810, 1817, 1850, 1859〜61, 2030, 2075, 2082, 2095, 2103, 2127, 2136, 2161, 2196, 2279〜80, 2288, 2407, 2440, 2443, 2476, 3013, 3023, 0037, 0048, 0094〜95, 0100, 0103, 0114, 0147, 0150, 0168〜69, 0172, 0186〜87, 0195, 0201, 0203〜04, 0206, 0211, 0213〜14, 0222, 0225, 0227〜28, 0230, 0244, 0248〜49, 0264, 0267〜68, 0292, 0294〜95, 0315, 0317, 0325, 0333, 0335〜36, 0476, 0487, 0491, 0483, 0496〜98, 0540, 0545〜46, 0550, 0557, 0559, 0562, 0567, 0571, 0574, 0676, 0680, 0685, 0695, 0788, 0942, 0988, 0990, 1041, 1043〜44, 1046, 1049, 1058〜60, 1133, 1146, 1148, 1152, 1223, 1226〜27, 1229, 1242, 1246, 1353, 1356, 1358, 1361〜62, 1365〜66, 1474, 1487, 1509, 1514, 1570, 1573, 1580, 1583, 1585, 1631, 1640, 1642, 1647, 1650, 1654, 1672, 1705, 1708, 1711, 1731, 1738〜39, 1741, 1742, 1764, 1783, 1833〜34, 1836, 1848, 1856, 1884, 1889, 2037, 2077, 2094, 2102, 2156, 2164, 2168, 2179, 2183, 2195, 2216〜17, 2219〜2220, 2225〜26, 2230〜31, 2234〜35, 2237, 2278, 2444, 2460, 2484, 2591, 2619, 2767, 2769, 2780, 2803, 2892, 2901, 2910, 2912, 2927, 2983, 2952, 2953, 29578, 2961, 3022.（農地抵当）
0059, 0688〜89, 0691.（農地売買）

Vol. 7　0162, 0295〜96, 0534, 0581, 0839, 0842, 0853〜54, 0949, 1012, 1715, 1760〜61, 1766

	〜67, 1772〜74, 1777, 0011, 0030, 0085〜86, 0097, 0105, 0142, 0144, 0149, 0166, 0205, 0210, 0213, 0216, 0220, 0229, 0258, 0272, 0309, 0310, 0321, 0352〜53, 0414, 0418〜19, 0422, 0446, 0454〜56, 0486, 0500, 0517, 0531, 0556, 0590〜91, 0617, 0639, 0705, 0724, 0726〜27, 0729, 0730, 0732, 0735, 0759, 0767, 0772〜73, 0777, 0845, 0857, 0859〜60, 0864, 0866, 0929, 0935, 0942〜44, 0963, 0966, 0981, 0982, 0986, 0991, 0996, 1001〜04, 1006, 1019, 1027, 1032, 1065, 1067, 1107, 1712, 1714, 1728, 1737, 1743, 1746, 1748, 1764, 1769〜71, 1778, 1780, 1787〜89, 1817.（農地抵当） 0858, 0478, 0526, 0535.（農地売買）
Vol. 8	0809, 0811〜12, 0944, 1476, 1509, 0242, 0814, 0819, 0842, 0952, 0955〜56, 0960, 0964, 0971, 0974, 0977, 0978, 0980, 0983, 0986, 1360〜61, 1380, 1387, 1399〜1400, 1403, 1421, 1443〜44, 1460〜61, 1520〜21, 1523, 1580, 1594.（農地抵当） 0968.（農地売買）
Vol. 9	2462, 2546, 3000, 0104, 0124〜28, 0199, 0202, 0205, 0208, 0217, 0223, 0323, 0338, 0376, 0399, 0408, 0422, 0425, 0430, 0437〜38, 0553, 05587, 25, 0568, 0575, 0630, 0634, 0636, 0948, 0951, 0972, 0976, 0978, 1033, 1063, 1071, 1075, 1096, 1125, 1245, 1248, 1664, 1667, 1766, 1768, 1770, 1776, 1783, 2051, 2053〜54, 2056, 2058, 2060〜61, 2063, 2086〜87, 2118〜19, 2129, 2148, 2177〜78, 2233, 2238〜39, 2241, 2248, 2306, 2308, 2310, 2316, 2323〜24, 2471, 2474〜75, 2483, 2486, 2489, 2518, 2539, 2544〜45, 2553〜54, 2558, 2564, 2566, 2573, 2577, 2578〜84, 2586〜87, 2596, 2579〜84, 2586〜87, 2591, 2596, 2608〜09, 2616, 2626, 2628, 2645, 2647〜48, 2699〜2700, 2764, 2799〜2801, 2803〜04, 2816, 2903, 2934, 2940, 2967, 2976〜79, 2986, 2990〜98, 3002, 3006, 3034, 3049〜54, 3057, 3061, 3062, 3064〜65, 3067〜69, 3071, 3017〜19, 3125, 3131, 3220, 3269, 3271〜72, 3276, 3286, 3295, 3304〜05.（農地抵当） 0200, 1617, 1651, 2878, 2970, 2972〜73, 1106, 1447, 1450, 1453, 1455, 1460, 1462, 1467, 1476, 1479, 1481, 1485〜90, 1494, 1496, 1498, 1501, 1508〜09, 1633〜34, 1643, 1646, 1649, 1652, 1655, 1657〜60, 1672, 1674〜76, 1678, 1680〜82, 1707〜09, 1716, 1730, 1733, 1735〜37, 1922, 1924〜28, 1933, 2150, 2404, 2473, 2567, 2765, 2806, 3119.（農地売買）
Vol. 10	0267, 0288〜89, 0611, 0859, 0995〜96, 0998, 1000〜02, 1004, 1218, 1298, 0248, 0618, 0621, 0636, 0638, 0640, 0714, 0741, 0886, 0906, 0908, 0914, 0918, 0920, 0987, 1025, 1041, 1265, 1271, 1272〜73, 1290, 0056, 0058, 0247, 0253, 0627, 0649, 0716, 0738, 0742, 0744, 0841, 0844, 0849, 0851〜52, 0855, 0857, 0860, 0867, 0872, 0892, 0895, 0904, 0991〜02, 1013〜14, 1035, 1286, 0657, 0740, 0838, 1268.（農地抵当）
Vol. 11	1173, 1286, 1358, 2606, 2615, 0705, 0725, 0956, 0985, 1123, 1209, 1209, 1377, 1381, 1383, 1924, 1961, 2003, 2006, 2254, 2336, 2695〜96, 2985, 2987〜88, 3059, 3061, 2003, 0073, 0149, 0182〜84, 0212, 0313〜14, 0345, 0362, 0381〜82, 0384〜85, 0412, 0437, 0445, 0446〜47, 0459, 0505, 0537〜38, 0613, 0618, 0620, 0644, 0699, 0700〜01, 0703〜04, 0706, 0708〜10, 0713〜14, 0716〜17, 0720〜23, 0726, 0737, 0741〜43, 0792, 0795, 0802, 0813, 0931, 0935〜36, 0938, 0941, 0945, 0950, 0952, 0954, 0965〜66, 0975, 0979, 0987, 1120, 1128, 1155, 1167, 1175〜76, 1184, 1186, 1208, 1212〜13, 1215, 1217, 1219, 1254〜56, 1277, 1284, 1350, 1352, 1359, 1360, 1366〜68, 1371〜72, 1380, 1384,

1702, 1705, 1710〜11, 1717, 1883, 1891, 1919, 1922, 1926, 1929, 1931, 1942〜43, 1951, 1965, 1967, 1969, 1971, 1976, 1979, 2004〜05, 2330, 2337, 2341, 2346〜48, 2352〜55, 2423〜24, 2443, 2484, 2492, 2496, 2508〜09, 2512, 2555, 2559, 2562, 2567〜68, 2582, 2589, 2618, 2647, 2649〜52, 2654, 2657, 2659, 2660, 2683, 2687, 2743, 2766, 2950, 2984, 2986, 2993〜94, 2999, 3001, 3043, 3055, 3060, 3065.（農地抵当）

2. 緬暦・西暦対照表

Irwin, A. M. B. 1901. *The Burmese Calendar*. London: Sampson Low, Arston and Company.

Moyle, J. Copley. 1905. *An Almanac of Corresponding English and Burmese Dates: for one hundred years from A. D. 1820 to the end of A. D. 1920*. Rangoon: The American Baptist Mission Press.

Than Tun & Yi Yi. 1971. *Pondaw Pyat-kadein: King's Own Calendar A. D. 1806-1819*. (in ROB vol. IV, 1986) pp. xxxiii-cxi.

Yi Yi. 1969. *Mynamar Ingaleik Pyat-kadein, 1710〜1820*. (『ミャンマー：イギリス対照暦』) 2 vols. Yangon: Ministry of Culture, Myanmar Naing-ngan Thamaing Komashin.

3. ビルマ王朝時代歴史用語辞典

Maung Maung Tin (U). 1975. (2nd ed.) *Shwe Nan Thoun Wawhaya Abidan*, (『宮廷用語辞典』) Yangon: Tekkatho-mya Thamaing Thutei Thana Oo-zi Htana.

Theing Hlaing (U). 2000. *Hkit Haung Myanma Thamaing Thutei Thana Abidan*, (『ミャンマー歴史研究辞典』) Yangon: Tekkatho-mya Thamaing Thutei Thana Oo-zi Htana.

Yi Yi (Dr.). 1984. *Thutei Thana Abidan-mya Hmatsu*, (『研究用辞書覚書』) Yangon: Myanmar Naing-ngan Thutei Thana Atin (Burma Research Society).

4. 官公庁出版物

Ministry of National Planning and Economic Development. 2000. *Statistical Yearbook*. Yangon: Central Statistical Organization.

Furnivall, J. S. and Morrison, W. S. 1963 (rep.) *Burma Gazetteer, Syriam District*, Rangoon: Supdt., Govt. Printing and Stationery.

Williamson, A. compiled. 1929. 1963 (rep.) *Burma Gazetteer, Shwebo District*, vol. A. Rangoon: Supdt., Govt. Printing and Stationery.

Govt. of Burma. 1898. *Report on the Famine in Burma in 1896-7*, Rangoon: Supdt. Govt. Printing.

―――. 1900. *Report on the Settlement Operations in the Minbu District, Season 1893-97*. Rangoon: Supdt., Govt. Printing.

―――. *Report on the Settlement Operations in the Magwe District, Season 1897-1903*. Rangoon: Supdt., Govt. Printing.

―――. 1987. (rep.) *Gazetteer of Burma*, 2 vols. Delhi: Gian Publishing House.

―――. 1934. *Manu Dhamma That-htan kho Manu Dhamma That Kyan: King Wagaru's Manu DHAMMASATTHAM*, (『ワガル王の御代に編纂作成されたマヌ法典』) *Text, Translation, and Notes*. Rangoon: Supdt., Govt. Printing and Stationery, Burma.

Pyi-htaung-su Soshelit Thamada Myanmar Naing-ngan-daw, 1974. *Pyi-ne hnin Taing-mya shi Myo-ne alai Myo, Yakwe, Kyeywa-ousu, Kyeywa-mya, Sit-kaing Taing*, (州および管区における町、区、村落区、村落一覧、ザガイン管区の巻) Yangon: Kaba-Aye Sataik.

Scott, J. G. and Hardiman, J. P. 1900. *Gazetteer of Upper Burma and the Shan States*, 5 vols. Washington DC: Government Printing.

5. 二次参考文献
(1) ビルマ語文献

Ba U. 1980. *Myanmar Ok-chok-ye Pyinnya*, (『ミャンマー王国統治論』) Mandalay: Bahoshi Thadinsa Taik.

Central Committee, Myanmar Socialist Program Party. 1978. *Achei-pya Myanmar Nain-ngan Thamaing*, (『詳説ミャンマー国史』) vol. II, Part II.

Htun Yee collected and ed., 1999. *Konbaung Hkit Ngwe-hkyi Thet-kayit Sagyok-mya*, (Collection of Thet-kayit – Money Lending Contracts of Myanmar Rural Area in Kon-baung Period,) Vol, 1, Toyohashi: Aichi University.

―――. 2003. *Konbaung hkit Sayin Padeitha, Collection of Sayin*, (『コンバウン時代の諸表集成』) Toyohashi: Aichi University.

―――. collected & ed., 2006. *Konbaung Hkit Hpyat Sa Paung Chok, Collection of Hpyat Sa* (『コンバウン時代の法廷訴訟と判決』) vol. III. Myanma-hmu Beikman Sape Bank.

Hpo Hlaing (U). "Yaza Dhamma Thingaha Kyan," (「王の規範書」) (Maung Htin. 1983. 2nd ed. *Yaw Mingyi U Hpo Hlaing Akutho Patti hnin Yaza Dhamma Thingaha Kyan*, Yangon: Zabe Sape.

Kyan (Ma). 2004. *Konbaung i Naukhsoun Aaman*, (『コンバウン時代最終期の精神』) Yangon: Myanmar Uadana Sape.

Kyaw Hmu Aung. 1992. "Konbaung Hkit Hnaung Salin Thugaung Thamaing (1819-1885)," (「コンバウン後期におけるサリン・ダガウンの歴史 1819-1885」) MA thesis submitted to the History Department, Yangon University.

Maung Baw. 2009. (2nd ed.), *Konbaung Hkit Sittan*, (『コンバウン時代の記録』) Yangon: Aman-htit Sape.

Maung Maung Tin (U). 2004 (ed.) *Konbaung-hset Maha Yazawindawgyi*, (『コンバウン大王統年代記』) (→ KBZ) Yangon: Tekkatho-mya Thutei Htana Oozi Htana.

Ohn Kyi (Daw). 1991. "Konei Thetkayit mya wa Lu-paung Sagyok," (「コウネイ・テッガイッすなわち人身抵当証文」) *Magwe Degree College Annual Magazine*, no. 1, pp. 48-52.

―――. 1987. "Salin Thukaung Thamaing (Achyin)," (「サリン・ダガウン略史」) (Colleague of Dr. Than Tun ed., *Bama Thamaing Hinley: Studies in Burmese History*, History Department, Mandalay University) pp. 55-82.

Sein Lwin Lay (U). 1968. *Myanma Sit Hmat-tan-mya hnit Thaningabyuha-mya*, (『ミャンマーの戦記』) Yangon: Khit-hmi Sape Taik.

Than Tun. *She-haung Myanmar Yazawin*, (『ミャンマー古代史』) Yangon: Mahadagon Press.

Thin Kyi et. al., 1956. *Pyi-thaun-su Myanmar Naingan hnin Kaba Myei-pon Saok*, (『ミャンマー・世界地図帳』) U Htun Aung Pon-hnei Htaik.

Thu Nandar ed. 2004-5. *Microfilm hnai Pa-shi-tho Ahtau-Ahta-mya Sayin: The Catalogue of Materials on Myanmar History in Microfilms*, 2 vols. 東京外国語大学大学院 COE プログラム「史資料ハブ地域文化研究拠点」研究叢書.

Tin (of Pagan). 1963-1983. (rept.) *Myanma Min Ok-chok-pon Sadan* (『ミャンマー王統治論』) 5 vols. Yangon: Ministry of Culture. (MMOS と略記)

Toe Hla. 1981. "Konbaung Hkit Leya Thet-kayit pa Luhmu Sibwaye Thamaing," (「コンバウン

時代の農地証文に含まれる社会経済史」) Typescript, Pyin-nya-ye Tekkatho Thamaing Htana i Thutei Thana Siman-kein (1978-81) atwe Tin-thwin-tho Kyan. (未公刊タイプ稿)。
―――. 1982. "Konbaung Hkit Athapya hnin Ale mya,"(「コンバウン時代の貨幣と錘」)*Tekkatho Pinnya Padeitha*, vol. 16, no. 3, pp. 81-130.
―――. 1993. *Konbaung Shwe-pyi*, (『コンバウン時代の王都』) Yangon: Moe Kyi Press.
―――. 2004. a) *Konbaung Hkit Myanma Luhmu Apwe Asyi hnin Tayahmu-hkin-mya*, (『コンバウン時代の社会組織と訴訟』) Yangon: Tekkatho-mya Thamaing Thutei Thana Oosi Htana.
―――. 2004. b) *Kon-baung Hkit Kye-let Luhmu Si-bwa Bawa* (1762-1885). (『コンバウン時代の農村の社会経済生活』) Yangon: Myanmar Historical Commission.
Yi Yi. 1966. "Konbaung Hkit Sit-tan-mya,"(『コンバウン時代のシッターン』) *JBRS*, 49, no. 1, p. 71-127.
Yi Yi Hkin. 2011. *Yodaya Naing Mawgun*, (*Letwe Nawyahta*), (『レッウェーノオヤターのシャム制圧記念詩』) Yangon: Htun Hpaun Dei-shin-Ban Sape Komati.

(2) 英語文献

Adas, Micheal. 1974. *The Burma Delta: Economic Development and Social Change on The Rice Frontier, 1852-1941*. University of Wisconsin Press.
Allot, Anna. 1994. *The End of the First Anglo-Burmese War: The Burmese Chronicle account of how the 1826 Treaty of Yandabo was negotiated*, Bangkok: Chulalongkorn University Printing House.
Aung-Thwin, Michael. 1990. *Irrigation in the Heartland of Burma*, Northern Illinois Univ. Occasional Paper No. 15.
―――. 1983. "Athi, Kyun-Taw, Hpaya-kyun: Varieties of Commendation and Dependence in Pre-Colonial Burma,"(Reid, A. ed., *Slavery, Bondage and Dependence in Southeast Asia*, St. Lucia, London and New York: Univ. of Queensland Press) pp. 64-89.
Badgley, John H. 2006. "Preserving Myanmar's Manuscripts and Historical Documents: UCL / Cornell's Collaborative Projects,"(T. Saito & U Thaw Kaung eds. *op. cit*.,) pp. 121-139.
Bin Yang, 2004. "Horses, Silver, and Cowries: Yunnan in Global Perspective," *Journal of World History*, vol. 15, No. 3, pp.281-321.
Burney, H. 1941. (rept.) "On the Population of the Burman Empire," *JBRS*, 31, no. 1. pp. 19-32.
Cheng Yi Sein. 1966. "The Chinese in Upper Burma before A. D. 1700," *The Journal of Southeast Asian Researches*, vol. II. pp. 81-94.
Cox, Hiram. 1971. (rept.) *Journal of a Residence in the Burmhan Empire*, London: Gregg International Publishers Ltd.
Crawfurd., J. 1831. *An Embassy from the Governor General of India to the Court of Ava, in the Year 1827*, London: Wareb abd Whittaker.
Damrong Rajanubhab (Prince). 2001. (rept.) *Our Wars with the Burmese: Thai-Burmese Conflict 1539-1767*, Bangkok: White Lotus.
Dijk, Wil O. 2006. *Seventeenth-Century Burma and the Dutch East India Company, 1634-1680*, Singapore: NIAS Press.
Furnivall, J. S. 1937. *An Introduction to the Political Economy of Burma*, Rangoon: Peoples' Literature Committee & House.
―――. 1957-1960. "A Study of the Social and Economic History of Burma (British Burma)"

(unpublished manuscript submitted to the Office of Prime Minister in 1957-59 and The National Planning Commission, Ministry of National Planning in 1960.)

Gear, Donald and Joan. 1992. *Earth to Heaven: The Royal Animal-Shaped Weights of the Burmese Empires*, -Chiang Mai: Silkworm Books.

Geertz, Clifford. 1980. *Nagara: The Theatre State in the Nineteenth Century Bali*, Princeton and N. J.: Princeton University Press.

Grant, Colesworthy. 1995. (rept.) (originally published in Calcutta in 1853) *Rough Pencilings of A Rough Trip to Rangoon in 1846*, Bangkok: White Orchid Press.

Hall, H. Fielding. 1899. *The Soul of a People*, London: Macmillan & Co. Ltd.

Hall, E. 1968. *Early English Intercourse with Burma, 1587-1743*, (2nd.ed.) London: Frank Cass & Co. Ltd.

Htun Yee, 1998. "Cases of Headman-ship of Salin Myo in Myanmar during the 19th Century," *Journal of International Affairs* (Aichi University), no. 109, pp. 91-155.

Huke, Robert E. 1966. *Rainfall in Burma*, Geography Publications at Dartmouth.

Ito Toshikatsu. 2006. "Preparation and Cataloging of Old Myanmar manuscripts," (T. Saito and U Thaw Kaung eds., *Enriching the Past*, Preservation, Conservation and Study of Myanmar Manuscripts, Tokyo University of Foreign Studies, CEO Project. 2006.) pp. 163-183.

Keeton, C. L. 1974. *King Thebaw and Ecological Rape of Burma, the Political and Commercial Struggle between British India and French-Indo-China in Burma, 1878-1886*, Delhi: Manohar Book Service.

Koenig, William J. 1990. *The Burmese Polity, 1752-1819: Politics and Administration, and Social Organization in the Early Kon-baung Period*, Center for South and Southeast Asian Studies, The University of Michigan.

Lieberman, Victor. 1984. *Burmese Administrative Cycles: Anarchy and Conquest, c. 1580-1760*, Princeton University Press.

―――. 1993. "Was the 17th century a watershed in Burmese History?" (Anthony Reid ed., *Southeast Asia in the Modern Early Era: Trade, Power, and Belief*, Ithaca, NY: Cornell University Press). pp. 240-249.

―――. 2003. *Strange Parallels: Southeast Asia in Global Context, c. 800-1830*. Vol.1, *Integration on the Mainland*, Cambridge University Press.

Luce, G. H. 1940. "Economic Life of the Early Burman," *JBRS*, vol. 30 Part 1. pp. 283-355.

―――. 1969. *Old Burma – Early Pagan*, vol. I, New York: J. J. Augustin Publisher.

Malcom, Howard. 1839. *Travels in South-eastern Asia: Embracing Hidustan, Malaya, Siam, and China; with notice of numerous missionary stations, and a full account of the Burman Empire; with dissertations, tables, etc*. Boston: Gould, Kendall and Lincoln, 1839.

Moore, Elizabeth H. 2007. *Early Landscapes of Myanmar*, Bangkoku: River Books.

Mya Sein. 1938. *Administration of Burma: Sir Crosthwaite and the Consolidation of Burma*, Rangoon: Zabu Meitswa Pitaka Press. (rept. Kuala Lumpur: Oxford Univ. Press, 1973.)

Nisbet, John. 1901. *Burma under British Rule and Before*, 2 vols. Westminster: Archibald Constable & Co. Ltd.

Okudaira Ryuji. 1986. "The Burmese Dhammathat," (Hooker, M. B. ed., *Laws of Southeast Asia*, vol. I, The Pre-Modern Texts. Singapore: Butterworth & Co. (Asia) Pte. Ltd. pp. 23-142.

Pollak, Oliver. 1979. *Empires in Collision: Anglo-Burmese Relations in Mid-Nineteenth Century*,

Westport, Conneticut: Greenwood Press.

Polo, Marco and Komroff, Manuel. 1926. *The Travels of Marco Polo*, New York/ London: W. W. Norton.

Reid, Anthony ed. 1983. *Slavery, Bondage and Dependency in Southeast Asia*, St. Lucia, London and New York: University of Queensland Press.

Richardson, D. 1874. (2nd ed.) *The Damathat, the Law of Menoo, translated from the Burmese, XIV vols. in One*, Rangoon: The Mission Press.

Robinson, M. and Shaw, L. A. 1980. *The Coins and Banknotes of Burma*, Hampshire: Pardy & Son Ltd.

Saito Teruko. 1997. "Rural Monetization and Land-Mortgage *Thet-kayits* in Kon-baung Burma," (Anthony Reid ed., *The Last Stand of Asian Autonomies; Responses to Modernity in the Diverse States of Southeast Asia and Korea, 1750-1900*. London: Macmillan, New York: St. Martin's Press) pp. 153-184.

Sangermano, V. 1969. (rept.) *A Description of the Burmese Empire: Compiled Chiefly from Burmese Documents*, translated by William Tandy, London: Susil Gupta, NY: Augustus M. Kelly.

Stuart, J. M. B. 1913. *Old Burmese Irrigation Works: Being a Short Description of the Pre-British Irrigation Works of Upper Burma*, Rangoon: Supdt., Govt. Printing.

Symes, Michael. 1827. *An Account of an Embassy to the Kingdom of Ava, Sent by the Governor-General of India in the Year 1795*. Edinburgh.

Temple, R. C. 1928. "Notes on Currency and Coinage among the Burmese," Bombay: The British India Press, (rept. From *The Indian Antiquary* vols. LVI, 1927, LVII 1928).

Than Tun ed. 1983-1990. *The Royal Orders of Burma, A. D. 1598-1885*, 10 vols. (in English & Burmese) Kyoto: The Center for Southeast Asian Studies, Kyoto University.

———. 1956. "History of Buddhism A. D. 1000-1300," Ph. D. Dissertation submitted to the Faculty of Arts, London University.

Thant-Myint-U. 2001. *The Making of Modern Burma*, Cambridge University Press.

Thaw Kaung, U. 1995. "Myanmar Traditional Manuscripts and Their Preservation and Conservation", *Myanmar Historical Research Journal*, no. 1, Nov. 1995. pp. 241-273.

———. 2005. "Unearthed Story of Myanmar History: Preserve Palm-leaves in Digital Format," Lecture given at Fukuoka Public Forum on 17 September 2005.

Thu Nandar. 2008. "Characteristics of Land-mortgage Contracts in the 18th-19th century Myanmar Society: An Analysis based on *Thet-kayits* Manuscript," Ph. D. Dissertation submitted to Tokyo University of Foreign Studies.

Thongchai Winichakul. 1994. *Siam Mapped: A History of the Geobody of a Nation*, University of Hawaii Press.

Toe Hla. 1979. "Monetary System of Burma in the Konbaung Period," *JBRS*, Vol. LXII, Part I & II. pp. 53-87.

———. 1987. "Money-lending and Contractual "Thet-kayit": A Socio-Economic Pattern of the Later Kon-baung Period, 1819-1885", Ph. D. Dissertation submitted to Northern Illinois University.

———. 2006. "BI-DA-KAT-TAIKS: A Brief Survey," in T. Saito and U Thaw Kaung eds. *op. cit.*, pp. 82-102.

Trager, F. N. and Koenig, W. J. 1979. *Burmese Sit-tans 1764-1826 : Records of Rural Life and*

Administration, University of Arizona Press.
Tun Wai, 1961. *Economic Development of Burma from 1800 till 1940*, Rangoon: Department of Economics, University of Rangoon.
Wicks, R. S. 1992. *Money, Markets, and Trade in Early Southeast Asia*, Ithaca, New York: Cornell University, Studies on Southeast Asia.
Wolters, O. W. *History*, 1982. *Culture, and Region in Southeast Asian Perspective*, Singapore: Institute of Southeast Asian Studies.
Yule, Henry. 1968.(rept.) *A Narrative of the Mission to the Court of Ava in 1855*, Kuala Lumpur: Oxford University Press.

(3)　日本語文献
飯島明子 2004.「タウンジーとその周辺におけるカジノキ紙の生産と流通，利用の伝統と現況」『ミャンマー北・国境地域における生物資源利用とその変容』科学研究費補助金成果報告書.
─── 2007.「シャン州における手漉き紙をたずねて」『自然と文化そして言葉』no. 3 言叢社 pp. 96-105.
石井米男著 飯島明子解説 2015.『もう一つの「王様と私」』めこん.
伊東利勝 1979.「ビルマ在来の灌漑技術と稲作農業の発展」『鹿児島大学史録』11 巻 pp. 39-80.
─── 1980.「上ビルマ，メイッティーラ池灌漑施設の維持管理史──伝承時代からコンバウン時代まで」『アジア・アフリカ言語文化研究』20 号 pp. 121-173.
─── 2000.「所領の抵当売却──コンバウン朝前期ビルマにおける中・小ダヂーの事例」『東洋学報』第 82 巻 2 号 pp. 97-129.
─── 2008.「マンダレー王朝によるタッタメーダ税制の導入とアフムダーン──上ビルマ・シュエボー地方の事例を中心に」(伊東利勝編『19 世紀ミャンマーにおける一元的資源管理国家の成立過程に関する研究』科学研究費研究成果報告書) pp. 1-44.
岩城高広 1992.「ビルマ前近代史の考え方──アウントゥイン，リーバーマン，ケーニヒの三著の比較」『東南アジア──歴史と文化』21 巻 pp. 142-160.
─── 2000.「コンバウン朝前期のサリン地方における在地権力について──「スィッターン文書」の分析」『史学雑誌』109(9) pp. 63-79.
─── 2002.「コンバウン朝前期ビルマにおける地方支配と地方権力の研究」東京大学大学院後期博士課程提出学位論文.
大野徹 1975.「18－19 世紀のビルマ農村の金融形態」『アジア経済』第 16 巻 5 号 pp. 69-77.
奥平龍二 2002.『ビルマ法制史研究入門──伝統法の歴史的役割』日本図書刊行会.
岸本美緒 1998.『東アジアの「近世」』山川出版社　世界史リブレット 13.
─── 1999.『明清交替と江南社会──17 世紀中国の秩序問題』東京大学出版会.
─── 2002.「典」(山本博文他編『歴史学事典』第 9 巻「法と秩序」弘文堂) pp. 166-168.
金七紀男 2004.『エンリケ航海王子──大航海時代の先駆者とその時代』刀水書房.
小泉順子 2002.「もう一つの「ファミリーポリティクス」──ラタナコーシン朝シャムにおける近代の始動」(斎藤照子編『岩波講座東南アジア史』第 5 巻) pp. 75-104.
斎藤照子 1985.「英領ビルマにおける初期土地制度 1826-1876」『東南アジア研究』23 巻 2 号 pp. 142-154.
─── 1989.「18〜19 世紀上ビルマ土地制度史──規範と現実：その予備的考察」『アジ

ア経済』30 巻 5 号 pp. 2-20.
―――― 1994.「コンバウン朝下の流動する地方社会」(池端雪浦編『変わる東南アジア史像』山川出版社) pp. 171-194.
―――― 2004.「ビルマ・アーカイブズ小史――経蔵から公文書館へ」『歴史学研究』no. 789. pp. 13-23, p. 75.
―――― 2001.「近代への対応――19 世紀王朝ビルマの社会経済変化と改革思想」(斎藤照子編『岩波講座東南アジア史』第 5 巻　岩波書店) pp. 49-74.
―――― 2007.「歩いて作った村の境界――19 世紀中部ビルマにおける境界紛争とその調停」(二木博史編『文書資料より見た前近代アジアの権力と社会』東京外国語大学 21 世紀 COE「史資料ハブ地域文化研究拠点」電子ブック) pp. 1-20.
―――― 2008.『東南アジアの農村社会』世界史リブレット 84 山川出版社.
―――― 2013.「研究展望：近世貨幣史の研究課題と展望――18～19 世紀ビルマの通貨状況と改革を素材に」『東南アジア――歴史と文化』no. 42. pp. 59-79.
高橋昭雄 2012.『ミャンマーの国民と民』明石書店.
田中実 2002.「契約（ヨーロッパの）」(山本博文他編『歴史学事典』第 9 巻「法と秩序」弘文堂) pp. 168-169.
田辺明生 2010.『カーストと平等性――インド社会の歴史人類学』東京大学出版会.
玉城哲 1974.『風土――大地と人間の歴史』平凡社新書.
坪内良博 1986.『東南アジア人口民族史』勁草書房.
寺田浩明 2004.「合意と契約――中国近世における「契約」を手掛かりに」(三浦徹・岸本美緒・関本照夫編『比較史のアジア・所有・契約・市場・公正』東京大学出版会) pp. 89-112.
二宮宏之 1994.『歴史学再考――生活世界から権力秩序へ』日本エディタースクール出版部.
ポラニー，K. 1975.（玉野井芳郎，平野健一郎編訳『経済の文明史』日本経済新聞社).
―――― 1975.（吉沢英成他訳『大転換――市場社会の形成と崩壊』東洋経済).
水野明日香 2002.「植民地期の上ビルマ一村落における農地の所有と質入れ――チャウセー県の事例」『東洋文化』第 82 号 pp. 165-180.
ミッチェル，B. R. 編 2002.『アジア・アフリカ・大洋洲歴史統計 1750～1993』東洋書林.
やまもとくみこ 2004.『中国人ムスリムの末裔たち――雲南からミャンマーへ』小学館.
吉松久美子 2003.「ミャンマーにおける回族（パンデー）の交易と移住――19 世紀後半から 20 世紀前半を中心に」『イスラム世界』61 号（2003 年 9 月）pp. 1-25.

索　引

【ア行】

アウントゥイン，M.　44, 155, 171
アカイェイン・ミョウ　279
アサウンドオミェ　197, 206, 207
アダス，M.　45
アッサム　50, 51
アティー　39
アフムダーン　39, 130, 131
　　アフムダーンの債務奴隷化　149, 150
アユッタヤー　50
アラー　85
アラウンパヤー　48, 148, 149, 269
伊東利勝　279
遺産分配約定書　14
ヴィエンチャン　53
ウィリアム・ウォーレス　106
ヴォルターズ，O.W.　309, 310
請戻し証文　202
請戻し特権　286
上乗せ借金　137, 140
英領インドのルピー貨　105, 107
英緬戦争
　　第一次英緬戦争　45, 52
　　第二次英緬戦争　52, 53
　　第三次英緬戦争　53
王室独占交易　56
王領地　209, 212
　　直轄王領地　212
オランダの対ビルマ交易　84
オランダ東インド会社　63, 83, 84
折り畳み写本（パラバイッ）　5
（ドー・）オンチー　118, 127

【カ行】

開墾者とその相続人　240
灌漑システム　33, 37
　　河川灌漑　35
　　溜池　34, 35
ガ・シュエ　181
ガ・シュエペイ　180
貝葉（ペー）　7
カインザー家系　161
カイン地　232, 233
火災　46
カチャール　50, 51

カッパー　85
貨幣鑑定人　71, 93, 103
貨幣計量人　71
貨幣市場　103
刈り分け小作　251, 253
ガンザ　63, 82, 83, 85
ギアツ，クリフォード　311
飢饉　44
境界標識　327
経蔵（ビダカ・タイッ）　11
共同相続人　268, 286, 299
旭日　73
旭日・スリーヴァッサ型コイン　75
金銀比価　80, 106
近世　346
　　近世をとらえる視角　346
均分相続　241, 251, 268, 286
クェーチョー村　279
契約　259, 261
契約社会　259, 260
権威の位階制　168
公共財の寄進者　263
コックス，H.　97, 98, 99
コーニッグ，W.　40, 41
国王の貸付　273

【サ行】

債権移動証文　243, 244
債権者の変更　202, 206
最初の証文（ムーラテッガイッ）　206
裁判官　285, 345
　　裁判官の資格　285
財務官（バンダーゾゥ）　273
サイムズ，マイケル　97
債務奴隷　117, 118, 130, 155, 185
債務奴隷の逃亡　131, 132
ザバーチー　228
ザバーペー　228, 229
サリン地方　157
3年3作（トゥンニットゥンディ）　199, 233
識字率　199
市場税　54, 55
使節の道　62
シッターン　37, 40, 41, 42

45年シッターン　315, 316, 319, 320, 325, 326
司法制度　285
重借証文　14, 15, 163, 206, 244, 245, 250
シュエダイッ　325
シュエボウ　194
主人替え　132, 133, 134
称号（ブエ）　198
常設市場　55
証人　262
食邑　273, 274
　食邑保持者　130
所領の売却　280
寺領地　202, 208, 210
寺領田　206, 209
人口動態　37
人身抵当証文（コゥネイテッガイッ）　12, 117, 118, 119, 121, 163
人身売買　171
人身売買証文　145
身体代価　137, 140, 163, 177
　身体代価の定額化　178
シンビューシン　50
シンプワー・テイソゥン（テイソゥン・シンプワー）　125, 175, 177
シンマプワー・テイマソゥン（テイマソゥン・シンプワー）　125, 129, 137, 175, 177, 182
水田の売買　204
水田売買証文　203
スヴァスティカ　73
枢密院　263, 274
　枢密院の判決　315
スリーヴァッサ　73
セーフティネット　151
誓約証文　165
先取買戻し特権　24
潜水神判　312, 313, 314
専売制度　56
僧院　10
　僧院建立施主　262
贈呈品目録書　14
訴訟費用　303, 305, 306

【タ行】
第一次タウングー王朝　81, 147
タイェッミョウ　61, 62
大火　46
対外戦争　48
対中交易　56, 58

第二次タウングー王朝　83
　第二次タウングー時代　147, 149
大明界　63
（ウー・）タゥン　15
タウンズィン家系　159, 162, 165
ダガー　135, 262
ダガーマ　262
ダガウン　168, 185, 217
　サリンダガウン　159, 174
ダガウンマ　168
田頭（レーガウン）　202, 209
ダヂー権　280
ダビンシュエティー　48
地域間交易　56
チェンマイ　53
茶を食した判決（ラペッサー・ピャッサー）　330
中国銅銭　63, 83
鋳造硬貨（ディンガー）　104
チュン　155, 156
徴税請負　58
　徴税請負制度　56
直轄王領地　→王領地
地理的身体（ジオボディ）　310, 328
通貨改革　72, 98
定額小作　251
定期市　55
抵当小作　246, 248, 250
ディベイン地方　213
ディンガー　105
テッガイッ　3, 15
　テッガイッの売買　204
寺子屋教育　199
デルタ地帯　235
トゥナンダー　20
トゥンイー　40
トゥンワイ　54
（ウー・）トーフラ　15, 42
土地の没収　265, 267
土地売買　225
トリスーラ　76
トンキンデルタ　30, 37
トンチャイ・ウィニチャックン　310

【ナ行】
二層社会論　18
農地抵当証文　12, 226, 227
農地の稀少化　29
農地の細分化　286, 299
農地売買証文　237

農地紛争　286, 290
熱帯サヴァンナ平原　30

【ハ行】
バーネイ, H.　38, 43
パガン朝　76
発酵茶葉　290, 345
パゴダ建立施主　262, 290
パゴダ奴隷　197, 209
バヂードー　42
パトロン―クライエント関係　156, 172, 173
バモー　62, 63
藩王　273
ハンタワディ王国　48
パンデー　66
ピィー　139
東裁判局（エインシェイヨゥン）　294
ピュー・コイン　75
標識　327
ビルマ史上最悪の飢饉　45
ピンズィー王子　241
ファーニヴァル　208, 246, 247, 299
風土　29, 341
フェーヤー, A.　64
プエザー　93
扶持地　209, 212, 213, 266
ブラーフマ　76
フレデリッチ, カエサル　82
ペッサッ　251
返済証書　165
返済証文　14
ポゥザー家系　159, 162, 165
ボードーパヤー　38, 42, 269, 270, 271, 272, 275
保証人　124, 128, 129, 138, 174
ボババイン　208, 221, 286, 291
法螺貝・スリーヴァッサ型コイン　75
ボラニー, K.　29
捕虜　50, 51, 53
ボンベイバーマ商会　57

【マ行】
マ・カイン　165, 278
前貸し制度　64
マニプール　49, 50, 51
マヌヂェ・ダマタッ　126, 239
マハータマン家系　161, 162
馬幇　62
マルコム, H.　59
身請け禁止　174
ミョウダヂー　161, 276, 278, 279
ミンチョオティンスィードゥノオヤター　197, 206
ミンドン　269, 270
ミンマハーミンティンヤーザ　130, 131, 132, 133, 134, 241
ムーラ・イブラヒム　57
メイッティーラ　136
メー・チーニョウ　165, 178, 182
綿花　63, 64
　綿花栽培　54
門前市　55

【ヤ行】
（ウー・）ヤウッ　217
ヤカイン　51
ヤカイン・チャンドラ朝　76
ヤンゴン　59
　ヤンゴン港　58
ヤンダボ条約　52
ユール, H.　64
ユエッニー　89, 92, 93, 94

【ラ行】
リーバーマン, V.　17, 44, 146, 148, 210, 211, 225, 236
領地の境界争い　309
ルピー通貨圏　108
ロゥッペッ　14, 202, 251
ワガル・ダマタッ　240

著者紹介
斎藤　照子（さいとう　てるこ）
1944年生まれ。津田塾大学国際関係学科卒，東京大学経済学部卒業後，アジア経済研究所調査研究部勤務，東京外国語大学東南アジア課程，講師～教授を経て，現在同大学名誉教授。専攻はビルマ社会経済史。

主要著作
『講座東南アジア史5　東南アジア世界の再編』（編著　岩波書店 2001）
『東南アジアの農村社会』世界史リブレット（山川出版社 2008）
Statistics on the Burmese Economy; the 19th and 20th centuries. （共編著 ISEAS 1999）
Enriching the Past: Preservation, Conservation and Study of Myanmar Manuscripts. （共編著　東京外国語大学大学院 C-DATS 研究叢書 2006）など。

18-19世紀ビルマ借金証文の研究
——東南アジアの一つの近世
（地域研究叢書 36）

© Teruko SAITO 2019

2019年2月28日　初版第一刷発行

著　者　　斎藤照子
発行人　　末原達郎

発行所　　**京都大学学術出版会**
京都市左京区吉田近衛町69番地
京都大学吉田南構内（〒606-8315）
電　話　(075)761-6182
FAX　(075)761-6190
Home page http://www.kyoto-up.or.jp
振　替　01000-8-64677

ISBN 978-4-8140-0201-6
Printed in Japan

印刷・製本　亜細亜印刷株式会社
定価はカバーに表示してあります

本書のコピー，スキャン，デジタル化等の無断複製は著作権法上での例外を除き禁じられています。本書を代行業者等の第三者に依頼してスキャンやデジタル化することは，たとえ個人や家庭内での利用でも著作権法違反です。